05 002

KNAURS BILDATLAS

DRITTES REICH

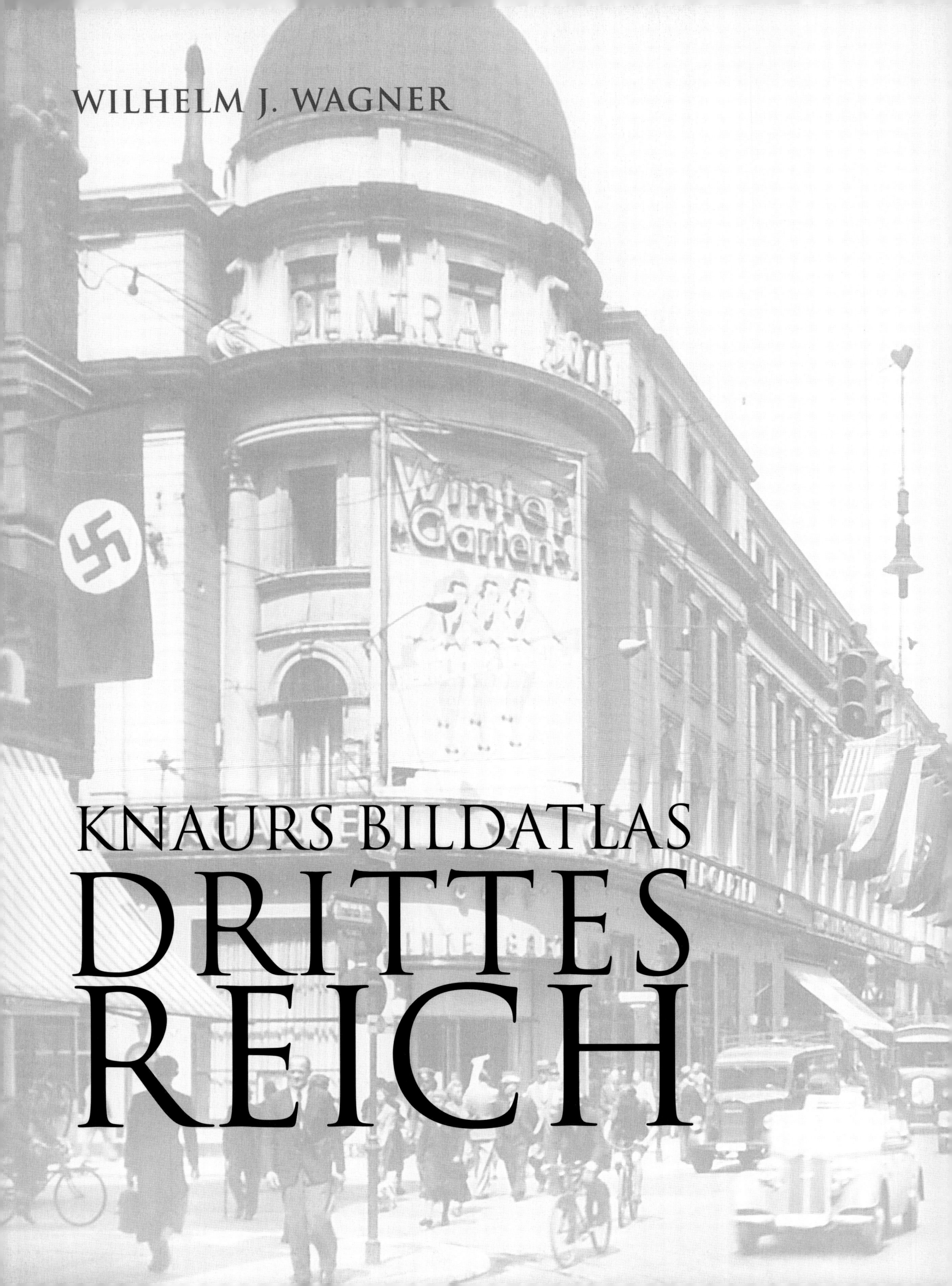

WILHELM J. WAGNER

KNAURS BILDATLAS

DRITTES REICH

BECHTERMÜNZ

Impressum

Wissenschaftliche Beratung: Univ. Prof. Dr. Wolfdieter Bihl
Lektorat: Dr. Helga Zoglmann, Wien
Umschlaggestaltung: Coverdesign Uhlig GmbH, Gersthofen
Umschlagmotive: AKG, Berlin
Gesamtherstellung: Neue Stalling, Oldenburg

Printed in Germany

ISBN 3-8289-0392-4

Bildnachweis: Alle Motive AKG, Berlin, außer: Bundesarchiv Koblenz NS 16; Historisches Museum der Stadt Wien 15; Österreichische Nationalbibliothek Wien 14, 15, 106; Archiv der Stadt Weimar 37; Stadtarchiv Baden bei Wien 18; Ullstein Bilderdienst, Berlin 12, 81, 82, 102; DiZ München 110; Archiv des Verfassers. Trotz sorgfältiger Recherche konnten die Urheber des Bildmaterials nicht immer eindeutig ermittelt werden. In Zweifelsfällen wird um Kontaktaufnahme mit dem Verlag gebeten.

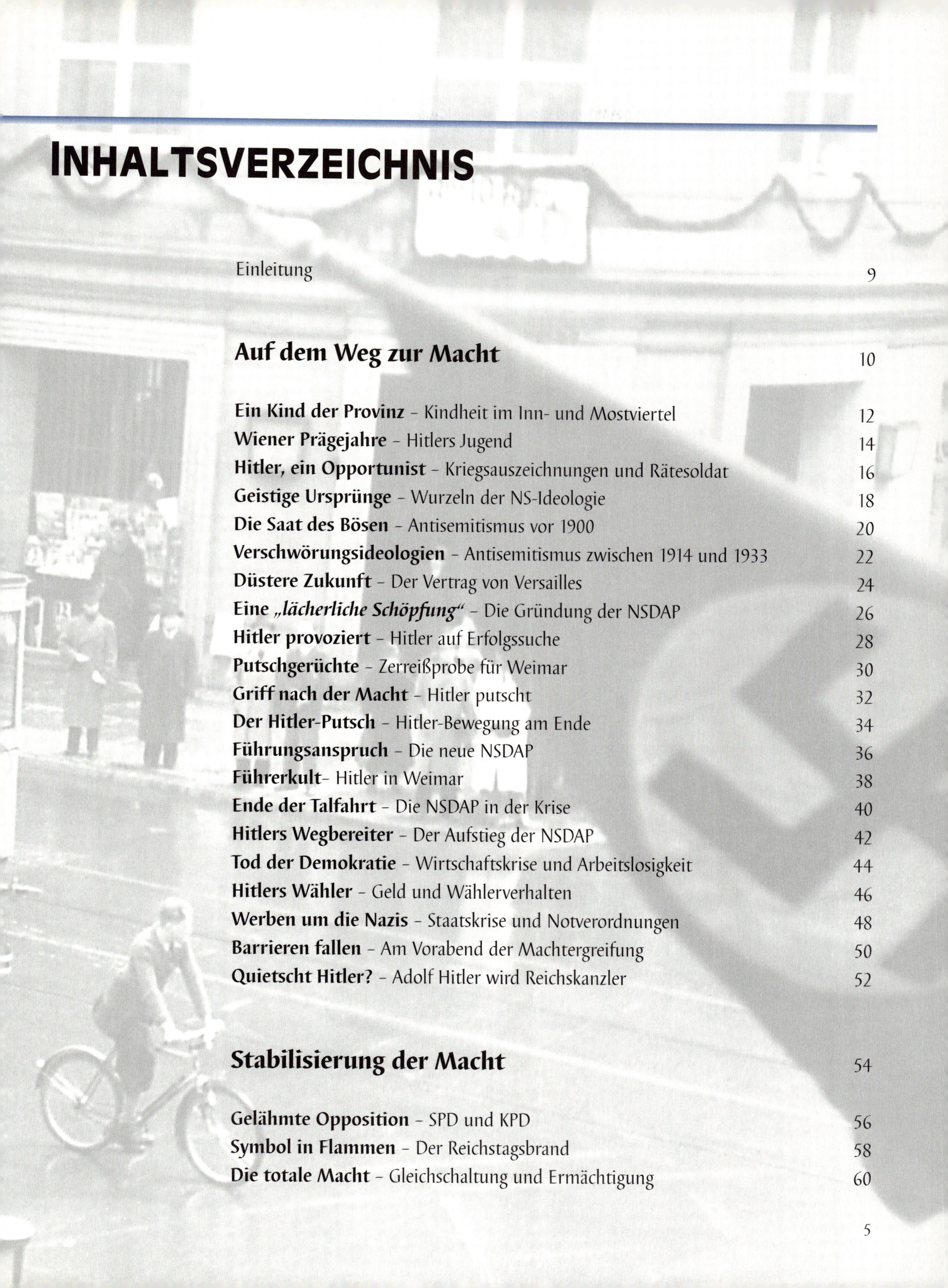

INHALTSVERZEICHNIS

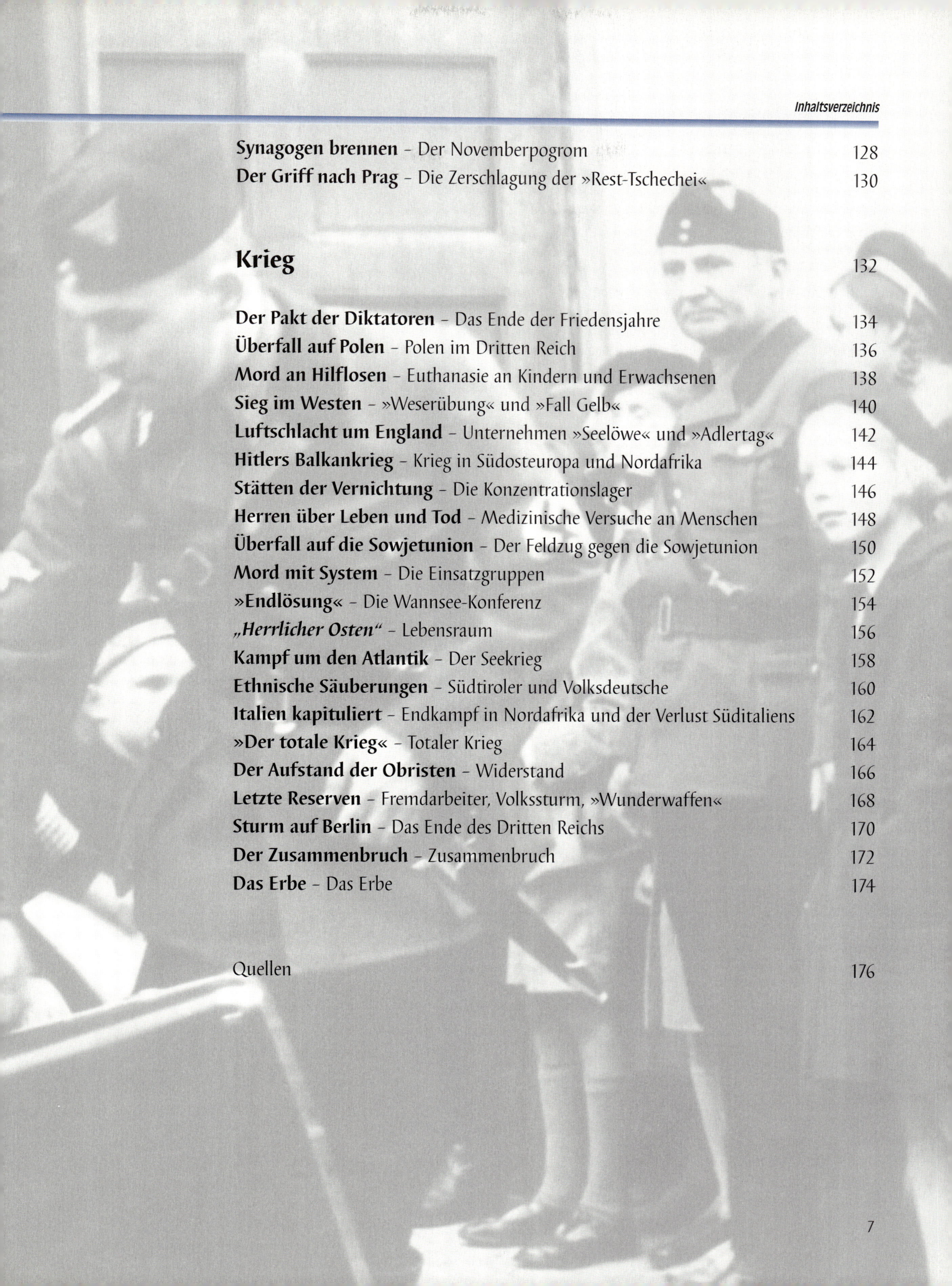

Univ. Prof. Dr. Wolfdieter Bihl

Das »Erste Reich« war das Heilige Römische Reich karolingisch-ottonischen Ursprungs (ab 1500 mit dem Zusatz »Deutscher Nation«), lateinisch »Sacrum Imperium Romanum« (sacrum eigentlich »geheiligt«, »heilig« wäre sanctum, »heilig« nur Gott). Das fränkische bzw. deutsche Königtum wurde mit der ursprünglich heidnischen, dann christianisierten römischen Kaiseridee verschmolzen. Das weströmische Kaisertum war durch die Krönung Karls des Großen (800) erneuert worden, das oströmische währte bis 1453. Man klammerte sich an die Bezeichnung »Römisches Reich«, da nach der Vorstellung von vier Weltmonarchien (assyrisch-babylonisches, medisch-persisches, alexandrinisches, römisches Reich) das römische das letzte der irdischen Reiche war.

Das Heilige Römische Reich war stark abendländisch geprägt. Tschechen, Slowenen, ursprünglich auch Burgund und Reichsitalien hatten in ihm ihren Platz. In der Goldenen Bulle Kaiser Karls IV. (1356) – er konnte gut Tschechisch – hieß es, die Kurfürsten sollten die lingua Slavica (=Tschechisch) gebrauchen. Das Heilige Römische Reich ging 1806 unter; es lebte in gewisser Weise im seit 1804 bestehenden Kaisertum Österreich weiter. Das »Zweite Reich« war das kleindeutsch geprägte hohenzollersche Kaiserreich (1871 bis 1918). Das »Dritte Reich« Adolf Hitlers (1933 bis 1945) ist ungeachtet der Grausigkeit und Grausamkeit geistesgeschichtlich säkularisierte Heilserwartung: Die Idee geht auf die Vorstellungen des Anfang des 13. Jahrhunderts gestorbenen Abtes Joachim von Fiore von einem Dritten Reich des Heiligen Geistes zurück (auch im marxistisch-atheistischen Bereich spielte die »Dritte Internationale« eine wichtige Rolle).

Im Nationalsozialismus vereinigen sich Elemente, die – durch Hitler wie in einem Brennspiegel verbunden – an sich nicht »neu« sind: Alldeutsche bzw. großgermanische Idee, Lebensraumideologie, Sozialdarwinismus, Antisemitismus, Ariermythos, Führerprinzip, Antimarxismus, Antiliberalismus, Antiklerikalismus, Rassenhygiene, Vernichtung »lebensunwerten« Lebens usw. Es gibt keinen Satz Hitlers, Rosenbergs, Himmlers usw., der originär von ihnen stammt, der nicht schon früher verwendet worden ist. Trotzdem hat sich der Nationalsozialismus als Weltanschauung verstanden, es gab NS-Ordensburgen, Rosenberg war der »Beauftragte des Führers für die Überwachung der gesamten geistigen und weltanschaulichen Schulung und Erziehung der NSDAP«. Sogar das Hakenkreuz und die Bezeichnung »nationalsozialistisch« hat Hitler übernommen, und zwar von der altösterreichischen »Deutschen Arbeiterpartei« (1903), die sich im Mai 1918 in »Deutsche Nationalsozialistische Arbeiterpartei« umbenannt hatte. »Neu« ist die erstmalige grauenvolle »Realisierung« der Vorstellungen durch eine Diktatur mit Hilfe der besten Bürokratie und der besten Technologie.

Neben der Lebensraumfrage ist für Hitler der Kampf gegen das Judentum das wichtigste Ziel. Antisemitismus ist aber ein Weltphänomen seit der Antike (das mindert natürlich die Schuld Hitlers keineswegs, auch nicht die Tatsache, dass viele Nichtdeutsche an den Morden beteiligt waren). Umstritten ist, ob Hitler von Anfang an die Ermordung der Juden geplant hat (1940 gab es den durchaus ernsthaft betriebenen »Madagaskar-Plan«, der eine Deportation der Juden nach dieser Insel vorsah). Im Dezember 1941 dürfte der mündliche Mordbefehl ergangen sein, zu einem Zeitpunkt, als nach dem Kriegseintritt der USA eine Rücksicht auf die Vereinigten Staaten von Amerika und die amerikanischen Juden hinfällig war (die Wannsee-Konferenz fand im Januar 1942 statt). Dass Himmler den mündlichen Befehl Hitlers bekommen haben muss, beweisen die zwei Posener Reden Himmlers 1943. Bis zuletzt war Hitler von seinen antijüdischen Ideen besessen. Im Testament vom 29. April 1945 verpflichtete er seine Nachfolger zur Einhaltung der Rassengesetze. Das und die beigelegte Ministerliste sind übrigens ein Beleg dafür, dass es eine Art »Viertes Reich« hätte geben sollen.

Es ist anzunehmen, dass das deutsche Volk – trotz latenten antijüdischen Sentiments – Hitler nicht gewählt hätte, hätte es gewusst, dass »Auschwitz« kommen würde. Eine Kollektivschuld für die Deutschen sollte es daher nicht geben, aber eine Kollektivunschuld auch nicht.

Erschreckend vor allem ist das Ausmaß der moralischen Autorität, die man Hitler zumaß. Immer mehr wurde sein Wille zur moralischen Instanz. In der TV-Sendereihe »Väter und Söhne« erzählte der Sohn Martin Bormanns – Bormann war Chef der Parteikanzlei und Sekretär Hitlers –, sein Vater habe ihm den Nationalsozialismus in vier Worten zusammengefasst: Nationalsozialismus sei »der Wille des Führers«. Für viele Deutsche war Hitler eine Art Messias, ein Religionsersatz. Für viele andere wiederum war er die Verkörperung des Bösen schlechthin.

Zwischen diesen Extremen liegt das unerklärbare Phänomen der Person Adolf Hitler. War er Dämon, politischer Schwindler, prinzipienloser Opportunist, Revolutionär, Visionär oder ein Verrückter, der eine ganze Nation in seinen Bann schlug? Übte er wirklich die totale und alleinige, uneingeschränkte Macht aus oder war er ein schwacher Diktator, dem letzen Endes die Fäden, mit denen er an den Machtstrukturen zog, entglitten? Tatsache ist, dass Hitler, völlig legal an die Macht gekommen, ein schrankenloses Verlangen entwickelte, Europa und schließlich die Welt zu beherrschen, und dass er im Judentum und im Bolschewismus jene Hindernisse sah, die ihm im Wege standen und er sie daher zu vernichten trachtete.

Tatsache ist, dass Hitler ohne Nationalsozialismus undenkbar ist, so wie es den Nationalsozialismus ohne Hitler nicht hätte geben können. Beide entstanden in einer Epoche gesellschaftspolitischer Wirren und wirtschaftlicher Umbrüche. Wer sich daher dem Nationalsozialismus nähern will, ohne den Faktor Hitler zu berücksichtigen, geht irre. Ebenso, wer meint, das Dritte Reich beginne 1933. Seine Wurzeln – ein übertriebenes nationales, deutsches Selbstwertgefühl und ein latenter Antisemitismus – reichen weit ins 19. Jahrhundert zurück. Hitler und seine Gefolgschaft brauchten nur Vorhandenes zu verwirklichen. Und sie verstanden es schaurig perfekt, eine blutige Spur von Millionen Toten und katastrophalen Zerstörungen zu hinterlassen.

Das vorliegende Werk ist nach dem Doppelseitenprinzip aufgebaut: Der Leser kann sich unabhängig von der Chronologie jenem Thema widmen, das ihn gerade interessiert. In allgemein verständlicher, »journalistischer« Sprache verfasst, von eindrucksvollen, kaum je gezeigten Bildern und präzisen analytisch-historischen Landkarten unterstützt, wird ein für Deutschland entscheidender Abschnitt seiner Geschichte wertfrei wiedergegeben.

1. Mai 1933, »Feiertag der nationalen Arbeit«. Massenkundgebung auf dem Tempelhoferfeld bei Berlin. Bereits am 2. Mai besetzten SA-Einheiten Gewerkschaftshäuser und verhafteten zahlreiche Gewerkschafter. In den folgenden Wochen wurden alle freien Gewerkschaften verboten (Bild links).

Auf dem Weg zur Macht

Das Propagandabild der NSDAP von 1924 zeigt Hitler nach seiner Entlassung aus der Festungshaft in Landsberg am Lech. Das Gebäude im Hintergrund ist das aus dem Mittelalter überkommene „Bayerntor“ im Ostteil der Stadtmauer. Hitler war in Wahrheit in einer modernen Justizvollzugsanstalt untergebracht, die jedoch wesentlich weniger martialisch wirkte als das Stadttor.

Ein Kind der Provinz

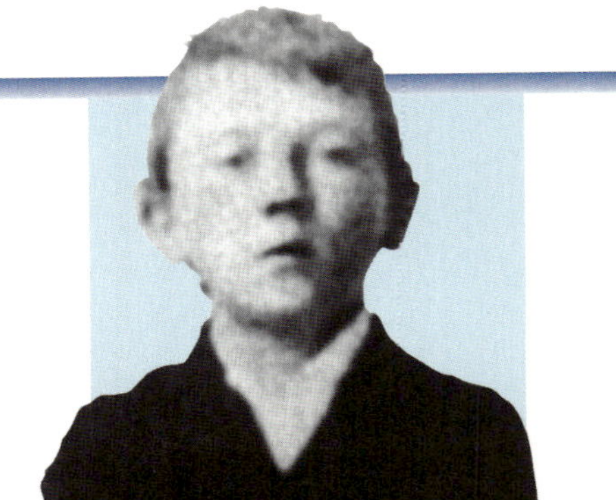

***„Gesicht und Kopf schlechte Rasse, Mischling. Niedere, fliehende Stirn, unschöne Nase, breite Backenknochen, kleine Augen, dunkles Haar; Gesichtsausdruck nicht eines in voller Selbstbeherrschung Gebietenden, sondern wahnsinnig Erregten. Zum Schluß der Ausdruck beglückten Selbstgefühls."* **Zu diesem Ergebnis kommt um 1930 der Rassehygieniker Max von Gruber bei der Untersuchung von Adolf Hitlers Kopfform. Gruber fasst zusammen: Bei Adolf Hitler handelt es sich um einen rassisch typisch unnordischen, ostisch-slawischen Menschen.**

Zitiert nach Hans Peter Bleuel, 1972

Hitlers »rassische« Merkmale fügten sich in der Tat nur schwer in das Schema des »klassischen, nordisch-germanischen Menschentypus«, den die nationalsozialistischen Rassenforscher als Ideal einer neuen deutschen Rasse propagierten. Manche Rassediagnostiker setzten daher schon kurz nach dem Regimewechsel 1933 ihren ganzen Ehrgeiz ein, um dem »Führer« der deutschen Nation germanische Rassemerkmale zu bescheinigen. Einer der Analytiker, Alfred Richter – er nennt sich »Direktor des Privatinstituts für praktische Menschenkenntnis und Rassenkunde« und gibt als Sitz seines »Instituts« Bärenstein im Erzgebirge an – diagnostizierte an Hand von Fotos: *„Hitler ist blond, hat rosige Haut und blaue Augen, ist also rein germanischer Natur."* Er bescheinigte ihm, eine *„geniale, schöpferische, geistige Führernatur"* zu sein, *„kraftvoll, zäh, mit großer Liebe (und) unsagbarem Schmerz."*

Sogar Volkstumsforscher bemühten sich, Hitlers nordisch-germanische Herkunft zu bestätigen. So ging Geheimrat Prof. Dr. Friedrich Dettweiler, ebenfalls 1933, der Spur der »Stammeszugehörigkeit« Hitlers nach und berichtete darüber in der NS-Schrift »Der Weltkampf«: *„Für den, der Adolf Hitlers Programm und seine Gedankengänge kennt, kann kein Zweifel darüber bestehen, daß sie nur einem reinrassigen germanischen Gehirn entsprungen sein können. Solche Gedanken können nach dem Wesen der Vererbung und Rassenbildung einem Gehirn mit nicht germanischen Erbeinheiten einfach nicht entspringen. Deshalb ist es naheliegend der Frage nachzugehen, welchem germanischen Stamm unser Führer wohl angehören mag."*

Dettweiler bediente sich einer höchst seltsamen Beweisführung, um Hitlers germanische Wurzeln jeder kritischen Betrachtung zu entziehen: Der Geheimrat verglich das Fell der Rinder Andalusiens und Nordafrikas mit jenen von Hitlers Heimat, des oberösterreichischen Innviertels, und stellte ihre frappante Ähnlichkeit fest. Daraus folgerte Dettweiler, *„daß unser verehrter Führer [...] »Vandalisches Blut« in seinen Adern trägt."* Denn zur Zeit der Völkerwanderung zogen die germanischen Vandalen mit ihren Haustieren, unter denen sich natürlich Rinder befanden, über Mittel-, West- und Südwesteuropa nach Nordafrika.

Adolf Hitler wurde am 20. April 1889 um 18.30 Uhr im Gasthaus »Zum Pommer« in der oberösterreichischen Kleinstadt Braunau am Inn geboren. Sein Vater, Alois Hitler, war k. k. Zollamtsoffizial, die Mutter, Clara, geborene Pölzl, Hausfrau. Um 1923, als Adolf Hitler erste politische Erfolge verzeichnete, kursierten Gerüchte über jüdische Vorfahren des späteren Führers und Reichskanzlers. Sie erwiesen sich samt und sonders als falsch, obwohl manche Hitler-Biografen diese Mär noch in der Nachkriegszeit verbreiteten.

Verworrene Familienverhältnisse

Wohl aber herrschte in der Sippe Hitler – sie war nahe des am 1. April 1941 errichteten Truppenübungsplatzes Döllersheim im tiefsten niederösterreichischen Waldviertel angesiedelt – Inzucht: Hitlers Großvater väterlicherseits, Johann Nepomuk Hüttler, war der Großvater von Hitlers Mutter Clara und zugleich Hitlers Urgroßvater mütterlicherseits. Hitlers Vater, Alois Schicklgruber – er nahm 1876 den Namen Hitler an –, heiratete 1885 Clara Pölzl, die Tochter seiner Halbschwester Johanna Hüttler. Wegen dieser nahen Verwandtschaft konnte die Heirat nur mit kirchlicher Dispens erfolgen. Die Ehe mit der um 23 Jahre jüngeren Clara war die dritte, die Alois Schicklgruber alias Hitler nach der Scheidung von Anna, geborener Glassl, und dem Tod von Franziska, geborener Matzelsberger, seiner zweiten Frau, einging.

Adolf Hitler erfuhr von den verwirrenden Verhältnissen während eines Fronturlaubs 1918 in der großväterlichen Heimat, dem Waldviertler Dörfchen Spital. Sie erschreckten ihn nicht, sondern er sah darin positive Aspekte. Am 16. September 1919 notierte er: *„Durch tausendjährige Inzucht [...] hat der Jude [...] seine Rasse und ihre Eigenart schärfer bewahrt, als zahlreiche der Völker, unter denen er lebt."* Hingegen fürchtete er ein Kind zu zeugen, das wegen seiner inzestiösen Herkunft hätte behindert sein können. Ungeachtet dessen nahm er zur Nichte Geli Raubal eine Liebschaft auf, die 1931 angeblich sogar zu einer Schwangerschaft führte und Geli in den Selbstmord trieb.

Der für frühere Zeiten gesellschaftlich diskriminierende Umstand, dass Vater Alois unehelich geboren war, belastete Hitler jedenfalls weitaus mehr: Einmal an die Macht gekommen, versuchte er seine Herkunft mehr zu verdunkeln, als aufzuhellen. Hitler verschwieg seine Verwandtschaft zum angesehenen österreichischen Genealogen Rudolf Koppensteiner, der später in seinem Auftrag eine Ahnentafel der Hitler-Sippe entwarf, und zu Robert Hamerling, einem österreichischen Epigonen griechischer Altertumsgeschichte, der den Zusammenschluss aller Deutschen forderte.

Der 10-jährige Adolf Hitler als Volksschüler in Leonding (Bild oben). Mutter Clara umsorgte ihre Kinder liebevoll und zärtlich, hingegen schlug der herrische, jähzornige Vater seine Sprösslinge schon beim geringsten Vergehen. Als eines Tages Adolf nach einem Prügelexzess leblos liegen blieb, fürchtete der Vater, ihn erschlagen zu haben. Das erklärt das negative Bild, das Hitler später in privaten Gesprächen von seinem Vater zeichnete.

Die Lebensstationen Adolf Hitlers von seiner Geburt 1889 bis 1907 (Karte rechts oben).

Adolf Hitler um 1925 (Bild rechts).

Adolf Hitlers Ahnentafel (Grafik unten).

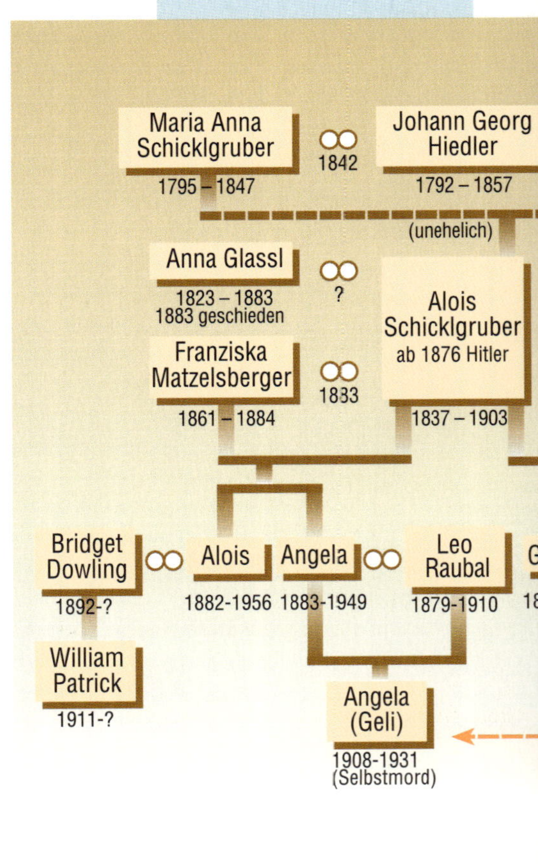

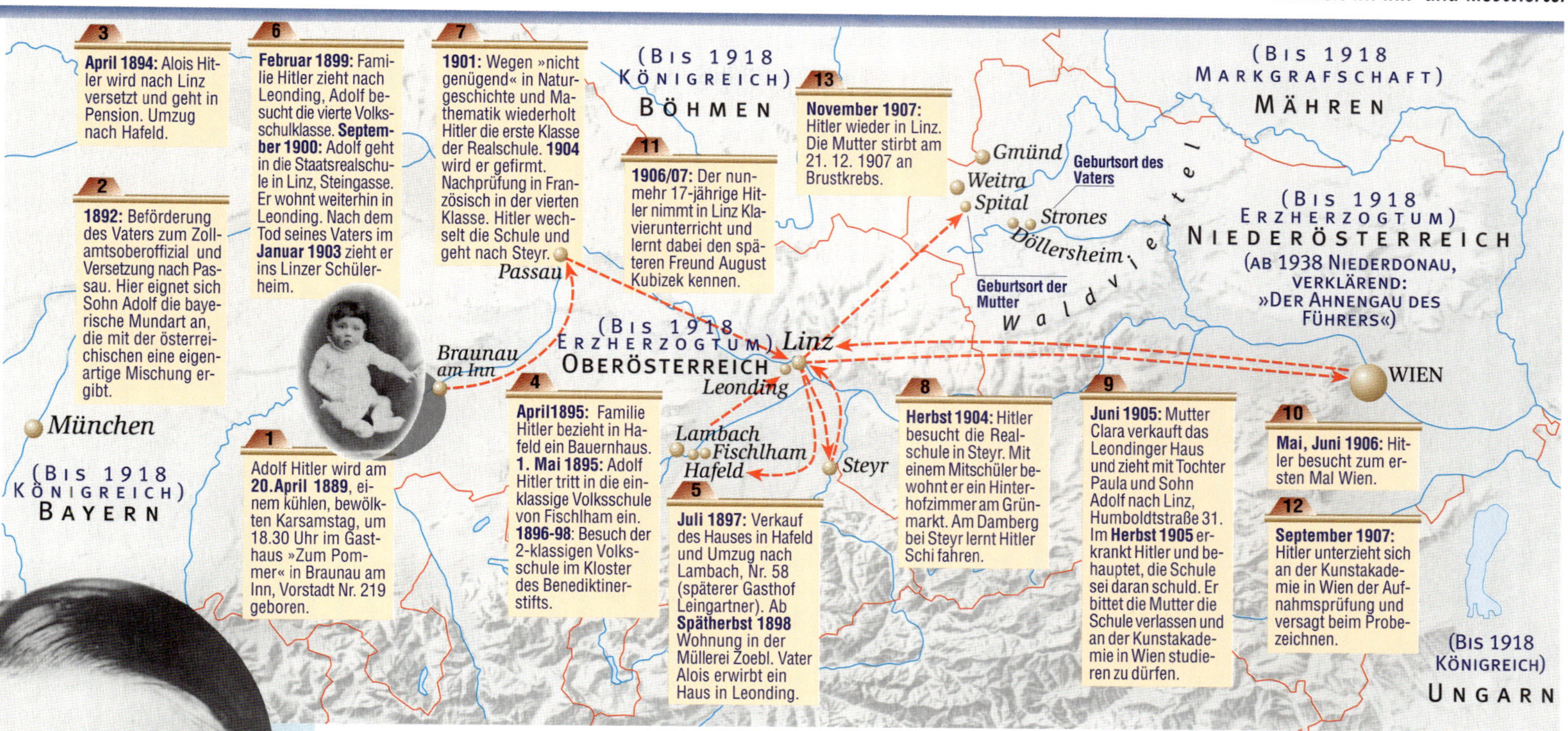

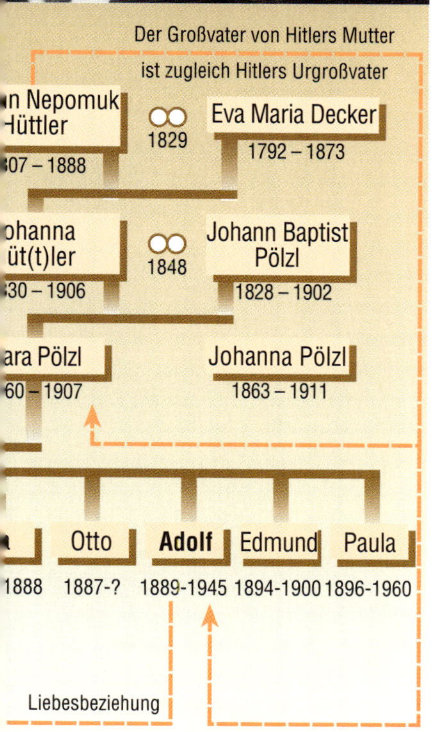

Adolf war nicht das einzige Kind der Familie Hitler: Der Vater brachte aus zweiter Ehe noch den Sohn Alois und die Tochter Angela mit. Zwischen 1885 und 1888 schenkte Mutter Clara noch Gustav, Ida und Otto das Leben. Sie starben jedoch im Kleinkindalter, und die Mutter verhätschelte Adolf selbst als noch zwei weitere Geschwister – Edmund und Paula – zur Welt kamen.

Ein schlechter Schüler

Politisch war Hitlers Vater freisinnig-national-deutsch eingestellt und hielt den Antisemitismus für rückständig und verwerflich. Er fühlte sich als Pangermane, verhielt sich aber gegenüber dem habsburgischen Kaiserhaus absolut loyal.

1892 wurde der Vater zum Zollamtsoberoffizial ernannt und nach Passau versetzt, weil es im kleinen Braunau für ihn keine Verwendung gab. In Passau, der bayerischen Kleinstadt an der österreichischen Grenze, erwarb sich Adolf den für ihn typischen, bayerisch-österreichischen Tonfall: *„Mein Deutsch der Jugendzeit"*, berichtete er, *„war der Dialekt, den auch Niederbayern spricht; ich vermochte ihn weder zu vergessen, noch den Wiener Jargon zu erlernen."*

1895 ging der 58-jährige Vater in Pension, kaufte im oberösterreichischen Fischlham ein Gut und versuchte sich als Landwirt. Adolf besuchte im nahen Lambach die Volksschule, wechselte 1896 in die Klosterschule des Benediktiner Stiftes im selben Ort, sang im Knabenchor, wurde Ministrant und nahm vermutlich in der Stiftskirche zum ersten Mal ein stilisiertes Hakenkreuz wahr, das die Barockkanzel ziert.

Adolf sollte Beamter werden, bestimmte der Vater und schickte ihn nach Beendigung der fünfklassigen Volksschule im September 1900 auf die Realschule nach Linz. In der oberösterreichischen Hauptstadt lernte der junge Hitler die gespannte Atmosphäre zwischen den beiden großen politischen Bewegungen des deutschsprachigen Teils Österreich-Ungarns kennen: den Deutschnationalen und Freisinnigen, die sich »Germanen« nannten, und den Habsburgtreuen, den »Slawen«. Die »Germanen«, Anhänger der Alldeutschen Bewegung, traten für den Anschluss Österreichs an das Deutsche Reich ein. Als äußere Attribute trugen sie eine Kornblume als Anstecknadel und die Farben Schwarz-Rot-Gold. Sie begrüßten einander mit »Heil«. Trotz behördlichen Verbots bekannten sich viele Lehrer an Adolfs Schule zur Alldeutschen Bewegung und versuchten, ihre Schüler für die deutschnationalen Ideen zu begeistern. Antisemitisches Gedankengut fand sich in Linz nicht. Die Juden spielten in der Stadt an der Donau keine gesellschaftliche Rolle: Von den rund 68 000 Einwohnern bekannten sich nur 587 zum jüdischen Glauben. Zeitgleich mit Hitler, eine Klasse höher, drückte der gleichaltrige Ludwig Wittgenstein die Schulbank. Der Jude Wittgenstein emigrierte später nach England und unterrichtete zwischen 1939 und 1947 an der Elite-Universität in Cambridge Philosophie. Das politische Alltagsleben von Linz beherrschte ein anderes Thema: die »tschechische Frage«. Deutschnationale Zeitungen schürten die Angst vor tschechischer Überfremdung, dem Ausverkauf des Bodens und dem Verlust von Arbeitsplätzen an billige böhmische Wanderarbeiter.

Hitler war ein schlechter Schüler. Nur in Fächern, die ihm behagten, verzeichnete er gute Noten: in Geographie, Geschichte, Turnen und Zeichnen. In Mathematik und Französisch versagte er. Die dritte Klasse schloss er nur deswegen positiv ab, weil er versprach, die Schule zu verlassen. So ging er im Herbst 1904 nach Steyr und blieb der gleiche lernfaule Schüler wie in Linz. Nach einer Semesterfeier betrank er sich, verwendete das Abschlusszeugnis als Klosettpapier und warf es weg. Am nächsten Morgen suchte er vergebens danach. Dem Schuldirektor gegenüber behauptete er, das Zeugnis verloren zu haben und bat um ein Duplikat. Das Original war jedoch mittlerweile gefunden und in der Schule abgegeben worden. Zu Hitlers Entsetzen legte ihm der Direktor das unansehnlich gewordene Papier vor; Hitler trank nie wieder Alkohol.

WIENER PRÄGEJAHRE

„Adolf Hitler, geb. in Braunau/Inn, Oberösterreich, am 20. April 1889, deutsch, kath., k.k. Oberoffizial (Vater), wenig Köpfe, Probezeichnung ungenügend.“ Diese Beurteilung, eingetragen in der »Klassifikationsliste der Allgemeinen Malerschule 1905-1911« der Akademie der bildenden Künste in Wien, zerstörte Adolf Hitlers Pläne von einer künstlerischen Laufbahn. Von insgesamt 113 war er mit 85 anderen Bewerbern durchgefallen.

Zwei Jahre nach dem Tod seines Vaters im Januar 1903 verließ Adolf Hitler die Realschule in Steyr und kehrte nach Linz zu Mutter Clara und Schwester Paula zurück. Zum gemeinsamen Haushalt trug er nichts bei, die Waisenrente und der Nachlass des Vaters reichten, um ein angenehmes Leben zu führen. Bis 1907 verbummelte der junge Adolf die Zeit mit Nichtstun, Besuchen von Bibliotheken, Kaffeehäusern und Theater- und Opernaufführungen. Er lernte Klavier spielen, schrieb Gedichte, zeichnete und malte viel, in der Hauptsache Ansichten von Städten, Brücken und Gebäuden.

Noch während seiner Schulzeit in Steyr bedrängte er heftigst die Mutter, ihn an der Kunstakademie in Wien studieren zu lassen. Er wollte Künstler werden. Den geregelten Beruf eines Staatsbeamten, wie es der Vater gewünscht hatte, lehnte er brüsk ab. Adolf konnte schließlich die Mutter überreden, und im September 1907 trat der 18-jährige – eine dicke Mappe mit Zeichnungen und Aquarellen unter dem Arm – in der Akademie der bildenden Künste in Wien zur Aufnahmsprüfung an, *„überzeugt, die Prüfung spielend leicht bestehen zu können“*, berichtete er später in seiner programmatischen Schrift »Mein Kampf«.

Durchgefallen

In der Tat beurteilte die Prüfungskommission seine Arbeiten durchaus positiv und Hitler durfte in Klausur im Probezeichnen seine Fähigkeiten unter Beweis stellen. Das Prüfungsergebnis des Professorenkollegiums traf Hitler wie ein Keulenschlag, aus Mangel an gezeichneten Köpfen beurteilte es seine Arbeiten mit ungenügend und empfahl ihm, Architektur zu studieren. Nun rächte sich der frühzeitige Schulabbruch: Hitler fehlte das notwendige Abitur. Enttäuscht kehrte er im November nach Linz zurück. Hier erwartete ihn die nächste bittere Nachricht: Die Mutter, unheilbar an Brustkrebs erkrankt, lag im Sterben. Der jüdische Hausarzt Eduard Bloch konnte nichts mehr für sie tun. Liebevoll sorgte sich Hitler um Schwester Paula und um die vom Tod gezeichnete Mutter, die im Dezember 1907 im Alter von 47 Jahren starb.

Im Frühjahr 1908 reiste Hitler abermals nach Wien. Dank einer Waisenrente und einer Erbschaft von etwa 1000 Kronen führte er ein bohemienhaftes Leben und war Dauerbesucher von Aufführungen von Richard Wagners Werken in der Wiener k. k. Hofoper. An dieser Stätte erlesener Kunst brillierten 1908 nicht nur hervorragende Sänger, es gärte auch ein gehässiger Antisemitismus, der sich vor allem gegen den jüdischen Opernintendanten Gustav Mahler richtete. Die Anfeindungen verletzten den sensiblen Musiker schließlich so sehr, dass er Ende 1907 Wien den Rücken kehrte und die Stelle des Direktors an der Metropolitan Opera in New York annahm. Auf Mahler folgte der neoromantische Komponist Felix von Weingartner, Edler von Münzberg. An die künstlerischen Fähigkeiten Mahlers keineswegs heranreichend, erntete Weingartner dennoch von der Boulevardpresse einhellig Lob: Er engagierte keine jüdischen Künstler mehr. So schrieb das antisemitische »Alldeutsche Tagblatt«: *„Früher, unter Mahler, vergleichbar dem bösen Zauberer Klingsohr aus »Parzifal«, wurden nur Rabbiners-, Ganselstopfers- und Hausiererstöchter angestellt, [...] plattfüßige Rassegenossen [...]“*

Kulturstadt Wien

Die Aufnahmesperre sollte laut Weingartner die aufgeheizte Stimmung zwischen jüdischen und nationalen Kunstfreunden beruhigen, sie bewirkte allerdings das Gegenteil. Als Weingartner im Juni 1908 die Partitur von Wagners »Walküre« massiv kürzte – ein Werk, das Mahler stets in voller Länge aufgeführt hatte – kam es zwischen Anhängern Weingartners und Mahlers zu Tätlichkeiten. Über sie berichtete das »Alldeutsche Tagblatt« unter dem Titel »Jüdische Frechheiten in der Hofoper«: *„Eine Anzahl krummnasiger Mahlerianer, die netten Dickschädel (Katzenköpfe) gar fein und lieblich mit schwarzer Negerwolle versehen (homo negroides), fand die Gelegenheit günstig, um sich in lärmenden Demonstrationen zu ergehen. [...] Nach dem zweiten Akt erschien die Polizei auf der Galerie und hatte die namenlose Kühnheit, sechs Judenbuben zu verhaften, ohne vorher zu dieser völkerrechtswidrigen Brutalität von Herrn Oberrabbiner Dr. Güdemann die Erlaubnis einzuholen.“*

Wieweit Hitler die Krawalle verfolgte ist nicht bekannt. Die antisemitische Gefolgschaft Weingartners wird er wohl nicht geschätzt haben, wenn es um die Kürzung von Wagners Werken ging. Hingegen ist Hitlers Kritik an Opernbesuchern bekannt, die kommen, *„um gesehen zu werden, schöne Toiletten und teuren Schmuck vorzuführen, dort zu flirten, oder womöglich Geschäfte abzuschließen.“*

Hitler konnte sich an Opern berauschen. Sein Enthusiasmus ging soweit, dass er sich befähigt fühlte, selbst komponieren, texten und Bühnenbilder entwerfen zu können. In seiner Begeisterung studierte er die Bühnentechnik und Beleuchtung von Theaterszenen und erwarb sich Kenntnisse, die er später bei der Inszenierung von Parteitagen einbrachte und selbst Fachleute damit überraschte.

Juden in Wien um 1900. Mit schwarzem Kaftan und Peies (Schläfenlocken) wirkten sie fremd (Bild oben).

Der in Wien 1842 geborene deutschnationale Politiker Georg Ritter von Schönerer wurde während seines Studienaufenthalts in Dresden ein überzeugter Anhänger des Anschlusses Österreichs an das Deutsche Reich. Er erwarb sich den Ruf eines radikalen rassistischen Antisemiten (Bild unten).

Georg (Jörg) Adolf Josef Lan(c)z von Liebenfels (rechte Seite, Bild ganz oben) verbreitete nach seinem Austritt aus dem Zisterzienserorden die Zeitschrift »Ostara«. Darin propagierte Lanz die *„planmäßige Reinzucht“* einer *„heroischen Edelrasse“* (oben).

Den »Herrgott von Wien« nannten die Wiener ihren Bürgermeister Karl Lueger (Gemälde von Wilhelm Gause, 1904; Bild unten) wegen seiner erfolgreichen kommunalen Politik.

Aber das Wien, das Hitler kennenlernte, war mehr als nur ein Schauplatz exzellenter Opernaufführungen und Ort einer beeindruckenden Ringstraßenarchitektur. In Wien waren *„zur selben Zeit mehr schöpferische Denker und Künstler versammelt als in allen anderen Kulturzentren"*, so der iro-amerikanische Publizist J. Sydney Jones. Hier wirkten Maler wie Klimt, Kokoschka, Schiele und Gerstl, aber auch Hans Makart – den Hitler zutiefst verehrte –, dessen großformatige, effektvolle, neobarocke Bilder den Stil einer ganzen Epoche beeinflussten. Sigmund Freud entwickelte die Tiefenpsychologie und Traumdeutung zur neuen Wissenschaftsdisziplin, und Schriftsteller wie Karl Kraus, Arthur Schnitzler und Hugo von Hofmannsthal, der Komponist Arnold Schönberg, die Architekten Adolf Loos und Otto Wagner u. a. schufen zur gleichen Zeit Unvergängliches. Möglich ist auch, dass der aus dem zaristischen Russland verbannte Revolutionär Leo Trotzki dem Kaffeehausliebhaber Hitler im Café Central in der Wiener Innenstadt begegnete, oder Josef Stalin, der 1913 einen Monat lang im 12. Wiener Gemeindebezirk, Meidling, wohnte, ihm während eines Spaziergangs nach Schönbrunn über den Weg lief.

Auch der Journalist Theodor Herzl – wie Hitler ein begeisterter Wagnerianer – arbeitete damals in Wien. Ihn regte 1895 eine Aufführung von Wagners »Tannhäuser« an, einen Judenstaat in Palästina zu gründen.

Schwelender Antisemitismus

In der Kaiserstadt Wien, der Hauptstadt eines multinationalen, 52 Millionen Menschen fassenden Reiches, lebten 1910 unter den 2,03 Millionen Einwohnern rund 175 000 Juden. Durch Zuzug aus Böhmen, Mähren und Schlesien war ihr prozentueller Anteil von 2,2 im Jahr 1857 auf 8,6 im Jahr 1910 gestiegen. Obwohl sich die aus klein- und mittelstädtischem Milieu stammenden jüdischen Zuwanderer relativ rasch assimilierten, blieben sie doch für die übrige Bevölkerung Außenseiter. Mehr noch, Nichtjuden sahen in den Neuankömmlingen eine Gefahr für die eigene Existenz, da es vielen Juden gelang, in einflussreichen Berufen des öffentlichen Lebens Fuß zu fassen: Um 1900 waren mehr als zwei Drittel der Universitätsprofessoren Juden, ebenso ein Großteil der Journalisten, Literaten, Ärzte und Anwälte. Populisten machten sich die Ängste der nichtjüdischen Kleinbürger zu Nutze und schürten antisemitische Ressentiments. Der Abgeordnete zum Reichsrat Georg Ritter von Schönerer und der christlichsoziale Karl Lueger – von 1897 bis 1910 Bürgermeister von Wien – taten sich besonders hervor. Luegers populistische Reden beeindruckten auch den jungen Hitler.

1910 stürzte Hitler in eine schwere existenzielle Krise. Die Einstellung der staatlichen Waisenrente nötigte ihn, ins Männerheim zu ziehen und sich durch Malen von Postkarten und ihren Verkauf einen bescheidenen Unterhalt zu verdienen. In dieser Zeit lernte er die Schrift »Ostara« kennen, die Jörg Lanz von Liebenfels, ein ehemaliger Mönch des Zisterzienserstiftes Heiligenkreuz bei Wien, veröffentlichte. Lanz verbreitete darin eine obskure theo- und zoosophische Rassenlehre, nach der blonde, hellhäutige, blauäugige »Asinge« in ständigem Kampf mit dunkelhäutigen, zwergenhaften »Äfflingen« und »Schrättlingen« stehen. Lanz' Symbol war ein rotes Hakenkreuz.

1913 drohte Hitler die Rekrutierung durch die k. u. k. Armee. Er floh nach München und nahm in der Schleißheimer Straße 34 Quartier. Wieder bestritt er den Lebensunterhalt durch Malen kleiner Bildchen, doch die österreichische Polizei war ihm auf den Fersen.

Hitler, ein Opportunist

„In dieser Zeit (1918, Anm.) war Hitler bereit, von irgend jemanden einen Posten anzunehmen, der ihm freundlich gesinnt war.“ Er „glich [...] einem müden streunenden Hund, der nach einem Herrn suchte. [...] Das deutsche Volk und sein Schicksal ließen ihn kalt.“
Karl Mayr, November 1941

Viele Jahre später wird Hitler die in München verbrachte Vorkriegszeit – ganze 15 Monate – als *„die glücklichste und weitaus zufriedenste“* seines Lebens bezeichnen. Die dunklen Schicksalswolken, die sich kurz über ihm zusammenbrauten, als die österreichische Polizei mit Hilfe der bayerischen ihn, den Fahnenflüchtigen, aufspürte, um ihn vor die k. u. k. Stellungskommission zu zerren, verzogen sich schnell: In Salzburg, zur Musterung angetreten, erfuhr er, dass er wegen seines schwächlichen Körperbaus waffenuntauglich sei. Unbeschwert konnte er sich in München wieder dem Malen und dem Lesen von Büchern widmen.

Doch dann brach der Erste Weltkrieg aus. Hitler erlebte die Kriegsproklamation vom 1. August 1914 auf dem Odeonsplatz und erinnerte sich 1925 an den für ihn aufregenden Tag: *„Ich schäme mich [...] nicht, daß ich, überwältigt von stürmischer Begeisterung, in die Knie gesunken war und dem Himmel aus übervollem Herzen dankte, daß er mir das Glück geschenkt, in dieser Zeit leben zu dürfen.“*

Wie viele andere drängte sich auch Hitler freiwillig zum Militärdienst. Am 5. August 1914 meldete er sich beim 1. bayerischen Infanterie-Regiment, doch erst am 16. August erhielt er die Aufforderung, sich im Rekruten-Depot VI in München für das 2. Ersatzbataillon des 2. Infanterie-Regiments ausrüsten zu lassen. Diese Einheit – nach ihrem ersten Kommandanten »Regiment List« genannt – bestand überwiegend aus unerfahrenen Rekruten, die sich bis zum 20. Oktober auf dem Lechfeld bei Augsburg einer scharfen Ausbildung unterziehen mussten.

Am 21. Oktober verlegte das Regiment nach Flandern, und schon wenige Tage später, am 29. Oktober, erhielt es bei Ypern die Feuertaufe. In fehlerhaftem Deutsch schildert Hitler einem Münchner Bekannten seine Erlebnisse: *„Ich springe und laufe so gut es geht, über die Wiesen und Rübenfelder springe über Gräben, komme über Drat und lebende Hecken und dann höre ich vor mir schreien ›Hier herein, alles hier herein‹. Ein langer Schützengraben liegt nun vor mir, einen Augenblick später springe ich hinein vor mir, hinter mir, links und rechts folgen unzählige Andere. Neben mir sind Württemberger, unter mir tote und verwundete Engländer. [...] Wir kommen blitzschnell über die Felder vor, und nach stellenweise blutigem Zweikampf werfen wir die Burschen aus einem Graben nach dem anderen heraus. Viele heben die Hände hoch. Was sich nicht ergibt, wird niedergemacht.“*

Die Stärke des »Regiments List« war nach vier Tagen *„von 3½ tausend Mann auf 600 zusammengeschmolzen“*, berichtete Hitler. Viele von ihnen fielen im eigenen Feuer, da sie in der Dunkelheit von den Kameraden für Engländer gehalten wurden. Nach dem Gefecht wurde Hitler wegen besonderer Tapferkeit zum Gefreiten befördert und als einer von zehn Meldegängern zum Regimentsstab abkommandiert. Gefreiter blieb er bis Kriegsende, obwohl ihn seine Vorgesetzten zum Unteroffizier ernennen wollten. Hitler lehnte jedoch jede weitere Beförderung ab. Nur das »Eiserne Kreuz II. Klasse«, mit dem er am 2. Dezember 1914 ausgezeichnet wurde, nahm er an. Auch als Meldegänger *„leistet er sowohl im Stellungskrieg als auch im Bewegungskrieg Vorbildliches an Kaltblütigkeit und Schneid und war stets bereit, Meldungen in schwierigsten Lagen unter größter Lebensgefahr durchzubringen“*, bescheinigte sein Vorgesetzter Oberstleutnant Freiherr von Godin, als er am 31. Juli 1918 den Antrag stellt, Hitler das »Eiserne Kreuz I. Klasse« zu verleihen. Hitler trug es bis zum Lebensende. Er verschwieg aber, dass er den Orden auf Vorschlag des Regimentsadjutanten Hugo Gutmann bekommen hatte. Gutmann war Jude.

Kriegserfahrungen

Als Melder des Regimentsstabs und in unmittelbarer Nähe von Kommandeuren lernte Hitler im Rahmen taktischer Besprechungen die Kriegführung in groben Zügen kennen. Auf diese Erfahrungen wird er sich als Führer und oberster Befehlshaber des Heeres später immer wieder berufen. So auch am 24. August 1942, als im Führerhauptquartier von Winniza Generaloberst Franz Halder den Wunsch Generalfeldmarschalls Günter von Kluge vorträgt, die 9. Armee bei Rshew zurückzunehmen. Hitler lehnte ab und warf im Gegenzug den Kommandierenden vor, nicht genügend Härte zu beweisen. Darauf entgegnete Halder: *„Ich habe sie, mein Führer. Aber da draußen fallen die braven*

Hitler brachte es zwar nur bis zum Gefreiten, doch wurde er wegen wiederholter Tapferkeit in vielen Schlachten und Gefechten (Liste unten) hoch dekoriert.

1914

21.10.:	An die Front
29.10.:	Yser
30.10.-24.11.:	Ypern
1.11.:	Gefreiter
9.11.:	Regimentsstab
25.11.-13.12.:	Flandern
2.12.:	Eisernes Kreuz II. Kasse
14.12.-24.12.:	Flandern
25.12.1914 - 9.3.1915:	Flandern

1915

10.-14.3.:	Neuve-Chapelle
15.3.-8.5.:	Flandern
9.5.-23.7.:	La Bassée, Arras
24.7.-24.9.:	Flandern
25.9.-13.10.:	La Bassée, Arras
14.10.1915 - 29.2.1916:	Flandern

1916

1.3.-23.6.:	Flandern (Artois)
24.6.-7.7.:	Somme
8.-18.7.:	Flandern
19.-20.7.:	Fromelles
21.7.-25.9.:	Flandern
26.9-5.10.:	Somme
5.10.:	Verwundung
9.10.-1.12.:	Beelitz (Lazarett-Aufenthalt)

1917

5.3.:	Front
5.3.-26.4.:	Flandern
27.4.-20.5.:	Arras
21.5.-24.6.:	Artois
25.6.-21.7.:	Flandern
22.7.-3.8.:	Flandern
4.8.-10.9.:	Oberelsass
17.9.:	Verdienstkreuz III. Klasse mit Schwertern
30.9.-17.10.:	Urlaub
17.10.-2.11.:	Ailette
3.11.1917 - 25.3.1918:	Ailette

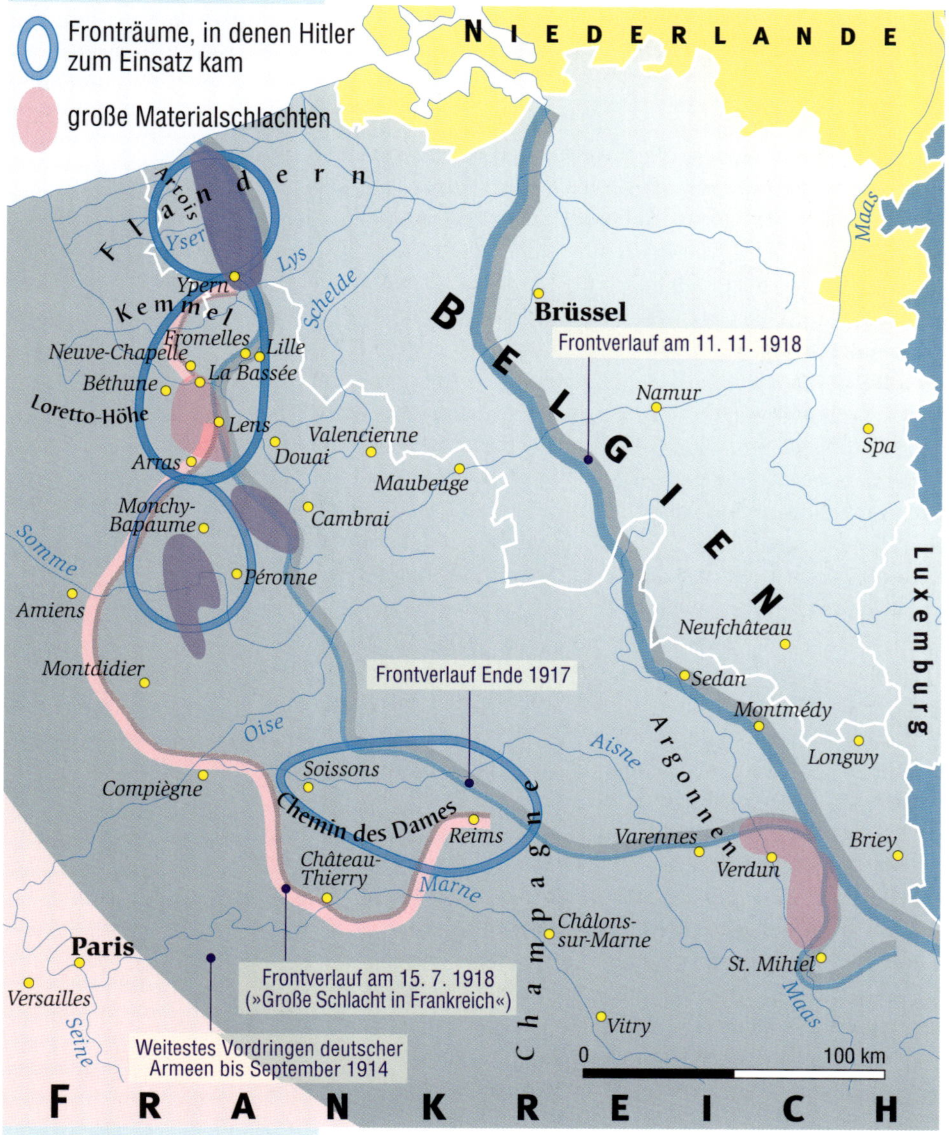

1918	
26.3.-6.4.:	»Große Schlacht« in Frankreich
7.-27.4.:	Avre, Montdidier
28.4.-26.5.:	Ailette
9.5.:	Regimentsdiplom für hervorragende Tapferkeit bei Fontaine
18.5.:	Verwundetenabzeichen
27.5.-13.6.:	Soissons, Reims
14.-30.6.:	Oise, Marne
5.-14.7.:	Oise, Marne
15.-17.7.:	Marne, Champagne
18.-25.7.:	Soissons, Reims
25.-29.7.:	Marne
4.8.:	Eisernes Kreuz I.Klasse
21.-23.8.:	Monchy-Bapaume
23.-30.8.:	Diensturlaub
25.8.:	Dienstauszeichnung III. Klasse
10.9.-27.9.:	Urlaub
28.9.-15.10.:	Flandern
15.10.:	Gasvergiftung
21.10.-19.11.1918:	Lazarett in Pasewalk

Die Westfront 1914 bis 1918 (Karte oben).
Hitler vernahm am 2. August 1914 auf dem Odeonsplatz in München die deutsche Mobilmachung (Bild links).
NS-Propagandafoto von Hitlers Leibfotograf H. Hoffmann.

Musketiere und Leutnants zu Tausenden, nur weil die Führung nicht den einzigen möglichen Entschluß durchführen darf und ihr die Hände gebunden werden." Hitler unterbrach ihn erbost: „*Generaloberst Halder, was erlauben Sie sich mir gegenüber für einen Ton. Sie wollen mir klarmachen, wie es dem Mann an der Front zumute ist? Was haben Sie überhaupt an der Front erlebt? Wo waren Sie im Ersten Weltkrieg? Und Sie wollen mir vorwerfen, ich verstünde die Front nicht! Ich verbitte mir das!*" Halder, im Ersten Weltkrieg Generalstabsoffizier, wurde am 24. September 1942 von Hitler entlassen.

Das starrsinnige Festhalten an Stellungen im Zweiten Weltkrieg ging auf ein Erlebnis zurück, das Hitler im Frühjahr 1917 in den Stellungskämpfen von Flandern und im Artois hatte. Er merkte, dass die Absetzbewegung deutscher Truppen zur »Siegfriedstellung« im rückwärtigen Gebiet schneller vonstatten ging, als es die Oberste Heeresleitung vorsah. Seitdem war er überzeugt, dass rückwärtige Stellungen die zurückgehenden Truppen geradezu magnetisch anzogen. Unbelehrbar untersagte er seinen militärischen Führern während des gesamten Kriegsverlaufs jede Frontbegradigung oder das Aufgeben von einmal erreichten Stellungen, so hoffnungslos die Lage auch war. Die kriegsentscheidende Niederlage von Stalingrad ist dafür eines der markantesten Beispiele.

Chaotische Zeiten

Mitte Oktober 1918 wurde Hitler bei La Monzagne verwundet: „*In der Nacht vom 13./14. Oktober 1918 erhielt ich eine sehr schwere Gelbkreuzvergiftung, im Verlaufe deren ich zunächst vollständig erblindete*", schrieb er in seinen Erinnerungen. Im Lazarett des pommerschen Pasewalk bei Stettin erlebte er blind und auf die Hilfe anderer angewiesen den Zusammenbruch des Reichs, den er zuerst nicht wahrhaben wollte: „*Ungünstige Gerüchte kamen dauernd aus der Marine*", berichtete Hitler. „*Und dann brach eines Tages plötzlich und unvermittelt das Unglück herein. Matrosen kamen auf Lastkraftwagen und riefen zur Revolution auf, ein paar Judenjungen waren die »Führer« in diesem »Kampf um die Freiheit, Schönheit und Würde« unseres Volksdaseins. Keiner von ihnen war an der Front gewesen. Auf dem Umweg eines sogenannten »Tripperlazaretts« waren die drei Orientalen aus der Etappe der Heimat zurückgegeben worden. Nun zogen sie in ihr den roten Fetzen auf.*"

In jenen Tagen muss der ungeheure Hass auf alles Jüdische entstanden sein, der Hitler bis zum Lebensende verfolgte und die Vorstellung, dass Judentum und Bolschewismus in enger Verbindung standen und beide das gleiche Ziel verfolgten: die Vernichtung des Deutschtums.

Am 21. November 1918 verließ Hitler das Lazarett. Zunächst fuhr er nach München, dem Standort seines Infanterie-Regiments. Der König von Bayern, auf den Hitler 1914 den Eid geschworen hatte, war geflohen und Kaiser Wilhelm II. ins Exil gegangen. Die politischen Zustände, die ihn in der bayerischen Hauptstadt erwarteten, verwirrten ihn: Bayern war seit dem 7. November eine vom Sozialdemokraten Kurt Eisner ausgerufene »Räterepublik«. Auch Hitlers Regiment befand sich fest in der Hand bolschewistisch orientierter Soldatenräte. Mangels anderer Aufgaben sortierte Hitler in der Kaserne zunächst Kleidungsstücke. Nun hatte er genug Muße, um sich ein neues politisches Gedankengebäude zu zimmern. Deutschvölkische Flugblätter, mit heftigen antisemitischen Attacken, bestätigten seine Meinung, dass die Schuld der deutschen Niederlage bei den Juden läge.

Kaiser Wilhelm II., früher ein Idol, eliminierte Hitler aus seiner Weltanschauung, er habe „*den Führern des Marxismus die Hand zur Versöhnung gereicht*", stellte er verbittert fest. Das hinderte ihn nicht, Vertrauensmann seiner Kompanie zu werden und mit den Sozialdemokraten und deren radikalen, zum Bolschewismus neigenden Ablegern von der USPD zusammenzuarbeiten: Hitler trug die rote Armbinde der bayerischen Räterepublik. Doch kurz nach der Niederwerfung der Räterepublik durch die »Weißen« am 2. Mai 1919 wechselte er die Fronten und wurde Mitglied eines dreiköpfigen Ausschusses, der die Kameraden seines Regiments auf ihre Aktivitäten während der Räterepublik untersuchte.

„*Der Erste Weltkrieg hat Hitler erst möglich gemacht*", stellt der Historiker Ian Kershaw fest. „*Ohne die Erfahrungen des Krieges, die Demütigung der Niederlage und die Wirren der Revolution hätte der gescheiterte Künstler und Aussteiger mit dem Schritt in die politische Arena weder die entscheidende Wende in seinem Leben erfahren, noch hätte er erkennen können, daß ihm die Rolle des Agitators und Bierkellerdemagogen auf den Leib geschnitten war.*"

Geistige Ursprünge

„Der Nationalsozialismus ist nicht erst durch Hitler geschaffen worden. In den Reden und schriftlichen Äußerungen seiner ersten Jahre finden sich keinerlei originäre Gedanken. Alles war vorher schon da; es ist von ihm aufgegriffen und höchstens in seinem Sinne radikalisiert worden, zu einem politischen Glaubensbekenntnis hochstilisiert worden.“

Hellmuth Auerbach, 1995

Mit der Machtübernahme der extrem konterrevolutionären Rechten in Bayern war die Errichtung einer Nachrichtenabteilung in der bayerischen Reichswehr verbunden. Sie erfüllte propagandistische Aufgaben und antibolschewistische Propaganda, bespitzelte die Bevölkerung und legte darüber Stimmungsberichte an. Kommandant des Ressorts war Hauptmann Karl Mayr. Ihm fiel Hitlers rednerische Begabung auf und er holte ihn in seine Abteilung. Hitler wurde Verbindungsmann, ein Spitzel, der in den zahlreichen politischen Veranstaltungen in und um München Ausschau nach bolschewistischen Aktivitäten halten sollte. In der Ausbildung zum V-Mann nahm Hitler an antibolschewistischen Aufklärungskursen an der Münchner Universität teil. Hier entdeckte er sein Talent, durch Reden Mithörer in den Bann ziehen zu können. Mayr förderte Hitler nach Kräften und zählte später, als Hitler alle Macht in sich vereinigte, zu seinen glühendsten Anhängern. Mit dem Verlauf des Krieges wandelte sich Mayr jedoch zum scharfen Kritiker des Hitler-Regimes, 1945 wurde er im KZ Buchenwald hingerichtet.

Mit Feuereifer widmete sich Hitler der neuen Aufgabe. Vor Truppenteilen, die auf Grund von Beobachtungen der Nachrichtenabteilung politische Unzuverlässigkeit zeigten und daher durch »Aufklärungsarbeit« vom Bolschewismus und Spartakismus zu einer nationalistischen und antibolschewistischen Gesinnung »erzogen« werden sollten, agierte Hitler mit vollem persönlichen Einsatz. Als wichtigste Waffe aus seinem demagogischen Arsenal setzte er antisemitisches Vokabular ein. Die wütenden Attacken, die er gegen das Judentum ritt, schreckten selbst seine Vorgesetzten auf. Sie befürchteten, dass die bayerische Reichswehr der Judenhetze beschuldigt werden könnte und mahnten Hitler, seinen Antisemitismus zu dämpfen.

Doch wie ein guter Teil der Wiener Bevölkerung um die Jahrhundertwende sich eines bösartigen Antisemitismus befleissigte, überlagerte auch in Bayern kurz nach dem Ersten Weltkrieg eine gehässige antijüdische Stimmung jede Vernunft. In ständig wiederkehrenden emotional gefärbten Beschuldigungen bezichtigte man die Juden, den Krieg verursacht und die Niederlage herbeigerufen zu haben. Man bezichtigte sie Kriegsgewinnler zu sein und jetzt, in bittersten Notzeiten, die Geschäftemacherei auf übelste Weise fortzusetzen. Die Juden gehörten alle *„aufgehängt“*, erst *„wenn das Reich von diesem heimtückischen, verräterischen Ungeziefer befreit sei, sei an ein Wiederaufblühen Deutschlands zu denken“*, lautete ein Stimmungsbericht der Nachrichtenabteilung der bayerischen Reichswehr.

Die halbherzigen Ermahnungen der Vorgesetzten nahm Hitler nicht ernst. Im Gegenteil: Seine antijüdische Agitation brachte ihm den Ruf ein, ein Experte für Judenfragen zu sein. Im Herbst 1919 erteilte ihm Hauptmann Mayr den Auftrag, eine Anfrage über die Beziehungen von Juden zur sozialdemokratischen Regierung zu beantworten. Hitler nahm dazu am 16. September 1919 Stellung: Der Antisemitismus beruhe nicht auf Emotionen, führte er aus, sondern auf *„der Erkenntnis von Tatsachen“*. Judentum sei keine Religion, sondern eine Rasse, und emotionaler Antisemitismus erzeuge Pogrome. *„Antisemitismus der Vernunft“* jedoch führe zur *„Entfernung“* aller Rechte der Juden. *„Sein letztes Ziel aber muß unverrückbar die Entfernung der Juden überhaupt sein“*, schloss Hitler. In dieser wenig bekannten Stellungnahme zeichnete sich Hitlers »Weltanschauung« bereits im Detail ab: Sie äußerte sich in einem konfusen Ideenbrei, der auf dem Studium vieler einschlägiger Bücher und Zeitschriften beruhte. Noch eine Schwachstelle offenbarte Hitlers Schreiben: Weder er noch die NSDAP waren fähig, neue, weltanschauliche Ideen zu entwickeln. Die »Weltanschauung« des Nationalsozialismus war nichts als ein Konglomerat irrationaler Meinungen und Ansichten, die im 19. Jahrhundert von Historikern, Biologen, Philosophen und Literaten verbreitet wurden und im Prinzip auf drei Säulen ruhten: 1. der sozialdarwinistischen Vorstellung des »Kampfes ums Dasein« und der Selektion der Schwachen durch die Starken; 2. der Notwendigkeit des »Kampfes um Lebensraum« und 3. dem »rassisch« begründeten Antisemitismus.

Dieses vom Nationalsozialismus zur Ideologie hochstilisierte pseudowissenschaftliche Gedankengut war nicht nur ein Auswuchs verschrobener Obskuranten oder Esoteriker – wie dem Sonderling Jörg Lanz von Liebenfels, der angeblich »Hitler die Ideen« gab, oder Guido von List –, sondern stammte auch von honorigen Wissenschaftlern.

So beurteilte der 1857 geborene Arzt Wilhelm Schallmayer den Menschen nach seiner sozialen »Nützlichkeit«. Um »nützliche« Menschen zu »erzeugen«, müsse der Staat die Fortpflanzung fördern und steuern, sagte Schallmayer. Die Frau habe Gattin und Mutter zu sein und möglichst vielen Kindern das Leben zu schenken. Über deren Gesundheit hätten rassenhygienische Kontrollen zu wachen, die in *„erbbiographischen Personalbögen“* zu vermerken wären. Der Arzt und Privatgelehrte forderte die Sterilisierung *„leiblich oder geistig mißratener“* Personen und die Zwangseinweisung Behinderter in Sonderanstalten.

Deutsches Wochenblatt
HERAUSGEB

Nummer 48

Erscheint wöchentl. Einzel-Nr. 20 Pfg. Bezugspreis monatlich 84 Pfg. zuzüglich Postbestellgeld. Bestellungen bei dem Briefträger oder der zuständ. Postanstalt. Nachbestellungen a. d. Verlag. Schluß der Anzeigenannahme 14 Tage vor Erscheinen. Preis für Geschäfts-Anz.: Die ca. 22 mm breite, 1 mm hohe Raum-Zeile im Anzeigenteil –.25 RM.

Nürnb

Ist die Jude

Die Vergeltungsmaßnahmen
Aufgabe Deutschlan

Am 7. November 1938 wurde Botschaftsrat Ernst vom Rath in Paris durch den Juden Grünspan meuchlings niedergeschossen. Am 9. November, dem Schicksalstage der nationalsozialistischen Bewegung, starb er. Des deutschen Volkes bemächtigte sich eine ungeheure Erregung. Noch in der Nacht vom 9. auf 10. November demonstrierten die Massen vor jüdischen Geschäften und den Prunkwohnungen jüdischer Volksaussauger. Es war unvermeidlich, daß dabei etliche Schaufensterscheiben zerbrochen wurden und die eine oder andere jüdische Herrschaftswohnung an ihrem strahlenden Glanze Einbuße erleiden mußte.

Daß die jüdische Auslandspresse aus diesen Geschehnissen die „grauenhaftesten Judenverfolgungen“ konstruierte, war vorauszusehen. Solche Greuelmärchen nimmt aber heute kein vernünftiger Mensch mehr ernst. Wer sind denn die „Dichterlinge“, die solche Fantasieprodukte nach altbewährtem Rezepte seit Jahren zusammenreimen? Es sind jüdische Emigranten. Es sind jüdische Gauner, die aus Angst vor Vergeltung ins Ausland flüchteten. Es sind jüdische Verbrecher, die nur deswegen über die Grenzen gingen, weil sie den Staatsanwalt fürchteten. Es sind jüdische Untermenschen, die überall, ganz gleich, wo sie auch weilen, immer nur Hader und Zwietracht säen. Das sind die Schöpfer jener schändlichen Lügenmeldungen, die heute über die ganze Welt gehen.

Aus dem Inhalt

Jüdischer Mädchenhandel
Der Jude Viktor Stark
Die Wahrheit über die Synagogen
Wie die Wiener Juden das Versöhnungsfest feierten
Der Jude in der Geschichte der deutschen Apotheke
Der Bergbau und der Jude
Rechtsanwalt Dörzbacher in Mosbach

Verruchte
In dem d

Die Juden sir

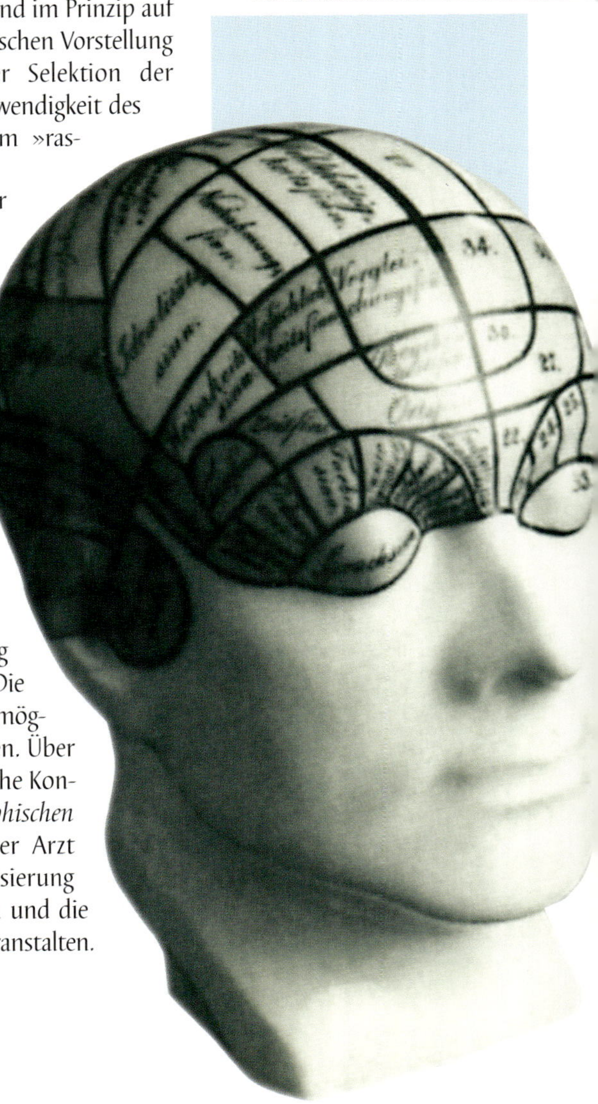

ürmer
mpfe um die Wahrheit
STREICHER
1938
17. Jahr
1938
age gelöst?
Juden / Die weltgeschichtliche
Kampf geht weiter
Mordjude
das Land, Ihr schafft dem Mördervolk nur freie Bahn,
echt fand. Seid Ihr mit dem Verbrecher zu human!
ser Unglück!

»Der Stürmer« war eine antisemitische, von Julius Streicher 1923 gegründete Zeitschrift der nationalsozialistischen Kampfpresse (Bild oben). Mit Skandalgeschichten aus dem jüdischen Milieu sollte sie die Massen gegen die Juden mobilisieren. Die Auflage betrug 1940 etwa 600 000 Exemplare. Zu den Mitarbeitern zählte der Karikaturist Philipp Rupprecht (»Fips«) und der jüdische Journalist Fritz Brand alias Jonas Wolk aus Fürth.

Der Wiener Arzt Josef Gall (1758 bis 1828) gründete die Lehre von der Phrenologie. Er vermutete den Sitz menschlicher Eigenschaften an verschiedenen Stellen im Gehirn (Porzellankopf mit eingezeichneten phrenologischen Zonen; linke Seite, unten).

Das Rassenkundebuch von H. Günther, 1933 (Bild rechts).

Einen Schritt weiter gingen der 1860 geborene Alfred Ploetz und der sechs Jahre jüngere Alexander Tille. Gegen Ende des 19. Jahrhunderts propagierten sie unverhohlen den Wert der germanischen Rasse und das *„Ausjäten“* von Kranken und Schwachen. Ploetz schrieb Ehepaaren die Altersstufe vor, bis zu der sie Kinder zeugen durften. Später Geborene, auch Zwillinge, sollten getötet werden. Alexander Tille, ein Landwirt, griff in seiner Radikalität dem nationalsozialistischen Euthanasie-Programm vor: Erblich Belastete, so Tille, die von der Gesellschaft nur aus Mitleid am Leben erhalten werden, hätten kein Recht auf ein Dasein. Tille stellte die Maxime auf, es sei *„das Recht der stärkeren Rasse, die niedere zu vernichten“*. Er behauptete: *„Wenn diese nicht die Fähigkeit des Widerstandes behaupten kann, so hat sie auch kein Recht auf Dasein.“*

Einen ähnlichen Standpunkt vertrat Hitler wenige Tage vor seinem Selbstmord im April 1945: Das deutsche Volk habe sich als das schwächere erwiesen, sagte er, daher möge es untergehen.

Obskure Ideen werden Realität

Für eine geplante Züchtung des Menschen trat auch der Prager Philosophieprofessor Christian von Ehrenfels ein. Er wünschte unter anderem Vielweiberei und künstliche Befruchtung. Ein anderer Wissenschaftler, der Chemiker Wilibald Hentschel, gründete 1906 den »Mittgart-Bund«, der ausgewählte Paare zu einer zeitlich begrenzten Ehegemeinschaft zusammenführen wollte. Ihr Nachwuchs sollte in ländlichen Kommunen großgezogen werden.

Den obskuren Vorstellungen der Sozialdarwinisten stehen manche Literaten nicht nach. Felix Dahn, Gustav Freytag, Hermann Burtes und andere begannen ab der Mitte des 19. Jahrhunderts das Germanentum zu idealisieren. Ernst Wachler errichtete 1907 – nach dem Vorbild altgermanischer Thingstätten – im Harz eine Kultstätte, die der Verherrlichung germanischer Helden diente. Ähnliche Freiluftbühnen planten die Nationalsozialisten auch im Dritten Reich in der Nähe aller großen Städte.

Zu den wirkungsvollsten Propagandisten des völkischen Denkens und des Germanenkults zählte der französische Schriftsteller und Diplomat Joseph Arthur Comte de Gobineau. 1853 stellte er die These von der Ungleichheit der menschlichen Rassen auf. Sie unterscheiden sich nicht nur körperlich, sondern auch geistig, behauptete Gobineau und versuchte gleichzeitig die Überlegenheit der »arischen« Rasse zu beweisen. Seine Werke wirkten nachhaltig auf Friedrich Nietzsche, Richard Wagner und dessen Schwiegersohn, den Briten Houston Stewart Chamberlain.

Der 1827 geborene Berliner Kulturphilosoph Paul Anton de Lagarde stand bei den Nationalsozialisten in besonders hohem Ansehen, obwohl er nicht dem Rassismus huldigte. De Lagarde redete dem völkischen Fundamentalismus das Wort und übte heftige Kritik an der Kirche seiner Zeit, die sich seiner Meinung nach von den Idealen Jesu entfernt habe. Aus staatspolitischen Überlegungen müsse eine nationale, alle Konfessionen überwindende Kirche errichtet werden. Die Nationalsozialisten versuchten de Lagardes Idee zu verwirklichen, das Projekt »Deutsche Christen« scheiterte allerdings. Seine Abneigung gegenüber dem Judentum begründete de Lagarde damit, dass es in einer Nation nicht mehrere »Seelen« geben dürfe. Die Juden könnten allerdings durch nationale Einstellung ihre *„religiöse und volkstumsmäßige Andersheit“* kompensieren, meinte de Lagarde. Würden sie dies nicht tun, müsse man sie in Ostgebiete deportieren oder nach Palästina aussiedeln. In seiner Schrift »Juden und Indogermanen« von 1887 warf er den Juden Rassenhochmut vor und verglich sie mit Ungeziefer: *„Mit Trichinen und Bazillen wird nicht verhandelt, Trichinen und Bazillen werden auch nicht erzogen, sie werden so rasch wie möglich vernichtet.“* De Lagarde strebte auch nach einer deutschen Vorherrschaft in Mittel- und Osteuropa, und Österreich sollte nichts anderes als ein *„Coloniestaat Deutschlands“* sein.

Die Idee, Deutschland nach Osten auszudehnen, geisterte in vielen Köpfen. Zu Beginn des Ersten Weltkriegs forderte ein Professor der Landwirtschaftshochschule Hohenheim in Württemberg den Reichskanzler auf, die deutsche Grenze weiter nach Osten zu verlagern und das gewonnene Land dem *„Deutschen Volk als Siedlungsland zur Verfügung“* zu stellen. Die ostgerichtete Lebensraumerweiterung wurde im Ersten Weltkrieg eines der wichtigsten Kriegszielprogramme der deutschen Obersten Heeresleitung und blieb es bis zum Kriegsende. Hitler verfolgte diesen Plan noch, als die Sowjets im Gegenschlag bereits Berlin eingekesselt hatten.

Starken Widerhall rief schließlich der angesehene Berliner Historiker Heinrich von Treitschke wegen seiner ausgeprägt antijüdischen Haltung hervor. In den »Preußischen Jahrbüchern« ergriff er im November 1879 die Partei der Antisemiten: *„Bis in die Kreise der höchsten Bildung hinauf, unter Männern, die jeden Gedanken kirchlicher Unduldsamkeit oder nationalen Hochmuths mit Abscheu von sich weisen würden, ertönt es heute wie aus einem Munde: Die Juden sind unser Unglück!“*, schrieb Treitschke.

Die Parole »Die Juden sind unser Unglück!« nahm 1927 NSDAP-Gauleiter von Franken, Julius Streicher, zum Leitsatz seiner antisemitischen Hetzschrift »Der Stürmer«: Jede Titelseite trug diesen Satz. Sogar für solche niederen Schmähungen mussten die Nationalsozialisten bei den Altvorderen Anleihe zeichnen.

Die Saat des Bösen

„Damit Ideen politikfähig und, wie das am Ende der Weimarer Republik für den Rassismus und Antisemitismus offenbar galt, massenwirksam werden können, müssen sie zuvor in griffiger, popularisierbarer Form formuliert und propagiert werden. Dabei ist zunächst auf eine sehr wenig beachtete Tatsache hinzuweisen. In der Weimarer Republik erfuhr die rassistische und antisemitische Literatur, die das 19. Jh. hervorgebracht hatte, eine völlig ungehemmte Verbreitung. Wer sich in den zwanziger Jahren mit den Schriften von Gobineau, Chamberlain, Lagarde, Langbehn, Dühring u. a. beschäftigen wollte, konnte ihre Werke in billigen Volksausgaben und Broschüren in jedem Buchladen kaufen.“
Ludolf Herbst, 1997

Die Anziehungskraft der NSDAP auf die Splittergruppen völkisch-antijüdischer Lager erfuhr durch die Radikalität, mit der die Partei die Diskriminierung der Juden forderte, eine deutliche Stärkung. Wäre der Antisemitismus unter den Deutschen nicht vorhanden gewesen, wären Hitler und seine Partei nicht an die Macht gekommen. In der Anfangszeit der Bewegung stand weder der Kampf gegen den Bolschewismus noch gegen die Arbeitslosigkeit im Mittelpunkt des Parteiprogramms, sondern ausschließlich der gegen das Judentum. Den latenten Antisemitismus im Volk nutzte Hitler in der Anfangszeit der NSDAP und während des Aufstiegs, musste er doch annehmen, dass dieses Motiv die Triebkraft seines Erfolges war. Besondere Umstände spielten ihm dabei in die Hände: er konnte in Bayern agitieren, dem katholischsten Staat des Deutschen Reichs, hier wurzelte der Antisemitismus tiefer als anderswo.

Schon in der liberalen Phase zwischen 1849 und 1871, in der im Reich fast keine literarische Diskussion über die »Judenfrage« stattfand, traten im bayerischen Landtag unter Berufung auf das *„unverdorbene“* Empfinden des *„einfachen Volkes“* gegen die *„widernatürliche“* Gleichheitsideologie postrevolutionärer Liberaler einige Befürworter einer Ausgrenzung der Juden auf. Ein bayerischer Landtagsabgeordneter schlug rassistische Töne an, indem er auf eine *„Volkseigentümlichkeit“* der Juden hinwies und davor warnte, *„diesen anorganischen Bestandteil [...] in den Organismus des deutschen Staatslebens auf[zu]nehmen.“* Die katholische Kirche unterstützte diese Haltung über das ausgeprägte, von ihr dominierte Vereinswesen. Die Abneigung gegen die von der Reichsregierung angestrebte Gleichstellung der Juden wurde in Bayern daher relativ früh aktiviert, vielleicht auch als notorische Opposition gegenüber dem protestantischen Preußen.

Wie sehr sogar im liberalen Lager Vorurteile dem Judentum entgegenstanden, bestätigte der politische Absturz des demokratischen Abgeordneten und Journalisten Wilhelm Marr aus Hamburg. Marr betonte zwar 1862 in seinem »Judenspiegel« den großen *„Unterschied zwischen Germanen und Orientalen [...] in der Race“*, erhob aber keine Einwände gegen eine *„fleischliche Vermischung.“* Er begründete, dass Mischehen die Germanisierung der Juden beschleunigten. Dies war vielen Demokraten unverständlich und sie wandten sich von Marr ab. Der Demokrat Marr verwendete 1879 in seinem Pamphlet »Der Sieg des Judentums über das Germanentum« den Begriff »Antisemitismus« zum ersten Mal.

»Die goldene Zeit«

Für die meisten liberalen Politiker blieb dennoch die Gleichstellung der Juden eine anzustrebende Maxime. !861 garantierte die Hamburger Verfassung den Juden die gleichen Rechte wie sie die nichtjüdische Bevölkerung besaß. Dem Vorbild folgten 1862 Baden, 1867 Bayern und 1869 der Norddeutsche Bund. Bis 1871 hatten alle anderen deutschen Länder die Gleichstellung in der Verfassung verankert. Die folgenden sechzig Jahre stellten die »goldene Zeit« für die Juden in Deutschland dar, obwohl sich im gleichen Zeitraum die antijüdische Haltung in allen Kreisen der Gesellschaft vertiefte und die antisemitische Literatur wuchs. So sah Hermann Ahlwardt die Macht der Juden derart bedrohlich anschwellen, dass er 1890 die Schrift »Der Verzweiflungskampf der arischen Völker mit dem Judentum« verfasste und die Warnung vor einer jüdischen Verschwörung zur Erlangung der Weltherrschaft aussprach. Wenige Jahre später forderte Ahlwardt in einer Reichstagsrede die Ausrottung der Juden. Gleiches verlangte 1892 Karl Paasch. Da dies aber in einem Rechtsstaat wie dem Deutschen Reich unmöglich sei, schlug er vor, die Juden nach Neuguinea zu deportieren. Die Nationalsozialisten machten sich den Gedanken zu Eigen und wollten nach dem Sieg über Frankreich die Juden nach Madagaskar aussiedeln. Ahlwardt war Lehrer. Antisemitismus war zu jener Zeit unter der Lehrerschaft stark verbreitet. Sie gab Schülern und Studenten jenen Gifthauch der Intoleranz und des Rassenhasses über Schulbücher, Lehrpläne

Theodor Herzl (um 1900, Bild unten) – 1860 in Budapest geboren, 1904 in Reichenau im südlichen Niederösterreich gestorben – war Schriftsteller, Dramatiker, Feuilletonist, Erzähler und ein großer Verehrer Richard Wagners. Liberal erzogen, arbeitete er 1894 als Korrespondent in Paris, dann in Wien. Er sah die Lösung der Judenfrage in der Integration der Juden in andere Völker, kam jedoch später zur Ansicht, dass nur die Gründung eines eigenen Judenstaates die Konfliktsituation lösen konnte. Am 14. Februar 1896 erschien sein Buch »Der Judenstaat. Versuch einer modernen Lösung der Judenfrage«, in dem er die Gründung eines eigenen Judenstaates in Palästina – heute Israel – vorschlug. Auf seine Anregung hin wurde am 29. August 1897 der 1. Zionistenkrongess einberufen und die Zionistische Weltorganisation gegründet.

Richard Wagner (Bild oben) – 1813 in Leipzig geboren, 1883 in Venedig gestorben – widmete seine Musik der germanischen Mythologie und Sagenwelt. Zunächst liberal, änderte sich seine Einstellung nach der Revolution von 1848/49. Er äußerte sich in späteren Jahren ausgesprochen abfällig über Juden.

und Unterricht mit, der es später der Hitlerbewegung leicht machte, die in ihrer ethischen Gesinnung bereits Geschädigten für sich zu gewinnen.

Antisemit Richard Wagner

Einer der Größten der Musik, Richard Wagner, machte aus seiner Abneigung gegenüber dem Judentum kein Hehl. 1850 polemisierte er über »Das Judentum in der Musik« und sprach den Juden jede Fähigkeit ab, künstlerische Qualitäten zu entwickeln. Die synagogale Musik (jüdischen Tempelgesang) wertete er als *„Sinn und Geist verwirrendes Gegurgel, Gejodel und Geplapper"*. Die wahre Musik, behauptete Wagner, wäre ein *„Produkt des Christentums."*

Welche Gründe Richard Wagner dazu brachten, sein ursprüngliches Eintreten für eine Emanzipation der Juden 1848 aufzugeben und ab 1850 eine feindselige Haltung einzunehmen, bleibt unklar. Wagner und sein Kreis spielten jedoch fürderhin eine nicht zu unterschätzende Rolle bei der Verbreitung und Vermittlung des rassistischen Antisemitismus.

Bayreuth, wo König Ludwig II. 1876 für Wagner ein Festspielhaus errichten ließ, wurde zu einem Zentrum der Verherrlichung nordisch-germanischer Ideale. In den Opern »Lohengrin« und »Parsifal« steht das Grals-Thema im Mittelpunkt der Handlung. Im Heiligen Gral sollen der Legende nach Blutstropfen Christi aufbewahrt worden sein. Wagner stellte in den Opern eine Verbindung zwischen Christentum und germanischer Mythologie her. Damit erhob Wagner die Deutschen zu Gralshütern und stiftete so eine neues nationales Identifikationsmuster. Dank Richard Wagner wurde Bayreuth zum Mekka germanisch-deutscher Musik. Diesen Nimbus pflegten nach dem Tod des Künstlers seine Frau Cosima und später seine Schwiegertochter Winifred weiter. Beide verstanden es, höchste gesellschaftliche Kreise an das Haus zu binden. Kaiser Wilhelm I. und der II. waren oft gesehene Gäste, ebenso Adolf Hitler und seine engere nationalsozialistische Gefolgschaft.

In Angst und Sorge

Trotz verfassungsmäßig garantierter Gleichstellung lebte die jüdische Bevölkerung im Deutschen Kaiserreich in Sorgen und Ängsten um ihre Existenz. Armee und Verwaltung hielten, unterstützt durch antisemitische Vereinigungen, ihre Ausschlusspraktiken gegenüber Juden aufrecht. Der Wunsch, einen eigenen Staat zu gründen, der allen in der Diaspora lebenden Juden eine Heimat sein sollte, war daher nahe liegend. So riefen der Anwalt Max Isidor Bodenheimer und der Kaufmann David Wolffsohn aus Litauen den »Kölner Verein zur Förderung von Ackerbau und Landwirtschaft in Palästina« ins Leben, Jahre bevor der aus Budapest stammende Modejournalist Theodor Herzl in Wien die Idee eines Judenstaates in Palästina 1896 entwickelte.

Herzl leistete Bahnbrechendes für den Zionismus. Auf seine Anregung hin fand 1897 der erste Zionistenkongress statt. Kurz danach erschien in Deutschland die Schrift »Der Zionismus«. Sie umriss das Ziel der zionistischen Bewegung: *„Der Zionismus erstrebt eine dauernde Lösung der Judenfrage durch die Gründung einer öffentlich-rechtlich gesicherten Zufluchtstätte für solche Juden, die im Lande ihrer Geburt nicht bleiben können oder wollen. – Der Zionismus erstrebt die Rückkehr eines großen Teiles der Juden zum Ackerbau auf dem historisch geweihten Boden Palästinas."* Der Nationalsozialismus wird sich nach der Machtergreifung mit Nachdruck auf dieses Programm berufen.

VERSCHWÖRUNGS-IDEOLOGIEN

Flugblatt des »Reichsbundes jüdischer Frontsoldaten« gegen die Schmähungen durch rechte Gruppen und Parteien (Bild oben).

Anteil der Juden und jüdischer »Mischlinge« an der Gesamtbevölkerung 1925 bzw. 1939 (Karte rechts).

„Drüben am Wiesenrand / hocken zwei Dohlen. / Fall ich am Donaustrand, / sterb ich in Polen; / Was liegt daran, / Eh sie meine Seele holen, / kämpf ich als Reitersmann. / Eh sie meine Seele holen, / kämpf ich als Reitersmann.
Drüben im Abendrot / fliegen zwei Krähen. / Wann kommt der Schnitter Tod, / um uns zu mähen? / Es ist nicht schad, / Seh ich nur unsre Fahne weh'n / auf Belgerad! / Seh ich nur unsre Fahne weh'n / auf Belgerad!“
»Reiterlied« von Hugo Zuckermann, gefallen 1914

Das »Reiterlied« des 1881 geborenen Hugo Zuckermann, Zionist und Freiwilliger in der österreichisch-ungarischen Armee, wurde zur Leitmelodie der jüdischen Soldaten der Mittelmächte. Zuckermann fiel 1914.

Beim Ausbruch des Ersten Weltkriegs 1914 riefen jüdische Vereinigungen ihre Mitglieder zum freiwilligen Eintritt in die Armee auf. Die wehrfähigen jüdischen Bürger im Deutschen Reich und in Österreich-Ungarn folgten dem Appell mit Begeisterung. Allein in Deutschland eilten über 100 000 zu den Waffen, das waren 17 Prozent aller deutschen Juden. In Österreich-Ungarn kämpften 320 000 Juden am Isonzo, in Galizien und in Serbien.

„Man war froh, dabei zu sein. Viele von uns Juden beherrschte auch die Vorstellung, daß nun mit einem Schlage und für ewige Zeiten alle Judennot in Deutschland ihr Ende haben würde, zumal nachdem der Kaiser gesagt hatte: ›Ich kenne keine Parteien mehr, ich kenne nur noch Deutsche‹“, erinnerte sich 1940 der ehemalige Studienrat Willy Cohn aus Breslau. Die Juden fühlten sich verpflichtet, dem Deutschen Kaiserreich gegenüber ihre Loyalität zu beweisen. Sie begriffen sich als »deutscher Stamm« und die Eigenbezeichnung vom »jüdischen Stamm« im Deutschen Reich tauchte während des Ersten Weltkriegs immer wieder auf.

Unter den vielen jüdischen Freiwilligen versah auch der Sozialdemokrat Ludwig Frank seinen Militärdienst. Frank war ein Vorkämpfer der Arbeiterjugendbewegung und trat für eine Verständigung zwischen Deutschland und Frankreich ein. Am 3. September 1914, bereits 40 Jahre alt, fiel er bei Lunéville. Frank und Zuckermann sind nur zwei Beispiele, die das loyale Verhalten jüdischer Heeresangehöriger bestätigen; insgesamt blieben rund 12 000 jüdische Soldaten auf deutschen und 40 000 auf österreichisch-ungarischen Schlachtfeldern. Dennoch entsprach im Oktober 1916 Kriegsminister Adolf Wild von Hohenborn der Eingabe eines antisemitischen Reichstagsabgeordneten, eine »Judenzählung« durchzuführen. Sie sollte den Beweis erbringen, dass es unter den jüdischen Kriegsteilnehmern mehr »Reklamierte« gäbe als unter Nichtjuden. Doch das Gegenteil war der Fall: Im relativen Vergleich schnitten jüdische Soldaten besser ab. Das Ergebnis der Untersuchung wurde nie veröffentlicht. Ungeachtet dessen kam es in der Armee vielerorts zu Übergriffen gegen Juden. Im ganzen Land verstärkte sich der Antisemitismus, die jüdische Loyalität erntete nur Undank.

Erst in der Weimarer Republik wurde die aus der Kaiserzeit trotz verfassungsmäßiger Gleichstellung noch immer aufrechterhaltene Diskriminierung in der Verwaltung aufgehoben. Nun gewährte der Staat jüdischen Landesverbänden endlich auch die ersehnte volle Anerkennung. So bestimmte der Artikel 136, Absatz 2 ausdrücklich, dass die bürgerlichen und staatsbürgerlichen Rechte von der Konfession unabhängig seien. Die Synagogengemeinden und jüdischen Landesverbände waren jetzt Körperschaften des öffentlichen Rechts und die jüdische Religionsgemeinschaft war den christlichen gleichgestellt.

Wellen des Antisemitismus

Die Einstellung eines großen Teils der Bevölkerung ging jedoch mit der verfassungsrechtlichen Anerkennung jüdischer Einrichtungen nicht konform. Schon in den beiden letzten Kriegsjahren schossen antisemitische Vereinigungen und Organisationen wie Pilze aus dem Boden. Begierig nahmen sie eine Behauptung auf, die der Sieger in der Schlacht von Tannenberg, Generalfeldmarschall von Hindenburg am 18. November 1919 aufstellte. Hindenburg sagte vor dem parlamentarischen Untersuchungsausschuss der Nationalversammlung aus, dass das im Felde unbesiegte Heer von sozialdemokratischen Defätisten in der Heimat und in der Etappe geschwächt – *„von hinten erdolcht“* – worden wäre.

Diese »Dolchstoß-Legende« diente konservativen und rechtsgerichteten Kreisen als Begründung für die sonst anders nicht erklärbare Niederlage. Auch Kaiser Wilhelm II. und General Erich Ludendorff bemühten die Legende als Rechtfertigung und Entlastung vor der Geschichte, völkische Parteien, unter ihnen die frühen Nationalsozialisten, machten sich die Mär zu Eigen und beschuldigten in einem Atemzug Sozialdemokraten, Bolschewisten und die jüdische Minderheit, den »Dolchstoß« verursacht zu haben. Zweifellos beteiligten sich an der Revolution von 1918 viele Juden, aber nicht minder viele an der Errichtung der demokratischen Verfassung der Weimarer Republik. Dies war der Grund für die völkischen Parteien, sie samt und sonders als Zerstörer des Deutschen Reiches zu brandmarken. Die Deutschnationale Volkspartei (DNVP) – sie wurde 1933 Steigbügelhalter für Hitlers Kanzlerschaft – stellte 1920 einen ihrer Grundsätze auf: *„Wir wenden uns nachdrücklich gegen die seit der Revolution immer verhängnisvoller*

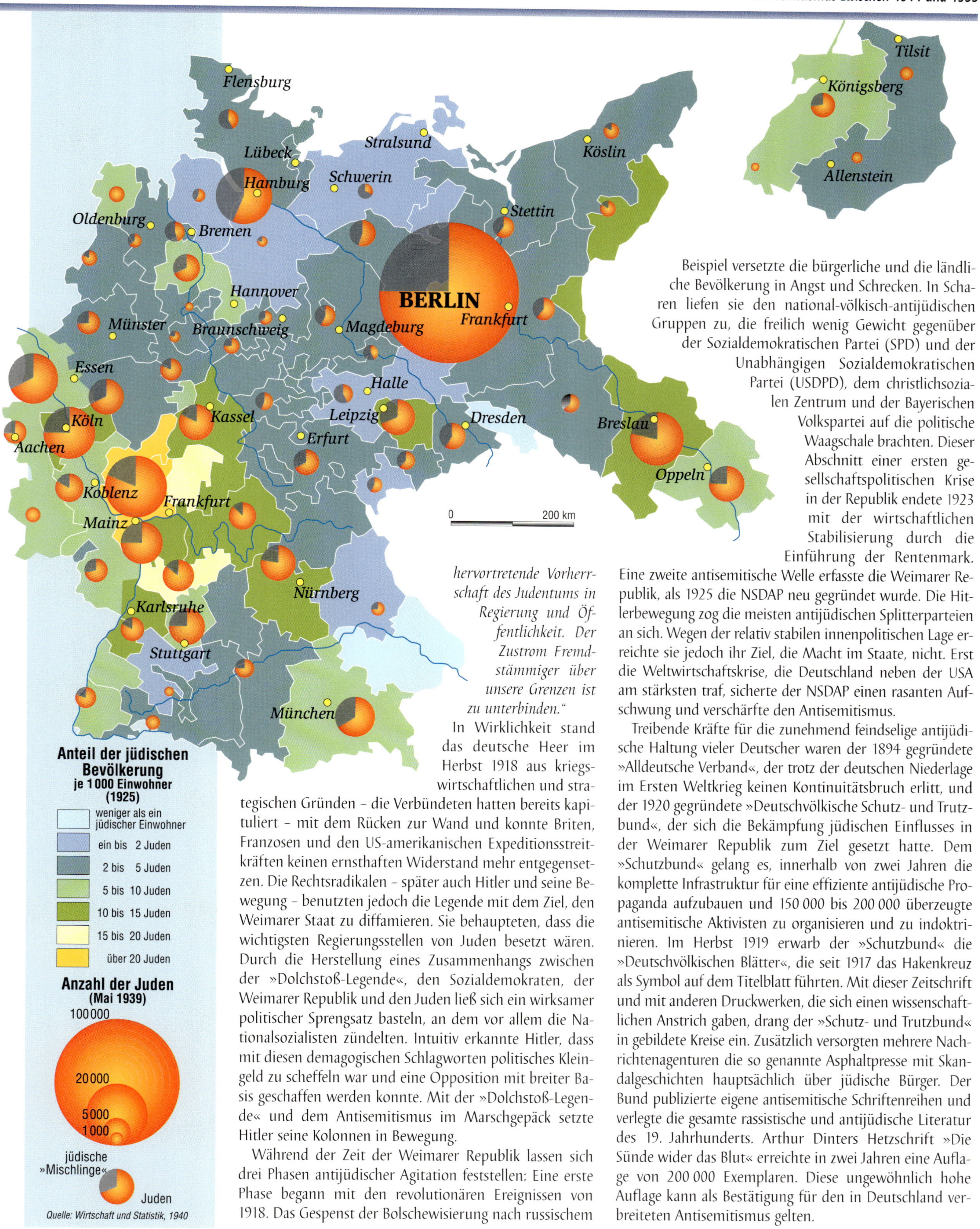

hervortretende Vorherrschaft des Judentums in Regierung und Öffentlichkeit. Der Zustrom Fremdstämmiger über unsere Grenzen ist zu unterbinden.“

In Wirklichkeit stand das deutsche Heer im Herbst 1918 aus kriegswirtschaftlichen und strategischen Gründen – die Verbündeten hatten bereits kapituliert – mit dem Rücken zur Wand und konnte Briten, Franzosen und den US-amerikanischen Expeditionsstreitkräften keinen ernsthaften Widerstand mehr entgegensetzen. Die Rechtsradikalen – später auch Hitler und seine Bewegung – benutzten jedoch die Legende mit dem Ziel, den Weimarer Staat zu diffamieren. Sie behaupteten, dass die wichtigsten Regierungsstellen von Juden besetzt wären. Durch die Herstellung eines Zusammenhangs zwischen der »Dolchstoß-Legende«, den Sozialdemokraten, der Weimarer Republik und den Juden ließ sich ein wirksamer politischer Sprengsatz basteln, an dem vor allem die Nationalsozialisten zündelten. Intuitiv erkannte Hitler, dass mit diesen demagogischen Schlagworten politisches Kleingeld zu scheffeln war und eine Opposition mit breiter Basis geschaffen werden konnte. Mit der »Dolchstoß-Legende« und dem Antisemitismus im Marschgepäck setzte Hitler seine Kolonnen in Bewegung.

Während der Zeit der Weimarer Republik lassen sich drei Phasen antijüdischer Agitation feststellen: Eine erste Phase begann mit den revolutionären Ereignissen von 1918. Das Gespenst der Bolschewisierung nach russischem Beispiel versetzte die bürgerliche und die ländliche Bevölkerung in Angst und Schrecken. In Scharen liefen sie den national-völkisch-antijüdischen Gruppen zu, die freilich wenig Gewicht gegenüber der Sozialdemokratischen Partei (SPD) und der Unabhängigen Sozialdemokratischen Partei (USDPD), dem christlichsozialen Zentrum und der Bayerischen Volkspartei auf die politische Waagschale brachten. Dieser Abschnitt einer ersten gesellschaftspolitischen Krise in der Republik endete 1923 mit der wirtschaftlichen Stabilisierung durch die Einführung der Rentenmark. Eine zweite antisemitische Welle erfasste die Weimarer Republik, als 1925 die NSDAP neu gegründet wurde. Die Hitlerbewegung zog die meisten antijüdischen Splitterparteien an sich. Wegen der relativ stabilen innenpolitischen Lage erreichte sie jedoch ihr Ziel, die Macht im Staate, nicht. Erst die Weltwirtschaftskrise, die Deutschland neben der USA am stärksten traf, sicherte der NSDAP einen rasanten Aufschwung und verschärfte den Antisemitismus.

Treibende Kräfte für die zunehmend feindselige antijüdische Haltung vieler Deutscher waren der 1894 gegründete »Alldeutsche Verband«, der trotz der deutschen Niederlage im Ersten Weltkrieg keinen Kontinuitätsbruch erlitt, und der 1920 gegründete »Deutschvölkische Schutz- und Trutzbund«, der sich die Bekämpfung jüdischen Einflusses in der Weimarer Republik zum Ziel gesetzt hatte. Dem »Schutzbund« gelang es, innerhalb von zwei Jahren die komplette Infrastruktur für eine effiziente antijüdische Propaganda aufzubauen und 150 000 bis 200 000 überzeugte antisemitische Aktivisten zu organisieren und zu indoktrinieren. Im Herbst 1919 erwarb der »Schutzbund« die »Deutschvölkischen Blätter«, die seit 1917 das Hakenkreuz als Symbol auf dem Titelblatt führten. Mit dieser Zeitschrift und mit anderen Druckwerken, die sich einen wissenschaftlichen Anstrich gaben, drang der »Schutz- und Trutzbund« in gebildete Kreise ein. Zusätzlich versorgten mehrere Nachrichtenagenturen die so genannte Asphaltpresse mit Skandalgeschichten hauptsächlich über jüdische Bürger. Der Bund publizierte eigene antisemitische Schriftenreihen und verlegte die gesamte rassistische und antijüdische Literatur des 19. Jahrhunderts. Arthur Dinters Hetzschrift »Die Sünde wider das Blut« erreichte in zwei Jahren eine Auflage von 200 000 Exemplaren. Diese ungewöhnlich hohe Auflage kann als Bestätigung für den in Deutschland verbreiteten Antisemitismus gelten.

DÜSTERE ZUKUNFT

„Die Generation, die in der Zwischenkriegszeit in Deutschland Politik machte, hatte ihre politische Sozialisation ganz überwiegend im Kaiserreich erfahren. Für sie war es selbstverständlich, daß dem Deutschen Reich der Status einer Großmacht gebühre und der Versailler Friedensvertrag es daran hindere, diesen Rang wiederzugewinnen. Die Forderung nach einer »Revision von Versailles« besaß daher außerordentlich große Integrationskraft. Sie konnte sich auf einen breiten Konsens in der Diplomatie, im Auswärtigen Amt, in der Reichswehr, in der Wirtschaft, in den großen Parteien und Verbänden, im Parlament sowie in der Öffentlichkeit stützen."
Ludolf Herbst, 1996

Das gleiche Weimar, das 1926 den Terror der braunen Garden erlebte, hatte schon früher Erfahrungen mit Intoleranz und der Missachtung freier Meinungen gemacht. Mitte Juni 1919 fand ein Parteitag der gemäßigten Sozialdemokraten in der kleinen Stadt an der Ilm statt. Die Debatte kreiste um die Bestimmungen von Versailles und die »Kriegsschuldlüge«, war der Vertrag anzunehmen oder abzulehnen? Der Parteigenosse Eduard Bernstein, offenbar ein kritisch Hinterfragender, forderte seine Genossen auf, die Zustimmung der Partei zur Aufnahme der Kriegskredite im Jahr 1914 einer Analyse zu unterziehen. Bernstein wurde von den eigenen Parteigenossen niedergebrüllt. Das erregte Parteiplenum war in der Stunde nationaler Schmach nicht bereit, Selbstkritik zu üben.

Weimar, das die Nationalversammlung des Reiches in seinen Mauern aufgenommen hatte und dadurch unvermittelt in weltpolitisches Treiben geriet, erfuhr von den dramatischen Geschehnissen um das zukünftige Schicksal Deutschlands aus erster Hand. Zwischen 16. und 17. Juni 1919 erwartete es mit Ungeduld die deutsche Friedensdelegation aus Versailles zurück. Die Abordnung unter Leitung des parteiunabhängigen Reichsministers für Auswärtiges, Ulrich Graf von Brockdorff-Rantzau, brachte üble Nachrichten: Die Alliierten blieben hart und unnachgiebig. Das Deutsche Reich trage die alleinige Kriegsschuld, davon gingen die Alliierten, allen voran die Franzosen, nicht ab, es müsse deshalb bestraft werden. Eine Änderung des am 5. Mai unterbreiteten Friedensvertrags käme nicht in Frage. Die deutsche Delegation unter Brockdorff-Rantzau hatte vergeblich um Milde gebeten.

Vergeblich war auch der Bitttag, den die Weimarer Bevölkerung Anfang Juni beging, in der Hoffnung, der Himmlische möge ihre Gebete erhören und die Friedensdelegation mit annehmbaren Resultaten heimkehren lassen. Die »Weimarische Zeitung« berichtete: *„Unter dem feierlichen Geläut der Glocken füllte sich gestern Abend der weite Marktplatz mit den Scharen derer, die noch einmal, bevor die Würfel über Deutschland fallen, für einen Frieden des Rechts und der Ehre ihre Stimme erheben wollten. In würdiger und ernster Ruhe standen die Bürger, alt und jung, arm und reich, und von den Türmen dröhnten die Glocken. In den Herzen aller auf dem weiten Platz glüht heiße Liebe und trotzige Treue auf. Uns wollen sie bettelarm und ehrlos machen für die Zukunft."*

Nach dem Eintreffen der Delegation berieten Vertreter aller Parteien in Weimar das »Schanddiktat« und die »Kriegsschuldlüge«. Einmütig lehnten sie den Vertrag ab und verurteilten den so genannten Frieden von Versailles als bösartigen Racheakt der Siegermächte. Gleichzeitig mussten sie ihre Ohnmacht eingestehen, denn akzeptierten sie die Bestimmungen nicht, würden die Alliierten ihre Drohung wahr machen, das Reich zu besetzen. Treibende Kraft für den drückenden Frieden war zweifellos Frankreichs Außenminister Georges Clemenceau.

Frankreich fordert Grenze am Rhein

Bei den Friedensverhandlungen verfolgte Clemenceau folgende Ziele: Das Deutsche Reich habe im Osten und Westen Gebiete abzutreten, seine Rüstung drastisch zu beschränken, weit reichende Reparationsverpflichtungen zu erfüllen und ein von Frankreich kontrolliertes Bündnissystem in Ostmitteleuropa – die spätere »Kleine Entente« – hinzunehmen. England hingegen warnte vor einer zu weit gehenden Schwächung Deutschlands, es fürchtete eine Bolschewisierung Mitteleuropas und ein zu starkes Frankreich. Ungeachtet dessen versuchte Clemenceau die französische Grenze bis an den Rhein vorzutreiben. Damit stieß er aber auf den Widerstand der USA, schließlich gab er sich mit der Entmilitarisierung des Rheinlands zufrieden, erreichte jedoch die Bildung von militärisch besetzten Brückenköpfen bei Köln, Mainz und Koblenz auf dem linken Rheinufer. Die Okkupationszeit wurde auf fünfzehn Jahre festgesetzt. Das Saarland, dem Völkerbund unterstellt, konnte nach fünfzehn Jahren durch einen Volksentscheid über seinen weiteren Verbleib bestimmen, die Rückgabe Elsass-Lothringens an Frankreich war selbstverständlich. Dänemark erhielt einen schmalen Grenzstreifen

Die deutsche Delegation musste bei der Friedenskonferenz der Siegermächte, die von 29. April bis 28. Juni 1919 in Paris tagte, die Bestimmungen der Alliierten bedingungslos annehmen. Die Delegation, die sich vor der Abreise noch Hoffnungen gemacht hatte, gnädig gestimmte Sieger vorzufinden, stand unter Leitung von Graf Ulrich von Brockdorff-Rantzau, im Bild unten Dritter von rechts. Die übrigen Teilnehmer von links nach rechts: Robert Leinert, Carl Melchior, Johann Giesberts, Otto Landsberg und Walter Schücking.

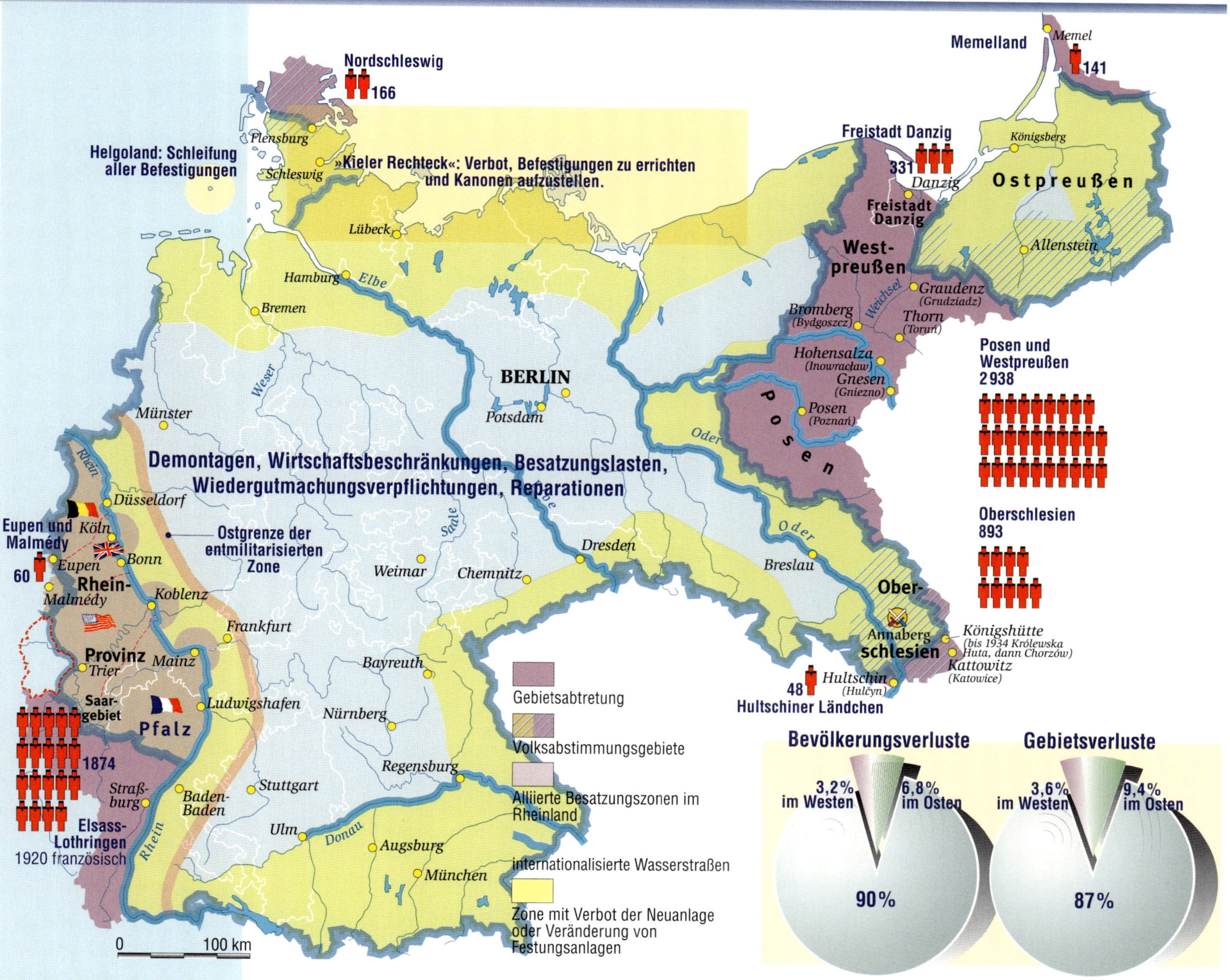

Das Deutsche Reich und die Bestimmungen des Vertrags von Versailles (Karte oben) waren mit eine Ursache, dass Europa keinen Frieden fand. Nicht nur Deutschland strebte bis zum Ausbruch des Zweiten Weltkriegs nach einer Revision des Vertrags, auch andere Regierungen verlangten Korrekturen. So forderte Frankreich das Rheinland, Italien Teile Dalmatiens, Ungarn die südliche Slowakei, die Karpato-Ukraine, Siebenbürgen und das Burgenland, und Bulgarien drängte zur Ägäis. Wirtschafts- und Währungskrisen und Antisemitismus förderten zusätzlich den Radikalismus, extremistische Gruppierungen erfreuten sich regen Zulaufs.

von Schleswig-Holstein und das wiedererrichtete Polen Westpreußen, Posen und Teile Oberschlesiens.

Rund 15 % der landwirtschaftlichen Produktion, 20 % des Bergbaus und der Eisen erzeugenden Industrie sowie 6 bis 7 % der verarbeitenden Industrie gingen Deutschland verloren. Ebenso alle Kolonien mit ihren wertvollen Rohstoffen und exotischen Naturprodukten. Drückender und existenzbedrohender für Deutschland wirkten sich jedoch die Reparationsverpflichtungen aus, die US-Präsident Wilson diktierte. Er forderte volle Entschädigung für alle Schäden, die durch den Ersten Weltkrieg den Westalliierten entstanden waren. Wilson handelte unter dem Druck der US-Wirtschaft, die von England und Frankreich die Refundierung der für Waffenkäufe gewährten Kredite verlangte. Den Siegern schien selbstverständlich, Deutschland durch Leistung von Reparationen zur Kasse zu bitten. Bedenklich war freilich, dass Wilson die Höhe der Kriegsentschädigung nicht festlegte. Eine Kommission sollte sie später ermitteln, hieß es. Die deutsche Regierung befand sich in einer schwierigen Lage. Unterschrieb sie die Bedingungen, stellte sie einen Blankoscheck aus, der Deutschland wirtschaftlich ruinieren konnte, weigerte sie sich, lief sie Gefahr, dass das Land besetzt wurde und die Unabhängigkeit verlor.

Am 7. Mai 1919 überreichten die Alliierten einer deutschen Delegation das Vertragswerk. Als der Inhalt bekannt wurde, erfasste eine Protestwelle das Land. Doch die Alliierten waren nur bereit, in Oberschlesien eine Volksabstimmung zuzulassen, die über die Zugehörigkeit entscheiden sollte. Nun regte sich in Deutschland Widerstand. Militärs untersuchten in Sandkastenspielen, mit welchen Strategien einer alliierten Besetzung begegnet werden könnte, ein Plan, der bereits fertig auf dem Tisch des französischen Oberkommandierenden Ferdinand Foch lag. Das Ergebnis der theoretischen Studien wirkte ernüchternd: Der Chef des Generalstabs, Paul von Beneckendorff und Hindenburg und Generalquartiermeister Wilhelm Groener – er leitete den Rückzug und die Demobilisierung der Truppe – mussten feststellen, dass Widerstand zwecklos war. Am 22. Juni 1919 unterzeichnete die deutsche Regierung den Vertrag.

Seit diesem Entschluss war sie dem ständigen Vorwurf ausgesetzt, Deutschland ohne Gegenwehr ausgeliefert zu haben. Ein großer Teil der Bevölkerung lehnte die demokratischen Parteien ab und wurde willkommene Beute rechtsextremer, völkisch-nationaler Gruppen, allen voran der NSDAP und ihres charismatischen »Führers« Adolf Hitler.

EINE „LÄCHERLICHE SCHÖPFUNG"

„Der Nationalsozialismus war ein Kind der Krise. Sein Aufstieg zur Massenbewegung folgte den Fieberkurven des politischen und sozialen Lebens in der Weimarer Republik: Den Krisenjahren der parlamentarischen Demokratie an ihrem Anfang und Ende entsprachen die stürmischen Anfangsjahre der NSDAP bis zum fehlgeschlagenen Putsch vom 9. November 1923 und dann der rasche Neuaufstieg nach 1928 mit dem Durchbruch zur Massenbewegung bis zur Machtergreifung 1933. Dazwischen lagen die wenigen »goldenen« Jahre der Republik und die Jahre der Umgestaltung des Nationalsozialismus von 1924 bis 1928. Ausgangspunkt und Schwerpunkt der frühen NSDAP lagen vor allem in München, wo sich 1923 auch ihr Schicksal entschied. Der Wiederaufstieg und der Weg zur Macht vollzog sich aber reichsweit und im Zentrum der Macht, in Berlin."
Hans-Ulrich Thamer, 1994

Völkische Gruppen und Sektierer beherrschten nach dem Zusammenbruch des Kaiserreichs überall in Deutschland die politische Szene. Doch nirgends lebten sie ihren Radikalismus so aus wie im antisemitischen Milieu der bayerischen Hauptstadt München. Hier trafen sie auf einen besonders guten Nährboden: Die Ausrufung einer bolschewistischen Räterepublik, deren Anhänger Mord und Totschlag auch an Unschuldigen begingen, verlieh ihnen scheinbar die Legitimation, im anarchistischen Chaos Recht und Ordnung wieder herzustellen. Entsprechend grausam schlugen Rechtsradikale nun ihrerseits die bolschewistische Herrschaft nieder. Im Schatten dieser Nachkriegswirren entwickelte sich der 1891 gegründete »Alldeutsche Verband« als Hort deutsch-völkischen Geistes mit stark antisemitischen Prinzipien besonders gut. Zählte er 1914 etwa 18 000 Mitglieder, verzeichnete er 1922 schon 40 000, obwohl andere Vereine mit ähnlichen Ideologien ihm starke Konkurrenz bereiteten. Die »Thule-Gesellschaft«, eine der Konkurrenten von Rudolf (Baron) von Sebottendorff 1918 als rechtsgerichtete Organisation gegründet, übernahm das Gedankengut des 1912 ins Leben gerufenen virulent antisemitischen »Germanenordens«, der nach 1921 zu einer Tarnorganisation für die Rekrutierung politischer Attentäter umfunktioniert wurde.

Die »Thule-Gesellschaft« entwickelte sich bald zum Sammelbecken Unzufriedener, die sich durch die Nachkriegsereignisse zwar an den politischen und gesellschaftlichen Rand gedrängt fühlten, aber über genügend Geldmittel verfügten, um sich weiter zu behaupten. Die Mitglieder – in Bayern etwa 1 500 – trafen sich in Münchens elegantem Hotel »Vier Jahreszeiten«, so der Verleger Julius F. Lehmann, umtriebige Journalisten und Weltverbesserer wie Dietrich Eckart, Chefredakteur des Tagblatts »Münchner Beobachter«, Gottfried Feder, Rudolf Heß und Alfred Rosenberg. Die Mitgliederliste wies überwiegend Anwälte, reiche Geschäftsleute, Universitätsprofessoren, Aristokraten, Richter, Industrielle und Wissenschaftler auf.

Vom »Germanenorden« übernahm die Thule-Gesellschaft auch okkulte Rituale, eine geheime Symbolsprache und ein esoterisch-germanisches Sprachkauderwelsch. Am 9. November 1918, unmittelbar nach der Kapitulation, versammelte der Thule-Gründer Sebottendorff die Vereinsmitglieder um sich und hielt eine monarchistisch-antisemitisch-ariosophisch leidenschaftliche Rede: *„Wir erlebten gestern den Zusammenbruch alles dessen, was uns vertraut, was uns lieb und wert war. An Stelle unserer blutsverwandten Fürsten herrscht unser Todfeind: Juda. [...] Eine Zeit wird kommen des Kampfes, der bittersten Not, eine Zeit der Gefahr! [...] Solange ich hier den eisernen Hammer halte, bin ich gewillt, die Thule in diesem Kampf einzusetzen! [...] Unser Orden ist ein »Germanenorden«, germanisch ist die Treue. Unser Gott ist Walvater, seine Rune ist die Arrune. Und die Dreiheit: Wodan, Wili, We ist die Einheit der Dreiheit [...]. Die Arrune bedeutet Arier, Urfeuer, Sonne, Adler. Und der Adler ist das Symbol der Arier."* Sebottendorff rief die Thule-Brüder auf, zu kämpfen, *„bis das Hakenkreuz siegreich aus dem Fim bulwinter aufsteigt."*

Sebottendorff war keineswegs nur ein ariosophischer Spinner. Er entwickelte sich zum wichtigsten Organisator der nationalistischen Reaktion auf Kurt Eisners Regierung und die Münchner Räterepublik.

Eisner, Sohn eines jüdischen Fabrikanten, stand seit 7. November 1918 an der Spitze des von ihm ausgerufenen republikanischen Freistaats Bayern. Die Republik stand von Anfang an unter einem Unstern, denn Eisner verstand es nicht, als Vorsitzender der linksradikalen Unabhängigen Sozialdemokratischen Partei Deutschlands (USPD) der Partei ein fundiertes Programm zu geben. Die Landtagswahlen im Januar 1919 endeten daher mit schweren Verlusten für die USPD und zwangen Eisner, den Rücktritt seines Kabinetts anzubieten.

Am Anfang stand ein Mord

Auf dem Weg zum Landtag ereilten Eisner am 21. Februar 1919 die tödlichen Kugeln eines Attentäters. Anton Graf von Arco auf Valley, ein junger Jude, streckte ihn mit zwei Pistolenschüssen nieder. Von Arco handelte aus persönlichen Motiven, will man ihm und den Gerichtsprotokollen Glauben schenken: Auf Grund seiner jüdischen Herkunft hatte ihn die »Thule-Gesellschaft« aus ihren Reihen verstoßen. Um dennoch seine nationale Gesinnung unter Beweis zu stellen, erschoss er Eisner.

In den Wirren um die Nachfolge Eisners ergriffen anarchistische Linksradikale die Macht und riefen die Bayerische Sowjetrepublik aus. Willkür und Rechtsunsicherheit beherrschten nun die Stadt. Am 26. April 1919 stürmten Angehörige der »Roten Armee« die Vereinsräume der »Thule-Gesellschaft«. Nachdem sie die Einrichtung zerstört hatten, ermordeten sie sieben Anwesende, unter ihnen Prinz Gustav von Thurn und Taxis.

Das Emblem der Thule-Gesellschaft von 1919 zeigte bereits ein rechts drehendes Hakenkreuz (Bild oben).

Die Mitgliedskarte Adolf Hitlers vom 1. Januar 1920 (Bild rechts). Er war nicht das 7. Mitglied – sieben ist eine »mystische« Zahl, wie die NS-Propagandisten behaupteten –, sondern das 55ste. Um eine höhere Mitgliederzahl vorzutäuschen, begann die DAP mit der Registrierung erst ab der Zahl 500.

Die Münchner Räterepublik (13. April bis 3. Mai 1919) wurde von der Reichswehr und Freikorpsverbänden aufgelöst (Karte rechts unten).

Die bislang lethargische Stimmung der Bevölkerung schlug plötzlich gegen die Bolschewiken um. Sebottendorff verstand es, einen Aufstand zu inszenieren, der den zur Befreiung Münchens anmarschierenden rechtsgerichteten Freischaren – den »Weißen« – entgegenarbeitete. Die »Roten« mussten fliehen oder sie wurden niedergemacht. Über 1 000 Menschenleben forderte die Niederschlagung der Räterepublik.

Sebottendorff sah die Chance seines Lebens gekommen. Auf der politischen Erfolgswelle schwimmend erteilte er dem populären Sportreporter der »Münchner-Augsburger Abendzeitung«, Karl Harrer, den Auftrag, einen »Politischen Arbeiterzirkel« zu gründen. Ziel war es, der Arbeiterklasse die nationalistische Ideologie schmackhaft zu machen. Entgegen aller Erwartungen blieb Harrer der Erfolg verwehrt, zu den einberufenen Versammlungen kamen selten mehr als sieben Zuhörer. Erst als der Eisenbahner und Thule-Angehörige Anton Drexler zum Verein stieß und Kollegen aus der Lokomotivfabrik motivierte, an den Vereinsabenden teilzunehmen, wuchs die Zuhörerschaft. Der Klub verharrte weiterhin in Bedeutungslosigkeit, auch als er am 5. Januar 1919 seinen Namen auf »Deutsche Arbeiterpartei« (DAP) änderte. Drexler hatte neue Satzungen entworfen, die sich den Kampf gegen Kapitalismus, Wucher und Preistreiberei zum Ziel setzten. Alle geistig und körperlich schaffenden Volksgenossen sollten in der DAP vereinigt werden, die nur ein »deutscher Führer« leiten durfte.

Hitler, noch immer Spitzel und V-Mann der bayerischen Reichswehr, erhielt am 12. September 1919 den Auftrag, die DAP während einer ihrer Versammlungen routinemäßig zu beobachten. Er fand an den ehrgeizigen Zielen der Partei Gefallen, die er später eine *„lächerliche kleine Schöpfung“* nannte: Sie war nur eine von 73 völkischen Gruppen im Reich. Doch statt nur zu bespitzeln, ergriff Hitler während der Veranstaltung selbst das Wort und beeindruckte die 40 Anwesenden mit einer flammenden Rede. Drexler erkannte Hitlers Gabe und lud ihn ein, der Partei beizutreten. Hitler wurde als 55. Mitglied registriert. Später behaupteten die Nationalsozialisten, Hitler wäre das siebente Mitglied gewesen. Das ist genauso falsch wie die Zahl 555, die auf Hitlers Mitgliedskarte steht: Um den Eindruck einer zahlreichen Anhängerschaft zu erwecken, zählte die DAP ihre Mitglieder ab 500.

Starredner Hitler

Einen Monat nach Hitlers Eintritt in die Partei wagte sich die DAP an eine breitere Öffentlichkeit. In Zeitungsanzeigen und Werbeplakaten machte sie auf ihre Versammlungen und auf ihren Starredner Adolf Hitler aufmerksam. Zu seinem siebenten Auftritt Ende 1919 kamen bereits 400 Zuhörer. Dabei unterschieden sich Hitlers Vorträge inhaltlich kaum von denen anderer völkisch-nationaler Redner: Er prangerte den Frieden mit den Alliierten an und nannte ihn das »Schanddiktat von Versailles«. Er verurteilte den »Dolchstoß«, den angeblich Sozialdemokraten und Bolschewisten aus der Heimat gegen die ungeschlagene Armee an der Front geführt hatten. Er nannte die demokratischen Abgeordneten des Reichstages »Novemberverbrecher«, weil sie seiner Meinung nach das Reich in ein revolutionäres Chaos stürzten, und verurteilte »Juda, den Weltenvernichter«, der zu allem die Fäden zog. Hitler brachte in den Münchner Bierkellern nichts Neues vor. Doch für die Zuhörerschaft war nicht der Inhalt seiner Ausführungen wichtig, sondern wie er ihn vortrug.

Hitler übte Kritik an den Parteiführern Harrer und Drexler, Mangel an Inspiration warf er ihnen vor. Schließlich entwarf Drexler ein 25 Punkte umfassendes Parteiprogramm, das im Zuge der Umbenennung der Partei in »Nationalsozialistische Arbeiterpartei« (NSDAP) am 24. Februar 1920 vorgestellt wurde.

In dem Konglomerat aus rassistisch-nationalistisch-antikapitalistischen Ideen bildeten die Forderungen nach einem Anschluss Österreichs an das Deutsche Reich, der Rückgabe der ehemaligen Kolonien, der Wiederherstellung der deutschen Großmachtstellung, der Durchführung einer Bodenreform und der Verstaatlichung von Großunternehmen parteiideologische Schwerpunkte. Weitere Ziele waren die »Brechung der Zinsknechtschaft« der Banken und Börsen, die Einziehung der Kriegsgewinne und die Ausbürgerung der Juden. Über das politische Profil der Partei sagte das Programm nichts aus.

Für Hitler selbst war das Parteiprogramm unwichtig. Es diente ihm nur, um sich als Hüter der nationalen Idee gegenüber anderen völkischen Gruppen zu profilieren. Und er hatte Erfolg, weil er einen Aspekt immer wieder in seine Agitation einbrachte, den Hass auf Juden.

Deutsche Arbeiter-Partei (D. A. P.)
Ortsgruppe München Abteilung:
Mitgliedskarte
für Herrn Adolf Hitler Lothstr. 29
München, den 1. Jan. 1920
Nr. 555
Schriftwart
Für den Arbeitsausschuß:
Drexler
Diese Karte gilt als Ausweis bei geschlossenen Versammlungen

HITLER PROVOZIERT

„Mit der Ermordung Walther Rathenaus war eine Grenze überschritten, und Deutschland hatte ein neues und erschreckendes Gebiet betreten, in dem Jude-Sein nicht mehr nur ein Handicap und gesellschaftlicher Nachteil war; jetzt bedeutete es Gefahr, möglicherweise für Leib und Leben. Denn Rathenaus einziges Verbrechen hatte darin bestanden, daß er ein Jude war, der es gewagt hatte, sich nicht nur als Deutscher auszugeben, sondern Deutschland auch nach außen zu vertreten.“
Gordon A. Craig, 1997

Im »Deutschvölkischen Schutz- und Trutzbund« erwuchs der Hitlerbewegung eine ernsthafte politische Konkurrenz. Hitler stand dem Schutzbund und dessen aggressiven Antismetismus positiv gegenüber, da er aber nach der alleinigen Macht im Staate strebte, waren ihm der Schutzbund und dessen Mitglieder, die sich aus allen Gesellschaftsschichten rekrutierten, ein Hindernis. Vorerst kannte er jedoch kein Mittel, um dieses zu umgehen. Da kam ihm ein Ereignis, mit dem niemand gerechnet hatte, zu Hilfe: Zwei Studenten des rechtsradikalen Geheimbundes »Consul«, einer Unterorganisation des »Deutschvölkischen Schutz- und Trutzbundes«, ermordeten am 24. Juni 1922 Walther Rathenau, den Außenminister der Republik. Entsetzen erfasste das ganze Land. Unter Berufung auf den Artikel 48 der Reichsverfassung und in seltener Einmütigkeit beschloss der Reichstag die Auflösung des völkischen Dachvereins samt seinen angeschlossenen Organisationen. Nutznießer war die Hitlerbewegung, die Mitglieder des »Trutzbundes« wanderten zu Hitler ab. Unverfroren trällerten die Rechtsradikalen weiterhin ihr Hetzlied auf Reichskanzler Wirth und den toten Rathenau: *„Haut immer feste auf den Wirth, haut seinen Schädel, daß es klirrt. Auch Rathenau, der Walther, erreicht kein hohes Alter. Knallt ab den Walther Rathenau, die gottverfluchte Judensau.“*

Immerhin zog die Reichsregierung weitere Konsequenzen: Noch am 26. Juni 1922 setzte sie die »Verordnung zum Schutze der Republik« in Kraft und bestätigte sie am 18. Juli als »Republikschutzgesetz«. Zug um Zug erfolgte jetzt die Auflösung nationaler Verbände, von denen es im Reich noch eine Unmenge gab. Vom Verbot betroffen waren neben dem »Deutschvölkischen Schutz- und Trutzbund« der »Verband nationalgesinnter Soldaten«, der »Bund der Aufrechten«, der »Stahlhelm«, die »Deutschsoziale Partei«, der »Hochschulring deutscher Art«, der »Bund der Getreuen«, der »Verein der Kleinkaliberschützen« und der »Verein Freikorps Oberland«, der sich bei der Niederschlagung der bayerischen Räterepublikaner hervorgetan hatte. Am 15. November 1922 traf das Verbot auch die NSDAP in Preußen, kurz danach in Sachsen, Thüringen, Schaumburg-Lippe, Hamburg, Hessen und Braunschweig. Nur in Bayern blieb die Partei bestehen.

Hier durfte Hitler weiterhin seine Brandreden halten. So am 16. August 1922 auf dem Königsplatz vor geschätzten 60 000 Menschen: *„Rote republikanische Schutzbündler, die gegen anmarschierende Kolonnen mit Terror vorzugehen versuchten“*, sagte er, *„wurden binnen wenigen Minuten von SA-Hundertschaften mit blutigen Schädeln auseinandergetrieben!“* Die »Sturmabteilung«, bislang nur eine NS-Ordnungskraft in Bier- und Versammlungslokalen, begann nun auch die Straße zu terrorisieren. Mit ihrer Hilfe beherrschte Hitler, der noch bis vor kurzem bangte, als Österreicher und Organisator einer rechtsextremen Partei abgeschoben zu werden, innerhalb weniger Wochen München. Nun setzte Hitler, den man mittlerweile den »König von München« nannte, den Fuß aus der ihm vertrauten Stadt hinaus auf neues Territorium, er tat dies mit propagandistischem Paukenschlag.

Mitte Oktober 1922 fand im nordbayerischen Coburg der vom Herzog von Coburg gemeinsam mit vaterländischen Verbänden veranstaltete »Deutsche Tag« statt. Hitler war eingeladen und sollte *„einige Begleitung“* mitbringen, hieß es. Sieben der engsten Mitarbeiter wählte er aus und – 800 SA-Männer. Für die Fahrt mietete er einen Sonderzug. Das Aufsehen, das er bei der Ankunft in Coburg erregte, war gewaltig. Zum ersten Mal marschierten seine SA-Hundertschaften mit Fahnen und Standarten auf, begleitet von einer 42 Mann starken Musikkapelle. Die Coburger Veranstalter freilich zeigten wenig Sinn für solches Spektakel und bedeuteten ihm, dass ein Zug geschlossener Formationen durch die Stadt verboten sei. Das hinderte Hitler nicht, seine SA-Leute mit klingendem Spiel zum »Hofbräuhauskeller« marschieren zu lassen.

Der Empfang in der Stadt war wenig herzlich. *„Mörder“*, *„Banditen“*, *„Räuber“*, *„Verbrecher“* schallten den Braunhemden entgegen, wüste Schlägereien waren die Folge. Auch die Rückreise gestaltete sich unerwartet schwierig: Die Eisenbahner verweigerten den *„Terroristen“*, wie sie die SA-Männer nannten, den Dienst. Hitler drohte, *„daß ich in diesem Falle zusammenzufangen gedächte, was mir an roten Bonzen in die Hände fiele, und daß wir dann eben selbst fahren würden, allerdings auf Lokomotive und Tender und in jedem Wagen ein paar Dutzend von Brüdern der internationalen Solidarität“* – vor dieser angekündigten Brutalität wichen die Eisenbahner zurück.

Mutig geworden provozierte Hitler weiter. Im November in Regensburg, im Dezember in Göppingen. Nun rief die Gegenseite zum Widerstand auf, kein Tag verging mehr ohne Radau und blutige Köpfe. In der spannungsgeladenen Atmosphäre griff die exzessive Gewalt auf unbeteiligte Bürger über: In München attackierten uniformierte SA-Leute zum ersten Mal Juden auf offener Straße.

Der Hass wirkte über die Grenze bis nach Tirol und Vorarlberg. Dort forderten österreichische Nationalsozialisten am 19. Dezember 1922: *„Auer muß sterben, Ebert abgestochen werden“*, *„Knietief muß im Blut der Juden und ihrer Knechte gewatet werden!“* Erhard Auer war Bayerns Innenminister. Friedrich Ebert, Reichspräsident. Beide gehörten der SPD an.

Hitler gab sich gerne als Biedermann. Dann zeigte er sich leger, am liebsten mit Kindern und Deutschen Schäferhunden (Bild oben 1926).

Der Mord an Walther Rathenau war nicht der einzige. Er bildete nur den Höhepunkt in einer Serie von Attentaten, die den Alltag der Weimarer Republik überschatteten. Seit ihrem Bestehen war es der 354. politische Mord, den Mitglieder rechts- oder linksextremer Gruppen begingen. (Grafik unten).

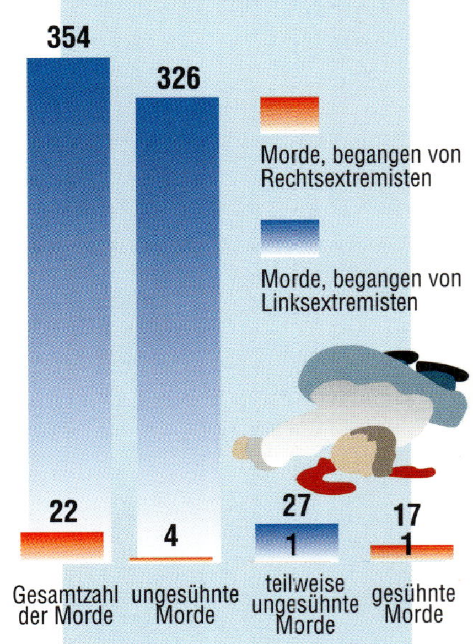

Im Jahr 1923 erschütterte eine Reihe von Krisen das Deutsche Reich. Aufstände, Streiks, Putschversuche von rechts und von links, eine galoppierende Inflation und der Terror der französischen Besatzung im Ruhrgebiet schädigten Wirtschaft und Moral der Bevölkerung (Karte unten).

»Marsch auf Berlin«?

Massenkundgebungen und spektakuläre Aktionen blieben zukünftig das »Markenzeichen« der NSDAP. Hitler nahm sich dabei Italiens Benito Mussolini und dessen faschistische Partei zum Vorbild. So wie sich dieser »Duce« – zu deutsch »Führer« – nannte, ließ sich auch Hitler »Führer« nennen. Auf die Bezeichnung »Führer« waren in der Zwischenkriegszeit alle Diktatoren erpicht: Neben Mussolini und Hitler legten der spanische General »Gaudillo« F. Franco, der kroatische Faschist »Poglavnik« A. Pavelič, »Woschd« Stalin, in der Nachkriegszeit Rumäniens »Conducător« N. Ceausescu oder Kubas »Lider Maximo« F. Castro Ruz großen Wert auf den Titel. Hermann Esser, der Propagandaleiter der NSDAP und nach ihm Joseph Goebbels bauten für Hitler den Begriff »Führer« zum Mythos aus. Auch den Gruß – die ausgestreckte erhobene rechte Hand – schaute sich Hitler von den italienischen Faschisten ab. Er zollte Mussolini Achtung und Respekt. und bewunderte dessen »Marsch auf Rom« vom Oktober 1922, der, propagandistisch gut aufgezogen, in Wirklichkeit wenig spektakulär verlief: Mussolini marschierte nicht in den Reihen der 40 000 Faschisten, die sich am 29. Oktober auf die italienische Hauptstadt zu bewegten, um die Macht im Staat an sich zu reißen. Der Duce fuhr von Mailand aus mit dem Zug nach Rom, den Auftrag zur Regierungsbildung von König Viktor Emanuel bereits in der Tasche.

Diese Umstände blieben Hitler verborgen. Er sah nur Mussolinis scheinbar revolutionäre Aktion, die Demokraten und Republikaner aus dem Parlament warf. Den »Marsch auf Rom« wollte Hitler nachahmen, so fasste er 1923 den Entschluss, einen »Marsch auf Berlin« zu wagen.

Die schwere ökonomische Krise, die 1922 die Weimarer Republik erfasste – eine Maß Bier auf dem Münchner Oktoberfest kostete 50 Mark, ein Brathuhn 500 Mark –, hielten Hitler und seine Gefolgschaft für günstig für einen Putsch.

Bereits zur Jahreswende zeichnete sich eine Währungskrise ab, die eine Hyperinflation auslöste. Der junge Weimarer Staat stand am Rand des Zusammenbruchs. Hinzu kam das Scheitern der mit großer Hoffnung erwarteten Reparationskonferenz der Alliierten am 4. Januar 1923. Den Vorschlag des britischen Premierministers Andrew Bonar Law und des italienischen Botschafters in London, Tomaso Marquese della Torretta, Deutschland einen Zahlungsaufschub von vier Jahren zu gewähren, lehnten der einen harten antideutschen Kurs steuernde französische Ministerpräsident Raymond Poincaré und der belgische Ministerpräsident Georges Theunis ab.

Da Deutschland den Zahlungen und den Pflichtlieferungen von Holz und Kohle nicht nachkommen konnte, besetzten Franzosen und Belgier am 11. Januar 1923 das Herz der deutschen Industrie, die Basis der deutschen Wirtschaft überhaupt, das Ruhrgebiet. Die Aktion, durch Frankreich von langer Hand vorbereitet, war die politische Voraussetzung für die Verlegung der französisch-deutschen Grenze an den Rhein. Diese schon 1918 von Paris gestellte Forderung stieß damals auf britischen und US-amerikanischen Widerstand. Die Amerikaner protestierten auch jetzt gegen den französisch-belgischen Alleingang und zogen sich demonstrativ aus dem Rheinland zurück.

Die Willkür Poincarés entflammte erneut den Hass der Deutschen gegen die Franzosen. Bevölkerung und Regierung zeigten sich einmütig entschlossen, die Schmach nicht hinzunehmen: Die Reparationszahlungen wurden eingestellt, im Ruhrgebiet ging man zum passiven Widerstand über.

Im Schatten dieser Ereignisse tagte am 27 Januar 1923 in München der erste Reichsparteitag der NSDAP. Er verlief ungewöhnlich ruhig: Die Reichsregierung hatte den Ausnahmezustand verhängt und alle Aufmärsche und Demonstrationen verboten.

Putschgerüchte

„Poincaré und seine französischen und deutschen Helfer und Helfershelfer gaben sich die größte Mühe, die Weimarer Republik zu unterhöhlen und das Reich zu zerreißen, was so unverhüllt geschah, daß sich die französische Regierung von kommunistischen Abgeordneten in der Kammer der Deputierten vorwerfen lassen mußte, den seit November 1918 noch intensiver als zuvor geschürten bayerischen Separatismus und den deutschen Chauvinismus zu fördern.“

Werner Maser, 1994

Die demonstrierte Einmütigkeit des deutschen Volkes in der Abwehr gegenüber der französischen Besetzung des Ruhrgebiets begann nach wenigen Wochen zu bröckeln. Zum Teil strebten Separatisten in einer »Los-von-Berlin«-Bewegung nach Unabhängigkeit vom preußischen Staat, wie der Kölner Oberbürgermeister und spätere Bundeskanzler der Bundesrepublik Deutschland Konrad Adenauer oder der Führer der militanten Rheinisch-Republikanischen Volkspartei Joseph Smeets, der eine unabhängige Rheinische Republik forderte und in seinen Bemühungen kräftige finanzielle Unterstützung durch Frankreich erfuhr. Sein Putschversuch in Trier am 19. Mai 1923 scheiterte allerdings am raschen Eingreifen loyaler Polizeikräfte. Neben Smeets erhielt eine ganze Reihe von Separatisten französische Hilfe. Bemerkenswerterweise gehörten sie mehrheitlich dem politisch rechten Lager an: Hugo Machau war Redakteur des »Völkischen Beobachters«, des Politorgans der NSDAP, das Ende 1920 aus dem »Münchner Beobachter« hervorgegangen war. Georg Fuchs stand dem »Blücherbund«, einer rechtsradikalen Vereinigung ehemaliger Militaristen, nahe. Machau und Fuchs allein erhielten für ihre separatistischen Aktivitäten im Rheinland und in Bayern 92 000 Goldmark aus dem Sonderfonds der französischen Rheinarmee und aus Mitteln des französischen Außenministeriums. Die staatsverräterischen Umtriebe nahmen derart überhand, dass im März 1923 Reichspräsident Friedrich Ebert eine Kollaboration Deutscher mit Franzosen unter hohe Zuchthausstrafen stellte, gewiss auch als Reaktion auf die am 26. Februar von der französischen Rheinlandkommission erlassene Verordnung, die jenen Personen mit der Hinrichtung drohte, die den Abtransport von Kohle sabotierten.

Wegen Sprengstoffanschlägen an Eisenbahnanlagen, Geheimbündelei und Spionage für deutsche Behörden im französisch besetzten Rheinland wurde der ehemalige Freikorpskämpfer Albert Leo Schlageter – trotz massiver Proteste der deutschen Regierung – von einem französischen Militärgericht zum Tode verurteilt und am 26. Mai 1923 auf der Golzer Heide bei Düsseldorf erschossen. Die von der französischen Regierung beabsichtigte Abschreckung verfehlte ihre Wirkung: Schlageter stieg zum Helden der Nation auf und einte die Deutschen im Hass gegen Frankreich.

Während um Schlageter der Mythos des Märtyrers für die Freiheit Deutschlands gewoben wurde, verhielt sich Hitler distanziert und beteiligte sich an der antifranzösischen Kampagne nicht. Er untersagte seinen Anhängern jede antifranzösische Aktivität, schloss jene, die gegen die Weisung protestierten, kurzerhand aus der Partei aus und setzte sie auf eine »schwarze Liste«. Auf ihr finden sich 126 Personen, 50 davon trugen den Vermerk *„Meuterer“, „Quertreiber“, „Diebstahl“, „sittliche Verfehlungen“ oder „Spitzelei.“*

Kommunistische Annäherung

Hitlers für viele Parteigenossen unverständliches Verhalten nährte das Gerücht, er sei von Frankreich korrumpiert worden. Die erhobenen Vorwürfe erwiesen sich zwar als ungerechtfertigt, doch ist nicht auszuschließen, dass Parteimitglieder ohne sein Wissen finanzielle Zuwendungen erhalten haben.

Nicht gegen Frankreich richtete sich Hitlers politische Strategie, sondern gegen die Weimarer Regierung: *„Nicht nieder mit Frankreich, sondern nieder mit den Vaterlandsverrätern, nieder mit den Novemberverbrechern muß es heißen!“*, tönte er in einer Rede im Zirkus Krone in München.

Hitler vergaß vor 1933 zu keinem Zeitpunkt seine Zielsetzung: Die Macht im Staat. Daher attackierte er die Weimarer Regierung bei jeder Gelegenheit, die sich ihm bot. Den Fall Schlageter nutzte Hitler mit der Beschuldigung, dass die Regierung der Okkupation des Ruhrgebiets tatenlos zusah, während ihr ein Einzelner die Stirne bot.

An der Schaffung des Mythos Schlageter beteiligten sich neben den Rechtsextremisten auch Linksradikale. Vor der erweiterten

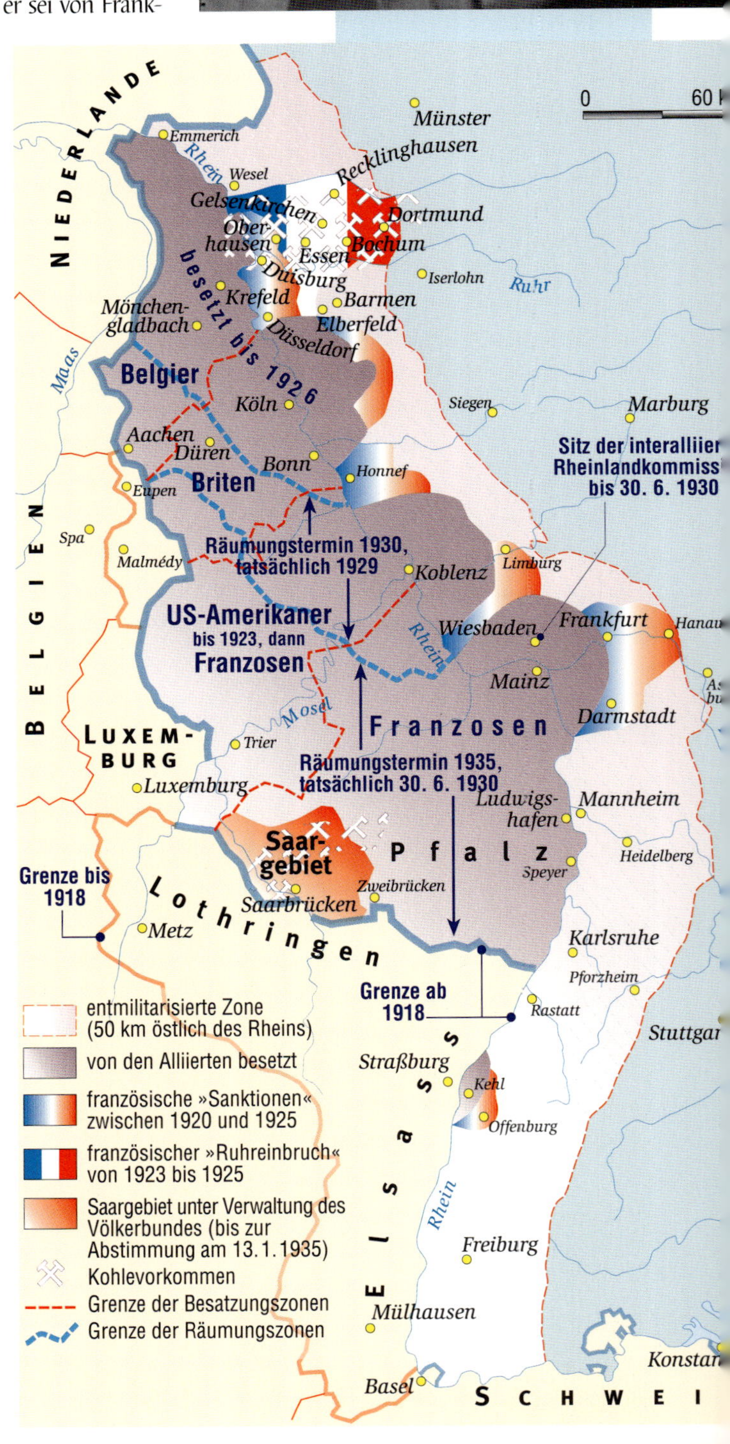

Karl Radek – eigentlich Karl Sobelsohn – im Jahr 1919 (Bild links).

Schändung jüdischer Friedhöfe und Synagogen zwischen 1923 und 1932 (Karte rechts).

Die Besetzung des Rheinlands (Karte links)

Inflationsgeld 1923 (unten).

Albert Leo Schlageter (Bild rechts).

Exekutive der Komintern in Moskau am 26. Juni 1923 gedachte der Kommunist Karl Radek des ehemaligen rechten Freikorpskämpfers: *„Die Geschicke dieses Märtyrers des deutschen Nationalismus sollen nicht verschwiegen werden, nicht mit einer abwertenden Phrase erledigt werden. Schlageter, der mutige Soldat der Konterrevolution, verdient es, von uns Soldaten der Revolution männlich ehrlich gewürdigt zu werden."*

Radek sprach mit Billigung Moskaus. Seit bekannt war, dass die Reichsregierung dem französischen Druck nicht mehr lange würde standhalten können, musste die Sowjetunion fürchten, das deutsche Gegengewicht zu den Westmächten zu verlieren. Dann geriet sie selbst in Gefahr, von diesen wieder – wie schon zwischen 1918 und 1922 – attackiert zu werden. Eine gemeinsame Front mit den sonst verhassten Nationalsozialisten schien ihr daher zu diesem Zeitpunkt ratsam.

Radeks Rede bewirkte tatsächlich eine Annäherung zwischen Kommunisten und Nationalsozialisten. Sie erhielt zusätzlichen Antrieb durch aufkommende antisemtische Strömungen innerhalb der KPD. So rief die Kommunistin Ruth Fischer – eigentlich Elfriede Eisler, nach ihrer Abstammung »Halbjüdin« – während eines Vortrags völkisch gesinnten Studenten zu: *„... tretet die Judenkapitalisten nieder, hängt sie an die Laterne, zertrampelt sie."* Mit diesen eindeutigen Signalen an die Hitlerbewegung versuchte die KPD jene Arbeiter zurückzugewinnen, die zu den Nationalsozialisten abgewandert waren. Im Antisemitismus endete allerdings die Gesinnungsgleichheit der beiden radikalen Parteien, denn gegen Berlin – so wie Hitler es beabsichtigte – wollten die Kommunisten nicht mitmarschieren, somit verloren sich die vorsichtigen Annäherungsversuche im Sand.

GRIFF NACH DER MACHT

„Hitlers Griff nach der Macht war nur unter einer doppelten Voraussetzung möglich: der Krise der liberal-demokratischen Ordnung und der Unterstützung durch konservative, republikfeindliche Kräfte. Die politischen und wirtschaftlichen Verhältnisse des Jahres 1923 hätten zwar für die Radikalen von links wie von rechts nicht günstiger sein können, aber die Haltung der etablierten konservativ-nationalen Kräfte, vor allem in der Reichswehr, gegenüber Staatsstreichplänen von rechts war lange unentschieden und zwiespältig.“
Hans -Ulrich Thamer, 1995

Während der Sommermonate 1923 glätteten sich zwar die Wogen der Erregung, die Schlageters Hinrichtung hatten hochgehen lassen, doch die Ruhrbesetzung zeigte Wirkung: Der passive Widerstand schloss einen guten Teil der Ruhrbevölkerung vom Wirtschaftsprozess aus, das übrige Deutschland musste täglich geschätzte 40 Millionen Goldmark zu ihrer Unterstützung aufbringen. Gleichzeitig fehlten dem Reich die Kohlelieferungen, Industriebetriebe mussten ihre Pforten schließen, die Arbeitslosigkeit wuchs, die Inflation begann zu galoppieren, die Geldentwertung erreichte neue Rekorde; so stieg der Wechselkurs von 110 000 Mark für einen US-Dollar im Juni auf 4,6 Millionen im August. Die katastrophale Wirtschaftslage rief eine landesweite Streikbewegung hervor, an der die KPD maßgeblich beteiligt war. Am 26. September 1923 gestand die Regierung unter Kanzler Gustav Stresemann von der Deutschen Volkspartei die bittere Wahrheit ein, dass die Währung und die Wirtschaft *„im besetzten und unbesetzten Deutschland“* nahezu hoffnungslos zerrüttet seien. Doch die Aufgabe des passiven Widerstands im Ruhrgebiet allein werde die Wirtschaftslage nicht bessern, sagte Stresemann. Man müsse die Verständigung mit den Alliierten suchen und die Reparationszahlungen wieder aufnehmen.

Gefahren von rechts und links

Die Ankündigung Stresemanns verursachte einen Aufschrei des Protestes in den Reihen der Nationalisten und der Kommunisten. Aufruhr drohte, Bayern wendete sich gegen Berlin: Unter Berufung auf den Artikel 48, Absatz 4 der Reichsverfassung proklamierte das bayerische Kabinett unter Eugen von Knilling den Staatsnotstand und ernannte den monarchistisch orientierten ehemaligen Ministerpräsidenten Gustav Ritter von Kahr zum Staatskommissar mit diktatorischen Befugnissen. Reichspräsident Friedrich Ebert antwortete noch in der Nacht vom 26. auf den 27. September mit einer Notverordnung, die den Ausnahmezustand über das ganze Reich verhängte. Reichswehrminister Otto Geßler und der Chef der Heeresleitung, General von Seeckt, erhielten eine mit Februar 1924 terminierte Exekutivmacht. Die Macht im Staat lag damit in den Händen der Reichswehr. Dagegen und vor allem gegen Reichswehrminister Geßler kämpften Bayern, Sachsen und Thüringen an. Der Konflikt der Reichsregierung brach zuerst mit Bayern aus. Hier nahm die NSDAP unter ihrem Führer Adolf Hitler die einflussreichste politische Stellung unter den zahlreichen völkischen Verbänden ein. Bereits Anfang 1923 berichtete das »Berliner Tagblatt: *„In Bayern allein fand die nationalsozialistische Bewegung nicht bloß die Atmosphäre, die ihrem Aufkommen günstig war, sondern auch wohlwollende Duldung und Unterstützung durch den Staat.“* Eine bis zum Rand des Bürgerkriegs gehende Unterstützung erhielt die NSDAP im Herbst desselben Jahres, als Reichswehrminister Geßler den General Otto Hermann von Lossow, Kommandant der 7. Reichswehrdivision in Bayern, anwies, das NSDAP-Organ »Völkischer Beobachter« zu verbieten. Anlass gab ein Artikel, in dem Hitler *„Die Diktatoren Stresemann - Seeckt“* heftig attackierte. Lossow, von Geßler im Zuge des Ausnahmezustands zum Militärbefehlshaber in Bayern ernannt, hätte den Befehl ausführen müssen, weigerte sich aber. Die Befehlsverweigerung ahndete Seeckt mit der Entlassung Lossows, die aber Kahr unterlief: Er bestätigte Lossow als Kommandant und ließ gleichzeitig Offiziere und Mannschaft einen besonderen Eid auf die bayerische Regierung ablegen.

Kahr verstieß damit gegen die Verfassung und beging eindeutig Hochverrat. Die Reichsregierung hätte nun den sofortigen Einmarsch loyaler Truppen anordnen können, doch das Risiko einer Reichsspaltung wollte sie nicht eingehen. Aus dem Dilemma retteten sie separatistische Aktionen, die zunächst im Raum Küstrin ausbrachen. Unter dem Befehl von Major Bruno Ernst Buchrucker besetzten Truppen der so genannten Schwarzen Reichswehr drei Forts und formierten sich zum Sturm auf Berlin. Die »Schwarze Reichswehr« war eine von der offiziellen Reichswehr unter Umgehung der Versailler Bestimmungen aufgestellte Reservearmee, die in ihrem Lager Mitglieder aufgelöster Freikorps und rechter antirepublikanischer Gruppen vereinigte. Nun musste die Reichswehr selbst gegen die Putschisten einschreiten; Buchrucker ergab sich nach einer zwei Tage dauernden Belagerung.

Generaloberst Hans von Seeckt (Bild oben) – 1866 in Schleswig geboren, 1936 in Berlin gestorben – stand im Ersten Weltkrieg als Generalstabsoffizier an der Spitze des Stabes der 11. Armee. 1919 hatte er die Funktion des Militärexperten der deutschen Delegation in Versailles inne und stieg

1920 zum Chef der Heeresleitung der Reichswehr auf. Seeckt befürwortete eine deutsche Revisionspolitik gegenüber Polen und pflegte enge militärische Verbindungen zur Sowjetunion mit dem Ziel, die Reichswehr im Geheimen aufzurüsten.

Gustav Ritter von Kahr (Bild rechts) – 1862 in Weißenburg geboren, 1934 im Zuge der »Röhm-Affäre« erschossen –, 1920 bayerischer Ministerpräsident, wollte in Bayern eine rechtsgerichtete Diktatur errichten.

Nach dem Versailler Vertrag durfte die Reichswehr (Bild unten; 1920 in Falkenstein) nicht mehr als 100 000 Mann umfassen.

Der preußische General Erich Ludendorff (linke Seite, Bild unten) – 1865 bei Posen geboren, 1937 in Tutzing gestorben – besiegte mit Hindenburg 1914 die Russen bei Tannenberg. Nach dem Weltkrieg trat er für eine Erneuerung Deutschlands auf völkisch-germanischer Grundlage ein.

Gefahr drohte aber auch von links. In Sachsen, Thüringen, Hamburg und an der Ruhr planten die Kommunisten auf Geheiß Moskaus den Aufstand. Gregori Soniwjew, Generalsekretär der Komintern, hielt die Zeit für gekommen, die Initialzündung zu einer reichsweiten Erhebung der Arbeiter geben zu können. Am 1. Oktober 1923 wies er die Zentrale der KPD an: *„Sofort Bewaffnung von 50 000 bis 60 000 durchführen [...].“* In der Tat kam es am 23. Oktober in Hamburg zu einem Arbeiteraufstand, den Reichswehr und Polizei blutig niederschlugen und der viele Opfer forderte. Dennoch fand der – von Lew Dawidowitsch Trotzki in Anlehnung an das bolschewistische Beispiel in Russland – »deutsche Oktober« nicht statt. Die Arbeiter im übrigen Deutschland dachten nicht daran, sich zu erheben. Ungehindert konnten Reichswehrtruppen am 29. Oktober in das von einer SPD-KPD-Koalition regierte Sachsen einmarschieren und die Regierung absetzen. Als Folge zerbrach auch die SPD-KPD-Koalition in Thüringen.

Das Zögern der Reichswehr gegen Bayern vorzugehen interpretierten die rechtsextremen Führer in München als stillschweigendes Gutheißen ihrer Umsturzpläne. Offen bekannte General Lossow am 24. Oktober, nach Berlin marschieren zu wollen.

Seeckt ermunterte die Rebellen noch. Am 5. November versicherte er Kahr, die gleichen Grundanschauungen zu haben: Distanz zu Außenminister Stresemann und Ablehnung der Sozialdemokraten. Doch Seeckt verschwieg, dass er eine Militärdiktatur unter seiner Führung errichten wollte. So verfolgte jeder sein persönliches Ziel: Seeckt strebte nach der Kanzlerschaft mit diktatorischen Vollmachten, Kahr nach bayerischen Sonderrechten, Lossow wollte an der Spitze des Staates ein »Nationales Direktorium« mit Hitler als *„politischen Trommler“* errichten – und Hitler selbst setzte alles daran, die Zentralgewalt im Reich an sich zu reißen.

Während im Ruhrgebiet die Bevölkerung und die Polizei gegen Separatisten, die eine unabhängige Rheinische Republik errichten wollten, vorgingen, bereiteten in Bayern Putschisten den wirklich entscheidenden Schlag gegen die Republik vor.

DER HITLER-PUTSCH

„Die Republik hatte sich im Sturmjahr 1923 behaupten können, vermutlich weil sie gegen die revolutionäre Herausforderung von links und rechts zugleich verteidigt werden mußte. [...] Es stand nicht gut um die Sache der Gegner der Republik. Die Mehrheit des Bürgertums schien sich an die ungeliebte parlamentarisch-demokratische Ordnung zu gewöhnen [...]. Der Zustand der nationalsozialistischen Bewegung war desolat. Die Partei war in sich gespalten [...]"
Hans-Ulrich Thamer, 1995

Am 8. November 1923 verdichteten sich in der Reichshauptstadt die Gerüchte, Bayern plane den Staatsstreich. Besorgt richtete Preußens Innenminister Carl Severing an Seeckt die Frage, ob die Reichswehr Berlin gegen die anmarschierende 7. Division aus Bayern verteidigen würde. Die Antwort glich jener, die Seeckt schon 1920 während des Kapp-Putsches dem damaligen Reichswehrminister Gustav Noske gegeben hatte: Reichswehr schießt nicht auf Reichswehr. Damit schien das Schicksal Deutschlands besiegelt.

Mittlerweile waren in München die drei führenden Landeschefs – Kahr, Lossow und Hans Ritter von Seißer, Kommandant der bayerischen Polizei – zum Entschluss gekommen, nur auf Polizei und Reichswehr gestützt, ohne Hitler und ohne Einbindung rechtsextremer Kampfbünde, den Umsturz zu wagen. Hitler, auf diese Art vom Griff zur Macht ausgeschlossen, ergriff die Flucht nach vorn.

Die Gelegenheit, sich doch noch an die Spitze des Putsches zu setzen, bot ihm eine für den 8. November 1923 von Kahr einberufene Kundgebung im Münchner Bürgerbräukeller. Alle führenden national-bürgerlichen Kräfte waren dazu eingeladen – ausgenommen Hitler. Dieser alarmierte die SA, ließ kurz nach Beginn der Versammlung den Bürgerbräukeller umstellen und stürmte, mit einer Pistole bewaffnet, in Begleitung von Rudolf Heß und Hermann Göring in den Saal.

Hitler schoss in die Decke und rief, wild mit der Waffe gestikulierend, die nationale Revolution aus. Er würde an die Spitze der Regierung treten und jeden Widerstand mit Waffengewalt brechen, sonst würde er sich erschießen. Zur Drohung sich das Leben zu nehmen, griff Hitler in Situationen äußerster Spannung auch später noch öfter, bis er sie 1945 wahr machte.

Der Marsch zur Feldherrnhalle

Der operettenhaft inszenierte Coup beeindruckte die Versammelten nicht. Erst als der populäre General Erich von Ludendorff – mit Paul von Hindenburg Held in der Schlacht von Tannenberg – eintraf und sich auf die Seite Hitlers stellte, erklärten sich Kahr, Lossow und Seißer bereit, den Hitler-Putsch mitzutragen. Noch in der folgenden Nacht sagten sie sich von Hitler wieder los und erklärten der Öffentlichkeit über rasch affichierte Plakate, sie wären von ihm erpresst worden.

Erneut hatte Hitler das Nachsehen. Während er sich bemühte, als letzten Ausweg den bayerischen Kronprinzen Rupprecht dazu zu bringen, Kontakte zwischen dem Dreierdirektorium Kahr-Lossow-Seißer und ihm herzustellen, organisierte Ludendorff am Mittag des 9. November einen Demonstrationszug der rechten Extremistengruppe »Oberland« und der SA, der durch die Straßen Münchens führen sollte.

Gegen elf Uhr am Vormittag des 9. November 1923, am Jahrestag der Ausrufung der deutschen Republik, setzte sich ein Zug aus etwa 3 000 Mann in Zwölferreihen vom Bürgerbräukeller aus über die Isarbrücke in Bewegung. Hitler, Ludendorff, Göring, Alfred Rosenberg – späterer Protagonist der nationalsozialistischen Blut-und-Boden-Mystik – und ein halbes Dutzend anderer NSDAP- und Kampfbundführer marschierten an der Spitze. Viele Teilnehmer waren bewaffnet, da sie mit dem Widerstand der Polizei oder der Reichswehreinheiten rechneten.

Noch bevor die Putschisten ihr eigentliches Ziel, das Regierungsviertel, erreichten, wurde deutlich, dass der Plan Hitlers und Ludendorffs, die Massen im Sturm mitzureißen, gescheitert war. Die Menschenmenge am Rand der Straßen zeigte keine Bereitschaft mitzumarschieren.

Am Odeonsplatz, nahe der Feldherrnhalle, wartete bereits die Landespolizei auf die Aufwiegler. Plötzlich fiel ein Schuss. Wer ihn abgegegeben hatte, blieb bis heute ungeklärt. Manche vermuten, Hitler habe in die Luft geschossen. Der Schuss wurde jedenfalls erwidert und Hitlers Nebenmann – sein Mitarbeiter Scheubner-Richter – stürzte tödlich getroffen zu Boden und riss Hitler mit sich. Hitler verrenkte sich dabei die Schulter, glaubte aber getroffen zu sein und floh. Ungerührt hingegen marschierte Ludendorff durch die Reihen der Polizei. Währenddessen ergriff Panik die Demonstranten, der Zug löste sich rasch auf. Hitlers Putschversuch – in der NS-Zeit mythologisiert und als Opfergang bezeichnet – endete höchst unrühmlich.

Die bayerische Polizei nahm Hitler, im Hause seines Gönners und Freundes Putzi Hanfstaengl am Staffelsee versteckt, am 11. November fest. Selbst in dieser Situation vergaß Hitler nicht auf theatralische Gesten: Bevor er abgeführt wurde, steckte er sich das EK I. aus dem Ersten Weltkrieg an. Zehn Jahre später erhielten die sechzehn toten Putschisten in Ehrentempeln am Königsplatz eine Ruhestätte. Bis 1944 feierte sie das Regime Jahr für Jahr in einem gespenstisch anmutendem Totenkult. Der drei Polizisten, die bei der Abwehr des Anschlags auf die Republik ihr Leben lassen mussten, gedachte niemand.

Im Prozess von 24. Februar bis 1. April 1924 standen zehn führende Teilnehmer des »Hitler-Putsches« vor dem Münchner Volksgericht: Hitler, Ludendorff, Röhm, Frick, Pöhner, Kriebel, Weber, Wagner, Brückner und Pernet. Die Anklage lautete auf Hochverrat. Hitler und andere erhielten die gesetzliche Mindeststrafe von fünf Jahren mit Aussicht auf baldige Strafaussetzung zur Bewährung. – Hitler in Feldherrnpose am Fenster seiner Zelle in der Strafanstalt Landsberg, wo er neun Monate seiner Haftstrafe verbrachte (Bild oben). Das Dritte Reich richtete hier eine Gedenkstätte ein, Ziel für die von der HJ veranstalteten »Adolf-Hitler-Märsche«. Nach dem Krieg inhaftierten die amerikanischen Besatzungsstreitkräfte auf Landsberg Kriegsverbrecher und vollstreckten Todesurteile durch den Strang.

Marschweg der rechtsextremen Demonstranten am 9. November 1923 in München vom Bürgerbräukeller zur Feldherrnhalle (Grafik rechts unten).

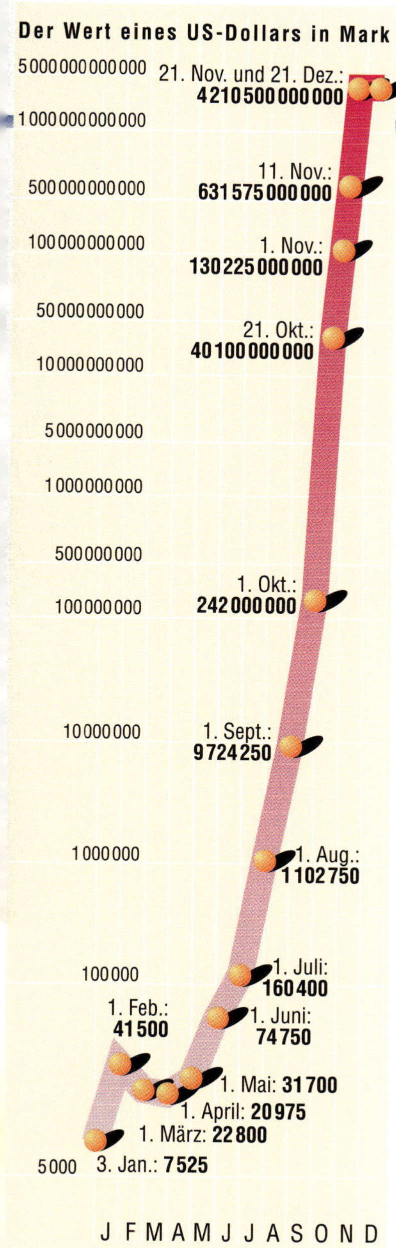

Die US-Dollarnotierungen im Krisenjahr 1923 (Grafik oben).

„Die historische Bedeutung des Hitler-Putsches liegt darin, daß zum erstenmal das Verhältnis von bürgerlich-konservativem und revolutionärem Nationalismus auf die Probe gestellt wurde“, stellt der Zeithistoriker Karl Dietrich Erdmann fest. *„Nach einer Zeit des Zusammenwirkens, die durch die gemeinsame negative Zielsetzung gegen den republikanischen Staat gekennzeichnet war, wandten sich die beiden Kräfte gegeneinander, als sie sich in der Situation des geplanten Marsches nach Berlin der diametralen Verschiedenheit ihrer politischen Ziele bewusst wurden. Damals, als Hitler an der Haltung von Reichswehr und Polizei scheiterte, erwiesen sich die national-konservativen Kräfte als die stärkeren. Für die politische Situation in der Reichspolitik hatte dies zur Folge, dass der republikanische Staat nun zunächst von dem Druck der Diktaturpläne einer in sich geschlossenen nationalen Opposition befreit war.“*

Lossows Entscheidung, den Putschisten mit bewaffneter Macht entgegenzutreten, rehabilitierte ihn, entlastete Kahr und Seißer und enthob die Reichsregierung der Pflicht, gegen Bayern gewaltsam vorgehen zu müssen. Hitler und die übrigen Rädelsführer des Staatsstreichs waren in Haft, es oblag nun der bayerischen Rechtsprechung, der Hitlerbewegung endgültig den Wind aus den Segeln zu nehmen.

Milde Strafen

Der Hochverratsprozess begann am 26. Februar 1924 vor einem Sondergericht. Ludendorff war der berühmteste der zehn Angeklagten, doch Hitler, der Unterstützung seines Freundes und Gönners, des bayerischen Justizministers Franz Gürtner gewiss, beherrschte die Szene. Er genoss Privilegien, die niemandem sonst in solchen Prozessen zugestanden wurden: Er durfte Zeugen ins Kreuzverhör nehmen, ohne Zeitlimit seine Verteidigung vortragen, die Verhandlungen unterbrechen u. a. Am 1. April 1924 erfolgte die Urteilsverkündung. Ludendorff kam wegen seines fortgeschrittenen Alters frei, Hitler erhielt eine fünfjährige Festungshaft auf Burg Landsberg. Die Strafe war – wie alle gegen rechtsgerichtete politische Täter gefällten Urteile in der Weimarer Republik – milde, dennoch protestierten die Laiengeschworenen gegen die vermeintliche Härte der Entscheidung.

Kritische Stimmen hingegen bemängelten, dass Hitler als Österreicher nicht abgeschoben wurde. Das Gericht erklärte, warum es eine Abschiebung im Sinne des Gesetzes zum Schutz der Republik nicht anordnete: *„Hitler ist Deutschösterreicher. Er betrachtet sich als Deutschen. Auf einen Mann, der so deutsch denkt und fühlt wie Hitler, der freiwillig viereinhalb Jahre lang im deutschen Heer Kriegsdienste geleistet, der sich durch hervorragende Tapferkeit vor dem Feind hohe Kriegsauszeichnungen erworben hat, verwundet und sonst an der Gesundheit beschädigt und vom Militär in die Kontrolle des Bezirkskommandos München I entlassen worden ist, kann nach Auffassung des Gerichtes die Vorschrift des § 9 Absatzes II des Republikschutzgesetzes ihrem Sinn und ihrer Zweckbestimmung nach keine Anwendung finden.“*

Hitlers Strafantritt glich dem Umzug in ein komfortables Hotel: Die Fenster des bequem eingerichteten Zimmers im ersten Stock boten einen prächtigen Ausblick auf die schöne Landschaft Oberbayerns. Geschenke, Blumen, Briefe von Anhängern und Sympathisanten erreichten ihn körbeweise. Die Gattinnen von Industriellen, die ihn schon in der so genannten Kampfzeit umschwärmt, finanziell unterstützt und ihm den Weg in die feine Gesellschaft geöffnet hatten, besuchten ihn häufig in der Haft. So Helene Bechstein, die Frau des Klavierfabrikanten Carl Bechstein, die ihn in mütterlicher Gönnerhaftigkeit sogar adoptieren wollte; oder Elsa Bruckmann, eine geborene rumänische Prinzessin Cantacuzene und Gattin des namhaften Kunstverlegers Hugo Bruckmann.

Auf Landsberg gewann Hitler die Erkenntnis, dass gegen den Widerstand der Streitkräfte die Macht im Staat nicht zu erzwingen war. Sie konnte nur auf legalem Weg erreicht werden. Diese und eine Fülle anderer programmatischer und politischer Visionen brachte er in einer Schrift unter dem Titel »Mein Kampf« zu Papier. Im Dritten Reich jedem Deutschen als Pflichtlektüre aufgedrängt, wurde sie kaum gelesen, noch weniger ernst genommen; sonst hätte die Gesellschaft besorgt reagieren müssen.

Während Hitlers Haftzeit stürzte die NSDAP ins Nichts. Reichsweit verboten, hatte sie den Namen »Völkische Liste« angenommen. Vergeblich: Von ursprünglich 1,9 Millionen Wählern am 4. Mai 1924 gaben ihr am 7. Dezember nur noch 0,9 Millionen die Stimme. Die Hitler-Bewegung, ihres Führers ledig, schien am Ende.

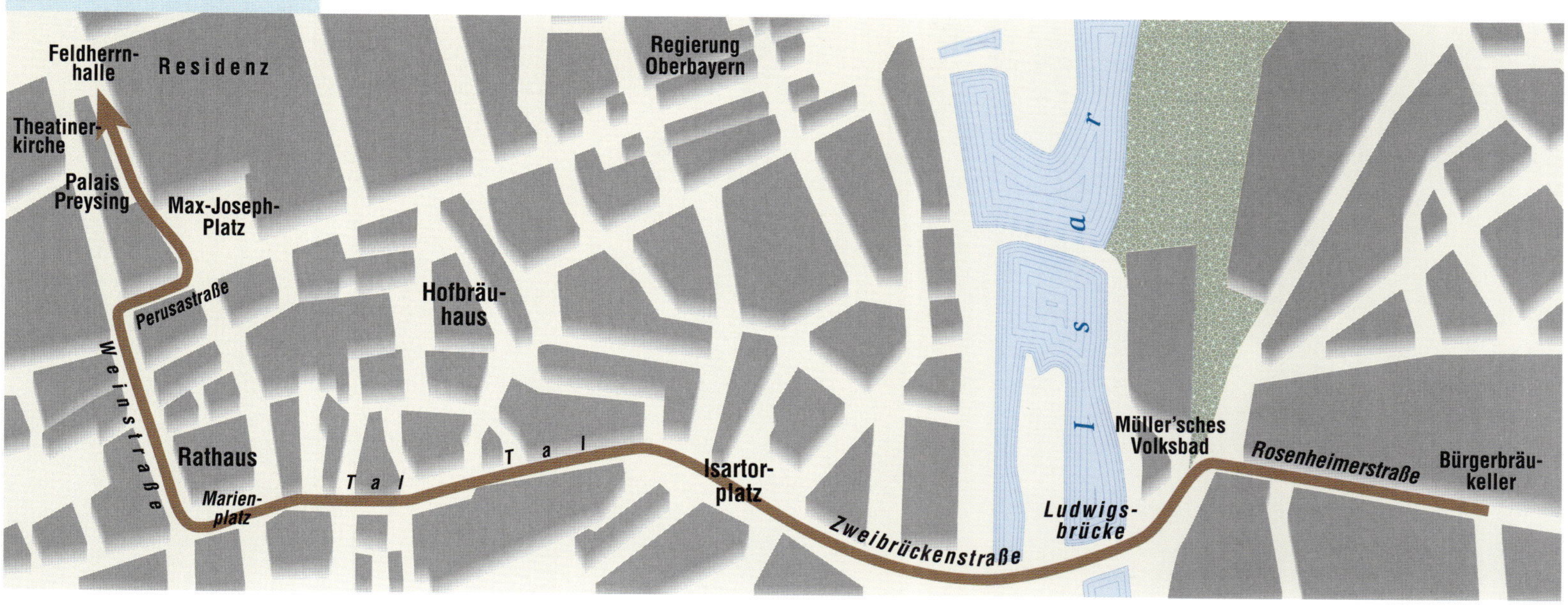

FÜHRUNGSANSPRUCH

„Das Schreckgespenst Hitler hätte 1924 für immer gebannt sein sollen, doch dieses Jahr brachte, wenn auch zu der Zeit nicht deutlich erkennbar, die Grundlegung seiner späteren absoluten Vorrangstellung in der völkischen Bewegung und seines Aufstiegs zum unangefochtenen Führer. Im Rückblick erscheinen jene Monate als die Zeit, in der Hitler wie ein »Phönix aus der Asche« aus den Ruinen der zerrütteten und zersplitterten völkischen Bewegung emporstieg, um schließlich der Führer mit absoluter Herrschaftsgewalt über eine reformierte, organisatorisch weit stärkere und intern gefestigtere NS-Partei zu werden."
Ian Kershaw, 1998

Die Lehren, die Hitler aus dem gescheiterten Staatsstreich zog, basierten im Wesentlichen auf drei Erkenntnissen: 1. Die Macht war nicht gegen das Heer und die Exekutive des Staatsapparats zu erringen, sondern nur auf dem Weg der Legalität; 2. Die NSDAP müsse regional breiter gefächert und auf Reichsebene straffer organisiert werden. Sie habe sich noch stärker von anderen völkischen Vereinen abzugrenzen. Weiter sei die SA der politischen Führung der Partei unterzuordnen und sollte nur mehr der Mobilisierung der Massen dienen; 3. Die Partei hatte ausschließlich seinem Führerwillen zu entsprechen.

Hitler kam zugute, dass ihm während seiner Haft die Splittergruppen der völkischen Bewegung – durch den Prozess erst richtig aufmerksam auf ihn geworden – ungeteilte Bewunderung zollten. Druckschriften sorgten für seine große Popularität: Sie nannten ihn den »prophetischen Menschen«, »Genie«, den »Demütigen«, »Erzieher«, »Befreier«, »Erwecker« u. ä. Als er am 20. Dezember 1924 vorzeitig entlassen und ihm die restliche Zeit von fast vier Jahren erlassen wurde, war zwar die Partei zersplittert – wodurch seine Unersetzbarkeit erwiesen wurde –, gleichzeitig war aber auch das Fundament seiner Führungsposition in einer neu zu errichtenden Bewegung gelegt.

Vorerst aber musste sich Hitler einem zweijährigen öffentlichen Auftritts- und Redeverbot in beinahe allen deutschen Ländern beugen. Diese Zeit nutzte er ausschließlich für die Neugründung und Umorganisation der Partei. Bereits am 26. Februar 1925 stellte er sie im Münchner Bürgerbräukeller vor. Er appellierte an die völkischen Lager, Einigkeit zu beweisen und sich ihm und seiner Bewegung anzuschließen. Allerdings läge der Führungsanspruch ausschließlich bei ihm, betonte Hitler. Nur General Ludendorff duldete er an seiner Seite, dieser konnte ihm politisch kaum gefährlich werden. Hitler hatte den Führungsanspruch geschickt abgesichert: Die Münchner Ortsgruppe, die stärkste und einflussreichste von allen, beherrschte er mit seinen engsten Anhängern. Sie wurde formell für sämtliche Fragen der Parteiorganisation zuständig. Diese Maßnahme war notwendig geworden, denn in der Verbotszeit hatte sich der Schwerpunkt der Partei nach Nord- und West-

Gregor Strasser (Bild oben) gab während der Haft Hitlers der NSDAP neue Strukturen. Er baute die Partei von der untersten Ebene, den Ortsgruppen, bis zu den höchsten Ämtern auf. Er gründete Sonderorganisationen und Berufsverbände, die ein dichtes Netzwerk zur Erfassung und Mobilisierung der Anhänger und Mitglieder bildeten: 1926 den »Bund der deutschen Arbeiterjugend« und den »Nationalsozialistischen Deutschen Studentenbund«, 1928 den »Bund Nationalsozialistischer Juristen«, 1929 den »Nationalsozialistischen Deut-

schen Ärztebund«, den »Kampfbund für Deutsche Kultur« und den »Nationalsozialistischen Schülerbund«, 1930 den »Agrarpolitischen Apparat« und die »Nationalsozialistische Betriebszellenorganisation« (NSBO), 1931 die »Nationalsozialistische Frauenschaft«, 1932 den »Kampfbund für den gewerblichen Mittelstand«. Dazu kamen diverse »Ämter«, die jenen des Staates nicht nachstanden: für Außenpolitik, Presse, Recht, Technik usw. Damit bestand bereits vor der Machtergreifung ein NS-Schattenstaat, der tief in gesellschaftliche Bereiche eingriff und den Prozess der Machteroberung beschleunigte.

Hitlers Haft in Landsberg glich einem vergnüglichen Landaufenthalt unter Freunden (Bild links unten). Hier verfasste er seine programmatische Schrift »Mein Kampf«, die er Rudolf Heß – im Bild Zweiter von rechts – in die Schreibmaschine diktierte. Heß wurde 1932 sein Stellvertreter. Am 10. Mai 1941 flog Heß mit einer Me 110 nach England, angeblich, um Friedensgespräche zu führen.

Vor dem Putsch-Versuch 1923 pflegte Hitler enge Kontakte zu Freikorpsführern. Im Bild rechts oben u. a. mit Ulrich Graf (rechts hinter Hitler, Major Buch (vierter von links) und Christian Weber (rechts mit Hut), der 1933 Gauleiter in Bayern wurde.

deutschland verschoben und war zum Auffangbecken unterschiedlichster völkischer und nationaler Gruppen geworden. Obwohl sie nur 27 000 Mitglieder zählte, litt sie unter endlosen Führungsrivalitäten. Hitler war gezwungen, durch bürokratische Straffung die Zukunft der Bewegung zu sichern, so sehr ihm diese Art der Tätigkeit auch missfiel. Er bevorzugte die direkte Befehlsgewalt, hielt lieber Kontakt zu Unterführern, die ihm verpflichtet waren, und amüsierte sich im Stillen über ihren Konkurrenzkampf. Den Unterführern ließ er mitunter großen Spielraum, beauftragte mehrere zur gleichen Zeit mit gleichen Aufgaben, um danach – in Streitfällen zum Richter aufgerufen – seinen alleinigen Führungsanspruch zu bestätigen. Diese Methode der organisatorischen Lenkung praktizierte er auch als Reichskanzler und oberster Befehlshaber der Wehrmacht. Eine Ausnahme bildeten Lieblingsarchitekt Albert Speer und Propagandaminister Joseph Goebbels, sie standen unangefochten an der Spitze ihrer Bereiche.

Konkurrent Gregor Strasser

Zunächst kämpfte Hitler selbst gegen Konkurrenten. Gregor Strasser war einer der hartnäckigsten von ihnen. Der Apotheker aus Landshut nahm am Putsch teil, blieb aber, als Abgeordneter des bayerischen Landtags die Immunität genießend, straffrei. Strasser übernahm während der Haftzeit Hitlers die Führung der NSDAP, die er wegen des verhängten Verbots »Nationalsozialistische Freiheitsbewegung« benannte. Die Führungsposition sicherte ihm auch nach der Neugründung Einfluss an der Parteispitze.

Hitler sah seinen Führungsanspruch durch den intelligenten und umtriebigen Strasser gefährdet, daher betraute er ihn mit dem Aufbau einer norddeutschen Organisation. Doch statt Strasser los zu sein, bedeutete der nun erst recht Gefahr für Hitler: Fernab von München begann Strasser, den ihm unterstellten Parteiflügel durch eigene sozialrevolutionäre Ideen zu indoktrinieren.

Strasser forderte die Vergesellschaftung von Banken und Schwerindustrie, polemisierte gegen »das System« und propagierte den Aufbau einer völkisch organisierten Gemeinschaft, die der Mehrproduktion und dem Gewinn abschwören sollte. Linke Strömungen wollte er mit bündisch-kollegialen vereinen. Der ideologisch begründete Konflikt mit Hitlers nationalsozialen Vorstellungen blieb nicht aus. Im Frühjahr 1926 trafen beide in einer nach Bamberg einberufenen Führertagung aufeinander.

Strasser kam in der Hoffnung, das Treffen würde das höchst verschwommene und überholte 25-Punkte-Parteiprogramm Hitlers und Drexlers vom 24. Februar 1920 in klare Formen bringen. Doch Hitler dachte keinen Augenblick daran. Ein klares Parteiprogramm würde seinen Führungs- und Richteranspruch gefährden. Gottfried Feder, Wirtschaftstheoretiker der Partei, warnte Hitler vor der Gefahr, die seiner Autorität drohte. Dieser reagierte sofort und ließ das Thema »Parteiprogramm« unbeachtet. Beinahe zwei Stunden erging er sich in außenpolitischen Fragen und über künftige Bündnisse und stellte fest, dass sie nur Bestandteil eines politischen Geschäfts seien.

Ein Bündnis mit Russland etwa müsse ausgeschlossen werden, denn die Zukunft Deutschlands liege im Landerwerb, also in der Kolonisation des Ostens, die einer Eroberung gleichkäme. Auch den Rückerwerb deutscher Kolonien in Übersee hielt er für unrealistisch, so wie er auch eine Enteignung der Fürsten in Deutschland ablehnte. Unter den Gauleitern machte sich Enttäuschung breit. Statt innenpolitische und innerparteiliche Streitfragen zu lösen, hatten sie theoretische außenpolitische Überlegungen vorgesetzt bekommen.

Goebbels, damals noch in keiner Führungsposition, notierte entsetzt: *„Welch ein Hitler? Ein Reaktionär? Fabelhaft ungeschickt und unsicher. Russische Frage vollkommen daneben."* Strasser und sein Programm hingegen nannte er gut und ehrlich. *„Wohl eine der größten Enttäuschungen meines Lebens. Ich glaube nicht mehr restlos an Hitler"*, schrieb Goebbels. Diese Kritik war die einzige, die er je an seinem »Führer« übte.

Die Arbeitsgemeinschaft löste sich ohne einen Beschluss zu fassen auf. Das Parteiprogramm blieb das alte, Strasser hatte verspielt. Hitler gab sich großzügig und ließ Strasser weiterarbeiten, er schätzte dessen Organisationstalent und er brauchte ihn noch. Am 1. Juli 1926 folgte Hitlers unzweideutige Reaktion: *„Da die NSDAP eine große Arbeitsgemeinschaft darstellt, so haben kleinere Arbeitsgemeinschaften als Zusammenschluß einzelner Gaue keine Berechtigung."* Gauleitertreffen wie in Bamberg fanden nicht mehr statt.

FÜHRERKULT

„Die Bamberger Führertagung vom Februar 1926 war ein Meilenstein in der Entwicklung der NSDAP gewesen. Die Arbeitsgemeinschaft hatte eine Rebellion gegen Hitlers Führerschaft weder gewollt noch versucht, doch nachdem Strasser seinen Programmentwurf vorgelegt hatte, war der Konflikt unausweichlich geworden. Sollte sich die Partei einem Programm unterordnen oder ihrem Führer? Die Führertagung von Bamberg hatte entschieden, was als Nationalsozialismus gelten sollte. Anders als die völkische Rechte im Jahr 1924 würde die Partei nicht an dogmatischen Fragen scheitern. Daher galt das 25-Punkte-Programm der NSDAP von 1920 als hinreichend.“
Ian Kershaw, 1998

Das Ergebnis von Bamberg brachte »Führer« und »Idee« auf einen Nenner. Ideologische und organisatorische Differenzen blieben in Zukunft ausgeschlossen. Eine neue Form einer politischen Organisation war geboren, eine, die ausschließlich vom Willen eines »Führers« abhing. Eines »Führers«, der über der Partei stand und in seiner Person Idee und Ideologie der nationalsozialistischen Bewegung vereinigte. Der Startschuss für einen noch nie dagewesenen Persönlichkeitskult war gefallen: Alle Parteigenossen hatten sich mit »Heil Hitler« zu grüßen, der »Bund deutscher Arbeiterjugend«, am 7. Juli 1926 gegründet, nannte sich ab nun »Hitler-Jugend« (HJ). Die Propaganda stellte Hitler ab sofort in den Mittelpunkt des Geschehens, er symbolisierte die Geschlossenheit der Partei und nach der Machtübernahme die Einigkeit des ganzen Staates und Volkes.

Wenige Monate nach dem Bamberger Arbeitsgemeinschaftstag fand am 3. und 4. Juli 1926 der Zweite Reichsparteitag der NSDAP statt. Ort der Veranstaltung war Weimar, die Hauptstadt Thüringens, eine Hochburg der Sozialdemokraten und Kommunisten. Hitler erhielt die Erlaubnis, öffentlich vor seiner Gefolgschaft zu sprechen. Der Parteitag sollte *„eine große Kundgebung der jugendlichen Kraft unserer Bewegung“* sein, lautete der Werbetext, *„ein Bild disziplinierter Kraft“* und *„sichtbarer Beweis für die wiedererlangte innere Gesundung der Bewegung.“*

Die Goethe-Stadt bot an diesen beiden Sommertagen ein eigenartiges Bild. Tausende Parteimitglieder waren aus allen Teilen Deutschlands angereist. Sie schwenkten Hakenkreuzfahnen, verteilten Flugblätter und Handzettel und trugen rote Armbinden mit weißem Spiegel und schwarzem Hakenkreuz, Farben, die sich die Nationalsozialisten von der kaiserlichen Fahne entlehnt hatten. Der Thüringische Gauleiter Arthur Dinter hatte ganze Arbeit geleistet. Schon Wochen zuvor, am 23. April, hatte er seine Getreuen im Weimarer Stadthaussaal auf die kommenden Tage eingestimmt. Jetzt beschwor er das Genie des Parteiführers zwischen der vom Opernsänger Karl Röser vorgetragenen Arie des Hans Sachs aus Richard Wagners Oper »Die Meistersinger« und einer Rezitation zweier Sonette des jungen Baldur von Schirach, »Den Wollenden« und »An Adolf Hitler«, die der Schauspieler Heinz Hugo John wiedergab: *„Du gabst uns Deine Hand und einen Blick, von dem noch jetzt die Herzen beben. Es wird uns dieser Stunde mächtig Leben begleiten stets als wunderbares Glück.“* Dann sprach wieder Dinter, der Hitler dankte, den *„völkischen Gedanken in die Massen getragen zu haben“*.

Auftakt in Weimar

Die Presse beachtete den Parteitag kaum, obwohl 7 000 bis 8 000 Mitglieder der NSDAP teilnahmen, davon 3 600 SA- und – zum ersten Mal – auch 116 SS-Männer. Diese im April 1925 als Leibgarde Hitlers gegründete Schutzstaffel unterstand der SA. Hitler trug sich damals schon mit dem Gedanken, die SS zur Eliteeinheit zu erheben. In Weimar übergab er ihr die »Blutfahne«, die 1923 beim Marsch zur Feldherrnhalle vorangetragen worden war. Überhaupt beherrschten diesen Parteitag mehr symbolträchtige Rituale als parteipolitische Diskussionen.

Ein theatralisch inszeniertes Spektakel war geboren, das in den folgenden Jahren mit gigantischem Aufwand der Selbstdarstellung des Regimes und vor allem Hitlers dienen sollte.

Hitler verstand es, sich den Gegebenheiten anzupassen: Auf dem 2. Parteitag der NSDAP, im Juli 1926 in Weimar, erweckte er in Zivil den Eindruck des geradlinigen Bürgers, der mit Gleichgesinnten für das Wohl – im NS-Jargon die »Wiedergeburt« – des Deutschen Reichs demonstrierte. Im Bild unten (von links) mit Schwarz, Rosenberg, Heinemann, Feder, Heß und Albrecht.

Auf demselben Parteitag gab sich Hitler auch martialisch und nahm, im offenen Wagen stehend, die Parade einer SA-Formation ab (Bild rechts). Diesen Parteisoldaten war das bürgerliche Leben ein Gräuel. Marschieren und Losschlagen war ihre Parole. Das bekamen die Bewohner Weimars zu spüren: Mädchen mit Make-up oder der damals modischen »Bubifrisur« (Models aus einer Modezeitschrift um 1925; Bild Mitte unten) wurden von den SA-Rabauken angepöbelt, bespuckt und wüst beschimpft.

In Erinnerung des Parteitages von 1926 weilte Hitler später oft in Weimar, hier bei der Schillergedenkfeier am 10. November 1934 im Deutschen Nationaltheater (Bild rechts unten).

Höhepunkt dieses Parteitages – so wie auch aller späteren – war die Rede Adolf Hitlers. In Weimar sprach er, notierte Goebbels in seinem Tagebuch, *„von Politik, Idee und Organisation. Tief und mystisch. Fast wie ein Evangelium. Schaudernd geht man mit ihm an dem Abgrund des Seins vorbei. Das Letzte wird gesagt. Ich danke dem Schicksal, daß es mir diesen Mann gab!"* Grund für Goebbels zu jubeln: *„Das Dritte Reich zieht auf!"*

Er, der in Bamberg über Hitler starke Zweifel geäußert und sogar angeregt hatte, ihn aus der Partei auszuschließen, schwenkte wieder voll auf die Linie des »Führers« und verließ sie bis zu seinem Tod 1945 nicht mehr. Nach der Rede Hitlers fand ein weiterer Höhepunkt statt: die Angelobung der SA-Männer. Jeder der Anwesenden hatte einen persönlichen Treueeid auf Hitler abzulegen.

Krawalle und Tätlichkeiten

Hinter dem Gepränge einer scheinbar stimmigen und harmonischen Welt sah es freilich anders aus: Krawalle und tätliche Übergriffe durch Nationalsozialisten terrorisierten die Bürger der Stadt. Weil der Oberbürgermeister Walter Felix Mueller nicht zur Eröffnungszeremonie erschien, nannte ihn Hitler *„feiger Geselle"* und *„Oberspießer."* Wer sich in den Straßen als Linker verdächtig machte, wurde unbarmherzig gejagt. Nahe des Stadtzentrums zerrten Nazis zwei Arbeiter von ihren Fahrrädern, schlugen sie und warfen sie übers Brückengeländer in die Ilm. Mädchen mit den bei den Nationalsozialisten verpönten »Bubifrisuren« wurden verspottet und angespuckt. Gröhlend und betrunken randalierten SA-Trupps in der Stadt: *„Zum Putsch, zum Putsch sind wir geboren, dem Adolf Hitler haben wir's geschworen!"* brüllten sie, und *„Haut sie raus, die Judenbande, aus unserem deutschen Vaterlande!"* Zur gleichen Zeit gab sich Dinter im Nationaltheater feierlich: *„An der Stelle, wo Ebert saß, sitzt und steht heute Adolf Hitler [...] Das ist der Beginn einer neuen Zeit!"*

Die Szenen hatten im Thüringer Landtag ein Nachspiel: Der sozialdemokratische Abgeordnete Frölich warf Innenminister Sattler vor, die Gewalttaten linker und rechter Täter mit zweierlei Maß zu messen, Nationalsozialisten erhielten mildere Urteile, klagte er. Der ausbrechende Tumult zwischen den Fraktionen zeigte eine tiefe Kluft zwischen den Parteien. Da die thüringische Regierung jedoch auf die nationalsozialistischen Abgeordneten angewiesen war, spielten diese das Zünglein an der Waage: Alle von links eingebrachten Misstrauensanträge wurden abgewiesen; Hitler hatte in Weimar bereits den Fuß in der Tür.

Ende der Talfahrt

„Im Laufe des Jahres 1924 mehrten sich die Anzeichen für eine Stabilisierung der Weimarer Republik. Tatsächlich war das nachfolgende Jahrfünft durch außen- und reparationspolitische Fortschritte, wirtschaftlichen Aufschwung sowie gesellschafts- und sozialpolitische Erfolge gekennzeichnet. Vor diesem Hintergrund beruhigte sich die innenpolitische Lage, während Kunst und Kultur eine Blütezeit erlebten. Diese erfreuliche Gesamtentwicklung wurde jedoch immer wieder durch gegenläufige Tendenzen oder Rückschläge in Frage gestellt.“
Reinhard Sturm, 1998

Weder England noch die USA hießen die französische Ruhrbesetzung gut. Selbst Papst Pius XI. intervenierte am 27. Juni 1923 in einem offenen Brief bei den im Vatikan beglaubigten West-Diplomaten und wünschte, die Gebietsbesetzung *„durch andere ebenso wirksame und gewiss nicht so gehässige Sicherungen zu ersetzen“*. Die von London und Washington befürchtete Wirtschaftskrise, als Folge des französischen Alleingangs, erschütterte die deutsche Wirtschaft in ungeahntem Ausmaß. Am 21. November notierte der US-Dollar mit 4 210 500 000 000 Mark. Um den Staatsbankrott im letzten Augenblick noch abzuwenden, ergriff Kanzler Gustav Stresemann eine wenig populäre Maßnahme: Er leitete eine Währungsreform ein, deren Ausgang aber ungewiss war.

Bereits am 15. November war die Deutsche Rentenbank gegründet worden, um die Stabilisierung der Währung in Angriff zu nehmen. Ihre wichtigste Maßnahme war, die im Umlauf befindlichen Unmengen von Papierbanknoten gegen die Rentenmark zum Umrechnungskurs von einer Billion alte Papiermark für eine neue Rentenmark einzutauschen. Das Experiment glückte. Wohl stieg die Arbeitslosigkeit, doch die Wirtschaft erholte sich rasch.

Das »Wunder der Rentenmark« bewirkte bereits Anfang 1924 eine allgemeine wirtschaftliche Entspannung und nahm den extremistischen Parteien den Wind aus den Segeln. Freilich sorgte die Frage der Reparationen noch immer für gehörige Unsicherheiten und Unruhen in der Wirtschaft und im politischen Leben. Mit der Aufgabe des Widerstandes im Ruhrkampf und der Stabilisierung der Währung öffneten sich allerdings neue Wege zur Regelung der Wiedergutmachung. Zudem gaben die USA ihre selbstgewählte Isolation auf und nahmen wieder an den europäischen Konferenzen teil. So konnte der US-Bankier und Finanzexperte Charles G. Dawes einem unter dem britischen Wirtschaftssachverständigen Reginald McKenna tätigen Sachverständigenausschuss sein Gutachten über die Wirtschaftslage Deutschlands zur Verfügung stellen. Dawes hatte die Möglichkeiten geprüft, mit welchen Maßnahmen die deutsche Währung gegen zu hohen Wertverlust abzusichern sei, wie man den Reichshaushalt stabilisieren und Deutschland eine pünktliche Zahlung der Reparationen ermöglichen könnte. Dawes war wie McKenna zum gleichen Schluss gekommen, dass einseitige Gewaltanwendungen der Gläubigerstaaten – wie etwa die Ruhrbesetzung durch Frankreich – monetäre Schwierigkeiten verursachten und von ihnen daher abzusehen sei. Im Prinzip beruhte der Dawes-Plan auf zwei Voraussetzungen: der Gesundung der deutschen Wirtschaft und der Erwirtschaftung einer aktiven Handelsbilanz. Um dieses Ziel zu erreichen, sah der Plan eine jährliche Zahlung von 2,5 Milliarden Goldmark vor, die aber erstmals im fünften Jahr in vollem Umfang fällig wurde. Zur Sicherung der Zahlungen mussten Reichsbahn und Reichsbank dem staatlichen Zugriff entzogen und als selbstständige Gesellschaften einer internationalen Kontrolle unterstellt werden. Einnahmen aus Zöllen und Verbrauchssteuern unterlagen der Pfändung, und die deutsche Industrie hatte Verbindlichkeiten in der Höhe von 5 Milliarden Goldmark zu übernehmen. Dafür durfte das Reich eine Auslandsanleihe von 800 Millionen Goldmark

Gustav Stresemann (Bild oben), Reichskanzler und Reichsaußenminister – 1878 in Berlin als Sohn eines Bierverlegers geboren –, war Mitglied des Alldeutschen Verbandes und mit Ludendorff befreundet. Seine Bemühungen, die seit Jahrhunderten währenden Spannungen mit Frankreich abzubauen, wurden 1926 mit dem Friedensnobelpreis belohnt.

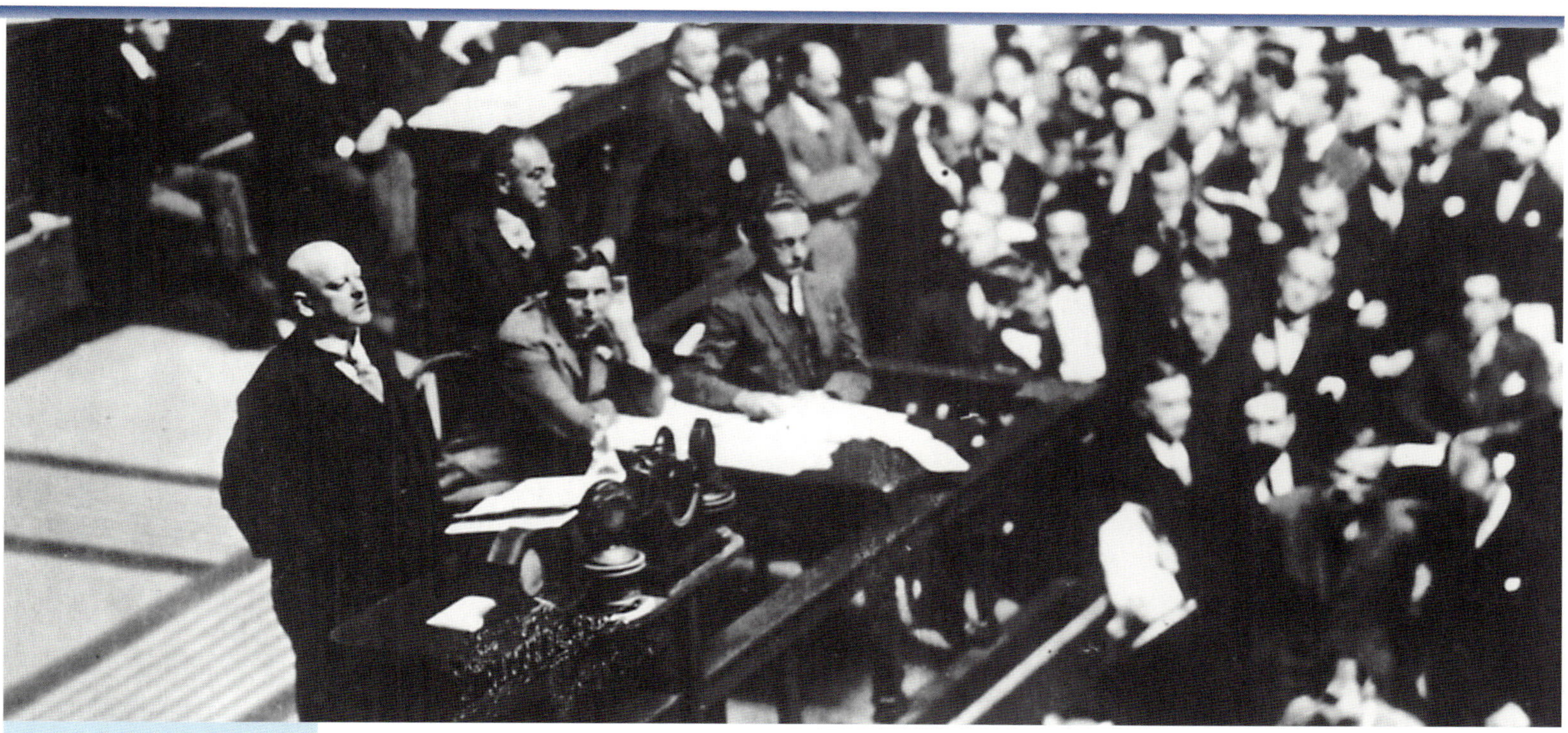

Deutschlands Außenminister Gustav Stresemann spricht vor der Versammlung der Mitglieder des Völkerbundes (Bild oben). Deutschlands Aufnahme in diese erste völkerverbindende Gemeinschaft erfolgte am 10. September 1926. Sie war mit Schwierigkeiten verbunden, denn die Zahl der Mitglieder war beschränkt, es musste erst ein Ratssitz geschaffen werden. Das an Brasilien herangetragene Ansuchen, auf seinen Sitz zu Gunsten Deutschlands zu verzichten, lehnte der südamerikanische Staat ab.
Am 16. Oktober 1925 wurde in Locarno ein Vertrag zwischen dem Deutschen Reich, Belgien, Frankreich, Großbritannien, Italien, Polen und der Tschechoslowakei paraphiert. Er bezweckte die Herstellung eines mitteleuropäischen Sicherheitssystems im Rahmen des Völkerbundes und anerkannte Deutschland als gleichberechtigten Partner. Die Wirksamkeit des Vertrages sollte mit dem Eintritt Deutschlands in den Völkerbund beginnen. Die deutsche Delegation zur Konferenz in Locarno führte Gustav Stresemann an: im Bild auf der linken Seite unten, Vierter von rechts.

als Starthilfe zeichnen. Mit diesem Geld konnte es in den folgenden Jahren seinen Zahlungsverpflichtungen pünktlich nachkommen. Der Leiter der deutschen Kommission zur Erstellung des Dawes-Plans, Gustav Stresemann, erreichte im Zuge der Abschlusskonferenz noch, dass der französische Vertreter Edouard Herriot versprach, Dortmund sofort und das Ruhrgebiet innerhalb eines Jahres von Besatzungstruppen räumen zu lassen. Herriot stimmte auch einem deutsch-französischen Handelsvertrag zu, der die Normalisierung der Beziehungen der beiden Staaten einleiten sollte. Es bedurfte allerdings gehörigen Drucks der USA, Frankreich von weiteren Pressionen abzuhalten.

Am 16. August konnte der Dawes-Plan in London unterzeichnet werden, am 29. August 1924 fand er im Reichstag die Zustimmung von zwei Dritteln der Abgeordneten. Der Nachteil des Plans wurde erst in späteren Jahren transparent: die durch die Auslandsanleihe verursachte, wachsende Auslandsverschuldung.

Der Vertrag von Locarno

Als späte Folge des Dawes-Plans kann ein Abkommen betrachtet werden, das zwischen 5. und 16. Oktober 1925 im schweizerischen Locarno von Deutschland, England, Belgien, Frankreich, Italien, Polen und der Tschechoslowakei über die Stabilisierung des Friedens in Europa unterzeichnet wurde. Wieder hatten die USA dazu gedrängt, diesmal mit der Drohung, keine Kredite mehr an diese europäischen Staaten zu vergeben, sollten sie ihren Friedenswillen nicht bekunden.

Im Locarno-Vertrag erklärte der Vertreter der deutschen Delegation, Außenminister Stresemann, die Westgrenze und den Vertrag von Versailles anzuerkennen, auf Elsass-Lothringen und die von Belgien besetzten Gebiete von Eupen und Malmédy zu verzichten und der Entmilitarisierung des Rheinlands zuzustimmen. Stresemann streckte dem Westen beide Hände zur Versöhnung entgegen, verweigerte aber dem Osten jede Annäherung. Zwar verpflichtete sich das Deutsche Reich in Schiedsverträgen mit Polen und der Tschechoslowakei, keine Veränderung der Grenzen durch Gewaltanwendung herbeizuführen, eine Grenzgarantie – ähnlich dem Locarno-Pakt – gab es nicht. Auf die von Polen besetzten Ostgebiete und einen Anschluss Österreichs wollte das Reich nicht verzichten. Um alle Möglichkeiten offen zu halten und Polen sowie die Tschechoslowakei zu isolieren, hatte Deutschland am 24. April 1924 mit der Sowjetunion den so genannten Berliner Vertrag geschlossen. Dieser Freundschaftspakt sicherte den Unterzeichnern Neutralität im Falle eines Krieges mit einem dritten Staat zu. Das Abkommen richtete sich gegen Polen, das sowohl die Sowjetunion als auch Deutschland als einen »Saisonstaat« von kurzer Dauerhaftigkeit ansahen.

Locarno hatte weit reichende Wirkung. Der Vertrag brachte dem Deutschen Reich neben der politischen Entspannung im Verhältnis zu Frankreich eine spürbare Verbesserung seiner Position auf dem internationalen politischen Parkett, die in der Aufnahme in die Gemeinschaft des Völkerbundes am 10. September 1926 gipfelte.

Die Phase der außenpolitischen Erfolge, des wirtschaftlichen Aufschwungs und der wachsenden Zuversicht der Bevölkerung, in der Welt wieder als gleichwertig zu gelten, schwächte die völkisch-nationalen Gruppen.

Die »goldenen Zwanziger«, die Jahre allgemeiner Stabilisierung, bedeuteten für die Hitlerbewegung eine Dürre an Popularität. Nationalsozialistische Parolen und Versprechungen verfingen kaum noch. Bei der Reichstagswahl von 1928 stürzte die NSDAP mit 800 000 Wählern auf 2,6 % Stimmenanteil ab. Nur noch ein verschwindender Rest eines kleinen militanten Kerns fanatischer Anhänger hielt der Partei die Stange. In den Großstädten und in der Arbeiterschaft spielte sie überhaupt keine Rolle mehr. Die verbliebene Wählerschaft rekrutierte sich hauptsächlich aus klein- und mittelständischen Bürgern protestantischer Konfession. Ihnen wendete Hitler nun seine ganze Aufmerksamkeit zu. In ihnen vermutete er das Potenzial zur Erringung der Macht.

Hitlers Wegbereiter

„Obwohl die Nationalsozialisten 1928 ihre größte Wahlniederlage erlitten und nur 2,6 % der Stimmen erhielten, legten sie in den Jahren der relativen Stabilisierung die Grundlagen für ihre Erfolge. Da auch die Wahlen von 1930, die der NSDAP mit über 18 % der Stimmen einen sensationellen Durchbruch bescherten, zwar unter Krisenbedingungen stattfanden, aber doch noch in einer der schnell überwundenen Krise von 1926 vergleichbaren konjunkturellen Situation, könnte man in gewisser Weise sagen, daß auch der Durchbruch zur Massenbewegung noch der Schlußphase der Stabilisierungsepoche angehörte.“
Detlev J. K. Peukert, 1997

Ende Januar 1927 hob Sachsen als erstes größeres deutsches Land das Redeverbot für Hitler wieder auf. Bayern folgte am 5. März, allerdings mit der Bedingung, er dürfe die erste Ansprache nicht in München halten. Hitler wählte Vilsbiburg, eine oberbayerische Provinzkleinstadt. Tausende Menschen von nah und fern kamen, um ihn nach langer Abwesenheit zu hören. Viele von ihnen karrte die Partei heran, um den Erfolg des Vortrags zu sichern. Trotz aller Bemühungen und aufwendiger Propaganda füllte sich der Saal nur zu zwei Dritteln. Für den schwachen Besuch machten Hitlers Wahlstrategen die Abgeschiedenheit des Ortes verantwortlich. Drei Tage später sprach Hitler auf vertrautem Boden, im Zirkus Krone in München, zum ersten Mal wieder nach drei Jahren. Im riesigen Kuppelbau war beinahe jeder der 7 000 Plätze besetzt. Die meisten Zuhörer stammten aus dem unteren Mittelstand, stellten Wahlanalytiker fest, besser gestellte Männer oder Frauen – in Pelzmänteln – waren kaum vertreten, umso mehr drängte sich die Jugend. Als Hitler, von SA-Männern eskortiert, mit der ihm eigentümlichen Verspätung eintraf, tobte die Menge, sprangen die Leute auf die Stühle und brüllten »Heil«. Hitler marschierte indessen wie eine Marionette, den linken Arm mit dem Daumen im Gürtel des braunen Regenmantels eingehakt, die rechte Hand zum faschistischen Gruß angewinkelt erhoben, durch den Mittelgang zur Rednertribüne. Wie immer lauschte das Publikum, als höre es das Evangelium, obwohl Hitler kaum Neues sagte. Der Polizeibericht vermerkte wenig Beeindruckendes: Weitschweifig, monoton, eintönig, voll plumper Vergleiche, ordinär sei der Vortrag gewesen. Hitler vermied scharfe Töne, er wollte Schwierigkeiten mit den Behörden vermeiden, hieß es in seiner Umgebung. Die Wahrheit war anders, wie der nächste Auftritt zeigte.

Eine Woche später trat Hitler wieder auf, der Saal war nur halbvoll. Am 6. April 1927 füllten statt der erwarteten 7 500 Zuhörer nur 1 500 die Plätze, vier Fünftel des Saals blieben leer. Im Januar 1928 berichtete die Münchner Polizei: *„Die von Hitler immer wieder behaupteten Fortschritte der nationalsozialistischen Bewegung treffen besonders für Bayern nicht zu. In Wirklichkeit ist das Interesse an der Bewegung sowohl auf dem Lande als auch in München im Abflauen begriffen. Sektionsversammlungen, an denen im Jahre 1926 3 000 bis 4 000 Personen teilnahmen, sind nur mehr von höchstens 60 bis 80 Mitgliedern besucht.“*

Gefährliche Anzeichen

Der abwärts gerichtete Trend setzte sich fort. Auch der von 19. bis 21. August 1927 erstmals in Nürnberg abgehaltene, bereits dritte Parteitag brachte trotz propagandistischer Inszenierung nicht die erhoffte Zuhörerzahl. Nun hoben auch andere Länder das Redeverbot auf, die Behörden waren offensichtlich überzeugt, dass der Nationalsozialismus das demokratische Staatsgefüge nicht mehr bedrohte. Doch die innenpolitische Stabilität trog.

Das Jahr 1929 offenbarte, dass der Dawes-Plan Deutschland nur eine kurze Atempause gebracht hatte. Die Konjunktur der »goldenen Zwanzigerjahre« war Schein, der

Walter Darré (Bild oben) – 1895 in Belgrano/Argentinien geboren und 1953 in München gestorben – beschäftigte sich nach dem Ersten Weltkrieg

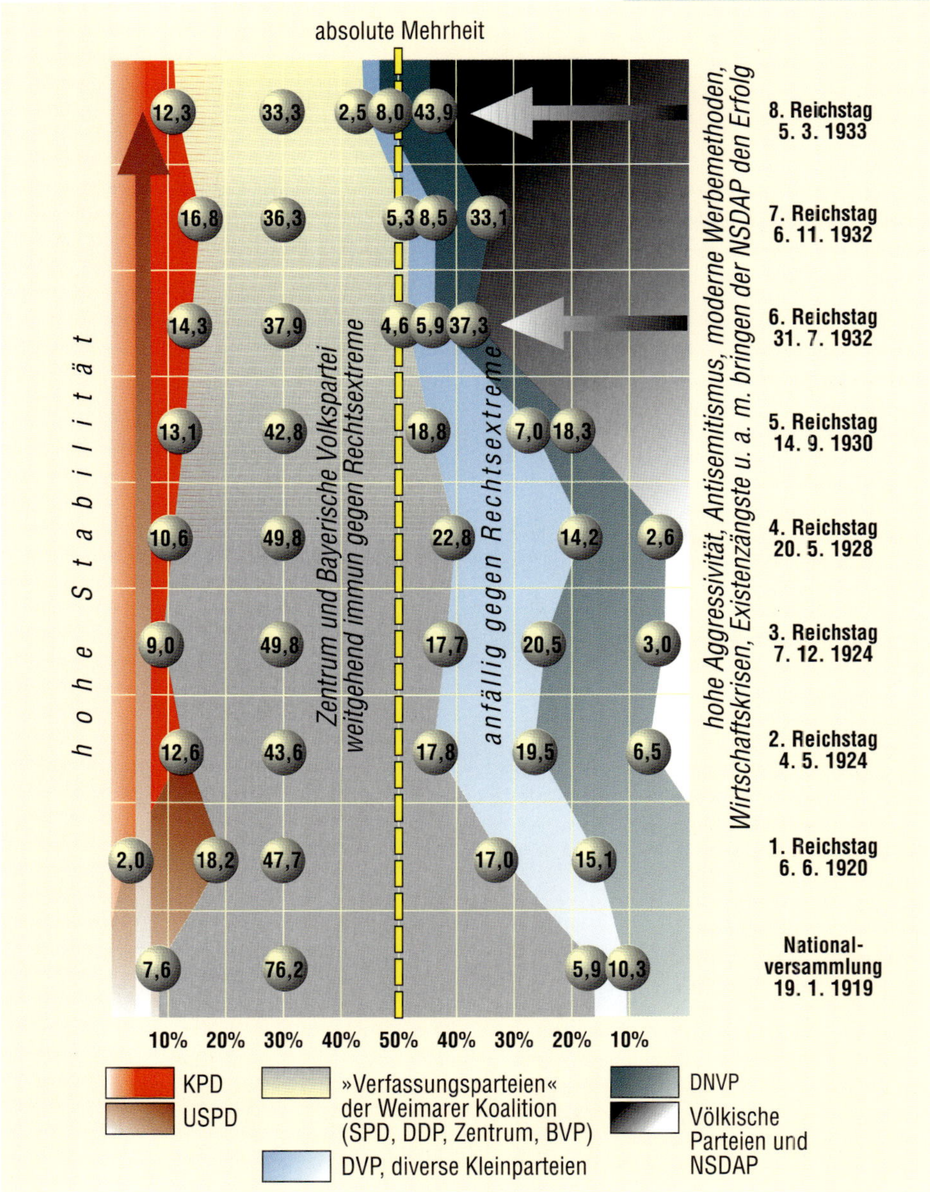

mit Tierzucht und Vererbung. 1930 trat er der NSDAP bei und entwarf ein Agrarprogramm. Von 1934 bis 1945 war er Reichsbauernführer, obwohl er sich mit Hitler überworfen hatte und 1942 das Amt als Reichsnährminister niederlegte. 1949 zu sieben Jahren Gefängnis verurteilt, wurde er ein Jahr später aus der Haft entlassen.

In der Weimarer Republik verzeichneten linksextreme Parteien weder starke Zuwächse noch Verluste. Anders die NSDAP. Ihr steiler Aufstieg begann in der Zeit der Weltwirtschaftskrise. Auf Kosten der rechtsextremen Kleinparteien, deren Mitglieder sie vereinnahmte, stieg sie zur stärksten Kraft im Reichstag auf. Die absolute Mehrheit erreichte sie – solange die Reichstagswahlen frei abliefen – nie (Grafik linke Seite).

Dem Konkurrenzdruck billig produzierender Staaten konnte der Bauernstand nichts entgegenhalten. Ohne Eigenmittel, mit veralteten Geräten und zu kleinen Fluren trieb die Agrarwirtschaft in die Katastrophe (Bild unten).

die latente Krise nur verdeckte. Tatsächlich zeigte die Weimarer Republik bereits vor der eigentlichen weltweiten Wirtschaftskrise von 1930 deutliche Symptome des Verfalls. Während in anderen Ländern die Wirtschaftsdaten noch zufriedenstellende Ergebnisse lieferten, mehrten sich im Reich die Anzeichen eines kommenden Desasters: Die Arbeitslosigkeit hielt an, die Investitionsquoten blieben niedrig. Geringe Rentabilität, Preisverfall, die negative Zahlungsbilanz und andere Faktoren verursachten ein Milliardendefizit im Staatshaushalt. Die damit einhergehende rapid wachsende Verschuldung in der Landwirtschaft aber entwickelte sich zur Katastrophe für den Bauernstand.

Seit ab 1924 der Weltmarkt für Deutschland wieder offen stand, sah sich die Agrarwirtschaft zunehmendem Konkurrenzdruck ausgesetzt. Ungünstige Wettbewerbsbedingungen, eine dürftige Mechanisierung, geringe Kapitalkraft, steuerliche Mehrbelastungen trieben die Landwirtschaft in eine ausweglose Situation.

Zwangsversteigerungen, Konkurse, Verelendung zwangen in letzter Konsequenz die Landwirte in Norddeutschland zur Selbsthilfe. Sie jagten die Steuereintreiber vom Hof und setzten sich gegen Pfändungen offen zur Wehr. Bombenanschläge auf Finanz- und Verwaltungsämter zählten zur Tagesordnung.

Bauern laufen zur NSDAP über

Am 28. Januar 1928 demonstrierten an verschiedenen Orten Schleswig-Holsteins insgesamt 140 000 Bauern gegen die Agrarpolitik der Reichsregierung. Der Massenprotest nötigte den Reichstag am 27. Februar, ein Notprogramm für die Landwirtschaft zu verabschieden, das 100 Millionen Reichsmark für die Umwandlung hochverzinslicher, kurzfristiger Schulden der Bauern in langfristige Realkredite vorsah. Die Maßnahme brachte nur eine kurzfristige Erleichterung für die Agrarwirtschaft, da begleitende Maßnahmen, wie eine Schutzzollpolitik gegenüber ausländischer Billigkonkurrenz, nicht zur Debatte standen. Aus dem Konflikt zwischen Bauernschaft und Regierung schlugen die rechtsradikalen Parteien Kapital. Umgehend erhielt das einst von Hitler als *„unveränderlich"* bezeichnete 25-Punkte-Parteiprogramm einen Zusatz, der die agrarwirtschaftlichen Ziele der NSDAP skizzierte. Der in Argentinien geborene Diplomlandwirt Walter Darré – er trat erst 1930 der NSDAP bei – ging bei der Abfassung geschickt vor: Er nahm die Kampfparolen der norddeutschen Bauern auf und fügte sie so in das Parteiprogramm, als ob sie schon immer Bestandteil desselben gewesen wären.

Das danach entwickelte Agrarprogramm klang freilich wie eine romantisch-verklärende Hymne an den Bauernstand. Entsprechend glorifizierende Titel tragen auch seine Schriften: »Das Bauerntum als Lebensquelle der nordischen Rasse« (1929) oder »Neuadel aus Blut und Boden« (1930). Darré wusste, dass die spontane Agrarrevolte nicht andauern würde, doch seinen Vorschlag, den *„Landstand im heutigen Kampf um den Staat einzusetzen"*, verwarf Hitler. Er fürchtete, den von ihm seit dem gescheiterten Putsch beschrittenen legalen Weg zur Macht verlassen zu müssen.

Erst als Darré Hitler überzeugte, dass die Existenz der NSDAP vom deutschen Landstand abhinge, erhielt er Hitlers Zustimmung zum Aufbau einer eigenen Bauernorganisation, *„die sich einmal entlegenen Sonderheiten landständischen Lebens anzuschmiegen versteht, aber andererseits doch wieder so fest in der Hand der Parteileitung bleibt, daß diese Gewähr hat, die programmatischen Richtlinien der Partei werden bis in den entlegensten Winkel des Reiches einheitlich propagiert."*

Darré verzeichnete beachtliche Erfolge: In den ländlichen Bezirken Schleswig-Holsteins stieg der NSDAP-Stimmenanteil von 5 auf 35 % an, in manchen Orten erreichte der Durchschnittswert mehr als 40 %. Die Bauern, die traditionell die Deutschnationale Volkspartei (DNVP) gewählt hatten, schwenkten zur Hitlerbewegung. Es war eine Frage der Zeit, bis die NSDAP den Durchbruch zur Massenpartei geschafft hatte.

Tod der Demokratie

„Ab 24. Oktober 1929 begann ein dramatischer Verfall der Aktienkurse an der New Yorker Börse (»Schwarzer Freitag«). Ursache waren jahrelange Überinvestitionen in der Industrie und damit ein Überangebot an Waren, mit dem die Nachfrage nicht Schritt gehalten hatte. Binnen kurzem weitete sich die amerikanische Krise aufgrund der internationalen Finanz- und Wirtschaftsverflechtungen zur größten Krise der Weltwirtschaft im 20. Jahrhundert aus. Um liquid zu bleiben, mussten die US-Banken Gelder zurückfordern, die sie kurzfristig in Europa angelegt hatten.“
Reinhard Sturm, 1998

Die diplomatischen Neujahrsansprachen im Januar 1929 wurden vom Wunsch nach einem dauerhaften Frieden geprägt, der durch den Abschluss des Kriegsächtungs- oder Briand-Kellogg-Pakts tatsächlich Aussicht auf Bestand hatte. Deutschlands wirtschaftliche Lage schien gefestigt, die Reparationsverpflichtungen wurden pünktlich erfüllt, wenngleich übermäßige Ausgaben der Reichsregierung die Haushaltsführung belasteten. Im Winter 1928/29 bahnte sich jedoch eine Krise an, die sich zunächst in einer hohen Arbeitslosenzahl ankündigte: Im Februar 1929 standen offiziell rund 3,1 Millionen Menschen auf der Straße und die Reparationsleistungen stockten.

Die wirtschaftliche Talfahrt war zu einem Gutteil durch eine verfehlte Investitionspolitik hausgemacht: Etwa drei Viertel der kurz- bis mittelfristigen Auslandskredite flossen unvermindert in langfristige Investitionen weiter, obwohl die Nachfrage bei Investitions- und Konsumgütern schon 1928 merklich nachgelassen hatte. Unverdrossen produzierte die Industrie und vergrößerte vorhandene Überkapazitäten, ohne den rückläufigen Absatz zu beachten. Bis sie auf das Zuviel an Waren reagierte, war es zu spät. Die Produktion wurde zwar gedrosselt, zunächst durch Kurzarbeit, dann durch Entlassungen. Nun machte sich die zu kurze Eigenkapitaldecke der Unternehmen auf fatale Weise bemerkbar: Kredite konnten nicht mehr zurück-gezahlt werden, die Firmen gingen in Konkurs, eine Massenarbeitslosigkeit war die Folge, Deutschland musste die Reparationszahlungen aussetzen.

Der Young-Plan

Abermals wurde ein Zahlungsplan entworfen, diesmal vom US-Finanzexperten Owen D. Young. Erst jetzt, mehr als zehn Jahre nach Kriegsende, wurde die Höhe der Reparationen festgelegt: rund 116 Milliarden Goldmark hatte Deutschland in 59 Jahresraten noch an die Alliierten zu zahlen, die letzte Rate in der Höhe von 897,8 Millionen RM war 1988 fällig. Die Vorstellung, bis beinahe ans Ende des Jahrhunderts ungeheure Summen zahlen zu müssen, rief in Deutschland Enttäuschung und Empörung hervor. Während sich die Reichsregierung und Außenminister Stresemann für die Annahme des Young-Plans im Reichstag einsetzten, riefen die DNVP unter ihrem Vorsitzenden Alfred Hugenberg, der Bund ehemaliger Frontsoldaten, »Stahlhelm« und die NSDAP zu einem Volksbegehren auf. Der Widerhall war mit knapp 10 % aller Wählerstimmen erstaunlich gering. Die Abgeordneten ratifizierten denn auch am 12. März 1930 den Young-Plan mit 270 Ja- gegen 192 Nein-Stimmen.

Mitten in den politischen Streit um den Young-Plan fiel eine Wirtschaftskatastrophe von bis dahin unbekanntem Ausmaß: Am 25. Oktober 1929 stürzten an der New Yorker Börse die Aktienkurse ins Bodenlose. Dieser Tag, der als »Schwarzer Freitag« in die Geschichte einging, markierte den Anfang einer weltweiten Wirtschaftskrise mit Massenarbeitslosigkeit und Verelendung breiter Bevölkerungsschichten in allen Industrieländern.

Auf dem europäischen Festland wollte man den Kursverfall der New Yorker Börse zunächst nicht wahrhaben. Selbst als in London die Kurse rasant in die Tiefe stürzten, kommentierte die angesehene »Vossische Zeitung« vom 27. Oktober am Kern der sich abzeichnenden Wirtschaftskatastrophe vorbei: *„Wo man hinsieht, überall das gleiche Bild, nicht das eigene Geschäft hat die Firmen zu Fall gebracht, sondern kaufmännisch unverantwortliche Sondertransaktionen. Es gibt eben noch immer weite Kreise, die es bisher nicht über sich bringen können, zu soliden Grundsätzen zurückzukehren. Jahrelang wurden sie von den wahrhaft aufbauenden Kräften, die an eine solche Morschheit nicht glauben wollten oder konnten, unfreiwillig im Interesse der Gesamtheit durchgehalten [...].“*

Neben den USA zählte Deutschland zu den von der Krise am stärksten betroffenen Ländern.

1925 jubelte das Volk dem Weltkriegshelden und eben gekürten Reichspräsidenten Hindenburg zu, als er in Berlin Einzug hielt (Bild unten). Die Wahl zum Reichspräsidenten hatte den 78-jährigen Paul von Beneckendorff und von Hindenburg – wie sein vollständiger Name lautet – im Jahr 1925 keineswegs begeistert. Aber nach dem Tod Eberts stellten ihn die Rechtsparteien als Kandidaten auf und er nahm nach dem zweiten Wahlgang das Amt an. Es war für ihn, der im Grunde seines Herzens monarchistisch fühlte, eine schwere Aufgabe, dem gedemütigten, von Krisen geschüttelten Land vorzustehen. Dazu kamen die schweren Bedenken der ehemaligen Westalliierten: Sie fürchteten unter seiner Präsidentschaft eine Restauration der Hohenzollern. Die Sorge war unbegründet, Hindenburg hielt sich streng an die Verfassung. Das war gleichzeitig ein Fehler, denn sie erlaubte ein Regieren ohne parlamentarische Mehrheit und ohne Reichstag, nur aufgrund von Notverordnungen, die er zu unterfertigen hatte. Ein geschickter Kanzler konnte auf diese Weise dem Präsidenten manche Verordnung abgewinnen. Hitler, legal in den Reichstag gewählt, regierte mit den von Hindenburg unterschriebenen Notverordnungen und schaltete so den Rechtsstaat aus, ohne dass die Parteien Rechtsmittel dagegen ergreifen konnten. Hindenburg hatte sich lange gegen die Berufung Hitlers zum Reichskanzler gewehrt. Industrielle, Einflüsterer, die sich als Berater ausgaben, und sein Sohn Oskar überredeten ihn schließlich dazu.

Die Tristesse der Arbeitslosen hatte kein Ende (Bild oben).

Die Arbeitslosigkeit stieg, die Zahl der Streiks sank (Grafik unten).

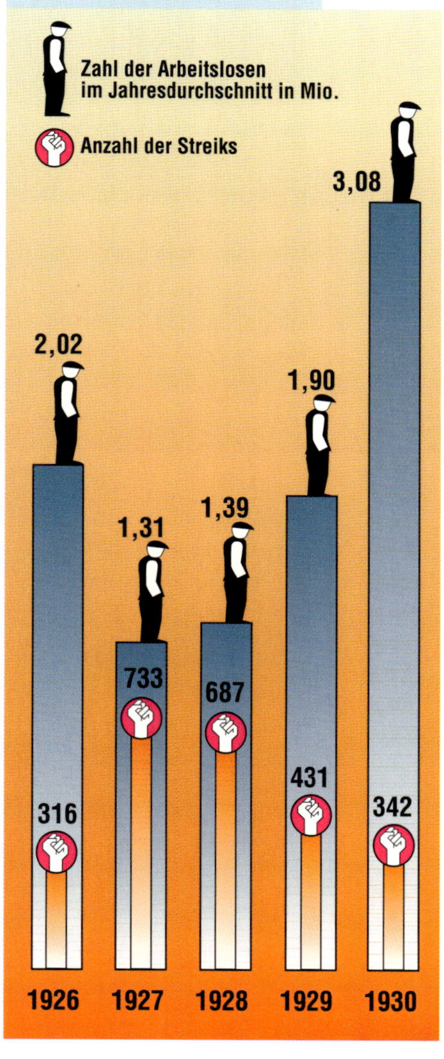

Die Spirale von Arbeitslosigkeit, verringerter Nachfrage, sinkender Kaufkraft, noch mehr Arbeitslosigkeit, noch weniger Nachfrage usf. drehte sich immer schneller und mündete in einer ungeheuren wirtschaftlichen Not, als die finanziellen Mittel der Arbeitslosenversicherung erschöpft waren und viele Beschäftigungslose keine Unterstützung mehr erhielten. Zunächst entzweite die Frage der Finanzierung der Arbeitslosenversicherung die Koalitionsregierung aus SPD, Zentrum, DVP und DDP. Die rechtskonservativen Parteien erwirkten Ende Dezember 1929 den Rücktritt des sozialdemokratischen Finanzministers Rudolf Hilferding. Auf ihn folgte der DNVP-Angehörige Paul Moldenhauer. Moldenhauer war Aufsichtsratsmitglied des I. G. Farben-Konzerns und die SPD verdächtigte ihn vom ersten Tag seines Amtsantritts an, Sozialleistungen auf Kosten der Arbeitnehmer kürzen zu wollen. Der Streit um die Sanierung der Arbeitslosenversicherung war daher programmiert. Dabei boten sich im Prinzip nur zwei Möglichkeiten an: entweder die Beitragszahlungen zur Arbeitslosenunterstützung wurden erhöht oder das Arbeitslosengeld gekürzt. Die Regierung fand keinen Kompromiss und trat am 27. März 1930 zurück. In dieser ausweglosen Situation griff Hindenburg ein.

Unterhöhlung der Demokratie

Friedrich Ebert war am 28. Februar 1925 gestorben und Hindenburg Reichspräsident geworden. Der überzeugte Monarchist hielt sich peinlich genau an den Wortlaut der Verfassung. Diese erlaubte ihm, ohne das Parlament zu befragen, einen Reichskanzler zu ernennen. So holte er auf Anraten des Chefs des Ministeramtes im Reichswehrministerium, Kurt von Schleicher, am 29. März 1930 den Zentrumspolitiker Heinrich Brüning an die Spitze des Kabinetts. Um die wirtschaftliche Krise zu meistern, entließ Brüning die drei sozialdemokratischen Minister und besetzte das neue Kabinett ausschließlich mit Fachexperten der bürgerlichen Parteien. Am 1. April 1930 erklärte Brüning, er wolle mit oder notfalls ohne Parlament regieren. Diese Möglichkeit stand ihm laut Verfassung durch den Artikel 48, die Notstandsverordnung, und den Artikel 25, die Reichstagsauflösung, offen, allerdings nur mit Zustimmung des Reichspräsidenten. Daher verstand sich die Regierung Brüning als »Präsidialkabinett« oder »Hindenburg-Regierung«.

Die ersten Gesetzesvorlagen – Finanzhilfen für die ostelbische Landwirtschaft, Steuererhöhungen zum Ausgleich des Reichshaushaltes 1930 – brachte Brüning mit knapper Mehrheit im Reichstag durch, doch die nächste Kraftprobe im Parlament, die Finanzierung der Arbeitslosenversicherung, verlor er – zunächst.

Im Juni 1930 beschloss die Regierung sowohl die Beitragspflicht von 3,5 % auf 4,5 % zu erhöhen, als auch die Leistungen zu kürzen. Zusätzlich bürdete sie der Bevölkerung neue Steuern auf: die Ledigensteuer, das Notopfer für Beamte und Angestellte und eine Kopfsteuer. Dieser Deflationspolitik versagte der Reichstag am 16. Juli die Zustimmung. Brüning machte seine Drohung wahr und regierte gegen den Reichstag. Er ersuchte den Reichspräsidenten, auf der Basis des Notstandsartikels 48 der Verfassung, das Parlament aufzulösen. Hindenburg entsprach dem Ansuchen am 18. Juli 1930. Damit war der nächste Schritt zur Aushöhlung des demokratischen Verfassungssystems dank der diktatorischen Vollmacht des Reichspräsidenten getan.

Die Neuwahlen vom 14. September 1930 endeten für die demokratischen Parteien mit bestürzenden Ergebnissen. Schon die sächsische Landtagswahl vom 22. Juni überschattete ein deutlicher Rechtsruck: Mit 14 von 96 Parlamentssitzen schob sich die NSDAP an die zweite Stelle hinter die SPD mit 33 Mandaten. Bei den Reichstagswahlen verachtfachte die Partei Hitlers ihre Sitze. Mit 107 Abgeordneten und 18,3 % der Stimmen lag sie auch hier hinter der SPD auf dem zweiten Rang.

„Die Gründe für die Umorientierung der Wähler werden erst verständlich, wenn man sich die materiellen und psychologischen Auswirkungen der Weltwirtschaftskrise vor Augen führt. Zum Zeitpunkt der Septemberwahlen lag die Arbeitslosenquote bereits bei 14 Prozent; hinter dieser Zahl verbargen sich Schicksale von mehr als drei Millionen schlecht versorgten Arbeitnehmern und ihren Familien", stellt der Politologe Reinhard Sturm fest. *„Die Folge war eine politische Polarisierung: Die arbeitslose Arbeiterschaft, die insgesamt den beiden Linksparteien treu blieb, wählte zum Teil erstmals kommunistisch. Der »alte Mittelstand« hingegen, der sich sowohl von Seiten der Großunternehmen als auch seitens der Arbeitnehmer unter Druck genommen fühlte, dessen Vertrauen in den Weimarer Staat seit der Inflation 1923 erschüttert war und der jetzt in der Krise die sinkende Kaufkraft seiner Kunden zu spüren bekam, sah sich erneut von Verarmung und sozialem Abstieg bedroht."*

Brüning regierte ungeachtet des besorgniserregenden Wahlverhaltens auf der Grundlage der wirtschafts- und finanzpolitischen Notverordnungen weiter, mit dem Ziel, ein vorzeitiges Ende der Reparationszahlungen zu erreichen. Die weiter ansteigenden Arbeitslosenzahlen bereiteten ihm wenig Sorgen.

Hitlers Wähler

„Die NSDAP erweist sich keineswegs als die reine Mittelschichtbewegung, als die sie fast ein halbes Jahrhundert lang gehandelt wurde. Vielmehr repräsentiert sie – stärker als jede andere große Partei jener Jahre – von ihrer Wählerbasis her gesehen eine Art »Volkspartei des Protests« oder, wie man angesichts des relativen Übergewichts vor allem der evangelischen Selbständigen unter ihren Wählern plakativ formulieren könnte, eine »Volkspartei mit Mittelstandsbauch«."

Jürgen W. Falter, 1991

Über Jahrzehnte dominierte die Meinung, dass die NSDAP als »Extremismus der Mitte« ihre Wählerschaft hauptsächlich aus dem Klein- und Mittelbürgertum bezog. Angestellte und Kleingewerbetreibende sollten besonders anfällig gegenüber den nationalsozialistischen Parolen gewesen sein, Arbeiter hingegen hätten Hitlers Lockrufen besser widerstanden. Im Zuge moderner wahlanalytischer Forschungen gelang es, ein wesentlich differenzierteres Bild der NSDAP-Wähler zu zeichnen, manches Klischee gilt seither als überholt oder falsch.

Zunächst aber beherrschten zwei Hypothesen die Forschung: die bekannte gängige klassentheoretische, die den Extremismus der Mittelschicht zum Inhalt hatte, und die massentheoretische, die eine Radikalisierung eher unpolitischer Bevölkerungsschichten vermutete. Im Vergleich beider Hypothesen ergab sich die Frage, ob bestimmte soziale Gruppen nicht doch eine gewisse Immunität gegenüber der Hitlerbewegung auszeichnete. Doch keine der Hypothesen konnte plausibel eine Erklärung über den ungemein raschen Aufschwung der NSDAP innerhalb von nur zwei Jahren, zwischen 1928 und 1930, anbieten.

Die erste reichsweite Wahl zur verfassunggebenden Nationalversammlung nach dem Ersten Weltkrieg fand am 19. Januar 1919 statt. Trotz der Spaltung der SPD in Mehrheitssozialisten (MSPD) und weiter links angesiedelte Unabhängige Sozialdemokraten (USPD) votierten etwa drei Viertel der wahlberechtigten Bevölkerung für die (M)SPD und jene Parteien, die sich mit ihr bereits während des Kriegs zum »Interfraktionellen Ausschuss« zusammengefunden hatten und nach Kriegsende der Weimarer Republik die Grundlagen gaben: DDP (Deutsche Demokratische Partei) und Zentrum. Den Rest der Stimmen verbuchten die USPD, die Bayerische Volkspartei (BVP), die Demokratische Volkspartei (DVP) und die Deutschnationale Volkspartei (DNVP) auf ihren Konten. Doch schon 1920 hatte sich die politische Landschaft völlig geändert. Die drei großen Parteien verloren zum Teil beträchtlich die Gunst der Wähler – die SPD beinahe die Hälfte, die DDP rund drei Fünftel –, dafür gewannen die extremen Lager: die USPD mehr als das Doppelte, die republikfeindliche DNVP, ein Sammelbecken von Konservativen und Völkischen, etwa 50 %. Die Kommunisten (KPD) traten erst 1920, die Nationalsozialisten 1924 zu den Reichstagswahlen an. Der Zulauf zu den radikalen Kräften – bei massiven Verlusten der SPD – hielt bis zur letzten freien Reichstagswahl am 6. November 1932 an, wobei der Trend zu den rechten Extremisten deutlich stärker als zu den linken lief. Besonders drastisch war das Emporschnellen der Nationalsozialisten: Am 20. Mai 1928 verzeichneten sie 2,6 % der Wählerstimmen, am 14. September 1930 bereits 18,3 %.

Dieses vorerst unerklärliche Phänomen beruhte – so meinen Wahlanalytiker heute – im Wesentlichen auf dem Umstand der Auflösung des Reichstags durch den Reichspräsidenten und auf den durch das Präsidialkabinett Brüning beschlossenen enormen Steuerbelastungen, die der verarmten Bevölkerung jede Hoffnung auf Besserung ihrer Lage in absehbarer Zeit nahmen. Hitler dagegen versprach das bessere Programm und die zukunftsweisenden Ideen zu haben, die aus Not und Elend heraus und zu neuer Größe des Vaterlands führen könnten.

Ungebremster Aufstieg der NSDAP

Nach 1930 ging der Aufstieg der Hitlerbewegung ungebremst weiter. Bei Landtagswahlen – so in Nord- und Ostdeutschland – erzielte die Partei sogar überdurchschnittliche Steigerungsraten.

Die rekonstruierten Wählerstromanalysen zeigen, aus welchen Lagern der NSDAP die Stimmen zuflossen. Zunächst profitierte die Partei von der steigenden Wahlbeteiligung: Bei den entscheidenden Wahlen zwischen Juli 1930 und März 1933 erzielten die Nationalsozialisten gegenüber allen anderen Parteien den größten Nutzen durch frühere Nicht- oder Erstwähler. Es scheint, als ob bisherige Nichtwähler mit der Wahl der NSDAP ihre Protesthaltung demonstrieren wollten.

Doch nicht nur aus der Gruppe der Nichtwähler profitierte die Hitlerbewegung, sie erhielt auch Zustrom von anderen Parteien. Wahrscheinlich wechselte 1930 *„jeder dritte DNVP-Wähler, jeder vierte DDP-Wähler, jeder siebte Nichtwähler und jeder zehnte SPD-Wähler zur Hitlerpartei"*, meint Wahlforscher Jürgen W. Falter.

Als immun gegenüber der NSDAP erwies sich keines der Parteilager, wenngleich die Verluste der Sozialdemokraten und des katholischen Lagers geringer als die der anderen Parteien waren. Wahlhistoriker Falter kommt zum Schluss:

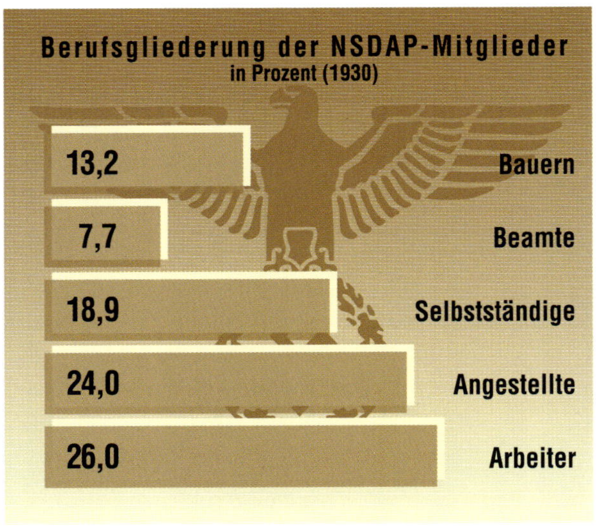

Fritz Thyssen, Vorsitzender der Vereinigten Stahlwerke (im Bild oben rechts) im Gespräch mit Goebbels bei einer Sitzung des Generalrats der Wirtschaft am 20. September 1933.

Den Erfolg der sechsten Reichstagswahl vom 31. Juli 1932 konnte die NSDAP am 6. November des gleichen Jahres nicht wiederholen. Der Anteil der für sie abgegebenen Stimmen fiel von 36,9 % auf 33,5 % zurück. Auch bei der schon unter Zwang und Wahlterror stattfindenden Reichstagswahl vom 5. März 1933 gelang ihr der Sprung über die absolute 50 %-Hürde nicht, obwohl sich in weiten Teilen des Deutschen Reichs mehr als 50 % der Bevölkerung für die Hitler-Partei entschieden (Grafik rechts). Doch das Wahlergebnis nahm keinen Einfluss mehr auf die Politik Hitlers, der Schritt für Schritt zuerst die Abgeordneten der KPD, dann die der SPD durch eigene Parteigenossen ersetzte.

Eine von der NSDAP offiziell verbreitete Statistik gibt für 1930 Aufschluss über die Berufsgliederung ihrer Parteimitglieder (Grafik links).

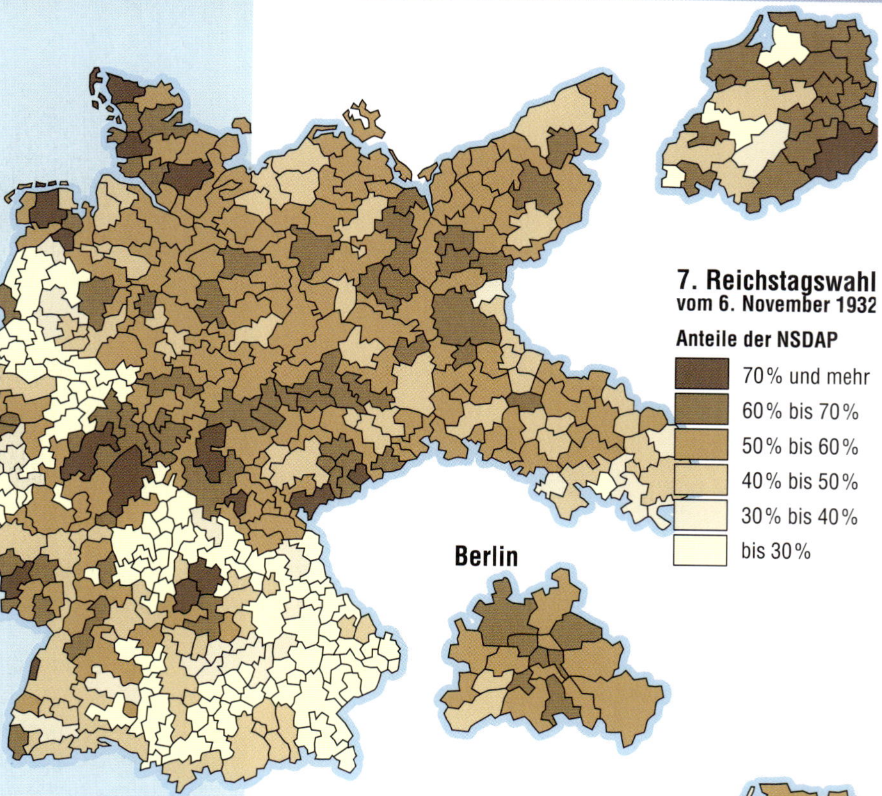

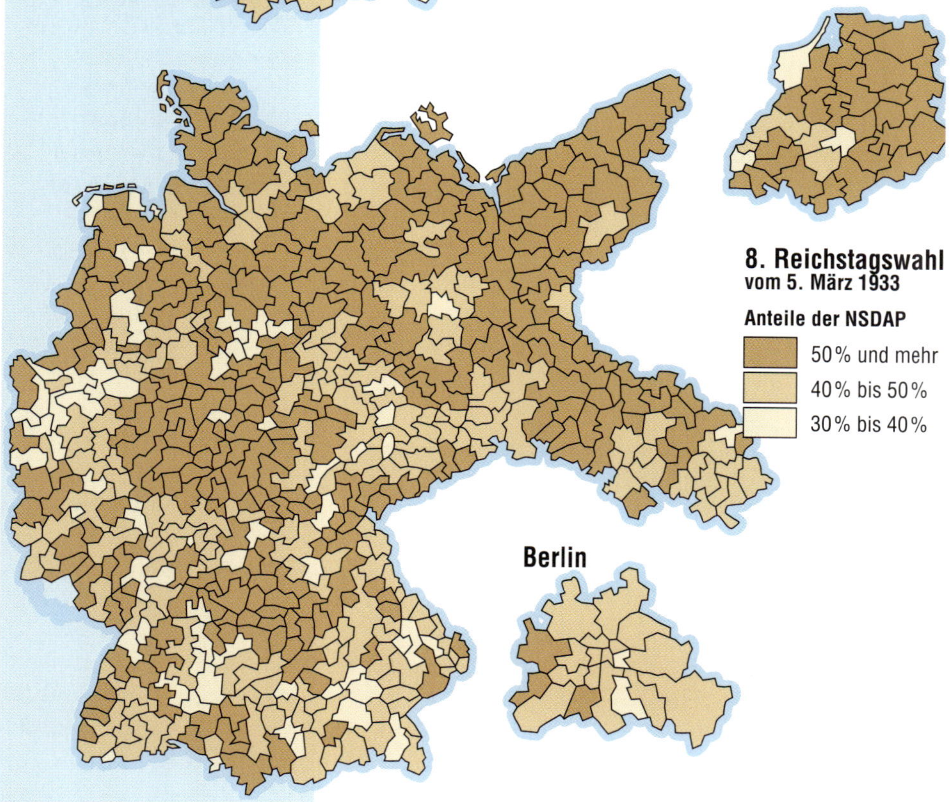

„Aus der Warte der Parteiwanderungen stellt sich die NSDAP als eine Bewegung mit vielen Ursprüngen und Wählerzuflüssen dar, von deren Agitation sich mehr als nur ein politisches Lager angezogen fühlte."

Wie sehr die NS-Propaganda Klischees hervorbrachte, zeigt das Bild, das sie von Hitler und seiner weiblichen Anhängerschaft entwarf. Noch heute herrscht die Meinung vor, dass er ihr seine Wahlsiege verdankte. Gewiss trugen weibliche Wähler zum Aufstieg der Hitlerbewegung bei, aber keineswegs in überrepräsentiertem Ausmaß. Stets lagen die weiblichen Wähler um etwa 2 % hinter den Männern, mit Ausnahme in evangelischen Gemeinden, in denen eine tendenzielle Angleichung des Wahlverhaltens beider Geschlechter festgestellt werden kann. In katholischen Kleingemeinden hingegen neigten Männer stärker zur NSDAP, während Frauen bis 1932 ihre konservative Haltung beibehielten.

Unklarheit herrscht über das Wahlverhalten der älteren und jüngeren Wähler. Das Fehlen statistischer Angaben über die Altersstrukturen der Wähler lässt keine präzisen Aussagen zu. Zudem verdeckte auch hier das Klischee von der NSDAP als junge, dynamische Partei die Wirklichkeit. Gewisse Anzeichen sprechen nämlich dafür, dass ältere Wähler bevorzugt die Partei unterstützten. Im Kaiserreich erzogen und groß geworden, wurden sie von der NS-Propaganda emotional besonders angesprochen, die ihnen Hitler auf unzähligen Plakaten und Werbeschriften als logische Konsequenz der historischen Entwicklung Deutschlands nach Bismarck und Hindenburg suggerierte.

Manches Wahlverhalten erregt Staunen und lässt sich schwer erklären. So gaben im Juli 1932 die mit Stimmschein wählenden Sommerurlauber – sie gehörten überwiegend besser situierten Kreisen an – in der Mehrzahl der NSDAP die Stimme. Anders wählten die Arbeitslosen: Der Hitlerbewegung gelang es nicht, das Heer der arbeitslosen Arbeiter für sich zu gewinnen. Arbeitslose Angestellte wählten wieder überwiegend nationalsozialistisch.

Relativ früh gelang es der NSDAP, das Interesse der Studentenschaft zu wecken: Bei den Studenten-Wahlen im Wintersemester 1928/29 erhielt der NS-Studentenbund 15 % der Stimmen. An den Universitäten Erlangen und Greifswald erreichte er schon 1929 die absolute Mehrheit, 1930 an sieben weiteren Universitäten.

„Dass diese Erfolge einen gehörigen Aufwand an finanziellen Mitteln erfordern ist unbestritten", meint der Zeithistoriker Wolfdieter Bihl. *„Doch an Förderern und Gönnern aus dem Großbürgertum und der Großindustrie mangelt es nicht. Zwei Perioden der materiellen Unterstützung können unterschieden werden: die Jahre 1925 bis 1930 und die Zeit ab September 1930. Vor 1930 hält sich das Interesse der Industrie an Hitler und seiner Partei in sehr engen Grenzen. Bis 1930 wird der Finanzbedarf der NSDAP durch ein breit ausgebautes System der Selbstfinanzierung in Form von Mitgliedsbeiträgen, Eintrittsgeldern bei Veranstaltungen und Schriftenverkauf sowie durch private Spenden gedeckt, wobei Spenden aus dem Ausland, vor allem den USA, eine wichtige Rolle spielen."*

Auslandsdeutsche, aber auch Finanzmagnaten wie Ford, Deterding und Kreuger unterstützten zum Teil aus ideologischen Gründen, zum Teil aus politischer Berechnung und wirtschaftlichem Kalkül die NSDAP mit beträchtlichen Summen. Sie schien die wirren Verhältnisse der Weimarer Republik ordnen und beruhigen zu können. Die finanziellen Zuwendungen der deutschen Industrie stammen von einer großen Zahl kleiner Unternehmer. Nur wenige Großindustrielle – Flick oder Thyssen bildeten eine Ausnahme, um später zu Hitler auf Distanz zu gehen – leisteten einen Beitrag. Der Aufstieg der NSDAP ab 1928 kann daher nicht auf die Interessen von Großkapitalisten zurückgeführt werden. Zudem war Geld allein kein Garant für politischen Erfolg: Die DNVP, die im Dezember 1924 noch 20,5 % aller Wählerstimmen auf sich verbucht hatte, sackte im Juli 1932 auf 6,2 % ab. Die beachtliche Finanzhilfe durch die Industrie konnte ihren Abstieg nicht aufhalten.

Werben um die Nazis

„Seit den Septemberwahlen von 1930 ging es in der deutschen Politik auch um die Frage, wie man sich gegenüber der neuen nationalsozialistischen Massenbewegung verhalten sollte. Überlegungen wurden in Reichswehr und Politik laut, die mittelfristig eine Regierungsbeteiligung der Nationalsozialisten anstrebten, um diese zu zähmen und zu integrieren. Die Alternative, die ebenfalls in Parteien und Parlament diskutiert wurde, war die Bildung einer geschlossenen Abwehrfront gegen diese Herausforderung. Zunächst gab es durchaus Anzeichen dafür, daß die Kräfte des Rechtsstaats und der Verständigung zusammenrückten: Die Sozialdemokraten tolerierten den Sparkurs von Reichskanzler Brüning. Darüber hinaus versuchten Preußen und andere demokratische Länderregierungen, durch Verordnungen und durch Druck auf die Reichsregierung energisch gegen die politischen Gewalttätigkeiten der Nationalsozialisten vorzugehen.“

Hans-Ulrich Thamer, 1996

Die Erfolge der Hitlerbewegung führten keineswegs zum Abflauen von Terror und Gewalt, welche die SA seit der Münchner Zeit immer mehr auf die Straße verlagert hatte. Im Gegenteil, die Braunhemden fühlten sich ermuntert und interpretierten den Aufschwung der Partei auch als Ergebnis ihrer öffentlichen Gewaltakte. Angst und Schrecken unter jenen zu verbreiten, die nicht ihnen und der Partei folgten, lautete ihre Devise. Doch weder SPD noch KPD waren willens, den braunen Randalierern nachzugeben, sie rüsteten zum Widerstand. Das Reichsbanner »Schwarz-Rot-Gold«, eine am 22. Februar 1924 von sechs Magdeburger Sozialdemokraten und je einem Mitglied des Zentrums und der Deutschen Demokratischen Partei (DDP) gegründete Selbstschutzorganisation, machte entschlossen mobil.

Auch die Kirche meldete sich zu Wort. Katholische Bischöfe grenzten sich in gemeinsamen Erklärungen scharf von den Nationalsozialisten ab, Priester warnten von der Kanzel vor der Unberechenbarkeit der Anhänger Hitlers.

Weiteren Auftrieb erhielten die Gewalttaten der Rechts- und Linksextremisten, als am 27. Juni 1929 die Verlängerung des »Republikschutzgesetzes« im Reichstag am Veto der Wirtschaftspartei scheiterte und die notwendige beschlussfähige Zweidrittelmehrheit nicht zustande kam. Unter dem Eindruck der Ermordung von Außenminister Walther Rathenau 1922 verabschiedet, hatte das Gesetz der Exekutive das rasche Einschreiten schon bei Verdacht auf Vorbereitungen zu staatsgefährdenden Aktionen ermöglicht. Nun gab es im Reich kein Gesetz und keine einheitliche Regelung zur Aufrechterhaltung der öffentlichen Sicherheit mehr.

Preußen versuchte auf eigene Faust, innerhalb seiner Grenzen Ruhe und Ordnung herzustellen. Am 16. Januar 1930 verbot der sozialdemokratische Innenminister Albert Grzesinski mit einem Runderlass, der an die Polizeibehörden erging, alle Versammlungen, die unter freiem Himmel stattfinden sollten. Das betraf besonders Kommunisten und Nationalsozialisten, die mit Vorliebe auf der Straße demonstrierten. Mit zwei weiteren Runderlassen vom 5. Februar verwehrte Grzesinski Mitgliedern der beiden radikalen Parteien den Aufstieg in leitende Positionen des öffentlichen Dienstes. Auch die Reichswehr handelte nach diesen Richtlinien. Der parteilose Reichswehrminister Wilhelm Groener mahnte am 22. Januar: *„Die Nationalsozialisten wie die Kommunisten wollen die Zertrümmerung des Bestehenden mit allen Mitteln der Gewalt [...] Fern von diesen Extremen hat die Reichswehr ihren Weg zu suchen. Sie kann sich nicht auf phantastische Pläne, unklare Hoffnungen, tönende Schlagworte einlassen. Auf ihr ruht eine ungeheure Verantwortung für den Fortbestand des nationalen Staates.“*

An den extremen Rechten prallten Runderlasse und Verbote freilich ab. Wilhelm Frick, der erste legal gewählte nationalsozialistische Minister eines Länderparlaments (29. Dezember 1929), negierte als Innen- und Volksbildungsminister Thüringens einfach die dem Schutz der Republik dienenden Anweisungen.

Das Überhandnehmen der Terrorakte durch radikale Gruppen veranlasste 1931 den Reichspräsidenten, eine Notverordnung gegen politische Gewalttätigkeit zu erlassen. Mit aller Schärfe versuchte auch die Notverordnung zur »Sicherung der Staatsautorität« vom April 1932 Rechte und Linke zu zügeln; SA und SS wurden verboten. Doch beide Verordnungen erwiesen sich als unwirksam.

Wenn es um die Macht geht, bleiben gute Vorsätze auf der Strecke. Nach den Erfolgen der NSDAP begann mancher Demokrat mit der Hitlerbewegung zu liebäugeln. Pläne und

Die am 22. Februar 1924 von sechs Magdeburger Sozialdemokraten und je einem Mitglied der Deutschen Demokratischen Partei und des Zentrums gegründete Selbstschutzorganisation »Reichsbanner Schwarz-Rot-Gold« (Bild oben) entwickelte sich rasch von einem »Bund republikanischer Kriegsteilnehmer« zum mitgliederstärksten politischen Kampfverband der Weimarer Republik. 1932 zählte die Organisation 3,2 Millionen Mitglieder. Der Kampfbund orientierte sich an der SPD und trat als Schutzwehr der republikanischen Ordnung auf. Im Sommer 1932 beklagte der »Reichsbanner« acht Tote. 8 100 Mitglieder standen wegen Landfriedensbruch unter Anklage, weitere 3 000 wurden zu insgesamt 440 Jahren Gefängnis verurteilt. Im März 1933 löste sich die Organisation auf.

Am 10./11. Oktober 1931 bildete sich in Bad Harzburg aus Nationalsozialisten, Deutschnationalen und dem »Stahlhelm« die »Harzburger Front«. Im Bild links im dunklen Anzug, der Führer des rechten Flügels der Deutschnationalen Volkspartei, Alfred Hugenberg, im Gespräch mit Prinz Eitel Friedrich von Preußen.

In der Verfassung des Weimarer Staates nahm der Reichspräsident eine zentrale Funktion ein: Er bestimmte die Mitglieder des Reichsgerichts, war Oberbefehlshaber der Reichswehr, ernannte den Reichskanzler und die Reichsminister und konnte auf Grund besonderer Vollmachten den Reichstag auflösen und mittels Notverordnungen regieren (Grafik unten). Die Notverordnung wurde rund 250-mal angewendet.

Überlegungen reiften, sie unter der Tarnkappe politischer Integration zur Stärkung der eigenen Position einzusetzen und salonfähig zu machen. Sowohl die Reichswehr als auch die Großindustrie und die bürgerlichen Rechtsparteien verhehlten ihr Interesse an der Hitlerpartei nicht. Der Einzug der NSDAP in ein weiteres Länderparlament, in jenes von Braunschweig, bewog Kanzler Brüning im Oktober 1930, das politische Gespräch mit Hitler aufzunehmen. Der schien sein Vertrauen zu verdienen, nachdem er einer von SA und Otto Strasser (Bruder des Organisationschefs der Partei Gregor Strasser) getragenen Palastrevolution standgehalten und diesen und die SA-Putschisten aus der Partei ausgestoßen hatte. Die schlimmsten Randalierer, so war die allgemeine Meinung, waren mundtot gemacht worden. Hitler erweckte den Anschein eines besonnenen, gemäßigten und regierungsfähigen Politikers.

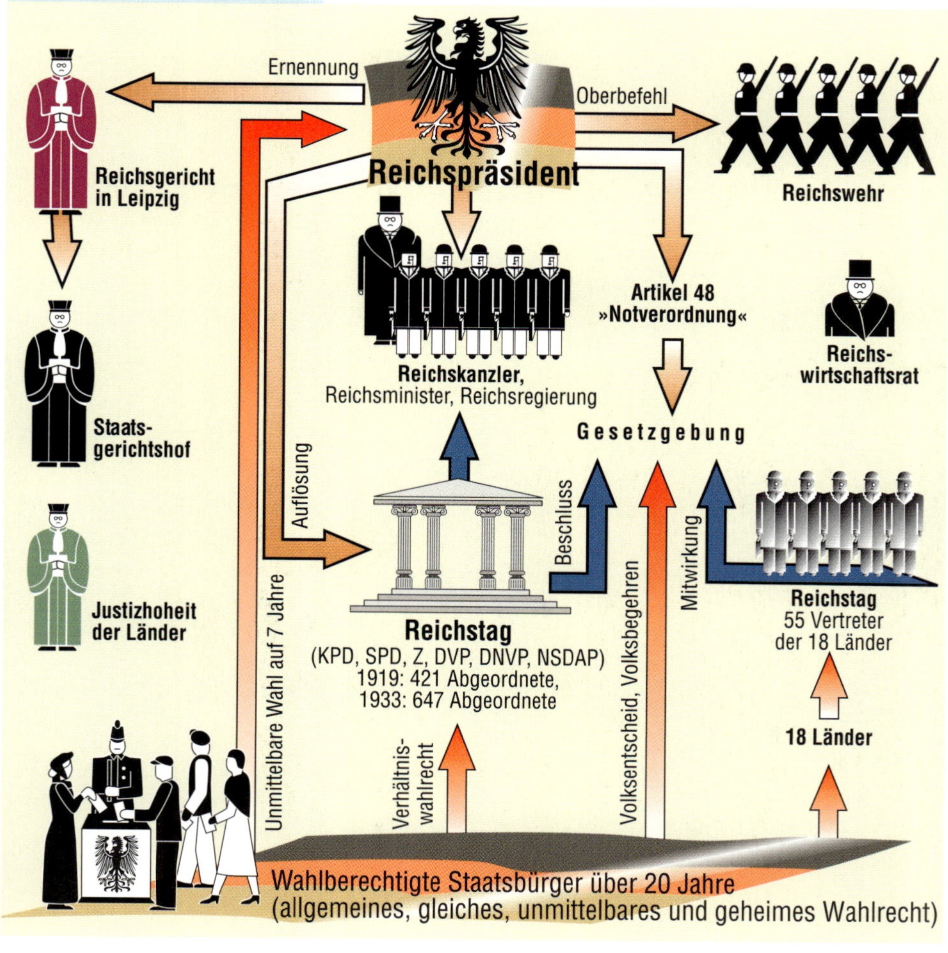

Auslösende Momente für das interne Machtgerangel zwischen Hitler und der SA waren Differenzen bei der Auswahl der Kandidaten für die Reichstagswahl und das Abnehmen des Einflusses der SA auf die Partei. Dieser wurde von Hitler gezielt zurückgedrängt. Auf dem Weg, die Macht legal zu erlangen, waren ihm die SA und der von ihr permanent provozierte Straßenterror hinderlich. In jenen Tagen legte die SS als Parteipolizei ihre erste Bewährungsprobe ab, indem sie Hitler ihre absolute Loyalität bewies.

Brünings Kontakte zu Hitler, dem Führer der Nationalsozialisten, erregten das Misstrauen der demokratischen Parteien, besonders der SPD. Die Sozialdemokraten befanden sich in der unangenehmen Lage entscheiden zu müssen, ob sie die Sanierung des Staatshaushalts durch unpopuläre Sparmaßnahmen mittragen sollten oder nicht. Entschieden sie sich dafür, würden ihnen vermutlich die Wähler bei der nächsten Reichstagswahl in Scharen davonlaufen. Entschieden sie sich dagegen, wuchs das Risiko, dass Kanzler Brüning die NSDAP in die Regierung holte oder ein Misstrauensantrag von DNVP und NSDAP Brüning zu Fall brächte.

Die Harzburger Front

Als Brüning am 16. Oktober 1930 im Reichstag einschneidende Sparmaßnahmen zur Sanierung des Staatshaushalts bekannt gab, verband er dies mit einem flammenden Appell: *„Die ungeheure Wirtschaftskrise hat in fast allen Ländern die Etatsschätzungen durch die Entwicklung überholt. Die Steuern gehen zurück, die Kosten für die Arbeitslosen werfen die vorsichtigsten Schätzungen über den Haufen [...]. Die Not des deutschen Volkes verträgt keine Selbstzerfleischung der Parteien. Gegensätze aus dem Wahlkampf müssen vergessen werden. Schwere Opfer werden verlangt ...“*

Die Sozialdemokraten entschlossen sich, Brüning zu unterstützen. Sie gaben ihren Oppositionskurs auf, noch bevor ein Misstrauensantrag von DNVP und NSDAP den Kanzler stürzte und diese dadurch eine gemeinsame Regierung bilden konnten.

Nach der Septemberwahl war nicht sofort erkennbar, welchen Weg Hitler einschlagen würde. Zunächst betonte er, den Kurs der Legalität einhalten zu wollen. Glaubwürdig klangen seine Absichtserklärungen nicht, denn am 11. Oktober 1931 trafen sich rechtsgerichtete Vereinigungen, Hitlers NSDAP, DNVP, der »Stahlhelm« und die Vereinigung vaterländischer Verbände in Bad Harzburg zu einer Heerschau. Rund 10 000 Teilnehmer – sie nannten sich »Nationale Opposition«, später »Harzburger Front« – erschienen, um an der von Alfred Hugenberg, dem Führer des radikalen Flügels der DNVP, inszenierten Veranstaltung teilzunehmen. Prominente Besucher waren der ehemalige Reichsbankpräsident Hjalmar Schacht und der Ex-Reichswehrchef Hans von Seeckt. Einerseits sollte die Einigkeit der rechten Gruppen demonstriert, andererseits die Aufhebung der Notverordnungen und Neuwahlen im Reich und in Preußen durchgesetzt werden. Die mit großen Erwartungen abgehaltene Versammlung endete aber wie das Hornberger Schießen: Mangels eines gemeinsamen politischen Konzepts zerbrach die »Harzburger Front« so schnell wie sie entstanden war. Hitler persönlich war vorsichtig gewesen, er hatte sich ferngehalten.

BARRIEREN FALLEN

„Im Jahr 1932 lief die siebenjährige Amtszeit Hindenburgs ab. Auf die Bitte eines überparteilichen Wahlausschusses hin entschloß er sich, wieder zu kandidieren. Hinter ihn stellten sich die Parteien von den Sozialdemokraten bis zu den Volkskonservativen, nicht aber die Deutschnationalen und die Nationalsozialisten. Das Unbehagen Hindenburgs, der Kandidat gleichsam der Großen Koalition zu sein und die nationale Opposition in Gegnerschaft zu sich selbst zu sehen, hatte Brüning schon 1931 zu Verhandlungen nach rechts hin veranlaßt, aber ohne Ergebnis. Die Rechtsparteien gingen zunächst je mit einem Kandidaten in die Wahl, mit Hitler und dem Stahlhelmführer Duesterberg. Außerdem kandidierte wie schon 1925 für die Kommunisten Thälmann.“
Karl Dietrich Erdmann, 1993

Hitler war Anfang 1932, als die nächste Wahl zur Reichspräsidentschaft heranrückte, noch immer kein deutscher Staatsbürger. 1925 hatte er die österreichische Staatsbürgerschaft abgelegt, die österreichischen Behörden hatten dies sehr rasch und völlig unbürokratisch angenommen, froh, mit dem kriminell gewordenen Putschisten nichts mehr zu tun haben zu müssen. Seitdem bemühte Hitler mehrmals die bayerische Staatsregierung, ihn als deutschen Staatsbürger aufzunehmen, doch jedesmal vergebens.

Die braunschweigische Landesregierung schaffte Abhilfe. Die Mehrheit ihrer Minister gehörte der NSDAP an, daher war die Ernennung des Führers der zweitgrößten Partei Deutschlands am 25. Februar 1932 zum Regierungsrat in der braunschweigischen Gesandtschaft in Berlin reine Formsache. Ein Titel, der sich zwangsläufig mit der Verleihung der deutschen Staatsbürgerschaft verband. Die massiven Proteste der Linksparteien – sie warfen der Regierung Skandal und betrügerische Machenschaften vor – verpufften wirkungslos, fehlte ihnen doch die gesetzliche Handhabe. Hitler konnte sich nun am 13. März 1932 der Präsidentschaftswahl stellen.

Der erste Wahlgang brachte für keinen der Kandidaten – Hindenburg, Hitler, Thälmann, Duesterberg – die absolute Mehrheit, nur Duesterberg, Kandidat der Deutschnationalen Volkspartei (DNVP), schied aus dem Rennen.

Im zweiten Wahlgang am 10. April landete Thälmann mit 3,7 Millionen Stimmen weit abgeschlagen hinter Hitler mit 13,4 Millionen und Hindenburg mit 19,4 Millionen Stimmen. In diesem Volksentscheid votierte über die Hälfte aller Wähler für Hindenburg, zwei Drittel lehnten Hitler ab. Trotz des Stimmenzuwachses wertete die SA die Wahl als Niederlage für Hitler und stellte seinen Legalitätskurs erneut in Frage. Der innerparteiliche Konflikt schwelte weiter. Das kümmerte Hitler wenig, solange das Verbot der NS-Kampfverbände SA und SS durch Reichswehrminister Wilhelm Groener ihn der Sorge enthob, selbst gegen die SA vorgehen zu müssen.

Bei den Reichstagswahlen vom 31. Juli 1932 setzte sich der Aufwärtstrend der NSDAP fort. Mit 37,3 % erreichte sie das beste Ergebnis aller bisherigen Wahlen, aber Goebbels, seit 1930 Propagandachef der Partei, sah ein Ende der Zuwachsraten kommen: *„Zur absoluten Mehrheit kommen wir so nicht“*, notierte er in sein Tagebuch. *„Also einen anderen Weg einschlagen.“* Der aber könnte nur am Legalitätskurs Hitlers vorbeiführen oder in einer Koalition enden, darin war er sich mit Gregor Strasser einig. Möglichkeiten, eine solche Koalition einzugehen, boten sich an, seitdem Heinrich Brüning am 30. Mai gestürzt worden war.

Anlass zu Brünings Rücktritt lieferte die tiefe Vertrauenskrise zwischen Hindenburg und dem Kanzler, die nach der Reichspräsidentschaftswahl die beiden entzweite. Hindenburg war nur mit den Stimmen der bürgerlichen Mitte und der Sozialdemokraten wieder gewählt worden und verbuchte 53 % aller Stimmen. Deutschnationale, der »Stahlhelm« und die Nationalsozialisten, wählten Hitler, er erhielt 36,8 %, der Kommunist Ernst Thälmann 10,2 % der abgegebenen Stimmen.

Freie Bahn der politischen Intrige

Das Ergebnis empfand Hindenburg als wenig erfreulich und er beschuldigte Brüning, die Wahl strategisch falsch geführt zu haben. Hindenburg ließ ihn fallen und betraute, auf Vorschlag seines Intimus, des Reichswehrgenerals Kurt von Schleicher, den Zentrumspolitiker Franz von Papen mit der Regierungsbildung. Papen bildete am 1. Juni 1932 ein Kabinett aus parteipolitisch ungebundenen Adeligen, die, vom Reichstag völlig isoliert, nur mit Notverordnungen das Staatsschiff lenkten. Eine andere Möglichkeit bot sich dem »Kabinett der Barone« nicht: Die verfassungsfeindlichen Parteien NSDAP und KPD bildeten im Reichstag die Mehrheit. Schleicher nahm in der Regierung Papen in der Funktion des Reichswehrministers eine Schlüsselposition ein und zog in Wahrheit im Hintergrund die politischen Fäden. Der Versuch, durch Einbeziehung des Gregor-Strasser-Flügels in die Regierungsverantwortung die NSDAP zu spalten, misslang allerdings.

Franz von Papen (Bild oben) – 1879 in Werl geboren, 1969 in Obersasbach bei Baden-Baden gestorben –, Sohn eines Landedelmanns, war Militärattaché in Mexiko und Washington und hatte im Ersten Weltkrieg im Generalstab der türkischen Armee in Palästina gedient. Ihm ging der Ruf voraus, der Prototyp eines ultrakonservativen, politisch leichtfertigen »Herrenreiters« zu sein. Auf Initiative General Schleichers bildete Papen nach dem Sturz Brünings eine Regierung, die sich nur auf Notverordnungen und die Deutschnationale Partei stützen konnte. Er ebnete damit Hitler den Weg zum Reichskanzler.

Die Not hielt in den Jahren 1930 bis 1932 unvermindert an: Ausspeisung von Hungerleidenden (Bild unten).

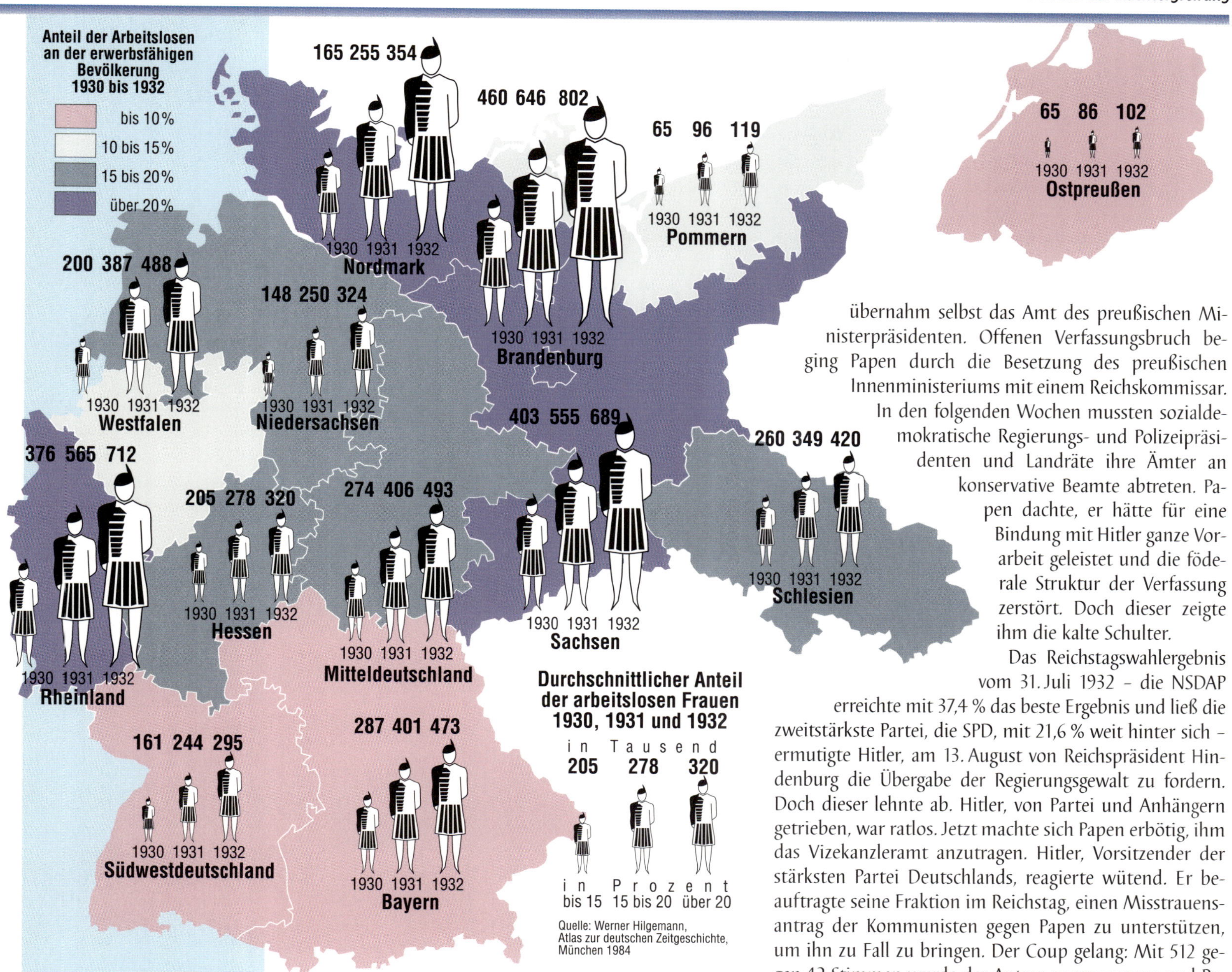

Frauen waren von der Arbeitslosigkeit besonders betroffen. In Regionen mit durchschnittlich relativ geringer Gesamtarbeitslosigkeit war im Vergleich dazu der Anteil an beschäftigungslosen Frauen besonders hoch, so in Bayern und Westfalen (Karte oben).
Im stark agrarischen Ostpreußen schien die Frauenarbeitslosigkeit gering zu sein. Hier trügt die Statistik. Die Frauen arbeiteten vorwiegend in der Landwirtschaft, die in der Arbeitslosenstatistik keine Berücksichtigung fand. Arbeiterinnen und Angestellte waren in der Minderzahl.

Hitler, der in der Zwischenzeit durch beschwörende Appelle an die SA, loyal zur Partei zu halten, die Störenfriede weitgehend kalmieren konnte, erschien im Licht der Öffentlichkeit plötzlich als besonnener, vertrauenswürdiger Politiker. Seine Wandlungsfähigkeit erkannten weder seine Parteigenossen noch Papen. Diesem war jedoch bewusst, dass er auf Dauer den Staat nicht mit Notverordnungen regieren konnte. Eine Partnerschaft mit Hitler einzugehen, erschien ihm als die einzig vernünftige Lösung. Dafür war er bereit, demokratische Barrieren abzubauen: Am 4. Juni 1932 löste er den Reichstag auf, noch bevor dieser zusammengetreten war. Er beabsichtigte allerdings nicht, Neuwahlen auszuschreiben. Dann hob Papen das SA- und SS-Verbot auf. Ein unseliger Schritt, der sofort ein erneutes Aufflammen der Straßenschlachten zur Folge hatte. Von Mitte Juni bis 20. Juli 1932 forderte der politische Terror allein in Preußen 99 Menschenleben und 1 125 Verletzte. Am 17. Juli 1932, dem »Blutsonntag von Altona«, starben während eines vierstündigen Krawalls 18 Personen. Mit dem »Preußenschlag« setzte Papen völlig rechtswidrig, aber auf die von Hindenburg genehmigte Notverordnung gestützt, die geschäftsführende preußische, von Sozialdemokraten und dem Zentrum getragene Regierung ab und übernahm selbst das Amt des preußischen Ministerpräsidenten. Offenen Verfassungsbruch beging Papen durch die Besetzung des preußischen Innenministeriums mit einem Reichskommissar. In den folgenden Wochen mussten sozialdemokratische Regierungs- und Polizeipräsidenten und Landräte ihre Ämter an konservative Beamte abtreten. Papen dachte, er hätte für eine Bindung mit Hitler ganze Vorarbeit geleistet und die föderale Struktur der Verfassung zerstört. Doch dieser zeigte ihm die kalte Schulter.

Das Reichstagswahlergebnis vom 31. Juli 1932 – die NSDAP erreichte mit 37,4 % das beste Ergebnis und ließ die zweitstärkste Partei, die SPD, mit 21,6 % weit hinter sich – ermutigte Hitler, am 13. August von Reichspräsident Hindenburg die Übergabe der Regierungsgewalt zu fordern. Doch dieser lehnte ab. Hitler, von Partei und Anhängern getrieben, war ratlos. Jetzt machte sich Papen erbötig, ihm das Vizekanzleramt anzutragen. Hitler, Vorsitzender der stärksten Partei Deutschlands, reagierte wütend. Er beauftragte seine Fraktion im Reichstag, einen Misstrauensantrag der Kommunisten gegen Papen zu unterstützen, um ihn zu Fall zu bringen. Der Coup gelang: Mit 512 gegen 42 Stimmen wurde der Antrag angenommen und Papen musste zurücktreten.

Für die Neuwahlen, die am 6. November stattfinden sollten, erwartete sich Hitler den lang ersehnten Durchbruch. Doch überraschenderweise glitt die NSDAP von 37,3 % auf 33, 1 % ab, während die KPD von 14,3 % auf 16,9 % zulegte. Beide Parteien zusammen besaßen im Reichstag wieder die Blockademehrheit. Papen, von Hindenburg abermals mit der Regierungsbildung beauftragt, blieb erneut ohne parlamentarische Basis und trat wieder zurück. *„Damit endet eine Phase konservativ-autoritärer Illusionen, in der versucht worden war, Ziele einer kleinen Oberschicht zum Fundament einer Regierung und eines Staates zu machen"*, so der Historiker Hans-Ulrich Thamer.

Hindenburg setzte am 3. Dezember 1932 General Schleicher als Kanzler ein. Schleicher versuchte die politischen Lager zu befrieden und bot Gregor Strasser das Vizekanzleramt an. Strasser war bereit dazu, doch Hitler verbot ihm das Amt anzunehmen. »Alles oder Nichts« lautete seine Richtlinie, die Strasser nur unter Protest und Niederlegung aller Parteifunktionen, die er in der NSDAP innehatte, zur Kenntnis nahm. Die Kluft zwischen ihm und Hitler schloss sich nicht mehr. Im Zuge des »Röhm-Putsches« wurde Strasser 1934 von den eigenen Parteigenossen ermordet.

QUIETSCHT HITLER?

„Das Jahr 1932 hat Hitlers Glück und Ende gebracht. Am 31. Juli hatte sein Aufstieg den Höhepunkt erreicht, am 13. August begann der Niedergang, als der Reichspräsident den Stuhl, den er ihm nicht zum Sitzen anbot, vor die Tür stellte. Seitdem ist das Hitlertum in einem Zusammenbruch, dessen Ausmaß und Tempo dem seines eigenen Aufstiegs vergleichbar ist. Das Hitlertum stirbt an seinem eigenen Lebensgesetz."
Gustav Stolpe, 1932

Gustav Stolpe, der angesehene liberale Publizist und Politiker irrte, als er 1932 den Niedergang des *„Hitlertums"* voraussah. Wie er glaubten auch viele andere Beobachter des politischen Geschehens, das Ende der NSDAP erkennen zu können. Tatsächlich schüttelten die Hitlerpartei schwere interne Krisen. Doch das Tempo und die Dynamik der Ereignisse an der Wende von 1932 zu 1933 stellten alle Prophezeiungen auf den Kopf. Nur ein halbes Jahr später war Hitler am Ziel: Hindenburg hatte dem ungeliebten *„böhmischen Gefreiten"*, wie er ihn in vertrauten Kreisen abschätzig nannte, die Hand geschüttelt und ihm das Amt des Reichskanzlers übergeben. So berichtete der französische Botschafter in Berlin, André François-Poncet, seiner Regierung nach Paris von einer Ansprache, die der frisch gekürte Kanzler am 1. Juli 1933 hielt und in der er das erfolgreiche Ende der »nationalen Revolution« und den Übergang zu einer neuen Ära nationalsozialistischer Herrschaft verkündete:

„In der Tat konnte sich Hitler zum Zeitpunkt seiner Rede rühmen, alles, was in Deutschland außerhalb der nationalsozialistischen Partei existierte, zerstört, zerstreut, aufgelöst, angegliedert oder aufgesaugt zu haben. Einer nach dem anderen mussten sich die Kommunisten, die Juden, die Sozialisten, die Gewerkschaften, die Mitglieder des »Stahlhelms«, die Deutschnationalen, die Frontkämpfer des »Kyffhäuserbundes«, die Katholiken in Bayern und im Reich und die evangelischen Kirchen unter sein Gesetz beugen. Er hat alle Polizeikräfte in seiner Hand. [...] Eine unerbittliche Zensur hat die Presse vollständig gezähmt."

Freilich, die Tage und Wochen bis zu diesem Moment waren ungemein dramatisch verlaufen.

Tauziehen

Unmittelbar nach der Reichstagswahl vom 6. November 1932 forderte Hitler abermals die Kanzlerschaft, obwohl das Wahlergebnis keineswegs so gut ausgefallen waren wie im Juli zuvor. Aber er konnte auf die massive Unterstützung einer Gruppe von Wirtschaftsführern – unter ihnen der ehemalige Reichsbankpräsident Hjalmar Schacht – zählen. Seine Förderer richteten eine Eingabe an Hindenburg, in der sie die Ernennung Hitlers zum Kanzler verlangten. Hindenburg, lange Zeit geradezu ein Bollwerk gegen Hitler, zeigte sich diesmal nicht abgeneigt, allerdings unter der Bedingung, dass Hitler eine parlamentarische Mehrheitsregierung bilde. Hitler lehnte ab. Er wollte die absolute Macht ohne Beeinflussung durch demokratische Spielregeln.

Doch Hitler lief die Zeit davon. Das unbefriedigende Reichstagswahlergebnis vom November, die enttäuschende Kommunalwahl in Thüringen am 4. Dezember, die Zersetzungserscheinungen in der Partei und der SA machten ihn Ende 1932 nervös. Seine Anhänger wollten nicht mehr länger auf die von ihm so oft zitierte »Machtergreifung« warten, er musste handeln.

Aber auch Hindenburg befand sich in einem Dilemma. Seit die NSDAP zur stärksten Partei Deutschlands aufgestiegen war, besaß sie mit der KPD im Reichstag die Sperrmajorität. Sie konnte einem Präsidialkabinett jederzeit das Misstrauen aussprechen oder Notverordnungen aufheben, das Land war dadurch unregierbar. Der einzige Ausweg aus dieser Sackgasse führte über die Proklamation des Staatsnotstands und die Auflösung des Reichstages, ohne Neuwahlen auszuschreiben.

Motiv der NS-Propaganda. Hitler begrüßt am 5. März 1933 vor der Garnisonskapelle von Potsdam Reichspräsidenten Hindenburg. Der Marschall hielt persönlich nicht viel von dem „böhmischen Gefreiten" Hitler, zu dem er bereits 1930 politische Kontakte aufgenommen hatte. Hitler trägt keine Uniform, sondern einen Cut, um die Seriosität seiner Person zu unterstreichen (Bild unten).

Hitler am Ziel

Schleichers Programm des Ausgleichs zwischen den Parteien und der Annäherung an die Gewerkschaften, ebenso seine Bemühungen, wirksame Arbeitsbeschaffungspläne zu erstellen, standen im Gegensatz zur Zollpolitik und dem Siedlungsvorhaben seiner eigenen Ministerien. Mehr noch stießen sie auf den massiven Widerstand von Industrie und Großgrundbesitzern, die einen Wandel Schleichers zum »Sozialisten in Generalsuniform« befürchteten. Die Reichstagsfraktion der DNVP forderte daher in einer Entschließung die Neubildung des Kabinetts, da sie in Schleichers Wirtschaftspolitik *„ein neues Abgleiten in sozialistisch-internationale Gedankengänge"* sah.

Nun griff Papen erneut ins politische Geschehen ein. Seine Person stand am Beginn jener dramatischen Ereignisse, die zu Jahresbeginn 1933 ihren Lauf nahmen.

Am 4. Januar 1933 lud Papen Hitler zu einem Gespräch ins Haus des Kölner Bankiers von Schröder ein. Hitler, auf dem

Anlässlich der Ernennung Adolf Hitlers zum Reichskanzler paradierten in Berlin mehr als fünf Stunden lang rund 15 000 SA- und SS-Angehörige von der Charlottenburger Chaussee bis zur Wilhelmstraße 77, dem Quartier Hitlers. Vom Fackelzug durch das Brandenburger Tor am Abend des 30. Januar 1933 gab es kaum propagandistisch auswertbare Bilddokumente. So ließ die NSDAP nach vorhandenen unscharfen Fotos die Szene nochmals detailgetreu nachstellen (Bild oben). Wie in Berlin feierten auch in anderen deutschen Städten Tausende Menschen den Machtantritt Hitlers. Gegendemonstrationen gab es keine: Reichsinnenminister Wilhelm Frick hatte sie verboten. Die Furcht der Nationalsozialisten vor Aufmärschen der Anhänger von SPD und KPD hielt bis zum Reichstagsbrand an.

Weg zu Wahlveranstaltungen im kleinen westfälischen Freistaat Lippe, nahm die Einladung an. Papen eröffnete Hitler, dass ihm eine Koalition von DNVP und NSDAP unter seiner und Hitlers Führung vorschwebe. Hitler kannte die schwache Position Papens seit dessen Sturz sehr wohl und betonte seinen alleinigen Anspruch auf die Kanzlerschaft. Papen musste einschwenken, wollte er die letzte Chance, noch einmal politisch aktiv zu werden, nicht vergeben: Er stellte sich als Vermittler zwischen Hitler, der DNVP und dem greisen Reichspräsidenten zur Verfügung, in der Hoffnung, den Führer der NSDAP politisch doch noch kaltzustellen.

Hindenburg, nach seinen bitteren Erfahrungen mit den Kanzlern Brüning und Papen misstrauisch gegenüber seinen Beratern geworden, vertraute nur noch wenigen Personen, so dem Staatssekretär seines Büros, Otto Meißner, und seinem Sohn Oskar, den der Schriftsteller Kurt Tucholsky spöttisch den *„von der Verfassung nicht vorgesehenen Sohn des Präsidenten"* nannte.

Der Präsidentensohn konnte zunächst dem Weltkriegsgefreiten Hitler – er selbst war dank der hochrangigen Stellung seines Vaters zum Major aufgestiegen – nichts abgewinnen, doch ein Vieraugengespräch mit Hitler änderte seine Meinung und er bedrängte seinen Vater, die Staatskrise durch eine Hitler-Papen-Lösung, wie immer sie im Detail aussehen möge, zu bereinigen.

Hindenburg ließ sich breitschlagen. Der Präsident fühlte sich auch aus anderem Grund zum Handeln gedrängt: Der 1921 aus einer Verschmelzung des »Bundes der Landwirte« und des »Deutschen Landbundes« entstandene größte landwirtschaftliche Interessenverband, der »Reichslandbund«, appellierte an ihn, endlich eine Regierung unter Einschluss der NSDAP zu ernennen. Walter Darrés agrarpolitische Initiative von 1928 trug Früchte.

Mitte Januar beauftragte Hindenburg Papen *„persönlich und streng vertraulich"*, die Möglichkeiten der Bildung einer neuen Regierung zu sondieren.

Der Weg für Papen war frei. Über seinen vermeintlichen Sieg über Hitler jubelnd, ließ er seine Vertrauten wissen: *„Wir haben ihn uns engagiert, in zwei Monaten haben wir Hitler in die Ecke gedrückt, daß er quietscht!"*

Am 30. Januar 1933 vereidigte Hindenburg das Hitler-Kabinett mit drei Nationalsozialisten und neun Konservativen. Papen wurde Vizekanzler, Hugenberg von der DNVP Wirtschafts- und Landwirtschaftsminister.

Das Kabinett Hitler kam nach den damaligen demokratischen Gesetzen völlig legal, ohne Staatsstreich, zur Macht. Da aber der NSDAP im Reichstag die Mehrheit fehlte, war Hitler wie seine Vorgänger gezwungen, den Staat durch ein Präsidialkabinett auf der Basis von Notverordnungen zu regieren.

Hitler, Führer einer heterogenen Massenpartei und einer nach Hunderttausenden zählenden paramilitärischen Organisation (SA und SS), machte aus seinen Zielen nie ein Hehl: Zerstörung der Demokratie, Unterdrückung und Verfolgung politischer Gegner und unliebsamer Minderheiten. Jetzt konnte er sein Programm in die Tat umsetzen. Die einzige Hürde, die sich ihm noch in den Weg stellte, war Reichspräsident Hindenburg, er hatte die Schlüssel zur Macht: das Mittel der Notverordnung.

DAMEN
HERREN
FRISEUR

STABILISIERUNG DER MACHT

Festbeflaggung in Berlin anlässlich der Olympischen Sommerspiele 1936.

GELÄHMTE OPPOSITION

„Was sich am 30. Januar im Regierungsviertel in Berlin wie auf Straßen und Plätzen überall im Reich ereignet hatte, war nicht der Abschluß, sondern der Anfang eines Prozesses der Machtergreifung gewesen, der in der Geschichte kaum ein Beispiel hat. Tempo und Radikalität dieser Entwicklung, die in der Tat die faschistische Machtergreifung in Italien weit in den Schatten stellten, lassen den rückblickenden Betrachter zunächst vermuten, hier habe ein minuziöser Fahrplan der Machtergreifung vorgelegen. Doch solch ein geschlossenes Konzept der Gewinnung und Sicherung der Macht gab es nicht."

Hans-Ulrich Thamer, 1994

Die Geschichte des Dritten Reichs ist voll von Legenden. Zu denen, die sich am hartnäckigsten halten, zählt jene – sie liest sich ergreifend dramatisch – vom oft zitierten Brief, den General a. D. Erich Ludendorff dem greisen Reichspräsidenten Hindenburg anlässlich der Ernennung Hitlers zum Reichskanzler geschrieben haben soll: *„Sie haben durch die Ernennung Hitlers zum Reichskanzler einem der größten Demagogen aller Zeiten unser heiliges deutsches Vaterland ausgeliefert. Ich prophezeie Ihnen feierlich, daß dieser unselige Mann unser Reich in den Abgrund stoßen, unsere Nation in unfaßliches Elend bringen wird, und kommende Geschlechter werden Sie verfluchen in Ihrem Grabe, daß Sie das getan haben."*

Das zitierte Schreiben wurde nie gefunden und sollte als zeitgeschichtliches Dokument keine Beachtung finden. Dennoch wird es in der modernen Literatur noch immer als authentisch zitiert. Tatsächlich verfasste nicht Ludendorff diese Zeilen, sondern Hans Frank, der ehemalige Reichsminister und Generalgouverneur von Polen. Er schrieb diese »prophetischen« Worte im Oktober 1946, vor seiner Hinrichtung im Nürnberger Gefängnis, aus der Erinnerung nieder. Vermutlich gab Frank in Kenntnis anderer Briefe Ludendorffs mit ähnlichem Inhalt eine eigene Zusammenfassung wieder. Tatsächlich äußerte Ludendorff in mehreren Briefen an Hindenburg seine Bedenken über die politische Entwicklung in Deutschland. So am 6. Juli 1933: *„Sie tragen für die Zustände der Rechtlosigkeit im Reiche heute die Verantwortung vor Ihrem Gott, vor Ihrem Eide auf die Verfassung und vor dem deutschen Volke!"* Oder am 18. November 1933 – Hitler saß mittlerweile fest im Sattel: *„Wenn dereinst die Geschichte des deutschen Volkes geschrieben wird, dann wird das Ende Ihrer Reichspräsidentschaft als die schwärzeste Zeit deutscher Geschichte geschrieben werden."* Die Reaktionen Hindenburgs auf die düsteren Zeilen Ludendorffs sind nicht bekannt.

Am Morgen nach der Ernennung Hitlers zum Reichskanzler, dem 31. Januar 1933, waren die politischen Größen des Reiches zufrieden: Vizekanzler Franz von Papen mit seinem diplomatischen Geschick, zum richtigen Zeitpunkt den – seiner Meinung nach – richtigen Mann zum Kanzler vorgeschlagen zu haben, und Reichspräsident Hindenburg, als er im neuen Kabinett doch wieder alte vertraute Gesichter sah. So Außenminister Konstantin von Neurath, Finanzminister Lutz Graf Schwerin von Krosigk, Justizminister Franz Gürtner, Generalleutnant von Blomberg, der das Reichswehrministerium übernahm, und Alfred Hugenberg von der DNVP. Er galt als der neue starke Mann in der Regierung. In seinen Händen vereinigten sich wichtige Ressorts: das Wirtschafts- und das Landwirtschaftsministerium des Reiches und – kommissarisch – von Preußen. Zufrieden waren auch die Nationalsozialisten mit Wilhelm Frick als Innenminister und Hermann Göring als Minister ohne Geschäftsbereich und natürlich Adolf Hitler als Reichskanzler. Auch die Bürgerlichen atmeten auf: Von diesem Kabinett, überwiegend mit Konservativen besetzt, werde keine Gefahr für die Republik ausgehen, meinten sie. Im Gegenteil, die Nationalsozialisten würden in den ihnen ungewohnten Regierungsgeschäften bald in den üblichen Trott verfallen, den Schwung verlieren und schließlich abwirtschaften.

Die Dämme brechen

Im April 1933 berichtete der französische Botschafter in Berlin, André François-Poncet, seiner Regierung nach Paris: *„Als am 30. Januar das Kabinett Hitler/Papen an die Macht kam, versicherte man, daß in der Regierung die Deutschnationalen [...] Hitler und seinen Mitkämpfern Paroli bieten würden, daß die Nationalsozialisten mit der Feindschaft der Arbeiterklasse zu rechnen haben und daß schließlich die Katholiken der Zentrumspartei die Legalität verteidigen würden. Sechs Wochen später mußte man feststellen, daß all diese Dämme, die die Flut der Hitler-Bewegung zurückhalten sollten, von der ersten Welle hinweggespült wurden."*

Am 22. Januar 1933 trat die SA vor der Parteizentrale der KPD zur Massendemonstration an: Von 14 000 Polizisten bewacht (im Bild unten), marschierten SA-Leute über den Bülowplatz und brüllten ihre einstudierten Parolen gegen »Bolschewismus« und »Judenrepublik«. Kommunisten, die sich ihnen entgegenstellten, verjagte die Polizei mit Gummiknüppeln, 108 Gegendemonstranten nahm sie fest. Drei Tage später antwortete die KPD ebenfalls mit einer Demonstration. Rund 30 000 Personen beteiligten sich an ihr. Noch am gleichen Tag veranstaltete in Dresden der kommunistische Kampfbund einen Aufmarsch gegen den Faschismus. Als Herbert Fraedrich, ein ehemaliges NSDAP-Mitglied, zur Gewaltanwendung gegen staatliche Übergriffe aufrief, schossen Polizisten in die Menge und töteten sieben Menschen.

Der „Tag von Potsdam“ ging in die jüngere Geschichte Deutschlands ein. Anlässlich des Zusammentretens des am 5. März 1933 neugewählten Reichstages fand in Anwesenheit Hindenburgs, des diplomatischen Korps, des Kronprinzen Wilhelm und der Mitglieder des Reichstages mit Ausnahme der sozialdemokratischen und der kommunistischen Abgeordneten ein Staatsakt in der Garnisonkirche von Potsdam statt (Bild oben). Hitler versuchte durch die pompöse Inszenierung die konservativen Eliten im Reich für sich zu gewinnen. An den protestantischen und den katholischen Gottesdiensten nahmen Hitler und Göring nicht teil.

Die Dämme brachen tatsächlich. Durch die Ernennung Hitlers zum Kanzler gewann die Dynamik der nationalsozialistischen Bewegung neuen Auftrieb. Die SA sah nun die Zeit der Abbrechnung mit dem politischen Gegner gekommen. Durch Hitler an der Spitze des Reichs gedeckt, konnte sie ihrer Rachelust freien Lauf lassen.

Wie wenig SPD und KPD mit einer Kanzlerschaft Hitlers gerechnet hatten, zeigte ihr Verhalten: Auf ihre Wähler, die Gewerkschaften, die Parteimitglieder und das Gesetz vertrauend, hatten sie versäumt, eine Strategie für den Fall der Fälle zu entwerfen. Von den sich überstürzenden Ereignissen überrascht, hielt die KPD weiterhin starr an ihrer »Sozialfaschismus-Theorie« fest. Nach dieser befand sich der Gegner nicht im rechten Lager, sondern in einer reformistischen SPD-Führung. Die SPD wieder unterlag der irrigen Meinung, Hitler werde sich in seiner Abhängigkeit von Großgrundbesitzern und Großindustriellen rasch verbrauchen. Dann würde sie freie Hand haben. Ihre Devise war: abwarten. Auch sie hatte die Zeichen der Zeit verschlafen.

„Dass die einstmals mächtigste Arbeiterbewegung der Welt auch durch die Massenarbeitslosigkeit zutiefst verunsichert war und kaum zu einem Generalstreik zu bewegen sein würde, war den Gewerkschaftsführern nach dem 30. Januar 1933 ebenso bewusst wie zuvor am 20. Juli 1932 (»Preußenschlag«)“, meint der Historiker Hans-Ulrich Thamer.

In der Funktion des Reichskanzlers und als Chef einer Präsidialregierung nahm sich Hitler kein Blatt mehr vor den Mund. Goebbels notierte nach einer Lagebesprechung am 6. August 1932 im engsten Führerkreis: *„Haben wir die Macht, dann werden wir sie nie wieder aufgeben, es sei denn, man trägt uns als Leichen aus unseren Ämtern hinaus.“* – Hitler dachte nicht anders.

Am 3. Februar 1933, wenige Tage nach seiner Vereidigung, lud Reichswehrminister Blomberg Hitler ein, vor einem größeren Kreis höchster Reichswehroffiziere über die Ziele seiner Politik zu sprechen.

Hitler erklärte, er wolle den Parlamentarismus und die Demokratie abschaffen und die *„völlige Umkehrung der gegenwärtigen Zustände in Deutschland. Keine Duldung der Betätigung irgendeiner Gesinnung, die dem Ziel entgegensteht (Pazifismus!). Wer sich nicht bekehren läßt, muß gebeugt werden. Ausrottung des Marxismus mit Stumpf und Stiel. [...] Todesstrafe für Landes- und Volksverrat.“* Diese Worte hielt eine stenografische Notiz fest. Da keine Schweigepflicht die Verbreitung des Inhalts der Rede untersagte, wurde er vielen bekannt.

Zwei Tage zuvor war Hitler beim Reichspräsidenten vorstellig geworden. Er verlangte die Auflösung des Reichstages, da *„sich die Bildung einer arbeitsfähigen Mehrheit als nicht möglich herausstellt.“* Hindenburg willigte ein.

SYMBOL IN FLAMMEN

„Etwas fehlte den nationalsozialistischen Technikern der Machteroberung noch, das zum Kernbestandteil ihrer taktischen Überlegungen gehörte: der kommunistische Revolutionsversuch. Wenn es eine Grund- und Idealvorstellung nationalsozialistischer Machteroberung gab, dann war es die Vorstellung, daß man im Augenblick eines bolschewistischen Aufstandes sich als Retter der bedrohten Ordnung bewähren und so die Legitimation zur eigenen Herrschaft erwerben könne."

Hans-Ulrich Thamer, 1994

Die Neuwahlen zum Reichstag fanden am 5. März 1933 statt. Die Strategie der Nationalsozialisten stand fest, der Führerkult musste hochgespielt werden wie nie zuvor: Hitler, der »Retter«, der »Erlöser«, der charismatische Staatslenker, der den Wählern ihre Sehnsüchte erfüllt, ihnen ihre Sorgen nimmt, sie von ihren Ängsten befreit, ihnen die Freiheit wiederbringt. Den Feind, der die Furcht vor diesen Parolen verbereitete, hatten sie schon im Visier: Unter dem Motto »Kampf dem Marxismus« konzentrierten die Nationalsozialisten ihre Angriffe auf die Linksparteien.

Langsam erkannten Kommunisten und Sozialdemokraten die Gefahr, die auf sie zukam, vom Terror der Nationalsozialisten vernichtet zu werden. Die Hitlerbewegung verbrauchte sich nicht, wie ihre Gegner es erwarteten, sondern schöpfte aus ihrem ideologischen Wahn immer neue Triebkräfte für weitere Untaten. Ein mörderisches Spiel um Macht und Überleben setzte ein. Nur der taktisch Klügere konnte sich in diesem Politmonopoly behaupten.

Die Kommunisten setzten auf das altbewährte Mittel des Generalstreiks. Ruhten ihre Fäuste, bewegte sich nichts mehr in der Wirtschaft. Mit diesem bewährten Druckmittel gedachten sie der Hitlerpartei Widerstand leisten zu können. Auf diese Reaktion wartete Hitler. Der Ausstand erlaubte ihm, Hindenburg abermals eine Notverordnung abzuverlangen. Die Novemberrevolution und im Gefolge das anarchistische Chaos von 1918 noch vor Augen bewilligte er sie ohne zu zögern. Der Anwendung räumte diese Notverordnung breiten Raum ein. Bestand *„unmittelbare Gefahr für die öffentliche Sicherheit"*, so konnte die Regierung eingreifen. Unter Berufung auf diese Notverordnung – sie führte die Bezeichnung »Zum Schutze des deutschen Volkes« – wurde am 4. Februar 1933 die Presse- und Versammlungsfreiheit eingeschränkt, der Abbau der bürgerlichen Freiheitsrechte begann, der Weg zur Knechtung der öffentlichen Meinung war geebnet.

Hitlers »Kampfgefährte« der ersten Stunde, Hermann Göring, seit 1922 Mitglied der NSDAP, wurde von Hitler ins Kabinett als Minister ohne Geschäftsbereich geholt. Der im Ersten Weltkrieg mit dem »Pour le mérite« ausgezeichnete Kommandeur des Jagdgeschwaders »Richthofen« witterte an allen Ecken und Enden *„unmittelbare Gefahr"* für den Staat und setzte, durch die Notverordnung gedeckt, eine gnadenlose Verfolgung politischer Gegner in ganz Preußen in Gang. Der Propagandist und Demagoge Joseph Goebbels zollte seinem Parteigenossen volle Anerkennung: *„Göring räumt in Preußen auf mit einer herzerfrischenden Forschheit. Er hat das Zeug dazu, ganz radikale Sachen zu machen, und auch die Nerven, um einen harten Kampf durchzustehen."*

Nun brachen die demokratischen Bastionen Stück für Stück nieder. Papen hatte mit dem »Preußenschlag« gute Vorarbeit geleistet. In den führenden Positionen der Exekutive saßen keine Mitglieder der SPD oder der KPD mehr. Göring standen linientreue Polizeibeamte zur Verfügung, die nur noch auf die offizielle Weisung warteten, mit den nationalen Verbänden SA, SS und Stahlhelm *„das beste Einvernehmen herzustellen."*

Der Reichstag brennt

Noch aber bestanden die Parteien. Sie waren zwar dem stärker werdenden Terror der SA ausgesetzt, doch »ausgeschaltet«, um im Jargon der Zeit zu sprechen, waren sie nicht – noch nicht. Hitler wartete auf den geeigneten Zeitpunkt, um ihre Organisationen aufzulösen. Ein unvorhersehbares Ereignis spielte ihm plötzlich in die Hände: Am 27. Februar 1933 gegen 21 Uhr schrillte ein Alarmsignal durch die Berliner Straßen: Der Reichstag, das Symbol für Recht, Ordnung und bürgerliche Freiheit, brannte.

Goebbels hielt die Nachricht zunächst für eine *„tolle Phantasiemeldung"*. Auch Göring maß dem Brand kein *„allzugroßes Gewicht"* bei. Dann überfiel ihn die Erkenntnis: *„Das ist der Beginn des kommunistischen Aufstandes, sie werden jetzt losschlagen! Es darf keine Minute versäumt werden."* Noch immer fürchteten die Nationalsozialisten einen von SPD und KPD angeführten Volksaufstand. Am Brandort versammelten sich alle in Berlin anwesenden NS-Größen. Hektisch lief Hitler hin und her und gestikulierte wild mit den Armen. Von Görings Vermutung aufgestachelt, erging er sich in wüsten Drohungen: *„Es gibt kein Erbarmen; wer sich uns in den Weg stellt, wird niedergemacht. Das deutsche Volk wird für Milde kein Verständnis haben. Jeder kommunistische Funktionär wird erschossen, wo er angetroffen wird. Die kommunistischen Abgeordneten müssen noch in dieser Nacht aufgehängt werden. Alles ist festzusetzen, was mit den Kommunisten im Bunde steht. Auch gegen Sozialdemokraten und Reichsbanner gibt es keine Schonung mehr."*

Der mutmaßliche Täter – er wurde noch am Ort des Geschehens, im brennenden Bismarcksaal, festgenommen – war ein holländischer Anarchist namens Marinus van der Lubbe. Van der Lubbe gestand, die Tat begangen zu haben. Die Untersuchungsbehörden konnten tatsächlich keinen Verschwörerring ausmachen, dennoch hielt die Nazi-Prominenz an dieser Vermutung fest und ließ 4 000 kommunistische Funktionäre festnehmen. Die Linken hingegen behaupteten, die Nationalsozialisten hätten Feuer

Marinus van der Lubbe, der mutmaßliche Brandstifter des Reichstagsgebäudes nach seiner Festnahme (Bild unten). Die NS-Beschuldigungen, er wäre nur ein Mitglied einer kommunistischen Verschwörergruppe gewesen, konnten im Prozess nicht nachgewiesen werden. Es mangelte an Indizien und Beweisen. Bis zu seiner Hinrichtung am 10. Januar 1934 beteuerte van der Lubbe immer wieder, er hätte den Brand allein gelegt.

Länder, in denen die NSDAP an der Regierungsbildung beteiligt war (Karte oben).

gelegt, um sie zu beschuldigen. Der Maurergeselle van der Lubbe blieb bei seinen Angaben, er hätte das Feuer aus Protest gegen die Unterdrückung der Arbeiterschaft durch die Nationalsozialisten und ohne Hilfe anderer gelegt. Van der Lubbe starb am 10. Januar 1934 unter dem Fallbeil.

Als Folge jener Nacht erließ Hindenburg auf Betreiben Hitlers die Notverordnung »Zum Schutze von Volk und Staat« oder kürzer »Reichstagsbrandverordnung«. Sie legte den Grundstein für den verfassungsrechtlichen Ausnahmezustand im Deutschen Reich bis zum Zusammenbruch.

Die »Reichstagsbrandverordnung« setzte die zentralen Grundrechte der Weimarer Verfassung, wie Freiheit und Unverletzlichkeit der Person, der Wohnung, das Briefgeheimnis, die Meinungs-, Versammlungs-, Vereinsfreiheit und die Gewährleistung des Eigentums außer Kraft. Die Reichsregierung erhielt das Recht, in Ländern die *„zur Wiederherstellung der öffentlichen Sicherheit und Ordnung nötigen Maßnahmen"* vorübergehend wahrzunehmen.

Mit der Reichstagsbrandverordnung trat noch die »Verordnung des Reichspräsidenten gegen Verrat am deutschen Volke und hochverräterische Umtriebe« in Kraft. Wie die Brandverordnung erlaubte auch sie eine dehnbare Auslegung des Tatbestandes. Nur die Strafandrohung wurde exakt definiert: die Todesstrafe.

Die meisten Deutschen empfanden die Verordnungen rechtens. Nach Jahren des Terrors wollten sie Ruhe und Ordnung, die nur ein »starker Mann« verwirklichen konnte, das war die landläufige Meinung. *„Hitler räumt nun in Preußen ordentlich auf"*, heißt es im Stimmungsbericht eines bayerischen Landkreises, *„er werfe die Schmarotzer hinaus und die Volkssauger auf die Straße. Wenn Hitler so weiter arbeitet, wie seither, wird er* (in der) *kommende*(n) *Reichstagswahl das Vertrauen des größten Teils des deutschen Volkes erhalten."*

Daraus zogen die Nationalsozialisten eine Erfahrung: Terror gegen Gruppen, die bereits unter Ängsten und Ausgrenzungen litten, ließ sich popularitätssteigernd auswerten.

Das Reichstagsgebäude in Berlin wurde am Abend des 27. Februar 1933 mit großer Wahrscheinlichkeit vom niederländischen Anarchisten Marinus van der Lubbe in Brand gesetzt und zum größten Teil zerstört (Bild rechts).

Die totale Macht

„Die Errichtung des totalen Staates erfolgt in schnellem, für den Beobachter geradezu atemberaubendem Tempo. Unmittelbar nach den Wahlen vom 5. März hatten die Nationalsozialisten, noch gestützt auf die Verordnung vom 28. Februar 1933, mit der Gleichschaltung der Länder begonnen. Das Verfahren glich sich weitgehend: Die Nationalsozialisten forderten ultimativ die Beteiligung an der Landesregierung, meistens die Überlassung der Polizeidirektion. Wenn die bestehende Landesregierung das verweigerte, sorgte die NSDAP für entsprechende Kundgebungen des »Volkszorns«, die der Reichsinnenminister dann zum Vorwand nahm, unter Berufung auf Artikel 2 der Verordnung vom 28. Februar einzuschreiten und die Landesregierung ihres Amtes zu entheben und Platz für die Nationalsozialistische Machtergreifung via Reichskommissar zu machen.“
Ludolf Herbst, 1996

Die Reichstagsbrandverordnung öffnete der Willkür und der Gewalt Tür und Tor. Bestimmte Strafandrohungen konnten verschärft angewendet werden, so wurde für Hochverrat die Todesstrafe eingeführt. Wegen Verstößen gegen die Verordnung wurden 1933 3 584 Strafverfahren aufgenommen und 3 133 Verurteilungen ausgesprochen. So lautet die offizielle Statistik. Die Wirklichkeit sah dramatischer aus: Bis Mitte März 1933 wurden allein in Preußen 10 000 politische Gegner der Hitlerbewegung verhaftet. Die meisten von ihnen waren Kommunisten. Erschreckenderweise nahm der überwiegende Teil der Deutschen die wachsende Bedrohung ihrer Freiheitsrechte gar nicht wahr. Heinrich Brüning, der Ex-Kanzler der Republik, erinnerte sich: *„Die Menschen waren wie betäubt.“*

Die Reichstagsbrandverordnung bildete das eigentliche »Grundgesetz« des nationalsozialistischen Herrschaftssystems. Sie ermöglichte fundamentale verfassungs- und strafrechtliche Eingriffe. So die »Gleichschaltung« der Länder oder die politische Legitimierung und zum Teil nachträgliche Legalisierung eigenmächtiger Zwangsmaßnahmen und Gewaltakte, Maßnahmen, die im Heimtückegesetz vom 21. März 1933 noch eine Verschärfung erfuhren.

Wichtigstes Anliegen Hitlers war zunächst, den noch vorhandenen Widerstand der Länder zu brechen und sie ihrer föderalen Eigenmächtigkeiten zu berauben. Dazu diente schließlich das »Gesetz zur Gleichschaltung der Länder mit dem Reich« vom 31. März 1933. Es vereinigte die Fäden der Macht in Berlin, von hier konnten die Länder durch die Partei kontrolliert und gelenkt werden.

Der Prozess der »Gleichschaltung« begann schon am »Tag des nationalen Erwachens«, dem Tag der Reichstagswahl am 5. März. Er richtete sich zunächst gegen die Länder ohne nationalsozialistische Regierung: Hamburg, Bremen, Lübeck, Schaumburg-Lippe, Sachsen, Hessen, Baden, Württemberg und Bayern. In diesen Ländern traten an die Stelle der Ministerpräsidenten vom Reichspräsidenten nach Vorschlägen des Reichskanzlers ernannte Reichsstatthalter. Die Umbesetzung erfolgte so rasch, dass die höchsten Ämter in den Ländern bis zum 9. März, also innerhalb von vier Tagen, durchgehend von Nationalsozialisten besetzt waren.

Bayern wehrt sich

Hamburg fiel als erstes Land der Gleichschaltung zum Opfer. Goebbels notierte in seinem Tagebuch: *„Gleich nach der Wahl soll hier durchgegriffen werden.“* Das Durchgreifen stieß jedoch auf Hindernisse. Die sozialdemokratischen Senatoren weigerten sich, die Funktion des Polizeipräsidenten an ein NSDAP-Mitglied zu übergeben. Mit Gewalt besetzten daraufhin SA und SS das Rathaus. Nun schaltete sich Reichsinnenminister Frick ein und ernannte einen SA-Mann zum kommissarischen Polizeibeauftragten, da der Senat nicht für Ruhe und Ordnung sorgen könne.

Nach dem Hamburger Beispiel erfolgte die Umbesetzung auch in den anderen Ländern.

Bayern, traditionell gewohnt, eigene Wege zu gehen, verteidigte seinen Sonderstatus als »Freistaat« am hartnäckigsten. Am 8. März 1933 notierte Goebbels: *„Abends sind wir alle beim Führer. Dort wird beschlossen, daß nunmehr Bayern an die Reihe kommen soll. Zwar machen einige ängstliche Gemüter außerhalb der Partei noch Vorbehalte, faseln von Widerstand der Bayerischen Volkspartei und ähnlichem, aber wir sind davon überzeugt, daß Herr Held kein Held sein wird.“*

Der bayerische Ministerpräsident Heinrich Held strafte Goebbels Lügen. Unbeeindruckt von der Drohung der SA, einen Aufstand zu provozieren, sollte er nicht zurücktreten, gab er die Regierungsgeschäfte nicht ab. Das bayerische Kabinett hinter sich wissend, war Held entschlossen, keinen Reichskommissar über den Main kommen zu lassen. Kurzfristig erwog die Regierung sogar, das Königshaus der Wit-

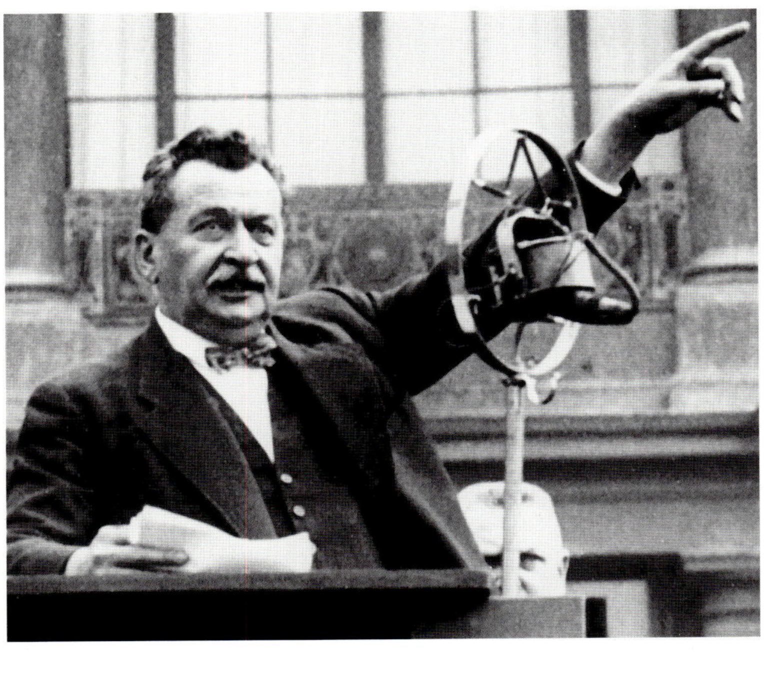

Otto Wels (während einer Rede im Reichstag, Bild unten) – 1873 in Berlin geboren, 1939 in Paris gestorben – war der Sohn eines Gastwirts und lernte das Tapeziererhandwerk. Er zählte zu den Mitbegründern der Wehrorganisationen »Reichsbanner« und »Eiserne Front«. Aus dem Exil in Prag leitete er ab Mai 1933 die Auslandsleitung der SPD (»Sopade«). Rechtzeitig vor der Besetzung der Tschechoslowakischen Republik floh er nach Paris.

Die Zuständigkeitsbereiche der politischen Polizei im März 1934 (Karte rechts). Am 26. April 1933 wurde in Preußen die von Hermann Göring geleitete Gestapo geschaffen. In Bayern wurde Heinrich Himmler Chef der Bayerischen Politischen Polizei.

Appell politischer Häftlinge im KZ Oranienburg am 8. August 1933 (Bild unten, von links nach rechts: Ernst Heilmann, SPD-Vorsitzender, Friedrich Ebert junior, Reichsbannerführer und Rundfunkreporter Alfred Braun, Ministerialrat Giesecke, Intendant Flesch, Rechtsanwalt Magnus).

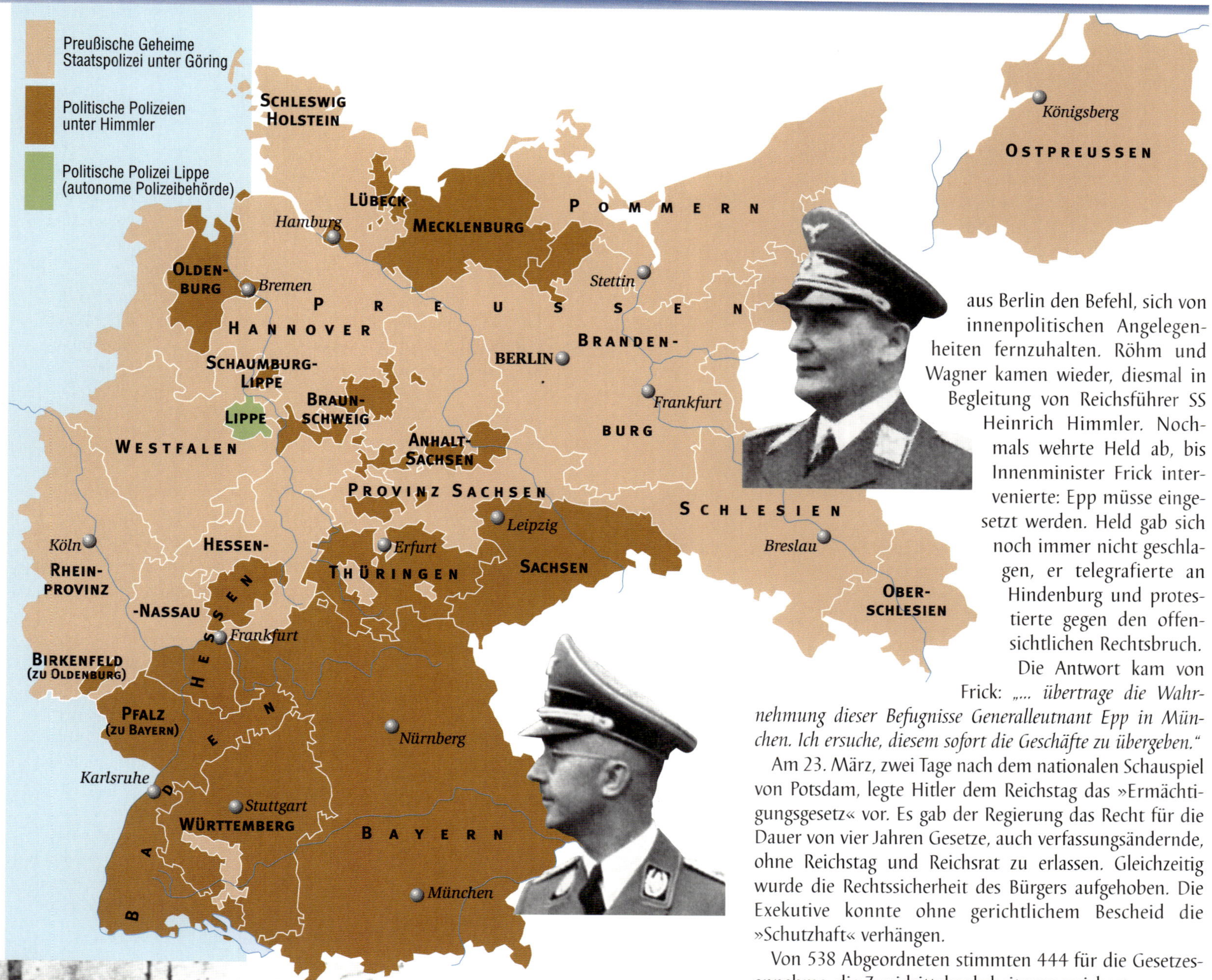

telsbacher zu restaurieren und Kronprinz Rupprecht auf der Grundlage des Staatsnotstandsgesetzes zum Generalstaatskommissar zu ernennen. Hitler beruhigte und schlug Schalmeientöne an: Kein Reichskommissar werde Bayern betreten, wenn man dies nicht wünsche, aber der Druck von der Straße könne so stark werden, dass ...

In der Nacht zum 9. März fuhr Gauleiter Adolf Wagner, mit Instruktionen Hitlers im Gepäck, nach München, um zu erkunden, wie der Druck von der Straße zu erzeugen wäre. Mit SA-Stabschef Ernst Röhm begab er sich zu Ministerpräsident Held. Die Forderungen waren knapp: Der nationalsozialistische Reichsleiter General Ritter von Epp wäre umgehend als Generalstaatskommissar einzusetzen.

Held hoffte auf die Unterstützung durch die Reichswehr. Doch die erhielt aus Berlin den Befehl, sich von innenpolitischen Angelegenheiten fernzuhalten. Röhm und Wagner kamen wieder, diesmal in Begleitung von Reichsführer SS Heinrich Himmler. Nochmals wehrte Held ab, bis Innenminister Frick intervenierte: Epp müsse eingesetzt werden. Held gab sich noch immer nicht geschlagen, er telegrafierte an Hindenburg und protestierte gegen den offensichtlichen Rechtsbruch.

Die Antwort kam von Frick: *„... übertrage die Wahrnehmung dieser Befugnisse Generalleutnant Epp in München. Ich ersuche, diesem sofort die Geschäfte zu übergeben."*

Am 23. März, zwei Tage nach dem nationalen Schauspiel von Potsdam, legte Hitler dem Reichstag das »Ermächtigungsgesetz« vor. Es gab der Regierung das Recht für die Dauer von vier Jahren Gesetze, auch verfassungsändernde, ohne Reichstag und Reichsrat zu erlassen. Gleichzeitig wurde die Rechtssicherheit des Bürgers aufgehoben. Die Exekutive konnte ohne gerichtlichem Bescheid die »Schutzhaft« verhängen.

Von 538 Abgeordneten stimmten 444 für die Gesetzesannahme, die Zweidrittelmehrheit war gesichert.

Die Abstimmung über das Ermächtigungsgesetz erfolgte unter verfassungswidrigen Umständen: Die 81 Abgeordneten der KPD und 26 von 120 SPD-Abgeordneten waren verhaftet oder geflohen. Die 94 anwesenden SPD-Abgeordneten stimmten gegen das Gesetz.

SPD-Vorsitzender Otto Wels rechtfertigte die Ablehnung und hielt eine mutige Rede. Seine Fraktion fühle sich der Demokratie, der Menschlichkeit und Gerechtigkeit verpflichtet. Mit dem von der NSDAP begangenen und geduldeten Unrecht könne sie sich nicht identifizieren.

In den Reihen der Abgeordneten saß Hitler. In der braunen Uniform der SA unterschied er sich nicht von seinen Paladinen. Mit steinernem Gesicht verfolgte er die Rede von Wels, der in seinen Schlussworten ausführte, eine Regierung könne nur Strenge walten lassen, *„wenn es nach allen Seiten gleichmäßig und unparteiisch geschieht und wenn man es unterläßt, besiegte Gegner zu behandeln, als seien sie vogelfrei. Freiheit und Leben kann man uns nehmen, die Ehre nicht"*. Wels schloss diese letzte freie Rede im Reichstag mit einem Bekenntnis zur Demokratie und einem Gruß an *„die Verfolgten und Bedrängten."*

Otto Wels starb am 16. September 1939 im Pariser Exil.

TERROR IN BRAUNER UNIFORM

„Nach der Gleichschaltung der Länder, die auch deswegen unmittelbar nach der Reichstagswahl begann, weil man für die Verabschiedung des Ermächtigungsgesetzes einen nationalsozialistisch beherrschten Reichsrat benötigte, wandte sich die Gleichschaltungsdynamik den anderen Politik- und Gesellschaftsbereichen zu, den Verbänden, Gewerkschaften und Parteien. Als erstes wurden die letzten Bastionen der »Marxisten«, wie es im NS-Jargon hieß, geschleift. Die Kommunistische Partei und deren Gliederungen waren bereits seit dem 28. Februar zerschlagen und in den Untergrund gedrängt worden. Die am 5. März gleichwohl von der Partei noch gewonnenen 81 Reichstagsmandate wurden kassiert. Am 31. März geschah das auch mit den kommunistischen Landtagsmandaten. Damit hatte die KPD praktisch aufgehört zu existieren, auch wenn es zu einem förmlichen Verbot nicht kam. Das Vermögen der Partei wurde am 26. Mai 1933 eingezogen.“
Ludolf Herbst, 1996

Ernst Röhm, führendes Mitglied im Freikorps Epp, leitete ab 1923 den Aufbau der »Sturmabteilung« (SA). In der Anfangszeit der NSDAP förderte er Hitler nach besten Kräften und wurde dessen Duzfreund. Unterschiedliche Meinungen über die Organisation der SA entfremdete beide und Röhm nahm 1928 in der bolivianischen Armee die Stelle eines Generalstabsoffiziers an. Doch Hitler holte ihn 1930 wieder zurück. Noch im Januar 1931 ernannte er Röhm zum Stabschef der SA. In dieser Machtposition verfolgte Röhm eigene Pläne über die Zukunft der SA: Er wollte sie und die Reichswehr zu einem »Volksheer« vereinen, das den Schutz der Staatsgrenze und die Überwachung des Landes übernehmen sollte. Weiters sollte diese Miliz unter seiner Führung die »nationale Revolution« in Gang halten.

Der Vorschlag, die SA auf die gleiche Stufe wie die Reichswehr zu stellen, beunruhigte die Reichswehrführung. Die Militärs duldeten keine Konkurrenz und dachten nicht daran, mit den undisziplinierten SA-Haufen zu kooperieren. Ihr scharfer Protest zwang Hitler sich zu entscheiden, welcher Organisation er den Vorzug einräumte. Hitler entschied sich für die Reichswehr, er benötigte sie für seine expansiven Pläne. Er ließ Röhm fallen und schloss ihn aus dem deutschen Offiziersbund aus. Bei nächstbester Gelegenheit wollte Hitler sich seiner entledigen.

Röhm war ein Landsknechttyp, dem Intrigen und Machenschaften fern lagen. Er schätzte Geradlinigkeit und direkte Aktionen. Am 3. Februar 1933 erklärte er unbekümmert, dass die *„Vernichtung des Bolschewismus in Deutschland“* die *„nächste Aufgabe der SA und SS“* sei. Der Reichstagsbrand gab Röhm Gelegenheit, seine Ankündigung in die Tat umzusetzen. Mit einer Brutalität sondergleichen gingen seine SA-Leute vor, strafrechtliche Ahndungen durch die Justiz brauchten sie nicht mehr zu fürchten. Die Kommunisten gingen einen Leidensweg, den bald auch die Juden und andere, dem Regime missliebige Minderheiten zu gehen hatten. Besonders deprimierend empfanden sie das Desinteresse der Bevölkerung gegenüber ihrem Schicksal und dass Hilfe, in welcher Form auch immer, von der Moskauer Zentrale ausblieb.

„Für die ungezügelten Terroraktionen der SA- und SS-Hilfspolizisten gab es in den Tagen und Wochen nach den Märzwahlen keine Regeln, nicht einmal die der Reichstagsbrandverordnung und ihrer weit gefaßten Ausführungsbestimmungen“, erläutert Hans-Ulrich Thamer. Vom Gefühl nach Rache und Vergeltung getrieben, schreckte die SA vor keiner Gewalttat zurück. Der ehemalige Leiter der Politischen Polizei, Rudolf Diels, erinnerte sich an mindestens fünfzig Lager in Berlin, in denen die SA ihre Opfer festhielt: *„Dort waren Fußböden einiger leerer Zimmer, in denen sich die Folterknechte betätigten, mit einer Strohschütte bedeckt worden. Die Opfer, die wir vorfanden, waren dem Hungertod nahe. Sie waren tagelang stehend in enge Schränke gesperrt worden, um ihnen »Geständnisse« zu erpressen. Die »Vernehmungen« hatten mit Prügeln begonnen und geendet; dabei hatte ein Dutzend Kerle in Abständen von Stunden mit Eisenstäben, Gummiknüppeln und Peitschen auf die Opfer eingedroschen. Eingeschlagene Zähne und gebrochene Knochen legten von den Torturen Zeugnis ab. Als wir eintraten, lagen diese lebenden Skelette reihenweise mit eiternden Wunden auf dem faulenden Stroh.“*

SA: Fürs »Grobe« nützlich

Für Hitler waren die SA-Männer in der »Kampfzeit« nicht nur als Saalschutz bei seinen Auftritten nützlich, sie eigneten sich mit ihren Fahnen und Standarten auch vorzüglich als martialisch wirkende Staffage. Die im Großen und Gan-

Die SA auf einem ihrer Einsätze in München vor 1923 (Bild oben).

Mit der »Gleichschaltung« der Länder wurde die Macht der NSDAP gleichmäßig verteilt (Karte rechts).

Unmittelbar nach der Machtergreifung setzte ein massiver Boykott der Nationalsozialisten gegen Juden ein (Bild unten).

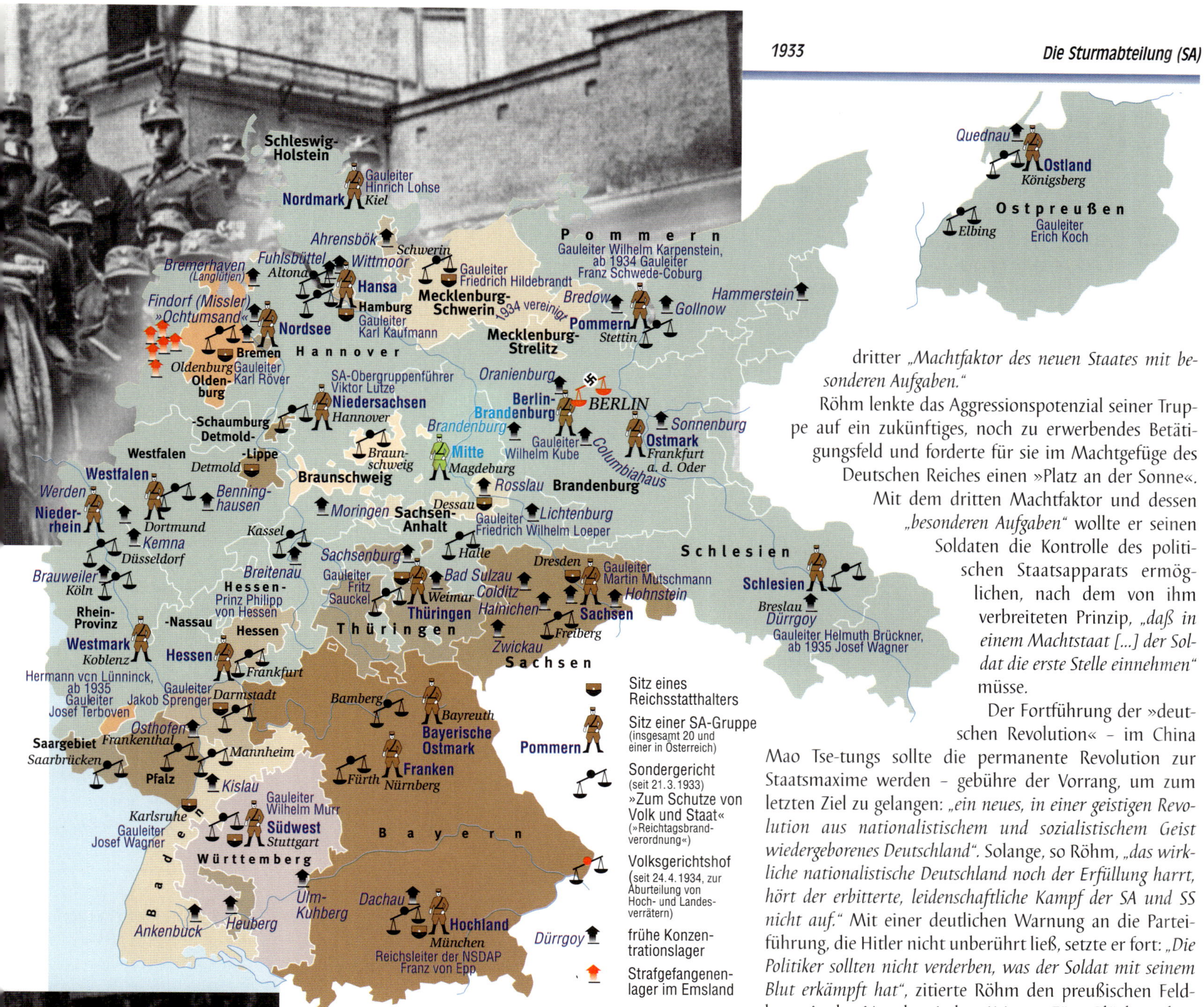

zen reibungslos verlaufende »Gleichschaltung« der Länder, Kommunen, Vereine usw. war im Wesentlichen dem Auftreten der SA zu verdanken: Ihr Erscheinen allein wirkte einschüchternd. Viele der SA-Männer wurden zunächst auch mit Verwaltungsressorts betraut, die wenigsten jedoch konnten sich in den ihnen zugeteilten Ämtern behaupten. Nach kurzer Zeit mussten sie linientreuen Parteimitgliedern oder Fachleuten weichen, sie waren den gestellten Aufgaben nicht gewachsen. Die Zurücksetzung empfanden sie als Ungerechtigkeit, die ihren Unmut gegen die Parteiführung, vor allem gegen Hitler weckte.

Röhm empfand ähnlich, er schürte die Unruhe. Der SA gebühre im System der Platz, für den sie kämpfe, betonte er ein ums andere Mal. SA und SS seien *„die Grundpfeiler des kommenden nationalsozialistischen Staates"*, tönte er im Juni 1933, und im neuen Deutschland *„die kämpferisch-geistigen Willensträger der deutschen Revolution"*. Im neuen Deutschland, so Röhm, stünden die *„disziplinierten braunen Sturmbataillone der deutschen Revolution Seite an Seite mit der bewaffneten Macht. Nicht als ein Teil von ihr"*. Die SA, betonte Röhm, sei neben Reichswehr und Polizei ein dritter *„Machtfaktor des neuen Staates mit besonderen Aufgaben."*

Röhm lenkte das Aggressionspotenzial seiner Truppe auf ein zukünftiges, noch zu erwerbendes Betätigungsfeld und forderte für sie im Machtgefüge des Deutschen Reiches einen »Platz an der Sonne«. Mit dem dritten Machtfaktor und dessen *„besonderen Aufgaben"* wollte er seinen Soldaten die Kontrolle des politischen Staatsapparats ermöglichen, nach dem von ihm verbreiteten Prinzip, *„daß in einem Machtstaat [...] der Soldat die erste Stelle einnehmen"* müsse.

Der Fortführung der »deutschen Revolution« – im China Mao Tse-tungs sollte die permanente Revolution zur Staatsmaxime werden – gebühre der Vorrang, um zum letzten Ziel zu gelangen: *„ein neues, in einer geistigen Revolution aus nationalistischem und sozialistischem Geist wiedergeborenes Deutschland"*. Solange, so Röhm, *„das wirkliche nationalistische Deutschland noch der Erfüllung harrt, hört der erbitterte, leidenschaftliche Kampf der SA und SS nicht auf."* Mit einer deutlichen Warnung an die Parteiführung, die Hitler nicht unberührt ließ, setzte er fort: *„Die Politiker sollten nicht verderben, was der Soldat mit seinem Blut erkämpft hat"*, zitierte Röhm den preußischen Feldherrn in den Napoleonischen Kriegen, Fürst Blücher. Aber, *„die eigentlichen Feinde der Revolution wären die ‚Spießer und Nörgler"*, stellte Röhm fest, die *„Gleichgeschalteten"*, jene die sich an nationalen Symbolen berauschten, aber am Kampf nicht teilnehmen wollten. Röhm projizierte hier seine ganze Abneigung auf alles Zivile, das er als Antipoden seines soldatischen Sinns am Ende des Ersten Weltkriegs zu hassen begonnen hatte. Dieser Hass erklärt die Brutalität, mit der seine Sturmabteilungen vorgingen.

Der politische Terror, den Röhms Truppe verbreitete, erschreckte die Bürger. Die SA meinte, sich alle Rechte nehmen zu dürfen und handelte nach dem Motto: »die Straße frei, SA marschiert«.

Klagen über die Willkür der SA erreichten Hitler, der jedoch alle Beschwerden zurückwies. Er bewunderte *„geradezu die unerhörte Disziplin seiner SA- und SS-Männer"* konterte er zum Beispiel Papen, der Beschwerde führte. Aber Hitler wusste auch, dass die SA-Männer eines Tages von der Straße verschwinden mussten. Er begann erste Maßnahmen zu ergreifen. Am 10. März 1933 appellierte er an SA und SS, das Werk der nationalen Revolution nicht durch unkoordinierte Einzelaktionen zu gefährden. Das Ende der Macht der SA zeichnete sich ab.

ECKPFEILER BRECHEN

„Ebenso undramatisch wie der Untergang der Gewerkschaften verlief das Ende der Sozialdemokratie. Seit dem März hatte ein stetiger Prozeß der Auflösung und des Abbröckelns begonnen: Mitglieder traten reihenweise aus, Ortsvereine mußten schließen. ›Die Entwicklungen der politischen Verhältnisse in den letzten Jahren haben mich recht müde gemacht. Ich möchte gerne Ruhe haben und erkläre hiermit meinen Austritt aus ihrer Organisation‹, schrieb ein Mitglied des Ortsvereins Hannover am 4. März, ein anderes zwei Tage später: ›Äußere Gründe zwingen mich, meinen Austritt aus der Partei zu erklären‹. Die Welle der Resignation und der freiwilligen oder erzwungenen Anpassung schwoll von Woche zu Woche an. Die Parteiführung hatte sich auf Abwarten und Beschwichtigung eingerichtet."
Hans-Ulrich Thamer, 1995

Gegen die Anhänger der Sozialdemokratischen Partei ließ sich der inszenierte »Volkszorn« – vorgetragen durch SA-Schlägertrupps – nicht so leicht mobilisieren. Um die Partei zu eliminieren, bedurfte es anderer Strategien: Die Nationalsozialisten griffen sie von der Peripherie her an, über die Unterorganisationen.

Erstes Opfer war die Selbstschutzorganisation »Reichsbanner Schwarz-Rot-Gold«. Zahlenmäßig weit überlegen, von der Polizei unterstützt und durch das Innenministerium gedeckt, prügelte die SA den »Reichsbanner« buchstäblich von der Straße. Die Führer der SPD-Unterorganisation flohen ins Ausland oder gingen in den Untergrund. Ende März hörte die Selbstschutzorganisation zu bestehen auf.

Als nächstes Ziel peilte das nationalsozialistische Regime die Auflösung der Gewerkschaften an. Diese Aktion erforderte ein besonders kluges, taktisches Vorgehen; das Potenzial der organisierten Arbeiternehmer war ein unwägbarer Faktor. Das umso mehr, als die Nationalsozialisten bis 1933 in der Gewerkschaftsbewegung kaum Fuß fassten. Der relativ spät gegründeten Nationalsozialistischen Betriebszellen-Organisation (NSBO) gelang es nicht, in den Betrieben nennenswerten Einfluss zu gewinnen. 1933 lag die NSBO mit rund 400 000 Mitgliedern abgeschlagen noch hinter den liberalen »Hirsch-Duncker'schen Gewerkschaften« mit 500 000 Angehörigen. Ohne Zweifel beherrschten die sozialistischen »Freien Gewerkschaften« mit insgesamt 4,5 Millionen Mitgliedern im »Allgemeinen Deutschen Gewerkschaftsbund (ADGB)« das Feld, gefolgt von den christlichen Arbeitnehmervertretungen mit 1 Million Angehörigen.

Die verschiedenen Angestellten- und Beamtenverbände spielten in der heterogenen Gewerkschaftslandschaft nur eine untergeordnete Rolle. In der Zersplitterung der Gewerkschaftsbewegung lag jedoch die Ursache ihres sang- und klanglosen Untergehens 1933.

Gegeneinander statt miteinander

Tatenlos, ohne die Stimme zum Protest zu erheben, verfolgten die Gewerkschaften die dramatischen Entwicklungen bis zur Machtergreifung. Permanente Auseinandersetzungen zwischen Sozialdemokraten und Kommunisten verhinderten die Bildung einer geschlossenen, machtvollen Anti-Hitler-Front. Im ideologischen Grabenkampf verloren sie den eigentlichen Feind aus den Augen. Unverständlich ist die Unterwürfigkeit, mit der die führenden Kräfte des ADGB Hitler ihre loyale Mitarbeit anboten und aus eigenem Entschluss die Einsetzung eines Reichskommissars wünschten. Vermutlich dachten sie auf diese Weise der drohenden Gefahr der Auflösung zu entgehen.

Bei den bombastischen 1. Mai-Feiern auf dem Tempelhoferfeld (Bild oben) der NS-Machthaber hofften die Gewerkschaftsführer noch, dass ihre Organisation von der »Gleichschaltung« verschont bleiben würde. Die bittere Enttäuschung folgte am nächsten Tag: Schlag 10 Uhr besetzte die SA sämtliche Gewerkschaftsgebäude (Bild unten).

Die DAF, am 10. Mai 1933 in Berlin auf dem »Kongreß der Arbeit« von Robert Ley gegründet, wollte die »Arbeiter der Stirne und der Faust« in einer

»Volksgemeinschaft« vereinigen. Eine Unterorganisation war die am 27. November 1933 – nach dem Vorbild der italienischen Organisation »Dopolavoro« – gegründete Freizeitbetreuung »Kraft durch Freude«. Mit Sparmarken konnte man einen Urlaub in Norwegen oder im Mittelmeer ansparen (Bild oben).

Zweifellos hatte die hohe Arbeitslosigkeit die Macht der Gewerkschaftsbewegung über die Jahre hinweg geschwächt. Vermutlich erlag sie aber auch den Verlockungen des Regimes, in einer aktiven Arbeitsbeschaffungspolitik eine bedeutsame Rolle spielen zu können. Ein ähnliches Vorhaben plante der ADGB bereits im Mai 1932, scheiterte aber an der bürgerlich-konservativen Regierung. So nahmen die Gewerkschaftsführer bereits im Sommer 1932 Kontakte zur NSDAP auf, um über diesen Themenkreis Grundsatzgespräche zu führen. Wahrscheinlich übte auch das sozialpolitische Programm der NSDAP starke Anreize auf den ADGB aus und darüber hinaus die Ankündigung der Bildung einer Einheitsgewerkschaft.

Getäuscht

Auf der Klaviatur der Verheißungen spielte Hitler 1933 gekonnt weiter: Am 10. April erklärte er den 1. Mai zum gesetzlichen »Feiertag der nationalen Arbeit« . Hitler verwirklichte damit einen jahrzehntealten Traum der Sozialdemokraten, einen Wunsch, den die SPD selbst in der Weimarer Republik, als sie im Reichstag die stärkste Fraktion stellte, nicht durchsetzen konnte. Die Ankündigung beeindruckte die Gewerkschaften tief. Endlich wurde der schon 1890 geforderte »Kampftag der Arbeiterbewegung« offizieller Feiertag.

Hinter dem Rücken der Gewerkschaftsvertreter plante Hitler jedoch schon den entscheidenden Schlag gegen den ADGB. Am 17. April fielen in Hitlers Berghof auf dem Obersalzberg die Würfel über das Schicksal der deutschen Gewerkschaftsbewegung.

Noch aber übte sich Goebbels in pathetischen Parolen. *„Ehret die Arbeit und achtet den Arbeiter!"* mahnte er am 1. Mai und *„Deutsche aller Stände, Stämme und Berufe, reicht euch die Hände!"* Danach folgte die Feststellung: *„Geschlossen marschieren wir in die neue Zeit hinein!"* Und er forderte: *„Bekränzt eure Häuser und die Straßen der Städte und Dörfer mit frischem Grün und den Farben des Reiches."* Seinem Tagebuch vertraute er die Pläne an, die am Obersalzberg geschmiedet worden waren: *„Wir werden das in größtem Rahmen aufziehen und zum ersten Mal das ganze deutsche Volk in einer einzigen Demonstration zusammenfassen. Von da ab beginnt dann die Auseinandersetzung mit den Gewerkschaften. Wir werden nicht eher ruhen, zur Ruhe kommen, bis sie restlos in unserer Hand sind."*

Am 1. Mai marschierte, der Empfehlung des ADGB vom 19. April folgend, die deutsche Arbeiterschaft geschlossen zur Maifeier auf dem Berliner Tempelhoferfeld. Vor einer halben Million sprach Hitler von *„politischer Not"*, dass das deutsche Volk in sich zerfallen sei und seine ganze Lebenskraft für den inneren Kampf verbraucht habe. *„Die Millionen Menschen, die in Berufe aufgeteilt, in künstlichen Klassen auseinandergehalten worden sind, die, vom Standesdünkel und Klassenwahnsinn befallen, einander nicht mehr verstehen können, sie müssen wieder den Weg zueinander finden!"*, rief er beschwörend aus. Der „nationale Staat" werde zur Volksgemeinschaft erziehen und das Volk über *„Klassen, Stände und Einzelinteressen"* erheben. *„Damit werden wir von selbst zur Veredelung des Begriffs der Arbeit kommen!"*

Die hehren Worte beeindruckten die Gewerkschaftsführer, sprachen viele an, die nicht mit den Nationalsozialisten sympathisierten. An die 46 Gewerkschaftszentralen, die von der SA bereits besetzt worden waren, dachte an diesem Tag niemand.

24 Stunden später folgte die Ernüchterung: Schlag 10 Uhr vormittags stürmten in ganz Deutschland SA-Trupps die noch verbliebenen Gewerkschaftshäuser, verhafteten Funktionäre, zertrümmerten Einrichtungen, transportierten Akten ab und beschlagnahmten die Gewerkschaftskassen. Alles in allem aber verhielt sich die SA zurückhaltend, die Mehrzahl der ADGB-Funktionäre behielt ihre Ämter.

In den folgenden Tagen unterwarfen sich alle Gewerkschaften der nationalsozialistischen »Deutschen Arbeitsfront«. Zuerst die liberalen, zuletzt, im Juni, die christlichen. Wieder brach ein Pfeiler der »Demokratie«. Der Auflösung des ADGB folgte die der politischen Parteien.

Im Zuge der Gleichschaltung wurden alle bestehenden Gewerkschaften unter einer Dachorganisation, der DAF oder »Deutschen Arbeitsfront« (Bild rechts), vereinigt.

Lockungen und Drohungen

„Mit der Gleichschaltung der Gewerkschaften hatten die Nationalsozialisten den letzten Eckstein aus dem Gebäude der Verbände und Parteien herausgebrochen, von dem noch wirksamer Widerstand hätte ausgehen können. Die SPD befand sich bereits in voller Auflösung, als der Schlag gegen die Gewerkschaften erfolgte."
Ludolf Herbst, 1996

Die Erinnerung war noch wach: Auch Bismarck versuchte - und das im Bunde mit dem Papst - den Sozialdemokraten das Leben schwer zu machen. Die sozialdemokratische Bewegung überlebte beide: Papst Leo XIII. und dessen Enzyklika »Quod Apostolici muneris«. in der er gegen die *„Pestseuche des Sozialismus"* wetterte, dieses *„unheilvolle Unkraut des Sozialismus"*, das mit der Wurzel ausgerottet gehörte, und Bismarck, den Reichsgründer, der am 21. Oktober 1878 im Reichstag das »Sozialistengesetz« *„wider die gemeingefährlichen Bestrebungen der Sozialdemokratie"* durchsetzte.

Doch Hitler war kein Bismarck, der immerhin noch einen Monarchen über sich duldete, wenn er ihn persönlich auch nicht mochte. Hitler war ein radikaler machtbesessener Diktator, der selbst Gott nur soweit anerkannte, als dieser ihm für seine Vorhaben nützlich sein konnte.

Noch während die Flammen aus dem Reichstagsgebäude schlugen, begann die SA mit Hilfe der Polizei eine beispiellose Jagd auf Mitglieder der KPD. Innerhalb weniger Tage verschwand die machtvolle, straff organisierte Partei vom Erdboden. Nun bildete nur noch die SPD eine letzte, ernstzunehmende Bastion demokratischer Prinzipien. Doch auch ihre Tage waren gezählt, als die freien Gewerkschaften kapitulierten. Einige Mitglieder des SPD-Vorstands wichen schon im März ins Exil aus, Wilhelm Dittmann, Arthur Crispin, Rudolf Hilferding und Rudolf Breitscheid. Der Chefredakteur des »Vorwärts«, Friedrich Stampfer, und der Parteivorsitzende Otto Wels folgten. Am 10. Mai befahl Hermann Göring den Angriff: Die SA besetzte alle SPD-Zentralen in Preußen, Parteizeitungen und -zeitschriften wurden verboten, das Parteivermögen eingezogen. Vorausschauende SPD-Führer hatten zu diesem Zeitpunkt jedoch schon erhebliche Geldmittel ins Ausland in Sicherheit gebracht.

Innerhalb der SPD herrschte Ratlosigkeit, wie sollte man sich verhalten? Manche resignierten, andere forderten zum bewaffneten Kampf aus dem Untergrund auf, dritte zogen die Flucht ins Ausland vor, um dort den Widerstand gegen das Regime zu organisieren. Gab es eine Chance, Hitler durch Entgegenkommen und Fügsamkeit milde zu stimmen? Die Vorstellung seines politischen Programms, die »Friedensrede«, wollte man noch abwarten und ihr gegebenfalls zustimmen. Die Bereitschaft zur Zusammenarbeit sollte demonstriert werden, dann wollte man weitersehen. Die SPD-Führung hoffte noch immer auf eine Wendung zum Guten, trotz der täglichen Konfrontation mit Intoleranz, Terror, Mord und Ungerechtigkeit.

Verbot der SPD

Die nüchtern sachlich denkenden Realisten in der Partei wählten das Exil. Prag wurde der neue Sitz des SPD-Vorstandes. Von hier aus versuchte er, nach Deutschland zu wirken, für die in der Heimat verbliebenen Genossen zum Unheil. Denn die NS-Machthaber konnten nun ohne Scheu die SPD als *„staats- und volksfeindlich"* brandmarken.

Hitler 1933 (Bild oben).

Der »Gleichschaltung« fielen auch die Soldatenbünde zum Opfer. Der Reichskriegerbund »Kyffhäuser« paradierte 1933 zum letzten Mal vor Reichswehrminister Blomberg - mit Stahlhelm (Bild links unten, in der Mitte)- und Präsident Horn (rechts von Blomberg).

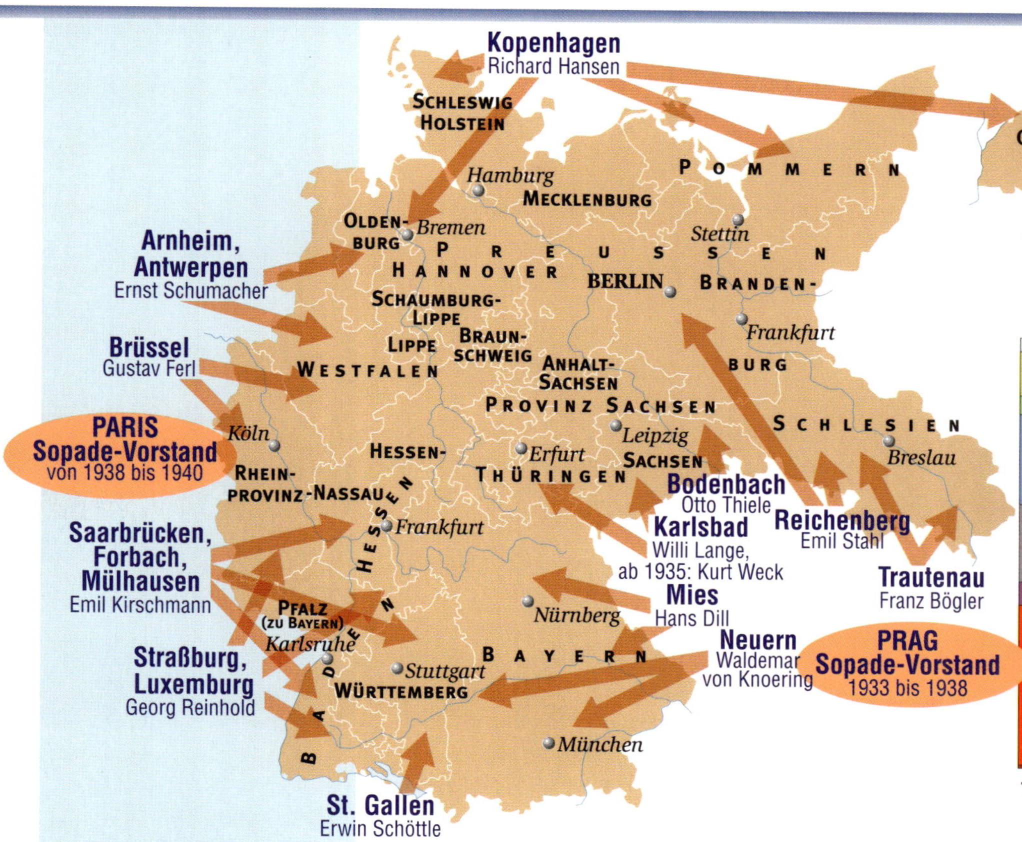

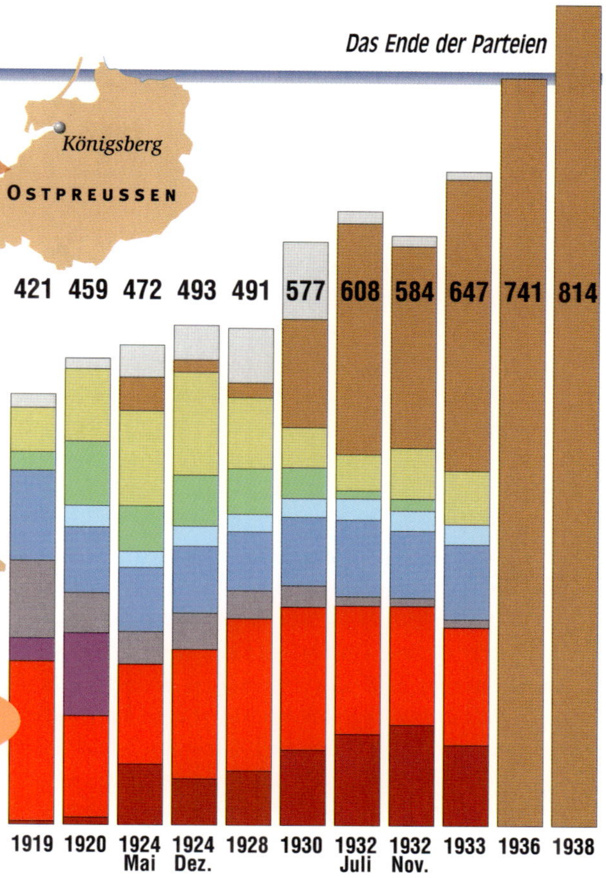

Abgeordnete der Parteien in den Parlamenten des Deutschen Reichs

- **DVP** (Deutsche Volkspartei)
- **BVP** (Bayerische Volkspartei)
- **Zentrum**
- **DDP** (Deutsche Demokratische Partei)
- **NSDAP** (Nationalsozialistische Deutsche Arbeiterpartei)
- **DNVP** (Deutschnationale Volkspartei)
- **SPD** (Sozialdemokratische Partei Deutschlands)
- **KPD** (Kommunistische Partei Deutschlands)
- **USPD** (Unabhängige Sozialdemokratische Partei Deutschlands)

Noch vor dem Verbot der SDP flohen führende SPD-Mitglieder ins Ausland. In Prag gründeten sie die »Sopade«, eine Abkürzung für »Sozialdemokratische Partei Deutschlands«, die in den grenznahen Gebieten des Deutschen Reichs aktiv wurde (Karte oben).

Das Ende der Parteien (Grafik oben rechts).

Der linksradikal orientierte Ernst Thälmann (Bild links) kandidierte 1925 und 1932 als kommunistischer Kandidat bei den Reichspräsidentschaftswahlen.

Der flammende Aufruf der SPD-Exilanten in Prag vom 18. Juni, das Hitler-Regime zu stürzen, lieferte den NS-Machthabern den entscheidenden Vorwand für die Verhaftung der noch in Deutschland lebenden SPD-Führer. Vier Tage später wurde die Partei verboten, und am 24. Juli erfolgte die Verfügung, dass sozialdemokratische Beamte, Angestellte und Arbeiter im öffentlichen Dienst entlassen würden. Ebenso war Sozialdemokraten der Bezug von Renten aus öffentlichen Mitteln verboten. Wer also seine Existenz erhalten wolle, so die Verordnung, habe innerhalb von drei Tagen schriftlich zu versichern, dass er *„jegliche Beziehungen zur SPD oder ihren Hilfs- und Ersatzorganisationen gelöst"* habe. Die Welle der Austritte aus der SPD in jenen Tagen wird vor diesem Hintergrund verständlich.

Nach der Ausschaltung der KPD, der Gewerkschaften und der SPD schlug die Stunde auch für die bürgerlichen Parteien: Von der Öffentlichkeit unbemerkt, löste sich die »Staatspartei« (vor 1930: DDP) auf. Es folgte die Deutsche Volkspartei, deren Vorstand am 28. Juni verlautete, dass die von der Mehrheit der Mitglieder geforderte Selbstauflösung berechtigt sei, habe man doch das Ziel eines *„nationalen Einheitsstaates"* erreicht.

Der Untergang des katholischen Zentrums und der bayerischen Schwesterpartei BVP vollzog sich unter Zwang, Erpressung, Verlockung, Anpassung und Resignation. Der Rückzug der Bischöfe aus der Politik, den sie in der Fuldaer Bischofskonferenz am 28. März beschlossen hatten, raubte der Partei den Rückhalt, und die Aufforderung, den Staat loyal zu unterstützen, entzog ihr die Lebensberechtigung.

Das Einschwenken der katholischen Kirche stürzte viele Gläubige in Bayern in Ratlosigkeit. Hinter dem Entschluss der Bischofskonferenz stand hohe Politik. Zu dieser Zeit liefen in Rom zwischen Deutschland und dem Vatikan Verhandlungen über ein Reichskonkordat. Kern der Gespräche war der Verzicht auf politische Betätigung katholischer Geistlicher in Deutschland. Der Vatikan stimmte schließlich am 20. Juli 1933 zu. Kurz davor, am 5. Juli, gab das Zentrum seine Auflösung bekannt, nachdem am Tag zuvor die Bayerische Volkspartei durch Massenverhaftungen ihrer Funktionäre führungslos geworden war.

Die letzte noch verbliebene Partei im Reichstag hoffte nach der Auflösung aller anderen Parteien zu überleben: die Deutschnationale Volkspartei. Immerhin hatte sie Hitler in die Steigbügel geholfen und rechnete sich Chancen aus, ihn zügeln zu können. Die Ernüchterung kam mit der Verabschiedung des Ermächtigungsgesetzes, das Hitler das Recht einräumte, Parteien aufzulösen. Parteiführer Hugenberg wollte zwar noch retten, was zu retten war, versuchte, durch Reform der Organisation und der Änderung des politischen Stils eine Anpassung an die NSDAP zu erreichen, vergeblich. Auch die Gründung der »Deutschnationalen Kampfringe« rettete die Partei nicht mehr. Der Übertritt des Stahlhelmführers Seldte zur NSDAP am 26. April und die Eingliederung des »Stahlhelms« in die SA am 21. Juni beschleunigten das Ende der DNVP. Verleumdung, Erpressung, Unterstellung durch die Nationalsozialisten unterhöhlten das Vertrauen der Mitglieder. Die Beschuldigung, die »Kampfringe« wären kommunistisch unterwandert, führte zu einer Verhaftungswelle unter den Mitgliedern und setzte schließlich die DNVP dermaßen unter Druck, dass sie aufgab. In Erinnerung an die erste Zeit des gemeinsamen Ringens um die Macht zeigte sich die NSDAP gönnerhaft: Ein »Freundschaftsabkommen« zwischen ihr und der DNVP befreite die verhafteten Kampfring-Mitglieder und sprach sie von aller Schuld frei. Die DNVP-Reichstagsabgeordneten übernahm sie als »Hospitanten«. Der SPD-Abgeordnete Kurt Schumacher hatte im Januar die Lage falsch eingeschätzt, als er sie umriss: *„Das Kabinett heißt Adolf Hitler, aber das Kabinett ist Alfred Hugenberg. Adolf Hitler darf reden, Alfred Hugenberg wird handeln."* Hugenberg, Parteiführer der DNVP, verschwand von der politischen Bildfläche.

Die Allmacht der Partei

„Nicht nur das Tempo und die verwirrende Doppelstrategie der Machteroberung und Gleichschaltung, sondern auch die Reichweite dieses Vorganges lähmten jede Gegenwehr. Die Gleichschaltungswelle reichte bis hinunter in die Gemeinden und ihr Vereinsleben. Überall in Rathäusern und Amtsstuben, in Hörsälen und Gerichtsverhandlungen, in Warenhäusern und Banken erschienen im Frühjahr 1933 SA-Leute; überall zwangen »Kommissare« mit fadenscheiniger Berechtigung, die Organisationen und Institutionen sich von »Demokraten und Juden« personell zu »säubern« und sich Nationalsozialisten zu unterstellen. Das reichte bis hin zu Kleintierzüchtervereinen und der Deutschen Stenographenschaft, bis zu den Jugendverbänden und kulturellen Einrichtungen. Meist waren es Aktionen lokaler Aktivisten, die für sich selbst nun einen Platz an der »Futterkrippe« suchten. Ihr Aktivismus wurde von der Parteiführung hingenommen bzw. unterstützt, weil er einerseits in die Machteroberungs- und Einschüchterungsstrategie paßte, andererseits Unterführern und Parteiaktivisten die Möglichkeit politischer Betätigung gab."

Hans-Ulrich Thamer, 1996

Wie auf vielen anderen Gebieten hatten die Nationalsozialisten, endlich an die Macht gekommen, auch auf jenem der Gesellschaftspolitik keine Vorstellungen, wie sie beschaffen sein sollte. Eine Volksgemeinschaft wollten sie ins Leben rufen, sie sollte Sicherheit, Geborgenheit, Kraft und Einheit geben, so lauteten die Schlagworte. Nach den Jahren ständigen Kampfes, Terrors und der sorgenvollen Frage nach dem Morgen, des poltischen Zerwürfnisses, das quer durch Familien und Freundeskreise ging, klangen die Parolen gut in den Ohren der deutschen Bevölkerung. Doch wie diese »Volksgemeinschaft« im Detail auszusehen hatte, wusste niemand. Noch streiften die SA-Trupps durch die Straßen und verbreiteten Angst und Schrecken. Furcht, zu der sich Argwohn gesellte, verließen die Menschen bis zum Ende des Dritten Reichs nicht mehr. Man misstraute dem Nachbarn, dem Gesprächspartner, den eigenen Familienmitgliedern; Geheime Staatspolizei und ihren wichtigsten Verbündeten, die Denunzianten, schien man überall anzutreffen. Die oft beschworene »Volksgemeinschaft« gab es bis zum Zusammenbruch nicht, dafür Misstrauen und Angst. In den ersten Jahren des NS-Regimes gab sich die Bevölkerung noch der Illusion hin, es werde alles besser. Die Propagandamaschinerie des Joseph Goebbels lief auf Hochtouren und die Einheitsgewerkschaft »Deutsche Arbeitsfront« (DAF) trug wesentlich dazu bei. Ihre DAF-Unterorganisation »Kraft durch Freude« (KdF) stellte Arbeitern und Angestellten nach den Jahren der Not und Existenzsorge eine rosige Zukunft in Aussicht: Urlaub in entlegenen Ländern, ein Häuschen mit Vorgarten, einen »KdF«-Wagen. Und dies alles im Schutz der »Volksgemeinschaft«, behütet von der allmächtigen NSDAP, über die der »Führer« wachte.

»Führer« und »Volksgemeinschaft« waren die zentralen Mythen im Dritten Reich. *„Die »Volksgemeinschaft« war in Hitlers Weltbild eine »revolutionäre« Ordnung der Gesellschaft, die auf dem »modernen« Rassendenken beruhte"*, stellt Volker Dahm fest. *„Danach waren die Deutschen nicht eine Summe von Individuen, die aufgrund historischer Entwicklungen Nationen und Staaten bildeten, sondern ein biologischer Personenverband, der durch das »Bluterbe« der Ahnen verklammert und seelisch geeint war. Um diese innere Einheit politisch und sozial zu verwirklichen, sollten Klassen-, Stände- und Gruppeninteressen beseitigt und die Rechte des einzelnen den Interessen von Volk und Nation untergeordnet werden."* Ein erster Schritt zur Verwirklichung von Hitlers Weltanschauung stellte die »Gleichschaltung« der Länder, der Parteien, der beruflichen Interessensvertretungen dar.

Mit der »Flurbereinigung« in der Gewerkschaftslandschaft erweiterte der Staat seine Einflussnahme auf jeden Werktätigen. Mit entsprechenden Kontrollmechanismen konnte er in Zukunft nach dem Willen der Machthaber und der Partei gelenkt werden. Durch Ausschaltung der autonomen Interessenverbände und die Errichtung eines ihm unterstellten Zentralverbandes entledigte sich der Staat gleichzeitig jeglicher Bedrohung durch Druck von unten in Form von Forderungen oder Streiks.

Hitler, von der Revolutionsphase des Jahres 1918 geprägt, hatte panische Angst vor dem Aufbegehren der Masse. In privatem Kreise ließ er mehrmals dieser Sorge freien Lauf: Nach den Erfahrungen von 1918 könne man nicht vorsichtig genug sein, meinte er. Deshalb vermied er es, während des Krieges der Bevölkerung übergebührliche Einschränkungen ihrer Konsumgewohnheiten zuzumuten. Sein engster Berater in Rohstofffragen, Albert Speer, erinnerte sich: *„Er verriet beträchtliche Sorge vor einem Popularitätsverlust, aus dem sich innenpolitische Krisen entwickeln könnten."* Hitler äußerte 1939 sogar den Wunsch, das neue Regierungsviertel in Berlin so zu errichten, dass es wie eine Festung verteidigt werden könne. Denn *„es ist doch nicht ausgeschlossen, daß ich einmal gezwungen bin, unpopuläre Maßnahmen zu treffen. Vielleicht gibt es dann einen Aufruhr."* Darum bemühte er sich auch, die Macht mit allen ihm zu Gebote stehenden Mitteln zu festigen.

Die Partei steht über allem

Dazu dienten eine Unzahl von Organisationen, die, ideologisch ausgerichtet und ständiger Kontrolle unterworfen, den »Volkskörper«, wie es im NS-Jargon heißt, bis in die letzten Winkel durchdringen sollten. Ein Netz aus organisierten Freizeit-, Fürsorge- und Kultureinrichtungen unter straffer politisch-ideologischer Führung beseitigte auch die letzten verbliebenen individuellen Freiräume.

Die Unterwerfung unter den Totalitätsanspruch des Staates erfasste die Wissenschaft genauso wie die Kultur. Die geistige Freiheit wurde in erstaunlich kurzer Zeit

Im Dritten Reich waren Information und Unterhaltung staatlich gelenkt. Die wichtigsten Instrumente waren Film und Radio. Der für alle Haushalte erschwingliche »Volksempfänger« – er kostete 76 Reichsmark – (Bild oben) besaß nur einen Mittelwellenbereich, so dass ausländische Sender kaum empfangen werden konnten.

Die»Volksgemeinschaft« schart sich um das »Haus Deutschland« (Darstellung aus 1937, Bild unten).

Am 10. Mai 1933 wurden vor der Friedrich-Wilhelm-Universität in Berlin (Bild oben) und in anderen deutschen Hochschulstädten Bücher unliebsamer jüdischer und pazifistischer Autoren verbrannt. Aktionsträger war der Deutsche Studentenbund, der eine Liste von 3 000 nun verbotenen Titeln erstellte. Alle Buchhandlungen und Leihbibliotheken wurden »gesäubert«. Bis zum 20. Mai 1933 beschlagnahmte man allein in Berlin etwa 10 000 Zentner Bücher. Entschädigungen gab es nicht.

korsettiert und nach den Bedürfnissen des Staates ausgerichtet. Vorreiter der geistigen »Gleichschaltung« waren ausgerechnet Hochschulen, die ihren Leitspruch: »Die Wissenschaft ist frei« bedenkenlos verwarfen.

Schockierend zugleich ist das nahtlose Ineinandergreifen unterschiedlichster Aktionen der Nationalsozialisten: die »Säuberung« von Juden und Systemgegnern an den Universitäten, Entlassungen und Berufsverbote im öffentlichen Dienst, die Kündigung von Frauen aus wirtschaftlichen und familienpolitischen Gründen, die ideologische Ausrichtung von Film, Theater, Literatur, Presse, Hörfunk, Sport, Wirtschaft, Kirche und Werbung. Diese Umwälzung des gesamten gesellschaftlichen Systems eines beinahe 60-Millionen-Volkes in unglaublich kurzer Zeit war nicht von einigen wenigen, wenn auch noch so mächtigen Organisatoren umzusetzen, dazu bedurfte es der Mithilfe Vieler.

Eine kaum bekannte Rede, die Werner Willikens, Staatssekretär im preußischen Landwirtschaftsministerium, vor Vertretern der Landwirtschaftsministerien der Länder am 21. Februar 1934 hielt, gibt Einblicke in die Funktionsweise des Dritten Reiches: *„Jeder der Gelegenheit hat, das zu beobachten, weiß, daß der Führer sehr schwer von oben her alles das befehlen kann, was er für bald oder für später zu verwirklichen beabsichtigt. Im Gegenteil, bis jetzt hat jeder an seinem Platz im neuen Deutschland dann am besten gearbeitet, wenn er sozusagen dem Führer entgegen arbeitet. Sehr oft und an vielen Stellen ist es so gewesen, daß schon in den vergangenen Jahren Einzelne immer nur auf Befehle und Anordnungen gewartet haben. Leider wird das in Zukunft wohl auch so sein; demgegenüber ist es die Pflicht eines jeden, zu versuchen, im Sinne des Führers ihm entgegen zu arbeiten. Wer dabei Fehler macht, wird es schon früh genug zu spüren bekommen. Wer aber dem Führer in seiner Linie und zu seinem Ziel richtig entgegen arbeitet, der wird bestimmt wie bisher so auch in Zukunft den schönsten Lohn darin haben, daß er eines Tages plötzlich die legale Bestätigung seiner Arbeit bekommt."*

Die Machtübernahme war kaum vollzogen, da arbeiteten Viele, ohne angehalten oder genötigt zu werden, *„dem Führer entgegen."* Ab April veröffentlichte die deutsche Studentenschaft schwarze Listen von Autoren, die ihrer Meinung nach im Geistesleben des neuen Deutschlands nichts mehr zu suchen hatten. Die Liste reichte von August Bebel bis Kurt Tucholsky. Erich Maria Remarque war ebenso angeführt wie Arthur Schnitzler, Stefan Zweig, Bert Brecht oder Karl Marx. Damit jedermann diese Listen sah, heftete man sie an eigens errichtete »Schandpfähle«.

Am 10. Mai veranstaltete der NS-Studentenbund in ganz Deutschland Bücherverbrennungen. Propagandachef Goebbels hielt eine Rede, diesmal in Berlin, auf dem Platz vor der Friedrich-Wilhelm-Universität, von den Flammen eines lodernden Scheiterhaufen schummrig beleuchtet, in dem Tausende Bücher geschmähter Autoren zu Asche zerfielen. Goebbels zitierte Ulrich von Hutten: *„Oh, Jahrhundert, oh Wissenschaft, es ist eine Lust zu leben."*

Unter den verglosenden Büchern befanden sich auch die Werke Heinrich Heines. Er schrieb: *„Wo man Bücher verbrennt, dort verbrennt man am Ende Menschen."* Seine prophetischen Worte sollten bald schaurige Wirklichkeit werden, in den Krematorien der KZ und Euthanasieanstalten.

Eine der wichtigsten Stützen der »Volksgemeinschaft« stellte die »Nationalsozialistische Volkswohlfahrt« (NSV) dar. Innerhalb weniger Jahre wuchs sie zur größten Wohlfahrtsorganisation der Welt, 1938 zählte sie elf Millionen Mitglieder. Sie war zuständig *„für alle Fragen nationalsozialistischer Wohlfahrtspflege und Fürsorge"* und betreute *„bedürftige Volksgenossen"*, sofern sie politisch, rassisch und erbbiologisch *„würdig"* waren. Nicht dem Schwachen sollte geholfen werden, sondern der Schwache wurde zu *„nützlichen und leistungsfähigen"* Gliedern des *„Volksganzen"* »erzogen«.

Alkoholsüchtige oder entlassene Sträflinge schieden aus der Betreuung aus. Getreu nach den Worten Goebbels' auf dem Reichsparteitag 1938: *„Wir müssen ein gesundes Volk besitzen, um uns in der Welt durchsetzen zu können."* Auch die NSV diente der Kriegsvorbereitung, sie sollte die Menschen *„stark machen zum Einsatz von Gut und Blut für Volk und Vaterland"*.

RASSENWAHN

„Die Sünde wider Blut und Rasse ist die Erbsünde dieser Welt und das Ende einer sich ergebenden Menschheit."
Adolf Hitler, 1925

Nicht weniger als 52 Seiten widmete Hitler in seinem programmatischen Druckwerk »Mein Kampf« einem einzigen Thema: »Volk und Rasse«. Sein geradezu pathologischer Hass auf alles »völkisch« Fremdartige, besonders auf Juden, zieht sich jedoch durch das gesamte, fast 800 Seiten starke Buch.

Es ist nicht mehr nachvollziehbar, zu welchem Zeitpunkt Hitler zum radikalsten Rassisten wurde, den es je gab, und welche Umstände ihn dazu bewogen bzw. geprägt hatten: Sein Vater hielt den Antisemitismus für eine *„kulturelle Rückständigkeit"*, wie Hitler selbst sagte, und während der Schulzeit in Linz und Steyr stellte sich ihm die Judenfrage nicht: Die Behauptung seines Freundes August Kubizek, Hitler wäre als Antisemit nach Wien gekommen, ist unrichtig. Zeitgenossen des jungen Hitler urteilten anders: *„Mit Juden hat sich Hitler äußerst gut vertragen und sagte einmal, sie seien ein kluges Volk, das besser zusammenhält als die Deutschen"*, sagte ein Insasse des Wiener Männerheims, der Hitler dort kennenlernte.

Zweifellos war Hitler in Wien ein eifriger Besucher der politischen Kundgebungen von Georg Ritter von Schönerer und von Karl Lueger. Beide, in der Politik von Rang und Namen, verbreiteten einen bösartigen, rassistisch-national-religiösen Antisemitismus und beeinflussten stark antisemitische Wiener Kreise, die sich an Radikalität noch überboten. Den Geschlechtsverkehr zwischen Juden und Nicht-Juden als Sodomie unter Strafe zu stellen, war eine ihrer Forderungen, die Juden zu beobachten, ob sie zur Osterzeit nicht rituelle Kindsmorde begingen, eine andere. Das weitverbreitete »Deutsche Volksblatt«, mit einer täglichen Auflage von 55 000 Exemplaren, bezichtigte die Juden des moralischen Verfalls und der Korruption, der Perversion und Prostitution. Hitler war eifriger Leser dieses Blattes und wandelte sich möglicherweise wirklich in Wien zum Rassisten, wie er in »Mein Kampf« behauptete. Sicher ist, dass ihn Weltkrieg, Novemberrevolution und der Versailler Vertrag zutiefst prägten und einen möglicherweise vorhandenen Antisemitismus vertieften.

Antisemitismus und Rassismus traten in Europa ursprünglich getrennt auf. Während Antijudaismus in den Judenverfolgungen schon am Beginn des Ersten Kreuzzugs zuerst in Frankreich, dann in den deutschen Ländern auftrat, entwickelte sich der Rassismus erst im 18. Jahrhundert. Er richtete sich vorwiegend gegen Schwarze und erhielt während des Kolonialzeitalters starken Auftrieb. Die Nationalsozialisten vermengten beide Strömungen zu einem untrennbaren Konglomerat. Erst die jüngsten sozialpolitischen Entwicklungen trennten wieder beide Begriffe: Rassismus richtete sich gegen eingewanderte Ausländer, hauptsächlich aus Ländern der Dritten Welt, der Antisemetismus so wie früher wieder gegen jüdische Mitbürger.

1937 legte der Kunstakademiker Paul Schulte-Naumburg Merkmale »nordischer Schönheit« fest: *„Zum nordischen Langschädel gehören eine hohe Stirn und schmale Schläfen, der ausladende Hinterkopf bedingt eine nach hinten geneigte Stirnwand, die Nase kräftig vorspringend mit starker Rückenkrümmung, die Lippen müssen schmal, das Kinn als Symbol der Willenstärke eckig und kurvenfrei sein. Unter kräftigen Augenbögen, waagrechten Augenbrauen blickt das freie deutsche Auge von großem Schnitt, hellgrau, hellblau oder tiefblau in die Welt. Strahlend und licht war die nordische Schönheit, hell rosig ihre feinporige Haut, hell und fein das lockige Haar. Sie soll hochgewachsen mit breiten Schultern, schön rund in der Brust, in der Mitte nicht zu dick, das Becken nicht zu schmal, die langen Beine mit schlanken Unter- und Oberschenkeln ausgestattet sein."* (Julius Engelhard »Bad im See«, Bild oben).

Die »Erfindung« der Rassen

Die Wurzeln des Rassismus liegen ausgerechnet im 18. Jahrhundert, im Zeitalter der Aufklärung, das durch Schulung des menschlichen Geistes im Gebrauch der Vernunft und durch das Studium der Klassiker eine wohlorganisierte und harmonische Gesellschaft hervorbringen wollte. Logik und Klassifizierung der Tier- und Pflanzenwelt nach ähnlichen oder gleichen Merkmalen, ihre Gliederung nach Gruppen und Arten war dazu ein wichtiger Baustein. Auch die Menschheit erfuhr eine Einteilung, die von den Philosophen Rasse genannt wurde, vom französischen »race«, das soviel wie Stamm bedeutet.

Anthropologische Unterschiede des Menschen wurden seit Ende des 18. Jahrhunderts beschrieben. Der schwedische Naturforscher Carl von Linné (1707 bis 1778) war einer der ersten Wissenschaftler, der sich mit den menschlichen Rassen beschäftigte, der Brite Georges Buffon (1701 bis 1788) prägte den Begriff »Rasse«, Johann F. Blumenbach (1752 bis 1840) führte die ersten anthropologischen Messungen, vor allem am Schädel, durch.

Den Anthropologen leisteten Ende des 18. Jahrhunderts die Philologen Hilfestellung: Sie stellten im Sanskrit den Ursprung der westlichen Sprachen fest. Der deutsche Literaturtheoretiker Friedrich Schlegel (1772 bis 1829) erkannte 1808, dass Deutsch, Griechisch und Latein im Sanskrit eine gemeinsame Wurzel hatten.

Um die Mitte des 19. Jahrhunderts stellte der norwegische Indologe Christian Lassen (1800 bis 1876) Inder – die seiner Meinung nach den höchsten und vollkommens-

Das NS-Regime verbreitete die Angst, durch Rassenmischung missgestaltete Kinder zu zeugen. 1934 begrüßte der Anthropologe H. Weinert das am 14. Juli 1933 verabschiedete Gesetz zur Zwangssterilisation: *„Ein besonders trauriges Kapitel bilden dabei die farbigen Bastarde, die uns die französische Besatzung beschert hat. In den meisten Fällen werden diese Menschen von beiden Eltern nicht das beste Erbgut mitbekommen haben."* Die *„farbigen Bastarde"* wurden zwangssterilisiert. –

„*Deutsche aus dem Rheinland mit Kindern von negerischem Einschlag*" aus Hans F. K. Günthers »Rassenkunde des Deutschen Volkes«, 1934 (Bild rechts oben).

»Darstellung der Gebiete des vermutlich stärksten Vorwiegens einzelner Rassen« von Hans F. K. Günther (1934; Karte unten; rote Schrift ergänzend hinzugefügt, Anm.).

ten Geist besitzen – den Semiten gegenüber. Er kolportierte den Begriff »Arier«, eine Selbstbezeichnung von Indern und Persern, die mit »die Edlen« übersetzt werden kann. Der Kreis um den deutschen Opernkomponisten Richard Wagner (1813 bis 1883) nahm die Bezeichnung auf und deutete ihn zu anti- oder nicht-jüdisch um: Der Begriffsgegensatz »Arier« und »Jude« war geboren.

Die Besitznahme von Kolonien in Afrika, Asien und im Pazifik Ende des 19. Jahrhunderts regte die Rassenforschung in Europa in starkem Ausmaß an. Der Erste Weltkrieg unterbrach weitere Studien in Großbritannien und Frankreich aus Gründen der Staatsräson, beide Länder setzten Farbige ihrer Kolonien an der Front ein. Unmittelbar nach dem Krieg wurden die Studien fortgesetzt, so auch in Deutschland, dessen Anthropologen – nach dem Verlust der Kolonien – ihre Forschungen nun auf das eigene Land und Europa beschränken mussten.

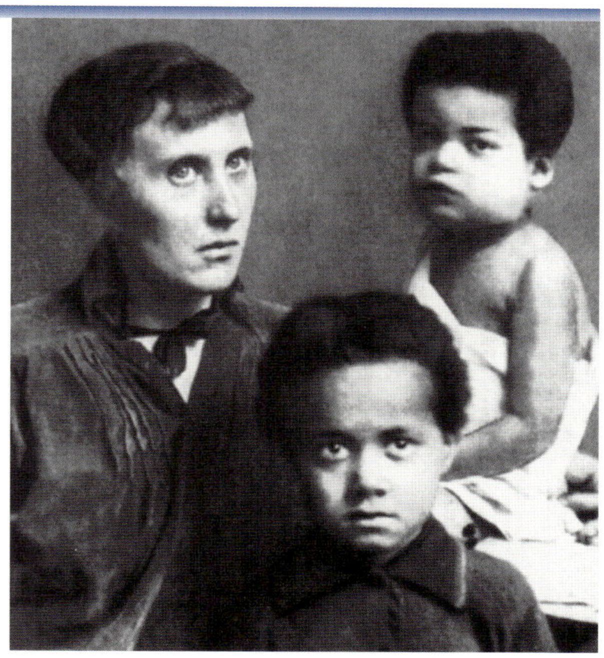

Das Mischvolk der Deutschen

In den zwanziger Jahren des 20. Jahrhunderts teilten deutsche Anthropologen die Europiden in sechs Unterrassen ein. Hans F. K. Günther behauptete 1928 – er wurde von Freiherr von Eickstedt 1934 bestätigt –, das deutsche Volk setze sich aus der nordischen, westischen oder mediterranen, ostischen oder alpinen, fälischen, ostbaltischen oder hell-ostischen und dinarischen Rasse zusammen. Doch allein der nordischen Rasse – sie ist langköpfig, blond und blauäugig – und der ihr am nächsten stehenden fälischen Rasse müsse der Vorzug eingeräumt werden, das eigentliche, schöpferische Element des deutschen Volkes zu sein. Die »anderen« Deutschen nahmen diese Herabwürdigung kommentarlos zur Kenntnis.

Auf diesen eigenartigen Aussagen bauten alle weiteren Forschungen auf. So stellte Gustav Frommolt, Professor für Gynäkologie und Geburtshilfe, 1936 fest, dass nordische Frauen zum Gebären kurzköpfiger Kinder und ostische zum Gebären langköpfiger Kinder körperlich nicht geschaffen seien. Nordische Frauen, die mit ostischen Männern verheiratet wären, würden ohne moderne Geburtshilfe *„bei der Entbindung von einem Kind mit ostischen Kopfformen zugrunde gehen"*, behauptete Frommolt.

Die Angst vor schädlichen Einflüssen der Vererbung, geschürt durch die vom Regime unentwegt getrommelte Propaganda, hatte mittlerweile irrwitzige Formen angenommen: Anthropologen und Mediziner scheuten sich nicht, die Rassenmischung für genetische Fehlkonstruktionen verantwortlich zu machen, die auf Körper, Geist und sogar die Seele missbildend einwirkten.

Rassenforscher H. Lundborg schrieb 1920: *„Kinder, erzeugt von Personen ganz verschiedener Rassen – diese können jede für sich hochwertig sein – haben große Aussichten, Genkombinationen ungewöhnlicher Art zu bekommen. [...] Die Konstitution ist nicht vollwertig, was im Mangel an Anpassungsfähigkeit zum Ausdruck kommt, zum Beispiel durch vermehrte Disposition zu Krankheiten: Tuberkulose, unter anderem, Charakterlosigkeit, kriminelle Anlagen und andere Minderwertigkeiten."*

Diese pseudowissenschaftlichen Forschungsergebnisse dienten den Nationalsozialisten als Beweis für die Richtigkeit ihrer antisemtischen und rassistischen Weltanschauung. Sie konnten getrost die Juden als Antirasse brandmarken und als Kultur zerstörendes, parasitäres Element verdammen. Die wissenschaftsgläubigen Deutschen würden ihren demagogischen Behauptungen blind vertrauen.

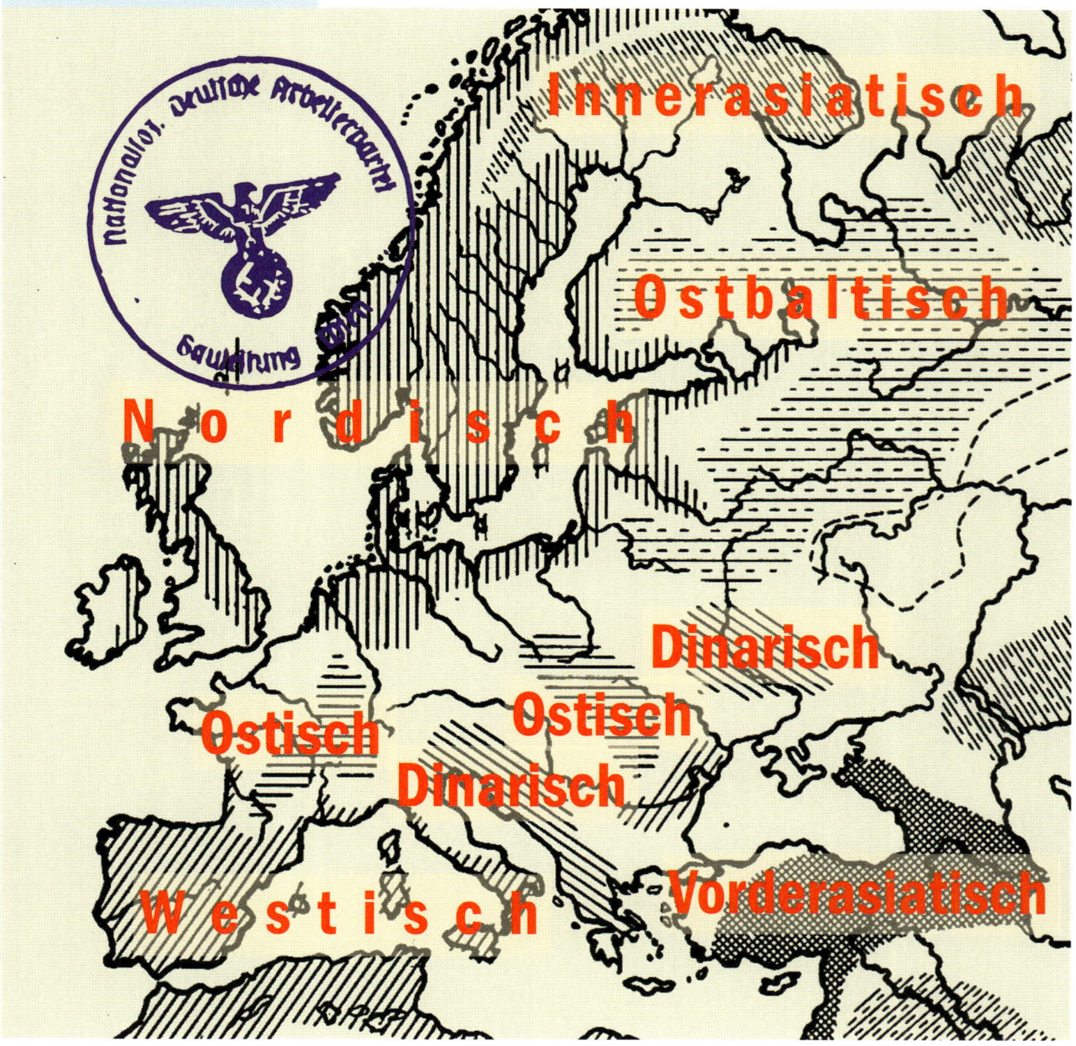

Terror gegen Juden

Die Verfolgung jüdischer Bürger im nationalsozialistischen Reich erfolgte zwischen 1933 und 1935 zunächst ohne konkrete Ziele durch illegale Aktionen und gewalttätige Übergriffe, unter anderem durch den »Judenboykott« am 1. April 1933. Eine Steigerung der Diskriminierung erfolgte durch den Ausschluss der etwa 503 000 deutschen Juden aus dem öffentlichen Leben und ihre Verdrängung aus beinahe allen Berufen unter fortschreitender Entrechtung durch Gesetze und Verordnungen (»Arierparagraphen« des »Gesetzes zur Wiederherstellung des Berufsbeamtentums« vom 7. April 1933, »Nürnberger Gesetze«). Diese Politik wurde von einer beispiellosen Hetzkampagne begleitet (zeitgenössische Grafik unten).

„Schon vor und erst recht nach der Reichstagswahl vom 5. März, die der NSDAP und ihren deutschnationalen Bundesgenossen eine knappe parlamentarische Mehrheit brachte, eröffneten vielmehr Stoßtrupps der Partei und der SA einen erbarmungslosen Feldzug gegen die deutsche Judenheit. Landauf, landab warfen solche Stoßtrupps die Schaufenster jüdischer Geschäfte ein, schlugen sie brutal einzelne Juden zusammen und erzwangen sie durch nackten Terror die Entlassung oder Beurlaubung jüdischer Angestellter und Beamter. Da diese Prediger und Praktiker der Gewalt den seltsamen Ehrgeiz hatten, der deutschen Bevölkerung und dem Ausland das Bild einer »legalen« Machteroberung wie einer gewaltfreien und unblutigen Revolution zu suggerieren, waren die Führer immer wieder – wenngleich nicht konsequent – bemüht, Presseberichte über Gewalttaten und so auch über die Mißhandlung von Juden zu unterdrücken. Die judenfeindlichen Akte selbst sollten nicht als das Werk nationalsozialistischer Organisationen, sondern als Resultate des »Volkszorns« erscheinen; manchmal kam es sogar zu Versuchen, den antisemitischen Terror politischen Feinden in die Schuhe zu schieben.“
Hermann Graml, 1988

Übergriffe auf Juden hat es bereits vor dem 6. März 1933 gegeben. An diesem Tag aber eskalierten sie in Berlin und griffen rasch auf Breslau, Chemnitz, Görlitz, Gleiwitz und andere Orte über. Betroffen waren jüdische Kleingewerbetreibende, Kaufleute, Händler, Richter und Ärzte. Geschäfte wurden geplündert, Rechtsanwaltskanzleien und Ordinationen belagert. Der organisierte Terror lief nach festem Schema ab: Die SA – in Uniform und Zivilkleidung – »verkörperte« den »Volkszorn« und erzeugte einen so genannten Druck von der Straße, der sich nach »oben« fortsetzte und von dort seine Legalität bekam.

Auf dem Weg dazwischen »unterstützten« Sympathisanten den »Volkszorn«. So der »Bund Nationalsozialistischer Deutscher Juristen« (BNSDJ), dessen Leiter – gleichzeitig der Anwalt Hitlers – Hans Frank am 14. März 1933 die Entfernung der Juden aus Gerichten und Anwaltskammern forderte. Am 23. März ging er noch einen Schritt weiter und verlangte die Aufnahmesperre für Beamte und Angestellte »nichtdeutscher Abstammung«. Schließlich wünschten die im BNSDJ organisierten Rechtsreferendare am 30. März den Ausschluss jüdischer Rechtsanwälte. Ein ähnliches Schicksal erfuhren auch die jüdischen Ärzte. Schon am 29. Februar war der Arzt Leonardi Conti, Referent im preußischen Innenministerium, für eine »Säuberung« des Ärztestandes von Juden eingetreten. Am 18. März griff Julius Lippert, Staatskommissar für Berlin, den Vorschlag auf und erteilte die Anweisung, Verträge mit jüdischen Krankenkassen- und Amtsärzten zu kündigen. In München durften die von der Kommune beschäftigten jüdischen Ärzte nur noch jüdische Patienten behandeln.

Waren diese antisemitischen Maßnahmen noch im Bereich der Kontrolle, so entglitten sie der politischen Führung, als die SA ihrer Aggression freien Lauf ließ. Mitunter wurden sie von Regimespitzen sogar noch unterstützt. Hermann Göring, 1933 preußischer Innenminister und in der NS-Hierarchie bereits zweiter Mann hinter Hitler, äußerte sich am 11. März in Essen zur Judenfrage und zu Zerstörungen jüdischer Warenhäuser: Für den Schutz des deutschen Volkes werde er jederzeit die Polizei einsetzen, nicht aber zur Bewachung jüdischer Kaufhäuser.

Boykott – gegen Rechnung

Nicht immer fand der SA-Terror den Gefallen der NS-Spitze. Die Gewaltaktionen der Braunhemden, die knapp vor den Märzwahlen 1933 ausbrachen, kamen Hitler höchst ungelegen. Er merkte, dass die Bevölkerung mit Abscheu und verständnislos auf das brutale Vorgehen der SA-Randalierer reagierte. Noch mehr fürchtete er das Urteil des Auslands, das die politischen Umwälzungen in Deutschland aufmerksam und kritisch beobachtete. *„Antisemitische Pogrome waren daher der außenpolitischen Bewegungsfreiheit nicht förderlich“*, meint der Historiker Ludolf Herbst. Als die antisemitischen Krawalle in Breslau ausuferten, gab Hitler telefonisch die Anweisung, sie zu stoppen. Er bot sogar SS-Einheiten auf, um die außer Rand und Band geratenen SA-Rowdies zu disziplinieren. Vergeblich, ihr Terror zog immer weitere Kreise.

Hitler musste vorbeugende Maßnahmen ergreifen, bevor die Regierung die Kontrolle über die Straße verlor. Gleichzeitig durfte er die SA nicht zu hart anpacken. Beratungen im engen Kreis führten Ende März 1933 zu

Die 1933 als jüdische Selbsthilfeorganisation gegründete »Reichsvertretung der deutschen Juden«, ab 1935 » – der Juden in Deutschland«,konnte unter der Leitung von L. Baeck gemeinsam mit dem »Kulturbund der deutschen Juden« zu Beginn der Verfolgung mit finanzieller Unterstützung aus dem Ausland noch die größte Not der Juden mildern.

Nach den Nürnberger Rassegesetzen von 1935 war die Benützung öffentlicher Verkehrsmittel und Einrichtungen, wie Bäder, Kinos, Theater, Sportplätze, sogar Parkanlagen den Juden verboten (Bild links unten).

Ab 1940 wurden Juden gezwungen, in der Öffentlichkeit sichtbar den Judenstern zu tragen. (Bild rechts unten).

einem internen Kompromiss: Für den Zeitraum zwischen 1. und 3. April ordnete die NSDAP einen befristeten Boykott jüdischer Geschäfte, Ärzte, Rechtsanwälte und Waren an. Mit der Kontrolle der Einhaltung betraute Hitler die SA. Sie kommandierte Wachen ab, die vor den jüdischen Lokalitäten Aufstellung bezogen und Geschäftsräume, Büros und Praxen überwachten, damit sie nicht von arischen Kunden betreten wurden. Gewaltanwendung war untersagt, so kümmerten sich viele »Arier« nicht um die protzig dastehenden SA-Männer und besorgten ihre Geschäfte wie üblich. Das Wachestehen stellte die SA in Rechnung, nicht dem Staat oder der NSDAP, sondern den vom Boykott betroffenen Juden.

Abseits der Öffentlichkeit schritt die Diskriminierung jüdischer Bürger weiter fort. Mit Hilfe eines „arischen Abstammungsnachweises« sollte die Zurückdrängung Deutscher jüdischer Herkunft aus dem öffentlichen Leben erreicht werden.

Die gesetzliche Grundlage dazu stellte das am 7. April 1933 verabschiedete Berufsbeamtengesetz. Am 25. April folgte das Gesetz gegen die Überfüllung deutscher Schulen und Hochschulen. Das Reichserbhofgesetz vom 29. September 1933 und eine ganze Reihe weiterer Gesetze – im Sommer 1934 für Juristen, im Dezember für Apotheker, usf. – unterwarfen schließlich alle Berufe dem so genannten Arierparagraphen. Hunderte jüdische Hochschullehrer, rund 400 Rechtsanwälte, 300 Ärzte, 2 000 Beamte und ebensoviele Künstler wurden entlassen. Nur in der Wirtschaft fanden Juden noch ein Reservat. Auf die zumeist akademisch ausgebildeten Fachspezialisten konnte man nicht verzichten.

Reichskanzler Hindenburg drückte seine Verärgerung über die schockierende Entwicklung aus. Der »Centralverband der Juden Deutschlands« hatte sich bei ihm beschwert, so schrieb er am 4. April 1933 an Hitler: *„Nach meinem Empfinden müssen Beamte, Richter, Lehrer und Rechtsanwälte, die kriegsbeschädigt oder Frontsoldaten oder Söhne von Kriegsgefallenen sind oder selbst Söhne im Feld verloren haben [...] im Dienst belassen werden: wenn sie wert waren für Deutschland zu kämpfen und zu bluten, sollen sie auch als würdig angesehen werden, dem Vaterland in ihrem Beruf zu dienen."*

Hitler lenkte ein. Mehr als 60 % der jüdischen Rechtsanwälte und über 50 % der jüdischen Richter und Staatsanwälte blieben zunächst im Amt; von den Krankenkassenärzten sogar 75 %.

In der Praxis erwies sich der »Arierparagraph« als bürokratische Fehlleistung: er definierte nicht, wer Arier oder Jude war. Eine Ergänzung zum »Gesetz zur Wiederherstellung des Berufsbeamtentums« versuchte am 11. April 1933 Abhilfe zu schaffen: *„Als nicht arisch gilt, wer von nichtarischen, insbesondere jüdischen Eltern oder Großeltern abstammt. Es genügt, wenn ein Elternteil oder ein Großelternteil nicht arisch ist. Dies ist insbesondere dann anzunehmen, wenn ein Elternteil oder ein Großelternteil der jüdischen Religion angehört hat."*

Nun hatten Pfarr- und Standesämter, Registraturen und Personalstandsarchive Hochkonjunktur, denn wer Beamter war oder werden wollte, musste einen »Ariernachweis« erbringen und seinen Stammbaum mindestens bis zur Großelterngeneration zurückverfolgen. Erbbauern oder Erbhoferwerber hatten ihre Ahnen bis 1800 als judenfrei nachweisen, SS-Aspiranten sogar bis 1750.

Ausgrenzung

„Insgesamt wurden im Dritten Reich von April 1933 an ungefähr 2 000 antijüdische Gesetze oder Ergänzungsverordnungen erlassen. Politik und Gesetzgebung arbeiteten unter Berücksichtigung von Interessen oder Umständen, die Intensität und Tempo der Maßnahmen festlegten. [...] In den Jahren 1934 und 1935 verringerte sich das Tempo antijüdischer Gesetzgebung hauptsächlich aus wirtschaftlichen Erwägungen und aus Rücksicht auf außenpolitische Interessen, auch wenn die radikalen Elemente unter den Nationalsozialisten ungeduldig ein rascheres Vorgehen forderten. Die radikalen Führer unterstützten die antijüdischen Aktionen der Straße seit Beginn des Jahres 1935. Dazu gehörten die Ausschreitungen in Bayern im Mai und auf dem Berliner Kurfürstendamm im Juli. Diese Aktivitäten führten, wenn auch indirekt, zu den Nürnberger Gesetzen. Zu ihnen gehört das »Gesetz zum Schutze des deutschen Blutes« als Verbot von »Mischehen« und das Reichsbürgergesetz, das Juden zu »Staatsangehörigen« degradiert."

Moshe Zimmerman, 1997

Auf dem Reichsparteitagsgelände von Nürnberg begann am 10. September 1935 mit großem propagandistischem Aufwand der 7. Reichsparteitag der NSDAP. Er stand unter dem Motto: »Reichsparteitag der Freiheit« im Anklang an die Rückkehr des Saarlands und die Wiedereinführung der allgemeinen Wehrpflicht.

Die Leitung des Parteitags hatte wie immer Reichspropagandaminister Joseph Goebbels übernommen. Mammutveranstaltungen der Partei und ihrer Organisationen, des Arbeitsdienstes und der Wehrmacht sollten ein beeindruckendes Programm bieten. 465 Sonderzüge brachten Hunderttausende Parteimitglieder in die Stadt, nur die »Hitler-Jugend« kam auf Schusters Rappen: In einem »Adolf-Hitler-Marsch« liefen sich die Jugendlichen die Füße wund. Rundfunkübertragungswagen fuhren auf, ganz Deutschland sollte an den Kundgebungen, Treuegelöbnissen, Sportvorführungen, Totenehrungen und Heeresmanövern, am »neuen deutschen Geist« teilhaben.

Reichsparteitage wurden vom Regime immer als »Willenskundgebungen« des deutschen Volkes gehandelt. Diesmal wollte das Regime die ausländischen Beobachter von der vollkommenen Übereinstimmung des Volkes mit dem »Führer« und seiner Regierung überzeugen. Inszenatorischer Höhepunkt war wieder der endlose Aufmarsch der Fahnenzüge, die gottesdienstähnlich-kultischen Feiern, der Einzug Hitlers und seine programmatischen Reden.

Am 14. September, dem »Ehrentag der deutschen Jugend«, trafen auch die letzten Pimpfe und Jungmädels der HJ in Nürnberg ein. 54 000 an der Zahl. Unter frenetischem Applaus trat Hitler vor die »Zukunft der Nation« und erhob wie immer beschwörend die Stimme: *„In unseren Augen, da muß der deutsche Junge der Zukunft schlank und rank sein, flink wie die Windhunde, zäh wie Leder und hart wie Kruppstahl [...]."*

Ein Gesetz »aus dem Hut«

Wenige Tage zuvor, am 12. September, hatte Reichsärzteführer Gerhard Wagner eine Ansprache gehalten, in der er lauthals verkündete, dass in Kürze ein »Gesetz zum Schutze des deutschen Blutes« die weitere *„Bastardisierung"* des deutschen Volkes verhindern werde. Wagner war einer der heftigsten Verfechter des Verbots sexueller Beziehungen zwischen »arischen« Deutschen und Juden. Bewusst hatte er Hitler unter Druck gesetzt und den NS-Radikalen entsprochen. Hitler musste nun handeln,

Die beispiellose Hetzkampagne gegen Juden fand auch in Kinder- und Schulbüchern ihren Niederschlag: Die Darstellungen unten stammten aus dem Kinderbuch »Der Giftpilz« (rechte Seite, Mitte unten). Die Bildlegende lautete im Original: *„Wie die Giftpilze oft schwer von den guten Pilzen zu unterscheiden sind, so ist es oft sehr schwer, die Juden als Gauner und Verbrecher zu erkennen."* Die Darstellung links unten zeigt ein oft kolportiertes Beispiel der sexuellen Annäherung jüdischer Männer an arische Mädchen und Frauen.

»Welche Eheschließungen sind verboten?« fragte eine Grafik (rechte Seite, unten rechts) im Reichsbürger-Handbuch »Du bist sofort im Bilde« – und gab Auskunft: *„Es ist zu beachten, daß bereits bestehende Ehen unberührt bleiben. Als Rassen, deren Blut dem deutschen Blut nicht artverwandt ist, gelten z. B. auch Neger (Fall 4) und Zigeuner."* Das »Reichsbürgergesetz« lautete: *„Staatsangehöriger ist,*

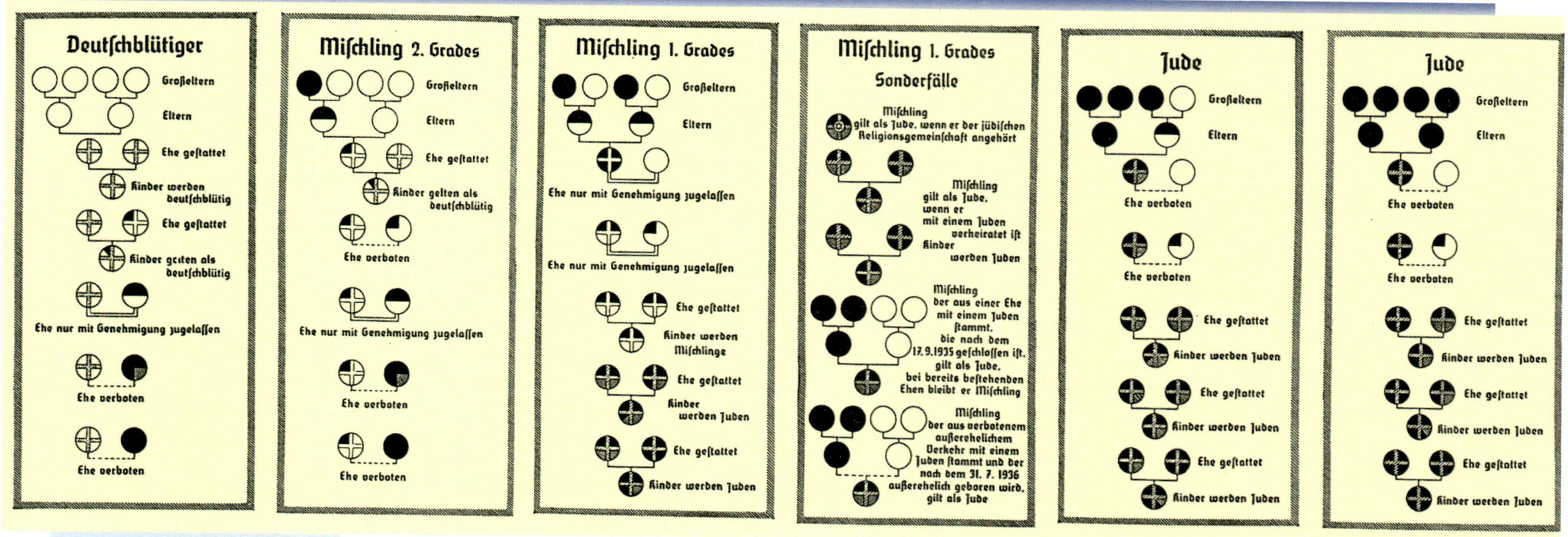

wer dem Schutzverband des deutschen Volkes angehört und ihm dadurch besonders verpflichtet ist." –
„Reichsbürger ist nur der Staatsangehörige deutschen oder artverwandten Blutes, der durch sein Verhalten beweist, daß er gewillt und geeignet ist, in Treue dem deutschen Volk und Reich zu dienen."–
„Das Reichsbürgerrecht wird durch Verleihung des Reichsbürgerbriefes erworben." –
„Ein Jude kann nicht Reichsbürger sein. Ihm steht ein Stimmrecht in politischen Angelegenheiten nicht zu; er kann ein öffentliches Amt nicht bekleiden ..." –
Als Jude galt, wer von mindestens drei jüdischen Großeltern abstammte, wobei die rassische Abstammung mit Religionszugehörigkeit gleichgesetzt wurde.

Die Grafik oben zeigt, wer Jude und wer Mischling verschiedener Grade war. Das Schaubild wurde zur offiziellen Richtlinie für Behörden.

sonst würde der Parteitag mit erheblichen Disharmonien enden. Diesmal zauderte Hitler ausnahmsweise nicht. Mit dem »Blutschutzgesetz« konnte er die Extremen in der Partei zufrieden stellen und das besorgte Ausland beruhigen. In aller Eile befahl er Bernhard Lösener, der im Reichsinnenministerium mit der Judenfrage betraut war, und dessen Kollegen Albrecht Medicus nach Nürnberg. Hitler gab ihnen 24 Stunden, um den Wortlaut eines »Blutschutzgesetzes« zu entwerfen. Ihre Einwände, dass die Vorarbeiten noch nicht abgeschlossen wären, überhörte Hitler. Lösener und Medicus machten sich an die Arbeit.

Die ersten, in Hast und Eile verfassten Entwürfe verwarf Hitler mit dem Hinweis, sie wären zu wenig scharf formuliert, und gab die Anweisung, die Beamten mögen vier Fassungen erarbeiten, die sich durch das Ausmaß der Strafe bei Rechtsverstößen unterscheiden sollten.

Innerhalb einer halben Stunde formulierten Lösener und Medicus ein Gesetz, das Reichsbürger mit *„deutschem oder artverwandtem Blut"* von einfachen Staatsangehörigen unterschied, außereheliche sexuelle Beziehungen zwischen Deutschen und Juden verbot und mit Strafen belegte, und Juden die Beschäftigung deutscher Frauen unter 45 Jahren untersagte.

Für das Vergehen wider das »deutsche Blut« oder der »Rassenschande« legten die beiden Beamten ein unterschiedliches Strafmaß fest. Hitler zeigte sich zufrieden und entschied sich für die Fassung, die die mildesten Strafen enthielt. Vor dem Reichstag hielt Hitler über die Vorlage des »Blutschutzgesetzes« eine auffallend kurze Rede: Die *„internationale Unruhe"* habe die Juden im Reich zu *„provozierendem Vorgehen"* angeregt, führte er aus. *„Soll dieses Vorgehen nicht zu entschlossenen, im einzelnen nicht übersehbaren Abwehrreaktionen der empörten Bevölkerung führen, bleibt nur der Weg einer gesetzlichen Regelung des Problems übrig. Die deutsche Reichsregierung ist daher beherrscht von dem Gedanken, durch eine einmalige säkulare Lösung vielleicht doch eine Ebene schaffen zu können, auf der es dem deutschen Volke möglich sein wird, ein erträgliches Verhältnis zum jüdischen Volk finden zu können. Sollte sich diese Hoffnung nicht erfüllen, die innerdeutsche und internationale jüdische Hetze ihren Fortgang nehmen, wird eine neue Überprüfung der Lage stattfinden."*

Hitler hatte sich alle Türen offen gelassen: Die Parteiradikalen konnten annehmen, dass jederzeit schärfere Maßnahmen ergriffen werden könnten, den Juden und dem Ausland stellte er das Gesetz so hin, als diene es dem Schutz der Diskriminierten.

Der Historiker Ian Kershaw fasst den dialektischen Radikalisierungsprozess in der »Judenfrage« von 1935 zusammen: *„Druck von unten, grünes Licht von oben, weiter Gewalt von unten, Zügelung und Besänftigung der Radikalen durch diskriminierende Gesetzgebung. Durch diesen Prozeß wurde die Verfolgung weiter verschärft."*

Unmittelbar nach Bekanntgabe des »Blutschutzgesetzes« wurden eine Reihe von »Rassenschandeprozessen« angestrengt, in denen die neuen Bestimmungen zur Anwendung kamen. Nun zeigte sich wieder, dass der hastig verfasste Gesetzestext der Praxis nicht standhielt. Die Definition, wer als Jude zu gelten hatte, war unzulänglich. So interpretierte das Innenministerium den Gesetzteswortlaut anders als das Büro des Stellvertreters des Führers oder die Partei oder der Ärzteführer Wagner. Der Willkür war Tür und Tor geöffnet.

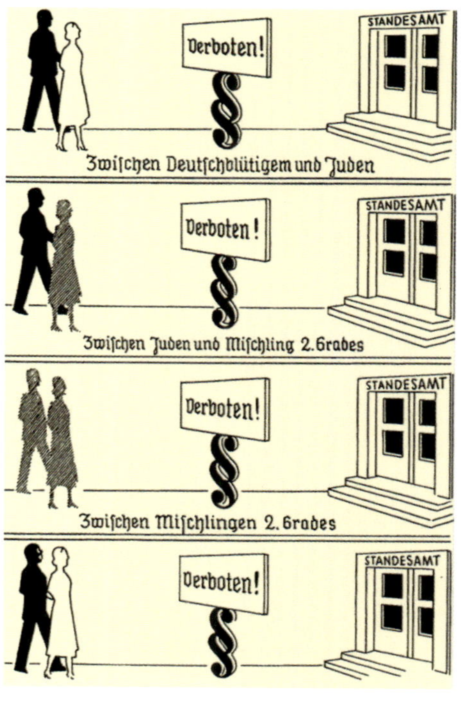

Dennoch leiteten das »Reichsbürgergesetz« und das »Blutschutzgesetz« – als »Nürnberger Gesetze« bekannt geworden – das schaurigste Kapitel der deutschen Geschichte ein und bildeten die Basis zur physischen Vernichtung der Juden und anderer Minderheiten. Gesetze, für die zwei Beamte gerade nur eine halbe Stunde Zeit aufgewendet hatten.

Was tun mit den Juden?

„Wenn wir diese sozialen Reformen durchführen wollen, muß Hand in Hand gehen der Kampf gegen den Gegner jeder sozialen Einrichtung: das Judentum. Auch hier wissen wir genau, daß die wissenschaftliche Erkenntnis bloß die Vorarbeit sein kann, daß aber hinter dieser Erkenntnis die Organisation kommen muß, die einst zur Tat übergeht, und die Tat bleibt uns unverrückbar fest, die heißt: Entfernung der Juden aus unserem Volke […].“

Adolf Hitler, 13. 8. 1920

Unter dem bezeichnenden Titel »Warum sind wir Antisemiten?« hielt Hitler am 13. August 1920 im Münchner Hofbräuhaus vor Mitgliedern der NSDAP eine Ansprache. Es war sein erster großer Auftritt, den er der »Judenfrage« widmete. Kernaussage der dreistündigen hasstriefenden Rede war die Ankündigung, die Juden aus Deutschland zu vertreiben, sollte er einst die Macht dazu haben. Die böse Saat des Antisemitismus fiel auf guten Boden: Seine Ausführungen wurden wiederholt von stürmischem Applaus unterbrochen. Fünfzehn Jahre später, im September 1935, war Hitler das zweite Jahr an der Macht und begann seinen Vorsatz zu verwirklichen.

Von 10. bis 16. September 1935 veranstaltete die NSDAP in Nürnberg den siebenten Reichsparteitag seit 1923. Hitler hatte den Reichstag – er bestand nur noch aus NSDAP-Abgeordneten – zur Sitzung in die Stadt befohlen. Als einziger Tagespunkt stand die Verabschiedung des »Reichsflaggengesetzes« auf dem Programm. Die Hakenkreuzfahne sollte zur offiziellen Reichs- und Nationalflagge des Deutschen Reichs erhoben werden. Dazu wäre der Reichstag nicht notwendig gewesen, nach dem Ermächtigungsgesetz vom 23. März 1933 konnte die Regierung Gesetze allein beschließen. Doch Hitler hatte Bedenken: Dieses Gesetz schaffte die schwarz-weiß-rote Fahne der Kaiserzeit als offizielles Symbol ab und erzwang eine Beflaggung nur noch mit der Hakenkreuzfahne. Weiters durften die bisherigen Länder- oder Provinzflaggen nur noch an bestimmten Feiertagen gehisst werden. Hitler befürchtete Proteste der Länder, der Konservativen und der Militärs. Verabschiedete aber der Reichstag das Gesetz, so behielt er seine reine Weste. Doch auch aus propagandistischem Grund holte Hitler die Abgeordneten in die mittelalterliche Stadt: 1543 war hier der Reichstag zum letzten Mal zusammengetreten, diese Tradition wollte er neu aufleben lassen. Nürnberg sollte unter dem neuen NS-Regime glanzvoller erstrahlen als zur Zeit der römisch-deutschen Kaiser, deren Platz nun er einnahm. Nach dem Anschluss Österreichs ließ er sofort die Reichsinsignien aus der Wiener Schatzkammer nach Nürnberg holen, so wichtig war ihm Symbolik.

An den Festlichkeiten nahmen auch die diplomatischen Korps teil. Ihnen wollte er in einer seiner Reden die revisionistischen Forderungen des Deutschen Reichs stellen. Doch Außenminister Konstantin Freiherr von Neurath riet vor zu rauen Tönen ab. Die internationale Lage war gespannt, wegen des drohenden italienisch-abessinischen Konflikts – der Krieg brach tatsächlich zwei Wochen später aus – sollte man die Reaktion des Völkerbundes und der Westmächte abwarten. Zudem hätte das Reich in den vergangenen Monaten ohnehin einige beachtliche Erfolge verbuchen können: Das Saarland war nach einer Pro-

Auf dem 7. Parteitag von 10. bis 16. September 1935 zeigte das Dritte Reich sein wahres Gesicht: Am Abschlusstag, dem »Tag der Wehrmacht«, paradierte auch schwere Artillerie vor den NS-Größen (Bild oben). Wenige Tage später, am 27. September, wurde der erste deutsche U-Boot-Verband nach dem Ersten Weltkrieg in Dienst gestellt. Unter dem Kommando von Fregattenkapitän Karl Dönitz stach die »Unterseebootflotille Weddingen« mit sieben Schiffen in See. Sie nannte sich nach Kapitän Otto Weddingen, der am 22. September 1914 innerhalb von 24 Stunden drei britische Kreuzer versenkt hatte. Die Aufrüstung mit U-Booten war Deutschland durch den Vertrag von Versailles verboten. Die Schiffe konnten auf Grund des deutsch-britischen Flottenabkommens vom 18. Juni 1935 dennoch gebaut werden. Mit Billigung Großbritanniens hatte Hitler den Friedensvertrag unterlaufen.

Immer wieder kam es zu Ausschreitungen gegen jüdische Bürger und immer heftiger mahnten die Radikalen in der SA das Versprechen Hitlers ein, mit den Juden »abzurechnen«. Boykott eines jüdischen Kaufladens (Bild unten) mit aufgezogener SA-Wache. Bemerkenswert ist die Aufschrift in Englisch.

Deutschland-Abstimmung zurückgekehrt, die allgemeine Wehrpflicht war wieder eingeführt worden, damit waren die militärischen Beschränkungen des Versailler Vertrags gefallen und ein Kriegsflottenabkommen mit Großbritannien hatte Deutschland endlich aus der außenpolitischer Isolation gelöst. Hitler ließ sich überzeugen. Allerdings fehlte ihm nun ein politisches Manifest, mit dem er die Radikalen innerhalb der Partei beruhigen und ihnen neue Aufgaben zuweisen konnte. Junge Schlägertypen der SA, aufgeputschte Angehörige der Hitlerjugend und frustrierte Mittelständler, wie Kleinkaufleute, Gewerbetreibende und Handwerker, die seit der NS-Machtergreifung nun schon das zweite Jahr vergeblich auf eine wirtschaftliche Besserung warteten, vermissten den revolutionären Schwung der früheren Jahre und verbreiteten Unruhe.

»Volkszorn« gegen Juden

Ihr Zorn richtete sich, wie schon so oft, gegen die Juden. Vehement forderten sie Hitler und die Parteiführer auf, nun endlich die »Judenfrage« zu »lösen«. Einem Gestapo-Bericht vom Frühjahr 1935 ist zu entnehmen, dass NSDAP-Aktivisten und SA-Angehörige die Meinung vertraten, man müsse *„das Judenproblem von unten aus aufrollen und in Angriff nehmen"*, dann werde die Regierung in Zugzwang geraten.

Nach einer Zeit relativer Ruhe ging ab Mitte 1933 die Welle der Gewalt gegen Juden wieder hoch. Die bösartigsten antijüdischen Krawalle brachen Mitte Mai in München und Mitte Juli auf dem Berliner Kurfürstendamm aus. Geschäfte wurden verwüstet, Juden verprügelt. Nutznießer der Tumulte war Propagandaminister Joseph Goebbels. Er nahm sie zum Anlass, um bei Hitler die Entlassung des unliebsamen Berliner Polizeipräsidenten Magnus von Levetzow zu erwirken und an dessen Stelle Wolf Heinrich Graf von Helldorf zu setzen. Helldorf war ein rücksichtsloser Antisemit, dieses Verhalten verdeckte seinen schlechten Ruf wegen diverser Finanzaffären und seines skandalträchtigen Privatlebens. Goebbels hoffte, mit Helldorfs Hilfe Berlin von den Juden *„säubern"* zu können. Einmal im Amt, schloss Helldorf auf dem Kurfürstendamm sofort alle jüdischen Kaufhäuser, um kurz danach umzuschwenken und alle Einzelaktionen radikaler Nationalsozialisten gegen Juden zu verbieten. Hitler, der die ganze Zeit die Ausschreitungen schweigend beobachtet hatte, sollte handeln. Aber er zauderte.

Am 3. Mai hatte ihn Wirtschaftsminister Hjalmar Schacht vor drohenden wirtschaftlichen Schäden gewarnt, die das Reich durch die Verfolgung der Juden mit ungesetzlichen Mitteln erleiden würde. Hitler wartete zu. Erst am 8. August untersagte er endlich alle antisemitischen Ausschreitungen. Die Enttäuschung an der Basis der NSDAP und bei der SA war gewaltig. Wenn die Regierung den Straßenterror gegen Juden nicht erlaube, lautete die Forderung des radikalen Parteiflügels, so sollten klare Gesetze den Juden die im Parteiprogramm angekündigten Schranken setzen: Aberkennung der deutschen Staatsbürgerschaft, Todesstrafe für Vermietung von Immobilien an Arier, Verbot als Arzt oder Anwalt tätig zu sein und harte Bestrafung bei »Rassenschande«.

Das Verbot der Ehe oder von sexuellen Beziehungen zwischen Ariern und Juden wurde allmählich zum wichtigsten Anliegen der Falken in der NSDAP und der SA. Das Hetzblatt »Der Stürmer« des fränkischen Gauleiters Julius Streicher trug wesentlich dazu bei, mit infamer Berichterstattung über angebliche Verführungen deutscher Mädchen durch Juden die antisemitische Stimmung anzuheizen. Schon einmaliger Geschlechtsverkehr zwischen einem Juden und einer Arierin verhindere, dass die Frau in Zukunft *„reinblütig arische"* Kinder zur Welt bringen könne, behauptete Streicher.

In der Tat war die Lage grotesk. Manche Standesbeamte weigerten sich, »Mischehen« zu schließen, andere wieder vollzogen die Trauung, da es kein gesetzliches Verbot gab. Wieder andere informierten die Gestapo, die auch keinen Ausweg sah und daher den Justizminister bedrängte, endlich eine klare Rechtslage zu schaffen.

Am 20. August lud Wirtschaftsminister Schacht zahlreiche Staats- und Parteiführer ein, an einer Sitzung zur »Judenfrage« teilzunehmen, unter ihnen Spezialisten für Wirtschaft, Finanzen, die »Rassenfrage« und das Recht. Schacht sprach *„über die schweren Schädigungen der deutschen Wirtschaft infolge der Übertreibungen und Ausschreitungen der antisemitischen Propaganda und wies darauf hin, daß das gesetzlose Treibenlassen u. a. auch die wirtschaftliche Grundlage der Aufrüstung in Frage stelle"*.

Die Meinungen der Sitzungsteilnehmer differierten. Pragmatiker traten für eine Begrenzung des Gesetzes auf Volljuden ein, also Juden, deren vier Großeltern der jüdischen Religion angehörten. Das widersprach dem Parteiprogramm, die deutsche Rasse rein zu erhalten. Der Stellvertreter Hitlers, Rudolf Heß, Stabsleiter Martin Bormann und der Ärzteführer Gerhard Wagner redeten der ideologischen Lösung das Wort, auch Mischlinge sollten dem Gesetz unterworfen werden. Einigkeit herrschte nur darüber, *„das Judentum einer Sondergesetzgebung auf bestimmten, vor allem wirtschaftlichen Gebieten"* zu unterwerfen.

Am 5. September 1935, elf Tage vor Beginn des Reichsparteitages, informierte Hjalmar Schacht Hitler vom Gespräch mit den Wirtschaftsmanagern, am 9. September führte Hitler mit ihm ein ausführliches Gespräch, einen Tag bevor er zum Nürnberger Reichsparteitag aufbrach.

Instrumente der Macht

„Hitler war sich darüber im klaren, daß die Gleichschaltung nur der erste Akt der Durchsetzung des totalen Staates war. Schwieriger und langwieriger mußte es sein, diejenigen zu gewinnen, die dem Nationalsozialismus skeptisch gegenüberstanden, und jene »auszumerzen«, die nicht für ihn zu gewinnen waren. »Wenn wir wollen, daß die neue Gedankenwelt Platz greift«, führte Hitler am 6. Juli 1933 aus, »dann müssen wir den Ausrottungskrieg gegen den Gedankenbestand der Demokratie richten [...]. Die Machteroberung selbst ist leicht, die Eroberung ist erst gesichert, wenn die Erneuerung der Menschen der neuen Form angepaßt ist.« Die Menschen mußten gebeugt oder gewonnen werden, sollte die nationalsozialistische Herrschaft Bestand haben. Dafür waren Terror und Propaganda unverzichtbar.“
Ludolf Herbst, 1996

Zu den wichtigsten Instrumenten des Terrors im Dritten Reich zählten Freiheitsentzug, Folter und Sippenhaftung. Dazu kam ein breites Spektrum physischer und psychischer Möglichkeiten, Opfer zu erniedrigen und zu drangsalieren.

Die »Schutzhaft« war ein erstes Vorgehen gegen Personen, die dem Regime verdächtig erschienen. Diese *»vorbeugende Polizeimaßnahme zur Ausschaltung der von staatsfeindlichen Elementen drohenden Gefahren«* fand in Deutschland bereits vor dem Ersten Weltkrieg Anwendung. In Preußen wurde die Bestimmung am 1. Juli 1931 neu aufgelegt. Danach konnten Personen in polizeiliche Verwahrung genommen werden, wenn *„das zu ihrem Schutz oder zur Beseitigung einer bereits aufgetretenen Störung der öffentlichen Sicherheit oder Ordnung oder zur Abwehr einer unmittelbar bevorstehenden polizeilichen Gefahr erforderlich und die Beseitigung der Störung und die Abwehr der Gefahr auf andere Weise nicht möglich ist.“*

Allerdings mussten die Häftlinge spätestens am darauffolgenden Tag entlassen werden, mit Ausnahme gefährlicher Geisteskranker. Die Nationalsozialisten erweiterten die Anwendung. Die »Verordnung zum Schutze des deutschen Volkes« vom 4. Februar 1933 gab der Polizei die Befugnis, ohne richterlichen Haftbefehl die Inhaftierung zu verlängern. Dem Verhafteten stand jedoch das Recht zu, Dienstaufsichtsbeschwerde zu führen oder den Amtsrichter des Vollstreckungsbezirks anzurufen. Außerdem setzte die Haftverfügung die Begehung strafbarer Handlungen voraus und beschränkte sich auf längstens drei Monate. Die Verordnung verlor freilich mit dem Erlass der Reichstagsbrandverordnung vom 28. Februar 1933 ihre Bedeutung. Sie erlaubte eine zeitlich unbegrenzte Inhaftierung, und dem Festgenommenen standen keine Rechtsmittel mehr zur Verfügung.

Ursprünglich richtete sich die »Verordnung zum Schutze des deutschen Volkes« gegen kommunistische »Umtriebe«, worunter jede Aktivität verstanden werden konnte. Die Verordnung konnte aber auch auf jede dem System verdächtige Person angewendet werden: lästige evangelische und katholische Kirchenleute, Sozialdemokraten, Zentrumsangehörige, Alkoholiker, Arbeitsscheue, Journalisten, »asoziale« Industrielle usw. oder auf Angehörige von Regimegegnern. Die Schutzhaftgefangenen brachte man anfangs in Polizeigefängnissen und Strafanstalten unter. Als diese überfüllt waren – am 31. Juli 1933 befanden sich in Deutschland 26 789 Personen in Schutzhaft –, wurden sie in aufgelassenen Fabriken und Lagerhäusern und den so genannten frühen Konzentrationslagern festgehalten. Zu

Schärfer konnten die Gegensätze nicht sein: Der schöne Schein des Alltags und die reale Macht des Bösen in Gestalt Uniformierter mit einem stilisierten Totenkopf an den schwarzen Kappenbändern. Während die Werbung vom »klaren und ungekünstelten deutschen Wesen« sprach, von der Frau, die »sieghaft« in der Gesellschaft erscheint und dem Mann, der »gestrafft« zum Sportplatz geht (Werbung oben), empfing die SS-Wachmannschaft im KZ Oranienburg-Sachsenhausen Befehle für den Zählappell (1940, Bild links) und litten die KZ-Häftlinge unter der beißenden Kälte.

»Schutzhäftlinge« im KZ Dachau bei schweren Transportarbeiten im Bild rechts. SS-Propagandafoto Friedrich Franz Baur Juni 1938. Dachau, am 20. März 1933 auf Veranlassung des kommissarischen Münchner Polizeipräsidenten Heinrich Himmler eingerichtet, war 1935 mit 2 500 Gefangenen das größte Lager im Reich. Die Zahl der Häftlinge stieg 1939 auf 6 000, 1943 auf 17 000. Dem Konzentrationslager waren 125 Außenkommandos angeschlossen, in denen Häftlinge für Rüstungsbetriebe, vor allem in Süddeutschland und der westlichen »Ostmark«, arbeiteten. Über 30 000 Menschen verloren in Dachau ihr Leben durch Folter, Hunger und Exekution.

ihnen gehörte Dachau, das am 20. März 1933 Reichsführer SS Himmler in einer ehemaligen Pulverfabrik errichten ließ. 1933 waren hier 4 821 Häflinge untergebracht. In das Konzentrationslager Dachau wiesen die Nationalsozialisten vorwiegend politische Gegner ein: Bis Mitte Juni 1933 waren etwa 80 bis 90 % der Häftlinge Kommunisten. Nach dem Verbot der SPD wurden hier in der Hauptsache Sozialdemokraten und andere »Staatsfeinde« festgehalten. Noch 1935/36 waren rund 75 % der Inhaftierten politische Regimegegner.

Ein »Muster«-Lager

Dachau stellte das Muster für alle kommenden KZ dar. Dieses zweifelhafte Verdienst war auf die besondere Aktivität des zweiten Lagerkommandanten, Theodor Eicke, zurückzuführen, der am 1. Oktober 1933 eine »Disziplinar- und Strafordnung« entwarf und als Lagerordnung einführte, die neben der Prügelstrafe auch die Todesstrafe vorsah. Den Häftlingen sollte mit unerbittlicher Härte begegnet werden. Eicke, dessen Motto »Toleranz ist ein Zeichen von Schwäche« lautete, ließ seiner Wachmannschaft Totenkopfsymbole auf die Uniformkappen nähen. Er bläute ihr ein, dass er nur harte und entschlossene Männer gebrauchen könne, die jedem Befehl bedingungslos gehorchten. Nicht umsonst trügen sie den Totenkopf und die stets geladene scharfe Waffe bei sich. Als einzige Soldaten stünden sie auch in Friedenszeiten Tag und Nacht am Feind, am Feind hinter dem Draht, dröhnte Eicke in seinen Appellen. Das Konzentrationslagerwesen breitete sich bis Mitte 1933 über das ganze Reich aus. Zunächst unter der Leitung der SA, dann übernahm das Reichsinnenministerium die Aufsicht.

Zwischen 1933 und 1935 kamen viele der Häftlinge wieder frei und die meisten Lager schlossen ihre Tore, um an anderen Orten furchtbarer und grausamer wieder zu erstehen, doch alle nach dem Modell »Dachau«.

Während in Lagerhallen, Kellern, Gefängnissen, alten Fabriksgebäuden und Konzentrationslagern unbemerkt von der Öffentlichkeit gefoltert und gemordet wurde, ging in Deutschland das Leben seinen – fast – gewohnten Gang. Die Propaganda – heute sagt man Werbung – leistete ganze Arbeit, um den Eindruck der Normalität, des Fortschritts, der Sicherheit, der heilen Welt zu vermitteln.

Den hohen Stellenwert einer gut funktionierenden Propagandamaschinerie erkannte schon Hitler. *„Der Sieg einer Idee wird um so eher möglich sein, je umfassender die Propaganda die Menschen in ihrer Gesamtheit bearbeitet und je ausschließlicher, straffer und fester die Organisation ist, die den Kampf schließlich durchführt"*, schrieb er in »Mein Kampf«. Bis 1930 leitete Gregor Strasser – mehr ein Organisationsgenie als ein kreativer Werbechef – die Propagandaagenden der NSDAP, danach trat Joseph Goebbels an seine Stelle, er war unzweifelhaft ein Meister seines Fachs.

Goebbels war der geborene Propagandachef. Der Sohn eines Buchhalters einer kleinen Dochtfabrik, aus streng katholischem Elternhaus, sollte Priester werden. Er entschied sich jedoch für das Studium von Philosophie und Literatur. Intelligent und rhetorisch begabt, gründete Goebbels, den seit der Geburt ein verkrüppelter Fuß behinderte, am 13. März 1933 durch einen Reichspräsidentenerlass das »Reichsministerium für Volksaufklärung und Propaganda«. Dieses Amt bekleidete er bis zu seinem Tod 1945. Goebbels verstand alle Seiten der Propaganda diabolisch einzusetzen. Er bediente sich primitivster Klischees, suggestiver Schlagworte und Parolen wie niemand vor oder nach ihm. Da Tagespresse, Literatur, Film und Rundfunk in seinem Wirkungsbereich lagen, konnte er diese Instrumente der Macht konzentriert und aufeinander abgestimmt ge- und missbrauchen.

Bis in die letzten Kriegstage glaubte ihm die Bevölkerung die siegreiche Wende des Krieges, erzwungen durch den Einsatz von »Wunderwaffen«. Sogar die Alliierten fielen ihm auf den Bluff der »Alpenfestung« herein. Hirngespinste des Joseph Goebbels, phänomenal dargeboten.

Ein Wirtschaftswunder

„Anfang der dreißiger Jahre war John Maynard Keynes noch dabei, seine Theorie des »deficit spending« zu entwickeln, und es gehörte noch nicht zu den volkswirtschaftlichen Grundweisheiten, Konjunkturflauten mit staatlichen Investitionsprogrammen und politischer Psychologie zu bekämpfen. Aber mit genau diesem Rezept produzierte das NS-Regime einen Aufschwung, der im Inland wie im Ausland schon bald als »Wirtschaftswunder« anerkannt wurde.“
Norbert Frei, 1996

Hitler wusste, dass die Stabilisierung der Macht von der Sicherung der Grundbedürfnisse der Bevölkerung, Arbeit und Brot, abhängig sein würde. Als er im Januar 1933 die Kanzlerschaft antrat, verzeichneten die Arbeitsämter im Reich 6 013 612 Arbeitslose. Das waren 19 % der arbeitsfähigen Bevölkerung. Die Arbeitslosigkeit hatte einen neuen Höhepunkt erreicht. Von der wirtschaftlichen Depression und der sie begleitenden Massenarbeitslosigkeit - verursacht durch die 1929 einsetzende Weltwirtschaftskrise - waren besonders kaufmännische Angestellte, ungelernte Arbeiter, Arbeiter in der Eisen und Metall verarbeitenden Industrie und Baufacharbeiter betroffen. Das wahre Ausmaß des wirtschaftlichen Notstandes geht aber aus der Arbeitslosenstatistik nicht hervor: Die Jugendlichen und Studenten, die von der Schule oder der Universität abgingen und noch nicht im Arbeitsprozess eingegliedert waren, scheinen nicht auf. Es fehlen auch jene, die keine Unterstützung erhielten, weil sie in einem Familienverband lebten, in dem zumindest ein Angehöriger über einen Verdienst verfügte. Oder Frauen, die sich bei den Arbeitsämtern nicht mehr meldeten, weil sie doch keine Arbeit zugewiesen bekamen. Mit diesen »unsichtbaren« Beschäftigungslosen lag die Zahl der Arbeitsuchenden vermutlich bei 7,8 Millionen oder darüber.

Für Hitler und sein Regime wurde eine rasche Senkung der Arbeitslosenziffern zur Existenzfrage. Daher kündigte Hitler am 1. Februar 1933 in seiner vom Rundfunk übertragenen Regierungserklärung »Aufruf der Reichsregierung an das deutsche Volk« die *„Rettung des deutschen Bauern zur Erhaltung der Ernährungs- und damit Lebensgrundlage der Nation“* und die *„Rettung des deutschen Arbeiters durch einen gewaltigen und umfassenden Angriff gegen die Arbeitslosigkeit“* als das wichtigste Ziel seiner Regierung an. Vier Jahre Zeit sollte man ihm geben, dann werde er bewiesen haben, den richtigen Weg gegangen zu sein.

Hitler verriet nicht, welche Maßnahmen ihm dienten, um die Vollbeschäftigung zu erreichen. Das erläuterte er erst am 8. Februar vor dem Kabinett: *„Jede öffentlich geförderte Arbeitsbeschaffungsmaßnahme müsse unter dem Gesichtspunkt beurteilt werden, ob sie notwendig sei vom Gesichtspunkt der Wiederwehrhaftmachung des deutschen Volkes. Dieser Gedanke müsse immer und überall im Vordergrund stehen.“*

Diesem Wunsch entsprachen die Regierungsmitglieder bereitwillig. In einem Sofortprogramm teilten sie der Reichswehr weitere 50 Millionen und der Luftwaffe zehn Millionen RM zu.

Die NS-Prominenz genoss es, von der Arbeiterschaft, die nach Jahren der Not wieder Arbeit hatte, umjubelt zu werden. Im Bild oben Joseph Goebbels in der Burbach-Hütte in Saarbrücken, am 5. Dezember 1938.

Der 6. Reichsparteitag der NSDAP stand unter dem Motto »Triumph des Willens«. Er fand zwischen 4. und 10. September 1934 in Nürnberg statt. 52 000 Angehörige des Reichsarbeitsdienstes traten zum Appell an (Bild links) und präsentierten vor Hitler ihren Spaten. Dieser nutzte die Gelegenheit, um eine Warnung an die SA, die sich von der Parteilinie wegbewegte, zu richten: *„Die nationalsozialistische Revolution ist als revolutionärer, machtmäßiger Vorgang abgeschlossen! Sie hat als Revolu-*

tion restlos erfüllt, was von ihr erhofft werden konnte […]. Es gibt keine Revolution als Dauererscheinung, die nicht zur vollkommenen Anarchie führen müßte.“
Die SA, an ihrer Spitze Stabschef Ernst Röhm, vertrat die Meinung: Eine permanente Revolution müsse das verhasste Spießbürgertum im Zaum halten.

Bereits 1936 – in anderen Industrieländern herrschte nach wie vor hohe Arbeitslosigkeit, in den USA lag sie bei 24 % – war in Deutschland die Vollbeschäftigung beinahe wieder hergestellt. Zwar wiesen die Statistiken im Jahresdurchschnitt noch 1,6 Millionen Arbeitslose aus, doch waren das nur 200 000 mehr als im besten Jahr seit Kriegsende, nämlich 1928, und die Werte zeigten weiterhin rückläufige Tendenzen. Manche Branchen klagten bereits über einen Mangel an Fachkräften.

Dieser beispiellose wirtschaftliche Erfolg, der im Ausland das »deutsche Wirtschaftswunder« genannt wurde, stabilisierte die nationalsozialistische Herrschaft in hohem Maß. *„Millionen Menschen, die zuvor unterhalb ihres Existenzminimums vegetiert hatten, für die Hunger und Not zur alltäglichen Erfahrung geworden waren, wurden der Krise ihrer privaten Existenz und der Hoffnungslosigkeit entrissen und der Normalität zurückgewonnen“*, notiert der Historiker Ludolf Herbst. Der Bonus, den die Bevölkerung Hitler einräumte, begleitete ihn bis zum Ende und war ein wichtiger Faktor bei der Entstehung des »Führer-Mythos«.

Neue Wege der Sanierung

Keineswegs war es nur das Verdienst der Nationalsozialisten, dass die Wirtschaft endlich aus dem Tief kam. Das Investitionsprogramm – Motor für den Aufschwung – hatte noch die Weimarer Republik entworfen und die Weltwirtschaftskrise hatte, zum Zeitpunkt des Machtantritts Hitlers, ihren Höhepunkt tendenziell schon überschritten. Nichtsdestoweniger war die Krise noch nicht bereinigt, die eigentlichen Probleme ihrer Bewältigung kamen auf das Regime noch zu, denn im Winter stieg saisonbedingt die Arbeitslosigkeit wieder an. Hitlers Wirtschaftsstab musste daher unmittelbar nach der Machtübernahme mit ganzer Energie gegen die Arbeitslosigkeit vorgehen und ein Experiment wagen, das nicht erprobt war, die Methode einer staatlich gesteuerten, antizyklischen Konjunkturpolitik. Der Staat nahm eine höhere Verschuldung auf sich, um die fehlende Nachfrage nach Gütern und Dienstleistungen durch staatliche Maßnahmen anzukurbeln. Die nationalsozialistische Regierung investierte bis Ende 1934 rund fünf Milliarden RM in die Wirtschaft zur Schaffung von Arbeitsplätzen. Nutznießer waren nicht die Rüstungsindustrie und der Autobahnbau, sondern die öffentliche Infrastruktur und der private Wohnungsbau. Die Ausgaben für die Reichswehr und die Rüstung hielten sich in Grenzen. Hitler nahm trotz seiner anders lautenden Parolen noch Bedacht auf den Vertrag von Versailles, vor allem fehlte ihm aber ein Rüstungskonzept, das hatte er in den Schubladen der Weimarer Regierung nicht vorgefunden, wohl aber Pläne für den Bau der Autobahnen und die Errichtung von Siedlungen.

Vorteilhaft auf die Senkung der Arbeitslosigkeit wirkte sich der Einsatz von Menschenkraft bei Großbauvorhaben aus, bei denen bewusst auf maschinelle Hilfsmittel verzichtet wurde. Wichtig für die Ankurbelung der Wirtschaft war auch die Gewährung von Ehestandsdarlehen zur Hebung der Kaufkraft. Um jeden Missbrauch zu verhindern, wurden Darlehen in Form von »Bedarfsdeckungsscheinen« für Möbel und Hausrat an Heiratswillige vergeben unter der Bedingung, dass die künftige Ehefrau, abgesehen von der Bedürftigkeit, der politischen Zuverlässigkeit und der rassischen »Reinheit«, nach der Heirat auf eine Berufstätigkeit verzichtete.

Damit zog man Frauen vom Arbeitsmarkt ab und verbesserte die Beschäftigungssituation und die Produktion in der Verbrauchsgüterindustrie. Bis 1935 wurden 378 000 Ehestandsdarlehen in der Höhe von 206 Millionen RM vergeben, die in die Wirtschaft flossen.

Auch andere Faktoren senkten die Arbeitslosenziffern. So die im Juni 1935 eingeführte sechsmonatige Arbeitsdienstpflicht für Jungen und Mädchen und die Verkündung der allgemeinen Wehrpflicht am 16. März 1935, die den männlichen Arbeitsmarkt entlastete.

Die Aufrüstung veränderte schlagartig den Staatshaushalt. 1933 vereinnahmte die Wehrmacht 4 % der Gesamtausgaben der öffentlichen Hand, 1934 waren es 18 %, 1936 schon 39 % und 1938 verschlang die Rüstung 50 %. Das Nachsehen hatte die Konsumgüterindustrie, viele Gebrauchs- und Luxusgegenstände wurden Mangelware.

„Was die nationalsozialistische Arbeitsbeschaffungspolitik auszeichnete, ist weniger die Einzigartigkeit der Maßnahmen als vielmehr die den Erfolg sichernde konsequente Verbindung von Arbeitsbeschaffung und Aufrüstung, d. h. ihre politische Funktionalisierung“, meint Ludolf Herbst.

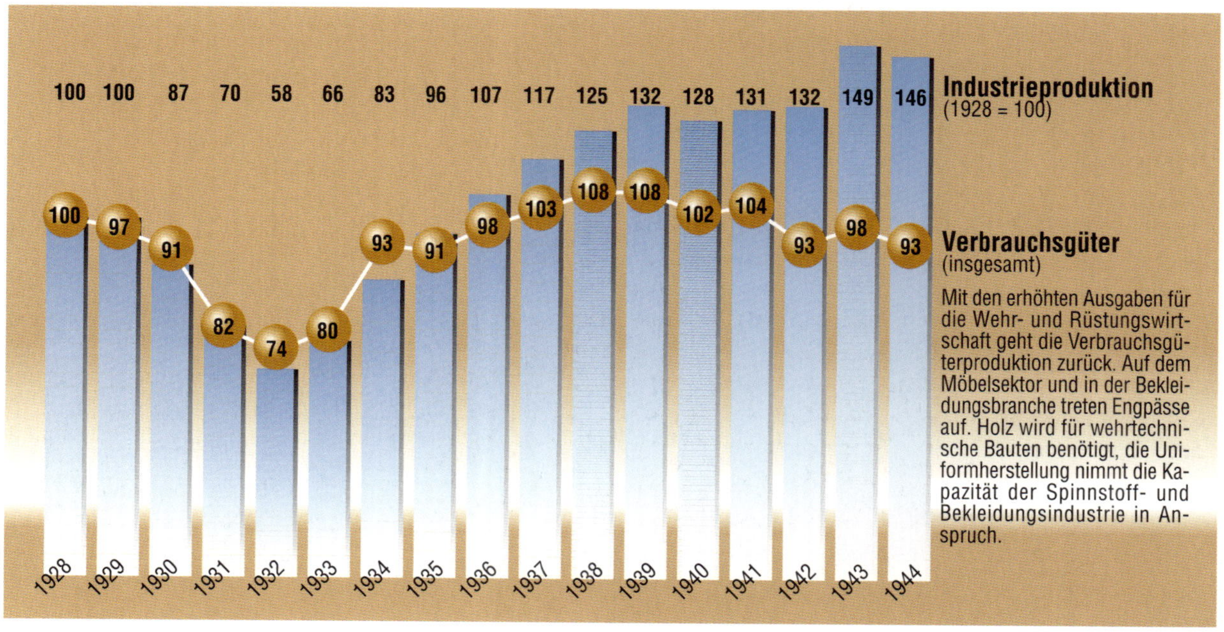

Nach der Erklärung des »totalen Kriegs« – 1943 – stieg die Industriegüterproduktion nochmals an (Grafik rechts).

MYTHOS AUTOBAHN

„[Wir fuhren] auf einer der neuen Autobahnen, die die besten Straßen der Welt sind. In Deutschland allerdings [sind sie] wirklich unnötig, weil der Verkehr gering ist, aber sie würden in den Vereinigten Staaten großartig sein, weil es keine Geschwindigkeitsbegrenzung gibt.“
John F. Kennedy, 1937

Der Eindruck, den der spätere US-Präsident John F. Kennedy 1937 auf seiner Deutschlandreise von der autoleeren Reichsautobahn gewann, ist heute bei den alltäglich gewordenen Megastaus nicht mehr vorstellbar. Damals jedoch war der Motorisierungsgrad in Deutschland gering: Auf 75 Einwohner entfiel ein PKW (1934). Autos waren teuer. Auch die 1933 beim Kauf eines Neuwagens gewährte Steuerfreiheit änderte nichts. Ein Maybach, Horch oder Mercedes-Benz kostete zwischen 20 000 und 30 000 RM, dazu kamen jährliche Unterhaltskosten von etwa 15 000 RM. Der durchschnittliche Monatsverdienst im mittleren Einkommensfeld bewegte sich um 500 RM. Zwar gab es neben den Luxusautos noch Mittelklasse- und Kleinwagen, doch sie waren störanfällig und die Reparaturkosten hoch. Aus unerklärlichen Gründen baute die deutsche Autoindustrie keine erschwinglichen PKWs, obgleich der Gedanke des »Volksautomobils« schon um 1900 in den USA von Ford mit seinem legendären T-Mobil verwirklicht worden war.

Ihn nahm sich Hitler zum Vorbild. Zur Eröffnung der Automobilausstellung 1934 in Berlin betonte er, dass der Kraftwagen nicht mehr nur das *„Verkehrsmittel für besonders bevorzugte Kreise“* sein dürfe, sondern für *„Millionen braver, fleißiger und tüchtiger Mitmenschen [...] zur Quelle eines bisher unbekannten, freudigen Glückes“* werden müsse.

Hitler skizzierte den später weltberühmt gewordenen »Käfer« und gab ihm auch den Namen. Nach dieser Vorlage entwarf der Autokonstrukteur Ferdinand Porsche ein Modell, das 1936 den ersten Test bestand. Da aber keiner der deutschen Automobilhersteller imstande war, PKWs in großer Stückzahl und billig herzustellen nahm sich die Einheitsgewerkschaft »Deutsche Arbeitsfront« (DAF) des Problems an. Sie beauftragte ihre auf Freizeitangebote spezialisierte Unterorganisation »Kraft durch Freude« (KdF), eine Gesellschaft zu gründen, die den »Käfer«, der offiziell »KdF-Wagen« genannt wurde, nicht nur produzieren, sondern auch vertreiben sollte. An möglichen Käufern mangelte es nicht, so gut wie alle in der DAF organisierten Arbeitnehmer – das waren immerhin rund 20 Millionen Menschen – zeigten sich am Erwerb interessiert. Im Hannoverschen Fallersleben, im heutigen Niedersachsen, erfolgte am 26. Mai 1938 die Grundsteinlegung für ein Automobilwerk, das unter dem Namen Wolfsburg Atomobilgeschichte schrieb. Aus den lauteren Absichten wurde zunächst nichts.

Nur 650 KdF-Wagen liefen vom Band, dann brach der Krieg aus und für die Gelder der KdF-Sparer stellte man Militärfahrzeuge her. Rund 50 000 Kübel- und 14 000 Am-

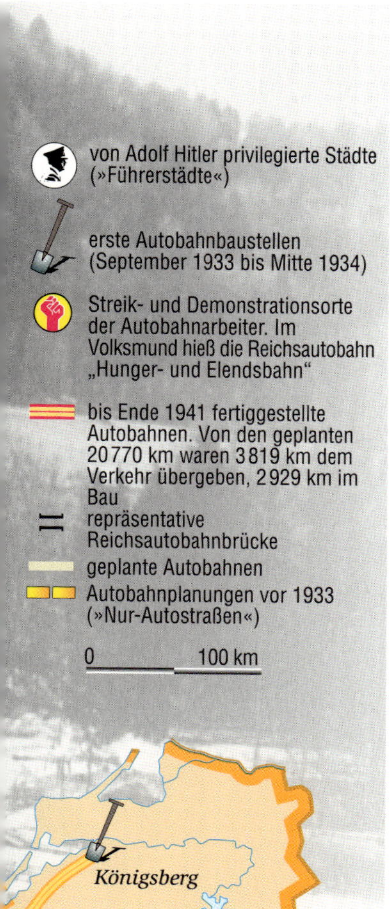

Bau der Autobahn München-Salzburg 1936 (Bild oben).

Hitler beim Spatenstich zum Bau der Autobahn Frankfurt-Darmstadt 1933 (Bild unten).

Das Netz der Reichsautobahn in der Planung um 1939 (Karte links).

phibienwagen verließen die Fabrik. Von den 336 000 »Volkswagensparern«, die Monat für Monat Ansparmarken um fünf RM kauften und in ein Sparbuch klebten, kam keiner in den Genuss des »Käfers«, bei Kriegsende lösten sich ihre Ansparungen in Luft auf.

So benutzten die Autobahnen nur einige Auserwählte. Zudem war Benzin rar und wurde im Krieg nur für kriegswichtige Fahrten abgegeben. Somit blieb auch der Transport von Massengütern auf der Schiene, die 1936 91,5 % des Frachtaufkommens besorgte.

Stragetisch bedenklich

Obwohl Hitler den Bau der Autobahnen aus militärstrategischen Gründen vorantreiben wollte – er forderte eine Eisenbetondecke, um sie vor Bombentreffern zu schützen –, zeigten die Militärs Bedenken. Die hellen Betonbänder, argumentierten sie, würden bei Nacht feindlichen Kampffliegern die Orientierung erleichtern und sie zu den großen Städten und Industriezentren leiten. Die Autobahnen wurden dennoch gebaut und im Krieg übermalte man die Fahrbahnen einfach mit schwarzer Farbe.

Auf die Propaganda von Goebbels ist es zurückzuführen, dass rund um die Autobahn ein neuer Mythos entstand: Hitler hätte die Idee gehabt, sie zu erbauen. In Wahrheit entsprach bereits die AVUS, die Automobil-Verkehrs- und Übungsstraße, in Berlin, 1909 als Autorennstrecke geplant und 1921 eröffnet, dem Typus einer Autobahn. Der italienische Straßenbauer Piero Puricelli baute 1924 eine ähnlich konstruierte »Autostrada« zwischen Mailand und den Lombardischen Seen.

In den folgenden Jahren entwarfen viele deutsche Architekten Pläne von »Nur-Autostraßen«, wie man die Autobahnen damals nannte. Doch aus Geldmangel wurde nur ein einziges Projekt verwirklicht: Die 1932 von Notstandsarbeitern errichtete 20 km lange Strecke Köln–Bonn. Bauherr war die Stadt Köln – unter ihrem Oberbürgermeister und Vorsitzenden des Rheinischen Provinzialausschusses für Autostraßen Konrad Adenauer.

Ein anderes Vorhaben – es sollte München mit Leipzig und Berlin verbinden und trug die Kurzbezeichnung »MÜLEIBERL«, blieb in Ansätzen stecken. Ähnlich ging es 1926 den Projekten der privaten Gesellschaft »HAFRABA«. Der Name stand für »Hansestädte-Hamburg-Frankfurt-Basel«, eine »Nur-Autostraße« sollte von der Nordsee an den Fuß der Alpen führen.

Eines der Gründungsmitglieder der HAFRABA, der Rennfahrer Willy Hof, Nationalsozialist der ersten Stunde, lenkte am 6. April 1933 Hitlers Aufmerksamkeit auf die Planungen der HAFRABA. Diese hatte mittlerweile ein Autobahnnetz für ganz Deutschland erarbeitet.

Hitler war beeindruckt: *„Es wäre eine große Tat, wenn es gelänge, unter unserem Regime das Netz zustande zu bringen"*, schwärmte er begeistert. Der Begriff »Autobahn«, 1929 vom HAFRABA-Mitarbeiter Robert Otzen geprägt, wurde zum Zauberwort nationalsozialistischer Wirtschaftsplaner und NSDAP-Strategen. Die einen erhofften sich eine weitere Ankurbelung vor allem der Bauwirtschaft, die anderen konnten neue Taten des Regimes propagandistisch ausschlachten.

Der »Völkische Beobachter« vom 12. Juli 1933 berichtete daher von der *„großen Reichsautobahn, die auf Anregung des Führers Adolf Hitler zur Bekämpfung der Arbeitslosigkeit und zur Förderung der Automobilindustrie"* gebaut werde.

Es dauerte noch etwas mehr als einen Monat, bis am Morgen des 23. September 1933 vor dem Frankfurter Arbeitsamt 720 Arbeiter in Reih und Glied antraten, und in einer Feierstunde einen Spaten übernahmen. Fritz Todt, der Generalinspekteur für das Straßenwesen, hielt eine zündende Ansprache und nannte die bis vor kurzem noch Arbeitslosen *„Kameraden"*: *„... soeben kommt ihr vom Arbeitsamt. Es ist der Wille unseres Führers, daß ihr diese Stätte nicht mehr betretet. Wir gehen nicht mehr stempeln, sondern wir bauen Straßen. [...] Durch dieses Werk werden in Zukunft 300 000 Arbeiter Lohn, Brot und Arbeit erhalten."* Hitler schloss sich vom theatralisch inszenierten Spektakel nicht aus, in blank gewichsten Stiefeln setzte er den ersten Spatenstich zum Bau des ersten Abschnitts der Reichsautobahn, der künftigen »Straße des Führers«.

Begeisterung für die RAB

In der Tat senkte der Autobahnbau die Arbeitslosenziffern. Im Juli 1936 arbeiteten 124 483 Arbeitskräfte an den Betonbändern, in den Zulieferfirmen waren etwa noch einmal so viele tätig.

Dank der Vorarbeiten der HAFRABA gingen die Arbeiten zügig voran. 1938 konnten 42 Teilstücke eröffnet werden. Überall im Reich schien man an den »Straßen der Zukunft« zu bauen. Allerdings unter menschenunwürdigen Verhältnissen. In Zelten, Baracken und Viehställen notdürftig untergebracht, mussten mitunter die Arbeiter täglich bis zu 16 km zur Arbeitsstätte marschieren. Der Stundenlohn von 50 Rpf entsprach gerade der Höhe des früheren Arbeitslosengeldes, Unfälle häuften sich, Lagerkoller brach aus. 1934 traten im Lager Gyhum 380 Straßenarbeiter in den Streik. Diese Zustände drangen nicht an die Öffentlichkeit, ihr wurde durch Film und Bildberichterstattung die Harmonie, Schönheit und Natürlichkeit der Trassen, die Ästhetik der Brücken präsentiert.

Der Salzburger Heimatdichter Karl Heinrich Waggerl begeisterte sich in seiner Erzählung »Pfingstidyll an der Reichsautobahn« (1941) an der *„Selbstverständlichkeit eines Naturgebildes"*, mit der sich die Autobahn in die Landschaft fügt und sie *„in ihrer einfachen Schönheit zum Rang eines Kunstwerks erhebt: Es ist nichts mehr von der Mühe zu erkennen, die daran gewendet werden mußte."*

Durch »Autowandern« sollte man die Schönheiten der Natur von der Autobahn aus bewundern. Doch die Wirklichkeit war anders: *„Auf der Autobahn kriegt man zunächst das Rasen"*, stellte der Publizist Wilhelm Ostwald 1938 fest, und Georg Halter von der Technischen Hochschule München mahnte, *„es entspricht nicht deutschem Wesen, im Renntempo eine stimmungsvolle Landschaft zu genießen"*.

Die Unfälle wegen überhöhter Geschwindigkeit und rüden Überholens häuften sich. Leit- und Sperrlinien waren unbekannt, daher fuhren die Volksgenossen in der Fahrbahnmitte, berichteten Polizeiprotokolle. Die *„Kunst, sich auf der Autobahn überholen zu lassen"*, so Wilhelm Ostwald, beherrschten die deutschen Autofahrer nicht.

„IMMER VOM FRIEDEN REDEN"

„Hitler war sich der Risiken einer einseitigen, nicht mit den Großmächten abgesprochenen Aufrüstung Deutschlands bewußt. Die »gefährlichste Zeit«, stellte er am 3. Februar 1933 in einer vertraulichen Runde fest, ›ist die des Aufbaues der Wehrmacht. Da wird sich zeigen, ob Frankreich Staatsmänner hat; wenn ja, wird es uns nicht Zeit lassen, sondern über uns herfallen‹."
Ludolf Herbst, 1996

Aus innen- wie außenpolitischen Erwägungen hielt Hitler seine Aufrüstungspläne vor der Öffentlichkeit, aber auch vor den Mitgliedern seiner Regierung verborgen. Im Gegenteil. Er trat als Vorkämpfer des Friedens auf und betrieb eine überaus vorsichtige Außenpolitik. In seiner ersten großen außenpolitischen Rede am 17. Mai 1933 – sie wurde vom Regime als »Friedensrede« bezeichnet – stellte er den Nationalsozialismus als eine Bewegung dar, die sich dem Frieden verschrieben habe: Die Regierung achte bestehende Verträge, also auch den Versailler Vertrag. Aber es sei verständlich, dass sie auf eine Revision hinarbeite, allerdings mit Verhandlungen, betonte Hitler. Wenige Wochen später demaskierte er sich in einer internen Statthaltersitzung und legte seine außenpolitische Strategie offen: *„Im Innern handeln und immer vom Frieden und von der Abrüstung reden [...]. Wir müssen tatsächlich versuchen, zu einer Verständigung zu kommen mit jedermann, mit dem man sich verständigen kann, weil wir noch keine andere Möglichkeit haben."*

Kontakte mit der Sowjetunion

Deshalb durfte Konstantin Freiherr von Neurath – ein erfahrener Diplomat, in der Weimarer Republik Botschafter in Rom und London, später Außenminister – sein Amt behalten. Hitler demonstrierte dadurch außenpolitische Kontinuität, zudem kamen ihm die guten Kontakte Neuraths mit jenen Staaten zu statten, die der französischen Hegemonie auf dem Festlandeuropa skeptisch gegenüberstanden. Hitler hatte allen Grund, gegenüber dem Ausland zurückhaltend aufzutreten, die von ihm geduldeten antisemitischen Ausschreitungen der SA weckten Kritik und Abscheu. Nur die Sowjetunion war eine Ausnahme. Seit dem Sieg der Bolschewisten über das Zarenreich befand es sich in der Isolation. Um diese zu durchbrechen, war sie bereit, einen Pakt mit dem Teufel zu schließen und zeigte sich offen für Gespräche mit Deutschland. Entsprechend schwach fielen daher die Proteste aus, als die Genossen der KPD nach dem Reichstagsbrand verfolgt, gefoltert und ermordet wurden. Die Staatsräson ging vor Menschenleben, und die Sowjetunion wollte das kurz zuvor, am 25. Februar 1933, in Moskau und Berlin unterzeichnete Kreditabkommen nicht gefährden.

Deutschland, bis zum 9. Juni 1932 durch die Reparationsverpflichtungen selbst noch Gläubiger der Westmächte – im Lausanner Abkommen wurden weitere Entschädigungen mit einer letzten Zahlung von 3 Milliarden RM als beendet betrachtet –, gewährte der Sowjetunion einen Kredit in der Höhe von 140 Millionen RM, obgleich dieses Geld für eigene Investitionen dringend gebraucht worden wäre.

Wie Stalin befand sich auch Hitler in einer ähnlichen, ausgegrenzten Lage. Über das Wirtschaftsabkommen – es zeigte die Gesundung des deutschen Staatshaushalts unter seiner Führung – hoffte Hitler auf das internationale Parkett zurückzukehren. Deshalb bemühte er sich, die UdSSR (Union der Sozialistischen Sowjetrepubliken) nicht vor den Kopf zu stoßen.

Am 23. März 1933 erklärte er, dass die Verfolgung der Kommunisten im Reich eine innenpolitische Angelegenheit wäre und die Beziehungen zur Sowjetunion nicht berührten. Wenige Tage später, am 4. April, bestätigte er seine Rede und verlängerte demonstrativ den am 24. April 1926 noch von der Weimarer Republik abgeschlossenen deutsch-sowjetischen Wirtschafts- und Nichtangriffsvertrag. Ganz im Sinne seiner »Friedensrede« verhielt sich Hitler zur Genfer Abrüstungskonferenz: verständigungsbereit.

Am 2. Februar 1933 ernannte Hitler Hermann Göring zum »Reichskommissar für die Luftfahrt«. Er begann sofort mit dem Aufbau der militärischen Luftfahrt, der noch im Geheimen erfolgen musste, denn der Vertrag von Versailles verbot Deutschland eine Luftstreitmacht. Das militärische Personal wurde bei der Fluggesellschaft »Lufthansa« ausgebildet, Aufklärungsverbände übten mit Werbe- und Reklameflugzeugen, der Nachwuchs wurde in der HJ auf Katapultseglern (Bild oben) geschult. Die Gründung des Deutschen Luftsportverbandes e. V. am 15. März 1933 bildete die Basis für die spätere Luftwaffe. Geübt wurde bis 15. September 1933 bei Lipezkin in der Sowjetunion. Das Verlassen der Abrüstungskonferenz in Genf am 14. Oktober 1933 und der Austritt aus dem Völkerbund (Sitzung 1934; Bild links) beschleunigten den Aufbau der Luftwaffe.

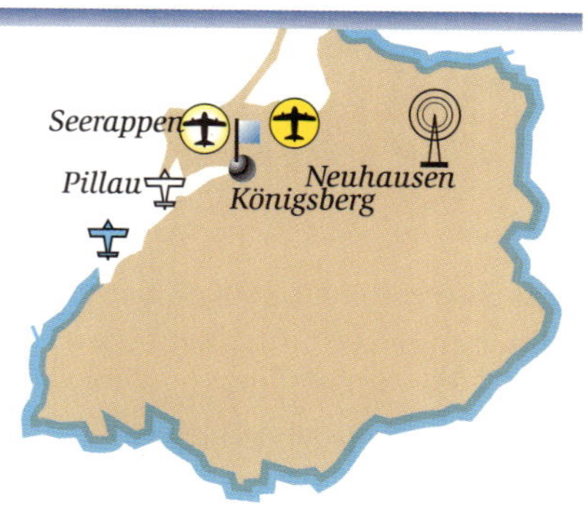

Die in den Anfangsjahren des Dritten Reichs noch getarnte Aufrüstung der Luftwaffe bis etwa 1935 (Karte oben).

Hitlers Doppelspiel

Die Weimarer Regierung hatte am 11. Dezember 1932 die militärische Gleichberechtigung erwirkt. Frankreich, strikt dagegen, willigte erst ein, als Deutschland drohte, den Kreis der 51 Staaten der Konferenz zu verlassen. Für Hitler bestand die Schwierigkeit darin, sein Doppelspiel so lange wie möglich zu betreiben: echten Willen zur Abrüstung vorzutäuschen, gleichzeitig Aufrüstung zu betreiben. Er wies daher seine Delegation an, auf Zeitgewinn hinzuarbeiten und immer neue Vorschläge einzubringen.

Diese janusköpfige Diplomatie durchschauten die Briten und drängten darauf, ein Abrüstungskontrollsystem einzuführen. Das würde das Ende der geheimen deutschen Aufrüstung bedeuten. Hitler lehnte die Kontrolle ab und kündigte den Austritt aus der Abrüstungskonferenz und dem Völkerbund an. Insgeheim rechnete er mit einer Vermittlung Italiens. Doch der Duce hielt still. Am 14. Oktober gab das Reich den Austritt aus dem Völkerbund bekannt, der Reichstag wurde aufgelöst, am 12. November fanden Neuwahlen statt. Auf den Wahlzetteln stand nur noch eine Partei, die NSDAP. Gleichzeitig wurden alle Landtage ohne Neuwahlen auszuschreiben aufgelöst, die Gleichschaltung auf Reichs- und Länderebene war nun endgültig vollzogen.

Außenpolitisch handelte Hitler wieder nach seinem Prinzip des Lockens und Drohens: Er bot Frankreichs Regierung unter Daladier die Beilegung der noch bestehenden Differenzen an und erklärte, keine territorialen Wünsche an der Westgrenze zu haben. England signalisierte er Gesprächsbereitschaft in der Hoffnung, *„die beiden großen germanischen Völker würden wieder zur alten Freundschaft zurückfinden."*

Zu Polen wollte er ein *„gutes Verhältnis"* schaffen. Es sei *„ein Pufferstaat zwischen dem bolschewistischen Rußland und der westlichen Zivilisation, den man nicht entbehren könne"*, meinte er, und wegen des gerechtfertigen Anspruchs auf einen Korridor von Deutschland nach Ostpreußen wäre gewiss eine Verständigung möglich, ein Krieg wäre entbehrlich. – Sechs Jahre später entfesselte Hitler wegen der Korridorfrage einen neuen Weltkrieg.

Währenddessen lief Hitlers Rüstungsprogramm an. Für 1933 und 1934 stellte der Staatshaushalt noch keine bedeutenden Budgetmittel zur Verfügung, doch ab 1936 hatten die Rüstungsausgaben Vorrang.

Die Finanzierung der Aufrüstung war mit beträchtlichen Problemen verbunden. Rohstoffe wurden gebraucht, die gegen Devisen eingeführt werden mussten, die Deutschland nicht besaß. Reichsbankpräsident Hjalmar Schacht war gefordert. Für die Finanzierung entwickelte er ein System, das unter dem Begriff »Mefo-Wechsel« bekannt wurde. Diese Finanzwechsel dienten ausschließlich der Finanzierung der Rüstungswirtschaft und liefen über eine Tarnfirma namens »Metallurgische Forschungsgesellschaft« (Mefo). In ihr waren alle bedeutenden Rüstungsindustrien vertreten. Auf dieser Adresse zogen Lieferanten Wechsel, deren Laufzeit auf fünf Jahre beschränkt war, die dann die Reichsbank einlöste.

Hitler, dem die Aufrüstung nicht rasch genug vonstatten ging, trieb die Schuldenwirtschaft des Reichs immer höher, so dass Schacht die Finanzierung der Mefo-Wechsel und anderer mittlerweile konstruierter Finanzierungssysteme (»Lieferschatzanweisungen«) für gefährdet ansah und zurücktrat. Das Reich geriet unter eine Schuldenlast, die nur eine Lösung zuließ, die Flucht nach vorne, in den Eroberungskrieg. Doch diesen peilte Hitler ohnehin an.

„RÖHM, DU BIST VERHAFTET!"

„Im März 1934 hatte sich der seit längerem schwelende Konflikt zwischen Reichswehr und SA zugespitzt. Der Rivalität mit der Reichswehrführung gesellten sich andere Rivalitäten hinzu, die SS fühlte sich von der SA ebenso herausgefordert wie die hohen Parteifunktionäre der NSDAP. Die zunehmende politische Isolierung der SA kam Hitler ganz offensichtlich gelegen und ließ den Plan zum großen Schlag gegen sie heranreifen. Bei der Vorbereitung der Aktion, die bereits im Januar 1934 begonnen hatte, spielte Göring eine wichtige Rolle. Er wollte sich eines lästigen Rivalen entledigen. Seit Januar 1934 ließ Hitler, nachdem Göring geschickt die Fäden gezogen hatte, durch den Leiter des Geheimen Staatspolizeiamtes, Rudolf Diels, Belastuungsmaterial gegen die Clique um Röhm sammeln, wobei die Homosexualität Röhms eine wichtige Rolle spielen soll."
Ludolf Herbst, 1996

Ernst Röhm, Duz-Freund Hitlers aus der »Kampfzeit«, wähnte sich sicher. Die Differenzen mit Hitler, die immer wieder auftraten, betrachtete er als reinigende Gewitter in einem sonst ungetrübten Verhältnis zweier Freunde. Aber er unterschätzte Hitlers Mimosenhaftigkeit. Wenn dessen selbstherrliches Ego beleidigt wurde, kannte er kein Verzeihen, keine Nachsicht. Solange Röhm am Kult um den »Führer« nicht rührte, sah Hitler seinem früheren Förderer Entgleisungen nach. Als aber Röhm immer heftiger Machtansprüche für sich und seine SA reklamierte und Missstimmung zwischen Hitler und den Militärs erzeugte, zeichnete sich der Bruch zwischen ihm und Hitler ab.

Hitler, der neue Reichskanzler, holte Röhm am 1. Dezember 1933 als Reichsminister ohne Geschäftsbereich ins Kabinett. Röhm betrachtete sich jedoch als Minister eines Ministeriums, das die Angelegenheiten der SA zu besorgen hatte. Daraus leitete er den Schluss ab, mit etwa drei Millionen SA-Männern im Rücken gleichwertig und auf gleicher Stufe mit den Militärs der Reichswehr zu stehen. So wie diese für die Sicherheit des Reiches nach außen sorgten, fühlte er sich für die Ordnung im Inneren zuständig. Im Weiteren plante er die Zusammenlegung seines fiktiven »SA-Ministeriums« mit dem bestehenden Reichswehrministerium unter seiner Amtsführung. Das Vorhaben beunruhigte die Reichswehrführung und die konservativen Führungseliten. Sie wussten nicht, wie sich Hitler zu den Vorschlägen seines Freundes verhalten würde, daher protestierten sie umgehend gegen Röhms Ideen. Doch Hitler passten die Vorstellungen seines SA-Stabschefs ohnehin nicht ins Konzept, ein »Volksheer«, das die nationale Revolution permanent in Gang hielte, entsprach nicht seinen Zielsetzungen, nämlich der Erweiterung des Lebensraums im Osten und der Errichtung der Hegemonie Deutschlands in Europa. Dazu benötigte er erfahrene und bedingungslos ergebene Militärs.

Hitler stand auch durch die Meinung der Bevölkerung und die kritischen Pressekommentare unter Druck. Beide lehnten das Auftreten von Röhms SA massiv ab. Die »braunen Bataillone« fielen bei Hitler in Ungnade. Der frisch gebackene Reichskanzler musste sich an der Jahreswende 1933/34 auch anderen Problemen stellen: Die erwartete Wirtschaftsrezession setzte ein.

Im Frühjahr 1934 mehrten sich die Anzeichen krisenhafter Entwicklungen: Erste Engpässe in der Versorgung, Korruption und Funktionärswirtschaft erzeugten eine Missstimmung in der Bevölkerung, der Hitler und die Partei nicht ausweichen konnten. *„Die Parteiwirtschaft sei heute noch viel größer in der Kommune, und in den Behörden sind solche Leute als Führer vertreten, auf die früher die Leute mit dem Finger gezeigt haben"*, murrten die Bauern und Bürger, wie Stimmungsberichte aus oberbayerischen Gemeinden lauteten. Die NSDAP sah sich plötzlich einer Welle der Ablehnung gegenüber.

Krisenstimmung

In diese allgemeine Stimmung der Unzufriedenheit fielen Aktivitäten eines Kreises um Vizekanzler Papen. Einige seiner engsten Mitarbeiter, so Hermann von Bose, der Pressereferent Papens, Fritz-Guenther von Tschirsky und Boegendorff sowie Papens Sekretär Edgar J. Jung machten sich Gedanken über die Nachfolge des greisen Reichskanzlers Hindenburg, dessen Tage nach menschlichem Ermessen gezählt waren. Sie entwickelten Pläne, Deutschland vom präsidialen Kurs abzubringen, und bedrängten Papen, von Hitler eine verbindliche Aussage zur Hindenburg-Nachfolge zu erwirken. Weiters sollte Papen Hindenburg bewegen, in seinem Testament die Wiederherstellung der Monarchie zu empfehlen. Von Hitler erhielt Papen, wie zu erwarten war, keine konkrete Antwort, und Hindenburg empfahl die Restauration der Monarchie nur in einem Brief an Hitler. Dieser war gewarnt, er ahnte, dass in höchsten Regierungskreisen gegen ihn opponiert wurde und begegnete Papen nur noch mit Misstrauen.

Die Männer um Vizekanzler Papen gaben sich noch nicht geschlagen. Sie hofften, die gärende Krise zwischen Reichswehr und SA würde zum offenen Konflikt ausarten. Dann müsste Hindenburg den Ausnahmezustand verhängen und die Militärs beauftragen, eine Militär-

Hitler hatte wenige Freunde, die er duzte. SA-Stabschef Ernst Röhm (in seiner Wohnung, um 1933; Bild unten) war einer von ihnen. Röhm, zu Beginn der »Bewegung« ein Förderer Hitlers, verfolgte jedoch bei der Errichtung eines nationalsozialistischen Reichs ein anderes Konzept als Hitler: Röhm wollte mit einer permanenten Revolution die »Bewegung« im Deutschen Reich ständig in Gang halten. Dafür konnte sich Hitler nicht erwärmen. Die ständigen Differenzen zwischen ihm und Röhm endeten schließlich in einem Blutbad. Von Himmler, Heydrich, Göring und Goebbels beeinflusst, glaubte Hitler selbst an einen bevorstehenden Umsturzversuch Röhms und der SA und holte zum Gegenschlag aus. SS und SD-Einheiten verhafteten auf seinen Befehl hin am Morgen des 30. Juni 1934 Ernst Röhm und erschossen ihn im Gefängnishof von Stadelheim. Zusammen mit Röhm entledigte sich Hitler gleich weiterer politischer Gegner. Der von den NS-Machthabern geprägte Begriff »Röhm-Putsch« ging in die Geschichte ein. Die Bezeichnung ist je-

doch falsch, da ein Putschversuch der SA oder Röhms bis heute nicht nachgewiesen ist. Mit dem Blutbad gilt die Phase der so genannten Machtergreifung Hitlers als beendet. Nach ihr folgt die Zeit der Machtstabilisierung.

Für Hitler und seinen engeren Kreis waren die Sturmabteilungen (SA) Röhms und dieser selbst nichts anderes als »nützliche Idioten«. Solange sie in Bierhallen und auf der Straße der »braunen Revolution« dienten, wurden sie gebraucht. Im Bild rechts oben werfen SA-Mitglieder in Berlin um 1924 Wahlflugblätter in die Menge. Die NSDAP war verboten und hatte sich den Namen »Völkische Liste« zugelegt.

diktatur zu errichten und die würde zwangsläufig konservativ ausgerichtet sein. Im Vorfeld wollten sie die Spannungen verschärfen und attackierten die SA.

Dazu bot sich am 17. Juni 1934 eine Gelegenheit. Papen hielt an diesem Tag an der Marburger Universität eine Rede, die ihm sein Sektretär Jung vorbereitet hatte: *„Mit ewiger Dynamik kann nichts gestaltet werden. Deutschland darf nicht ein Zug ins Blaue werden [...]. Die Regierung ist wohl unterrichtet über das, was an Eigennutz, Charakterlosigkeit, Unwahrhaftigkeit, Unritterlichkeit und Anmaßung sich unter dem Deckmantel der deutschen Revolution ausbreiten möchte."*

Hitler und seine engere Umgebung reagierten vorerst nicht. Nur Goebbels sorgte dafür, dass die Rede keine Verbreitung erfuhr. Hermann Göring, Reichsführer SS Heinrich Himmler, Joseph Goebbels und Reinhard Heydrich, Leiter des Geheimen Staatspolizeiamtes, aber machten sich die Worte Papens zunutze, nun konnten sie den auch ihnen lästigen Röhm loswerden.

Heydrich und der Sicherheitsdienst (SD) verbreiteten das Gerücht, Röhm plane einen Putsch. Bedenkenlos nahm die Reichswehr das Gerücht als Tatsache hin und sah es bestätigt, als ihr ein Befehl Röhms in die Hände fiel, der die SA aufrief, sich zu bewaffnen. Das gefälschte Schreiben stammte aus Heydrichs Amt. Noch am selben Tag, dem 24. Juni 1934, alarmierten Himmler und Heydrich SS und SD, dass ein SA-Putsch bevorstünde. Drei Tage später überbrachte Reichswehrminister Werner von Blomberg Hitler das vermeintliche Röhm-Papier. Warum Blomberg nicht sofort zu Hitler eilte, als er das Schreiben erhielt, zeigt vom Misstrauen der Militärs gegenüber Hitler: Sie konnten seine Reaktion nicht einschätzen. Doch Hitler handelte in ihrem Sinne, er gab Sepp Dietrich, dem Kommandeur der SS-Leibgarde, den Auftrag, sich für eine Verhaftungswelle bereitzuhalten. Die SS unterstand damals noch der SA und daher Röhm, aber sie fühlte sich bereits als Eliteeinheit Hitlers, der sie nach Kräften förderte.

Trotz strengster Geheimhaltung sickerte durch, dass eine Aktion gegen die SA laufe. Am 29. Juni rotteten sich an manchen Orten, so in München, SA-Trupps zusammen und versuchten sich zu bewaffnen. In der Öffentlichkeit erweckten sie tatsächlich den Eindruck, putschen zu wollen. Umgehend benachrichtigte daher der oberbayerische Gauleiter Adolf Wagner die Reichskanzlei.

Hitler stellte sich an die Spitze der Aktion gegen die SA. Am Morgen des 30. Juni 1934 fuhr er nach Bad Wiessee. Hierher hatte Röhm wenige Tage zuvor die SA-Prominenz zu einem Treffen geladen. Hitler eilte ins Pensionszimmer seines noch verschlafenen Stabschefs und brüllte ihn an: *„Röhm, du bist verhaftet!"* Im Nu waren alle anderen SA-Führer ebenfalls festgenommen.

Die Verhaftungswelle dehnte sich auf ganz Deutschland aus. Hitlers Schergen kannten keine Gnade. Auch Bose und Jung, der ehemalige Reichskanzler Schleicher und dessen Frau, Gustav Kahr und der Leiter der Katholischen Aktion, Erich Klausner, fielen ihnen zum Opfer. Hitlers Rache erreichte alle, die im Laufe der Jahre seinen Unmut erregt hatten. Insgesamt wurden 83 Personen hingerichtet, darunter Röhm und die gesamte SA-Führung.

Hitler rechtfertigte den ersten Massenmord im Dritten Reich in einer Kabinettssitzung am 3. Juli. Er hätte sich zum sofortigen Eingreifen entschließen müssen, behauptete er. Die Minister bestätigten per Gesetz rückwirkend die Rechtmäßigkeit seines Vorgehens: *„Die zur Niederschlagung hoch- und landesverräterischer Angriffe am 30. Juni, 1. und 2. Juli 1934 vollzogenen Maßnahmen sind als Staatsnotwehr rechtens."* Die Täter hatten sich zu Richtern in eigener Sache aufgeworfen.

Heinrich Himmler (Dritter von links) und Reinhard Heydrich (Dritter von rechts) – auf dem Bild unten mit anderen SS- und Polizeiführern in Berlin-Wannsee, 1934 – zählten zu den Drahtziehern des Röhm-Blutbades.

DEGRADIERT

„Bis zum Juni 1934 hatte die nationalsozialistische Bewegung eine Doppelstruktur: Die »Politische Organisation« der Partei und die »Sturmabteilung« bildeten zwei weitgehend unabhängig voneinander existierende Formationen, die erst in der Person Hitlers, der gleichzeitig »Parteiführer« und »Oberster SA-Führer« war, zur NS-Bewegung zusammengeführt wurden. Im Rahmen des in der deutschen Parteiengeschichte beispiellosen Aufstiegs der NS-Bewegung von einer Splitterpartei zu einer Massenbewegung kamen der SA äußerst wichtige Funktionen zu: Sie war das Terror- und Propagandainstrument der Partei, die die Weimarer Republik in einer bisher nicht gekannten Weise mit ihren Aktionen überzog. Zugleich entwickelte sich die SA mehr und mehr zu einer Belastung der NS-Bewegung: Die zahlreichen Gewalttätigkeiten der SA, ihr starker Hang zu direkten Aktionen, drohten den »legalen« Weg des Parteiführers Hitler in Frage zu stellen.“
Peter Longerich, 1999

Terror und Gewalt kennzeichneten das Auftreten der Nationalsozialisten von Anfang an. Zu Beginn der Bewegung bewährten sich besonders die von Hauptmann Ernst Röhm stabsmäßig geführten Soldaten der Münchner Reichswehr, die er – vorgeblich zum Schutz der jungen Partei, zuerst der DAP, dann der NSDAP – in Saal- und Straßenschlachten einsetzte. Am 3. August 1921 fasste Hitler, nach der berüchtigten Bürgerbräu-Saalschlacht – vom bedingungslosen Einsatz der Truppe überzeugt – die Bewährtesten der Schläger zur Sturmabteilung (SA) zusammen. Den Aufbau der Organisation besorgte der bewährte Röhm, der gemeinsam mit Offizieren des rechtsradikalen Geheimbunds »Consul« – ihm gehörten die Mörder von Außenminister Walther Rathenau und von Finanzminister Matthias Erzberger an – die Mannschaft für paramilitärische Aufgaben schulte. Im »Ruhrkampf« wurde die SA regelrecht zur Landesverteidigung eingesetzt. Hermann Göring, Nachfolger von Hans-Ulrich Klintzsch, dem ersten Führer der SA, änderte nichts an der Struktur der SA, die sich für die Partei sehr werbewirksam in Szene setzen ließ. Hitler ging aber zu ihr allmählich auf Distanz, da ihm die SA-Führer nicht die von ihm geforderte Anerkennung zollten. Er gründete mit dem »Stoßtrupp Adolf Hitler« seine eigene Garde, aus der später die »Schutzstaffel« (SS) hervorging.

Nach dem Hitler-Putsch vom 8./9. November 1923, bei dem der Handstreich auf Reichswehrkasernen und das Regierungsviertel misslang, wurde die SA verboten und löste sich auf. Einige wenige ihrer Mitglieder sammelte Röhm um sich, sie bauten aus den verbliebenen SA-Resten reichsweit den »Frontbann« auf. Hitler, aus der Festungshaft Landsberg entlassen, beauftragte Röhm mit dem Wiederaufbau der SA unter der Bedingung, sie nicht weiter paramilitärisch auszubilden. Auftreten und Erscheinungsbild blieben militärisch: Die Uniformen stammten aus einer österreichischen Bekleidungsfabrik, die diese vor dem Ersten Weltkrieg für die Schutztruppe in Deutsch-Ostafrika angefertigt hatte.

Nun bestanden zwei Selbstschutzorganisationen innerhalb der NSDAP, die illegale SA und der in der »Verbotszeit« gegründete »Frontbann«. Erst mit Röhms Ausscheiden im April 1925 vereinigte sie sein Nachfolger Pfeffer von Salomon. Obwohl Hitler seinen Wunsch der Zentralisierung durchsetzte, blieben ihm und der Partei eine weitere Einflussnahme auf die SA verwehrt. Nur die Richtlinien, nach denen in der Öffentlichkeit vorgegangen werden sollte, konnten sie mitbestimmen; die Art der Durchführung blieb der SA allein vorbehalten.

SA will mehr Macht

Schon Pfeffer verfolgte den Gedanken, aus der SA eine Volksmiliz zu machen. Er gliederte die SA-Truppe nicht nach Rängen, sondern nach Dienstbezeichnungen. Am Anfang der Bewegung, als in der Parteikasse Ebbe herrschte, mussten die SA-Männer für ihre Aufwendungen selbst Sorge tragen. Ab 1929 erhielten sie Zuschüsse und einige Sozialmaßnahmen kamen ihnen zugute, sodass die SA in der Zeit der großen Arbeitslosigkeit, während der Weltwirtschaftskrise, einen starken Zulauf an Arbeits- und Mittellosen verzeichnete.

Im August 1921 von Hitler ins Leben gerufen, fand die SA zunächst als »Ordnerdienst« Verwendung. Nach einer Saalschlacht am 4. November 1921 wurde sie offiziell Sturmabteilung genannt. – Durch die »Gleichschaltung«

wurden auch die bisherigen freien Sportvereine aufgelöst und in die SA übergeführt. Beinahe jeder Sportler war verpflichtet, Mitglied der SA zu sein (linke Seite, Bild oben).

Vielfältig und verwirrend stellte sich die »Uniformlandschaft« im Dritten Reich dar. Unzählige Dienstränge, Abzeichen und Grade gliederten Heer, Luftwaffe, Marine, SS, SA und die angeschlossenen Organisationen. Im Bild oben ein SA-Obertruppführer im großen Dienstanzug, rechts von ihm ein Rottenführer im Dienstmantel, rechts außen ein Standartenführer im kleinen Dienstanzug.

Nach der Entmachtung der SA wurden ihre Mitglieder nur noch für die von der Partei inszenierten Krawalle – wie beim Boykott von Juden und bei Judenpogromen –, als Staffage bei Aufmärschen und Großveranstaltungen (Bild links, beim »Tag von Dessau«, 1938) sowie bei Sammlungen für das Winterhilfswerk gebraucht (Bild rechts).

Die Erfolge der NSDAP steigerten die Mitgliederzahl der SA, die darin die Richtigkeit ihres Konzepts bestätigt sah: diszipliniertes Auftreten und rücksichtslosen Terror. Ihre Forderung nach mehr Macht im Parteiapparat lehnte Hitler jedoch ab. Das führte zu einem Aufbegehren innerhalb der SA, dem der 1929 von Hitler ernannte Stabschef Otto Wagener – nach dem Ausscheiden Röhms – nicht Herr wurde. Hitler sah sich gezwungen, Röhm, der in Bolivien die Stellung eines Militärberaters im Generalstab angenommen hatte, 1930 wieder nach Deutschland zurückzuholen. Röhm übernahm erneut die Führung der SA, allerdings unter der Bedingung, weitgehend unabhängig handeln zu dürfen.

Das unerträglich gewordene brutale Auftreten von SA-Schlägern nötigte jedoch schließlich die Weimarer Regierung, die SA zu verbieten. Doch selbst das Verbot, öffentlich in Erscheinung zu treten, lähmte die Terrortätigkeit der SA nicht, im Gegenteil, sie provozierte sie noch.

Der Machtantritt der Nationalsozialisten bedeutete für die SA eine Zäsur. Zum einen hatte sie einen weiteren Zulauf zu verzeichnen, zum anderen wurde sie in ihren Aktivitäten noch unberechenbarer als bisher: Die Aufhebung der bisherigen rechtsstaatlichen Ordnung förderte ihre Aggressivität. SA-Männer drangsalierten nun nicht nur Gegner des Regimes, sondern terrorisierten auch staatskonforme Bürger aus persönlicher Rache oder Vergeltung. *„Von März bis Herbst 1933 konnte die SA dann, hauptsächlich aus Beschäftigungslosen bestehend und gelegentlich sogar kriminell infiltriert, hemmungslos Rache an ihren politischen Gegnern und ideologischen Feinden nehmen"*, stellt der Historiker Wolfgang Petter fest. Neuerlich vorgetragene Machtansprüche lehnte Hitler abermals ab.

Die SA und Röhm propagierten daraufhin die »zweite Revolution« und setzten Hitler und seinen engeren Kreis unter Druck. Bei diesen reifte der Gedanke, sie auszuschalten. Mit der Ermordung Röhms und aller wichtigen SA-Führer, der vollständigen Entwaffnung und Übergabe ihres umfangreichen Waffenarsenals an die Reichswehr, dem Herauslösen der ihr unterstellten SS aus dem Verband sowie die Einschränkung der bisher wehrkampfmäßigen Ausbildung auf eine für nur noch sportliche und soziale Betätigung ihrer Mitglieder verlor die SA ihre machtpolitische Stellung im Dritten Reich.

Das terroristische Aggressionspotenzial ging ihr jedoch nicht verloren. Im Boykott gegen Juden 1934 und in der Pogromnacht 1938 zeigte es sich ungebrochen.

Zu Kriegsbeginn rückten 60 % der Mannschaft und 80 % ihrer Führer in die Wehrmacht ein. Die Daheimgebliebenen bildeten zurückgestellte Wehrpflichtige und Jugendliche paramilitärisch aus oder leisteten Hilfsdienste für Polizei, Wehrmacht, Zoll, Grenz- und Luftschutz. Sie sammelten bei Winterhilfsaktionen oder bekämpften, den Gauleitern direkt unterstellt, als »Stürme zur besonderen Verwendung (z. b. V.)« als Unterstützung der Polizei Partisanen oder Aufstände. Zur Bildung des »Volkssturms« 1944/45 trug die SA nur noch als Personalreservoir bei.

Im Nürnberger Prozess erkannte das Tribunal die SA im Sinne der Anklagepunkte für nicht schuldig: Die Sturmabteilung war nach Ansicht der Alliierten keine *„verbrecherische Organisation"*.

Richter hinter Hitler

„Die »Parteirevolution von unten« fand am 30. Juni 1934 durch die Ermordung des Obersten SA-Führers Ernst Röhm ein blutiges Ende. Die Wiederherstellung der »geregelten Verhältnisse«, die Hans Frank dem bayerischen Oberlandesgerichtspräsidenten im April zugesichert hatte, vollzog sich durch einen eklatanten Bruch des Rechts und unter Ausschaltung der Gerichtsbarkeit. Wie gegen die meisten der SA-Leute, die in den Schutzhaftlagern Gegner des NS-Regimes ermordet hatten, konnte die Justiz auch gegen die SS-Männer, die auf den Befehl Hitlers Röhm, etliche seiner Gefolgsleute und verschiedene Gegner des »Führers« aus dem national-konservativen Lager erschossen hatten, keine Ermittlung einleiten.“

Ralph Angermund, 1996

Das Blutgericht vom 30. Juni 1934 trat nicht nur das Recht mit Füßen, es legitimierte Hitler als *„obersten Gerichtsherrn“*, dessen *„echte Gerichtsbarkeit“* aus dem *„Lebensrecht“* des Volkes erwachse, so lautete die Interpretation des richtungweisenden Rechtstheoretikers des nationalsozialistischen Regimes, Carl Schmitt. Der »Führer« war demnach berechtigt, von sich aus zu bestimmen, was »Recht« sei. Schmitt verteidigte die aus angeblicher Staatsräson erfolgten Morde, und 1936 beantragte der Rechtstheoretiker eine »Säuberung« des deutschen Rechts *„vom jüdischen Geist“*.

Schmitts Forderung fand Niederschlag in den unzähligen antisemitischen Gesetzen, Verordnungen und Erlassen, die einem Ziele dienten, zuerst die deutschen und dann die Juden Europas zu vernichten, soweit der Arm Hitlers reichte.

Die Bluttat Hitlers und seiner Kumpane zeigte in erschreckendem Maße die Verrohung eines großen Teils der Gesellschaft: Das deutsche Volk begrüßte den kaltblütigen, von langer Hand vorbereiteten Massenmord. Die vielen Jahre des Terrors, den die Parteien verbreitet hatten, trug Früchte; Ethik, Moral, Gerechtigkeitssinn waren abgestumpft. Terror mit Terror zu vergelten, war zum Alltag und selbstverständlich geworden. Unkritisch nahm die Bevölkerung hin, was ihr die Obrigkeit vorsetzte, glaubte an die Mär vom bevorstehenden Putsch und empfand den Schlag Hitlers gegen die SA als Befreiungstat. Ähnlich fühlte die Richterschaft. Das Auftreten Hitlers als *„oberster Gerichtsherr“* verunsicherte sie zwar, doch nur kurz, denn Hitler beeilte sich, seine Handlung zum *„einmaligen Vorkommnis zu erklären“*, wie Carl Schmitt ausführte. Da selbst Hindenburg die Morde in dem von ihm unterzeichneten Gesetz vom 3. Juli als „Staatsnotwehr“ und für „rechtens“ erklärte, quälten die Richter keine weiteren Gewissensbisse. Hitler schien aber doch noch aus der Bevölkerung, mehr noch aus der SA Kritik zu fürchten, denn in der Reichstagsrede am 13. Juli 1934 kam er nochmals auf die Ereignisse zurück und führte Klage über die homosexuellen Neigungen Röhms und anderer SA-Führer. Nun konnte er sich der Zustimmung der Massen gewiss sein. Homosexualität zählte damals zu den verwerflichsten Eigenschaften im sittlichen Leben der Allgemeinheit.

Zurück zu Recht und Gerechtigkeit?

Führungslos geworden, war die SA entmachtet und verlor alle ihre Bastionen. Für kurze Zeit hatte es den Anschein, als wollten die Nationalsozialisten auf den Boden des Rechtsstaates zurückkehren: Die SA-Schutzhaftlager wurden der Justizverwaltung unterstellt, SA-Männer, die sich im Zuge

Otto Georg Thierack (Bild oben) – 1889 im sächsischen Wurzen geboren – war ab 1921 Staatsanwalt, wurde Mitglied der SA und trat 1932 der NSDAP bei. Er beging im Gefangenenlager Eselheide/ Sennelager 1946 Selbstmord.

Richter des Volksgerichtshofes bei der Vereidigung auf das Gesetz und auf Hitler. Die Richter des Volksgerichtshofes ernannte Hitler persönlich (Bild unten).

Zwischen 1907 und 1932 wurden in Deutschland 1 545 Todesurteile ausgesprochen, ein Viertel davon wurde vollstreckt. Im nationalsozialistischen Dritten Reich stiegen die von zivilen Gerichten verhängten Todesurteile sprunghaft auf 16 560 an (Grafik unten). Mehr als ein Drittel davon wurde exekutiert. Der Volksgerichtshof fällte 7 022 Urteile gegen 15 729 Angeklagte, 1 276 Freisprüchen standen 9 174 Freiheitsstrafen gegenüber. Die Sondergerichte verhängten etwa 11 000 Todesurteile. Zur Zahl der von Zivilgerichten ausgesprochenen Urteile kamen noch jene der Militärgerichte: Sie verhängten wegen »Wehrkraftzersetzung« mindestens 25 000 Todesurteile, über 80 Prozent wurden vollstreckt. Für Juden, Polen und Ostarbeiter galt ab 1943 ein drakonisches Sonderstrafrecht, nach dem die Polizei urteilte. Die Zahl der Opfer ist unbekannt.

der »Revolution« Ämter in der Stadt- und Gemeindeverwaltung zugelegt hatten, mussten sich vor Gericht wegen Amtsmissbrauchs und Korruption verantworten.

Der nächste Schlag gegen Justiz und Rechtsprechung konnte nicht ausbleiben. Die bisherigen Rechtsnormen, die der Einzelperson Schutz und Gerechtigkeit gewährten, entsprachen nicht dem nationalsozialistischen Rechtsempfinden. Sie hoben den Gemeinnutz über den Eigennutz und das Unrecht hielt wieder Einzug: so bei der Entrechtung der Juden durch die Nürnberger Gesetze oder in den unzähligen Terrorurteilen der Sondergerichte und des Volksgerichtshofs.

Sondergerichte waren schon 1933 als »Spezialstrafkammern« zur Ausschaltung politischer Gegner errichtet worden. Ursprünglich 26, stieg ihre Zahl bis 1942 auf 74. Zunächst verfolgten die Sondergerichte nur einzelne politische Verbrechen, ab 1940 befassten sie sich ausschließlich mit Straftaten, die nach dem »Heimtückegesetz« begangen wurden, einer Strafvorschrift, die oppositionelle Meinungsäußerungen ahndete. Die Grundlage dafür stellte die »Verordnung des Reichspräsidenten zum Schutze des Deutschen Volkes« vom 4. Februar 1933 dar. Nach § 3 des Heimtückegesetzes machte sich schon strafbar, wer durch eine *„unwahre oder gröblich entstellende Behauptung"* das Ansehen der Regierung oder der ihr angehörenden Parteien schädigte.

Nach Ausschaltung der national-konservativen Regierungspartner der NSDAP wurde am 20. Dezember 1934 das Heimtückegesetz durch das »Gesetz gegen heimtückische Angriffe auf Staat und Partei und zum Schutze der Parteiuniform« ersetzt. Nun standen auch *„nichtöffentliche böswillige Äußerungen"* unter Strafe, *„wenn der Täter damit rechnen muß, daß die Äußerung in die Öffentlichkeit dringen werde"*. Dem Denunziantentum standen Tür und Tor offen. 1933 wurden 3 744 Verstöße gegen das Heimtückegesetz registriert, für die folgenden Jahre fehlen statistische Angaben.

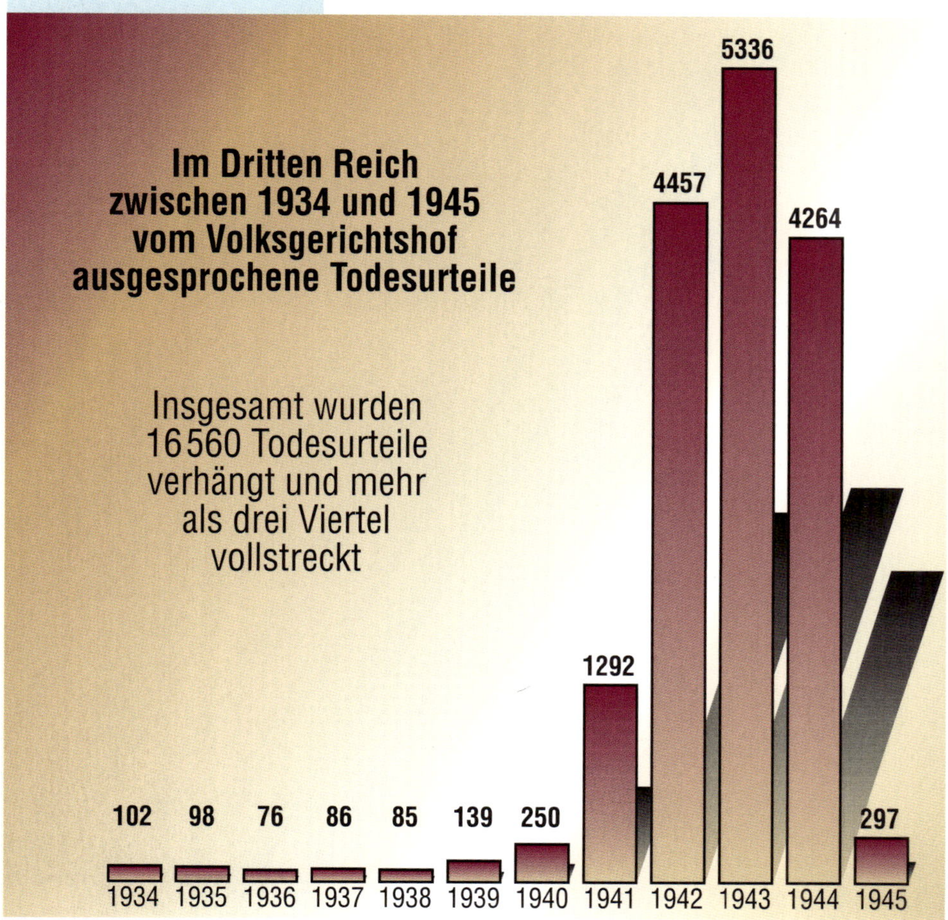

Die Sondergerichte arbeiteten schnell, beinahe mit standgerichtlichem Charakter: ohne gerichtliches Vorverfahren, mit kurzen Ladungsfristen und sofortiger Rechtskraft bei Urteilsverkündung konnten Urteilsvollstreckungen umgehend erfolgen. Herkömmliche Rechtsmittel waren nicht zulässig, nur das Reichsgericht war befähigt, das Urteil eines Sondergerichtshofs durch einen außerordentlichen Einspruch oder durch Nichtigkeitsbeschwerde aufzuheben. Dies geschah in den seltensten Fällen.

Hitler ernennt Richter

Der Volksgerichtshof wurde am 24. April 1934 mit Sitz in Berlin eingerichtet und diente als Sondergerichtshof für die Aburteilung von Hoch- und Landesverrätern. Am 18. April 1936 in ein ordentliches Gericht umgewandelt, dehnte es seine Zuständigkeit auf Wehrkraftzersetzung, Spionage und Beschädigung von Wehrmachtseigentum aus. Sinn des Volksgerichtshofs war es, der politischen Führung die direkte Einflussnahme auf die Rechtsprechung auf dem Umweg über die Besetzung der Richterposten zu ermöglichen: Hitler persönlich bestellte die Mitglieder des Volksgerichtshofs, der sich aus sechs mit jeweils fünf Richtern besetzten Senaten zusammensetzte. Nur zwei der Richter mussten Berufsrichter sein, die übrigen waren ehrenamtlich tätige Laien aus Wehrmacht, Polizei oder Partei. Anklage führte der Oberreichsanwalt. Zum ersten Präsidenten des Volksgerichtshofs bestimmte Hitler 1936 den späteren Reichsjustizminister Otto Thierack. Er führte in Sachsen als kommissarischer Justizminister die »Gleichschaltung« der Justiz durch und hatte sich bei Hitler einen guten Namen gemacht. An die Stelle Thieracks rückte 1942 Roland Freisler. Freisler war im Ersten Weltkrieg in russische Gefangenschaft geraten und war von den Bolschewisten in den deutschen Lagern als Kommissar eingesetzt worden. Hitler ernannte ihn, den ehemaligen Kommunisten, deshalb nicht zum Justizminister. Mit ein Grund, dass sich Freisler, auf Kosten der von ihm Verurteilten, im Gehorsam zum »Führer« förmlich überschlug: Er wandelte den Volksgerichtshof zum reinen Terrorinstrument des nationalsozialistischen Systems um. In seiner Amtszeit verhängte er 4 951 Todesurteile. Unter anderem führte er den Vorsitz im Prozess gegen die Attentäter des 20. Juli 1944 und verurteilte die Geschwister Sophie und Hans Scholl, die an der Münchner Universität zum Widerstand gegen das Regime aufgerufen hatten. Freislers Gerichtsverhandlungen fehlten rechtsstaatliche Verfahrensgarantien und strafprozessrechtliche Normen. Er werde das Recht schon finden, drohte er mehrmals, dazu brauche er kein Gesetzbuch. 1945 erschlug ihn während eines Luftangriffs ein herabstürzender Deckenbalken.

Der Volksgerichtshof nahm eine dominante Stellung im Justizsystem des Dritten Reichs ein. Seine brutale Vorgangsweise gegenüber Beschuldigten war beispiellos. Aber auch die anderen Gerichte sprachen kein Recht mehr im Sinne herkömmlicher Gerechtigkeitsvorstellungen. Der Richter, so Thierack, muss zur Einstellung gelangen, *„die Ideen und Absichten der Staatsführung als das Primäre zu sehen, das Menschenschicksal, das von ihm abhängt, als das Sekundäre"*. 1946 beging Thierack, noch vor seiner Verurteilung als Kriegsverbrecher, Selbstmord.

ALLMÄCHTIGE SS

„Die SS der NSDAP war wie keine andere Institution des Dritten Reiches die Verkörperung nationalsozialistischer Herrenmenschen-Ideologie. Die Frühgeschichte der SS reicht ins Jahr 1923 zurück, als Hitler eine »Stabswache« unter Führung von J. Berchtold aufstellte. Als Folge des Hitler-Putsches vom 9. November 1923 verboten, wurde sie Anfang 1925, diesmal unter dem Kommando von J. Schreck, neu begründet. Schon bald bildeten sich auch andernorts Staffeln in der Größe von zunächst nur je einem Führer und zehn Mann. Hauptaufgaben dieser seit Sommer 1925 als »Schutzstaffeln« bezeichneten Stabswachen waren insbesonders der Schutz der Parteiprominenz, Versammlungsschutz sowie Werbeaktionen für die Partei. Die Staffeln standen also nicht in der Tradition der Wehrverbände, sondern waren Parteikader, deren Bedeutung für Hitler in ihrer unbedingten – seitens der SA nicht immer verbürgten – Loyalität seiner Person gegenüber lag."
Bernd Wegener, 1985

Es war weder bloßer Zufall noch vorhersehbar, dass die aus wenigen Mann bestehende Stabswache aus dem Jahr 1923 zum allesbeherrschenden Machtapparat im Dritten Reich wurde. Das Dritte Reich hatte sich in seiner Endphase vom »Führerstaat« zum »SS-Staat« gewandelt. Der Moloch SS beherrschte alles.

Noch bei der Machtergreifung 1933 hatte es den Anschein, als würden Reichsführer SS Heinrich Himmler und seine lächerlich kleine Elitetruppe von 56 000 Mann bei der Verteilung der Machtpositionen leer ausgehen. Himmler wurde kommissarischer Polizeipräsident von München, die wichtigste Position im Polizeiapparat nahm Göring ein: Er befehligte die Polizei in der Reichshauptstadt Berlin und in Preußen. Beide, von ungewöhnlichem Ehrgeiz besessen, entwickelten eine gegenseitige Rivalität, die schließlich Himmler für sich entschied: Während Göring ein von der übrigen Polizei organisatorisch getrenntes Geheimes Staatspolizeiamt errichtete, es aber innerhalb der staatlichen Verwaltung beließ, entzog Himmler seine politische Polizeitruppe jeder administrativen Kontrolle und unterstellte sie seiner Person. Mit ihrer Hilfe wurde er im Reich der zweite Mann hinter Hitler.

Obwohl ab 1926 dem Stabschef der SA unterstellt, entwickelte die SS mit der Ernennung Heinrich Himmlers zum Reichsführer SS (RFSS) 1929 eine Eigendynamik und formte sich zu einer Sondereinheit mit eigener Zielsetzung. Bedingungslos dem »Führer« Adolf Hitler zugetan, legte die SS 1930/31 in der Niederwerfung der Stennes-Revolte, einer Protestaktion der Berliner SA gegen die NSDAP, eine erste Probe ihrer Loyalität ab. Damals widersprach die SA vehement der Taktik Hitlers, die Macht über Koalitionen mit bürgerlich-konservativen Parteien auf legalem Weg zu erreichen. Die SA sah in der Revolution die einzige Möglichkeit, die Macht im Staat zu erringen. Ein Konflikt zeichnete sich ab, als Hitler, um Stabschef Pfeffer und die SA zu zähmen, ihnen Unterstützungsgelder und Reichstagsmandate verweigerte und sie dadurch schwer in ihrem Selbstwertgefühl verletzte. Die Differenzen führten in Berlin zum internen Aufstand. Dort forderte die besonders radikal auftretende SA unter Walter Stennes, einem Stellvertreter Röhms, ihre Eigenständigkeit und eine Bezahlung ihrer Dienste. Um den psychologischen Druck auf Hitler zu erhöhen, trat sie im Vorfeld der Erfolg versprechenden Wahlen im September 1928 in den Streik. Doch nicht genug. Am 30. August 1928 stürmte die SA Lokalitäten der SS, die sich geweigert hatte, beim Aufruhr mitzumachen, randalierte in der Gauleitung und nahm Kontakte zu den Kommunisten auf, weil man sie für die besseren Arbeitervertreter hielt, vernahm man aus Kreisen um Stennes.

Goebbels sah sich genötigt, die Polizei zu Hilfe zu rufen. Hitler aber lenkte ein, er wollte den Ausgang der Wahlen nicht gefährden und die Stimmen der SA-Leute nicht verlieren, die sonst zu den Kommunisten überwechseln würden. Stennes allerdings wurde entlassen und an seine Stelle rückte 1930 Pfeffer.

Hitlers neue Liebe: die SS

An der Stennes-Revolte beteiligte sich die SS nicht und handelte sich deshalb heftige Vorwürfe und Repressalien der SA ein. Aus diesen Ereignissen resultierte die Abneigung der beiden Organisationen gegeneinander. Hitler aber schätzte die Loyalität der SS und ihres Kommandeurs Himmler. Dieser erhielt 1931 freie Hand beim Aufbau eines ihm unterstellten »Ic-Dienstes«, der Keimzelle des späteren Sicherheitsdienstes (SD).

In der Folge entwickelte sich die SS immer mehr zur politischen Polizei innerhalb der NSDAP, ohne dass Hitler Einwand erhob. Auch das von Himmler geschaffene »Rasse- und Siedlungshauptamt« und die von ihm übernommene Aufgabe der »biologischen Auslese« fanden Hitlers Zustimmung.

Absolute Loyalität für Hitler bewies die SS erneut 1934 in der »Affäre Röhm«. Hitler dankte es der Sturmstaffel mit ihrer Herausnahme aus der SA-Organisation und der Erhebung zu einer selbstständigen Formation innerhalb der NSDAP unter Himmler.

1943: Ausmusterung von Kandidaten für die Waffen-SS durch Heinrich Himmler (Bild unten). Die Waffen-SS (seit Oktober 1939) war 1933 aus der »Leibstandarte Adolf Hitler« hervorgegangen. 1944 machte sie 11 % der gesamten Wehrmacht aus, das sind etwa 910 000 Mann. Die Angehörigen der Waffen-SS zeichneten sich durch fanatischen Mut und Tapferkeit aus. Die Verluste betrugen etwa ein Drittel der Mannschaft. Die Beteiligung an vielen Mordtaten an Unschuldigen, vor allem im Osten, drückte ihr den Stempel einer verbrecherischen Truppe auf.

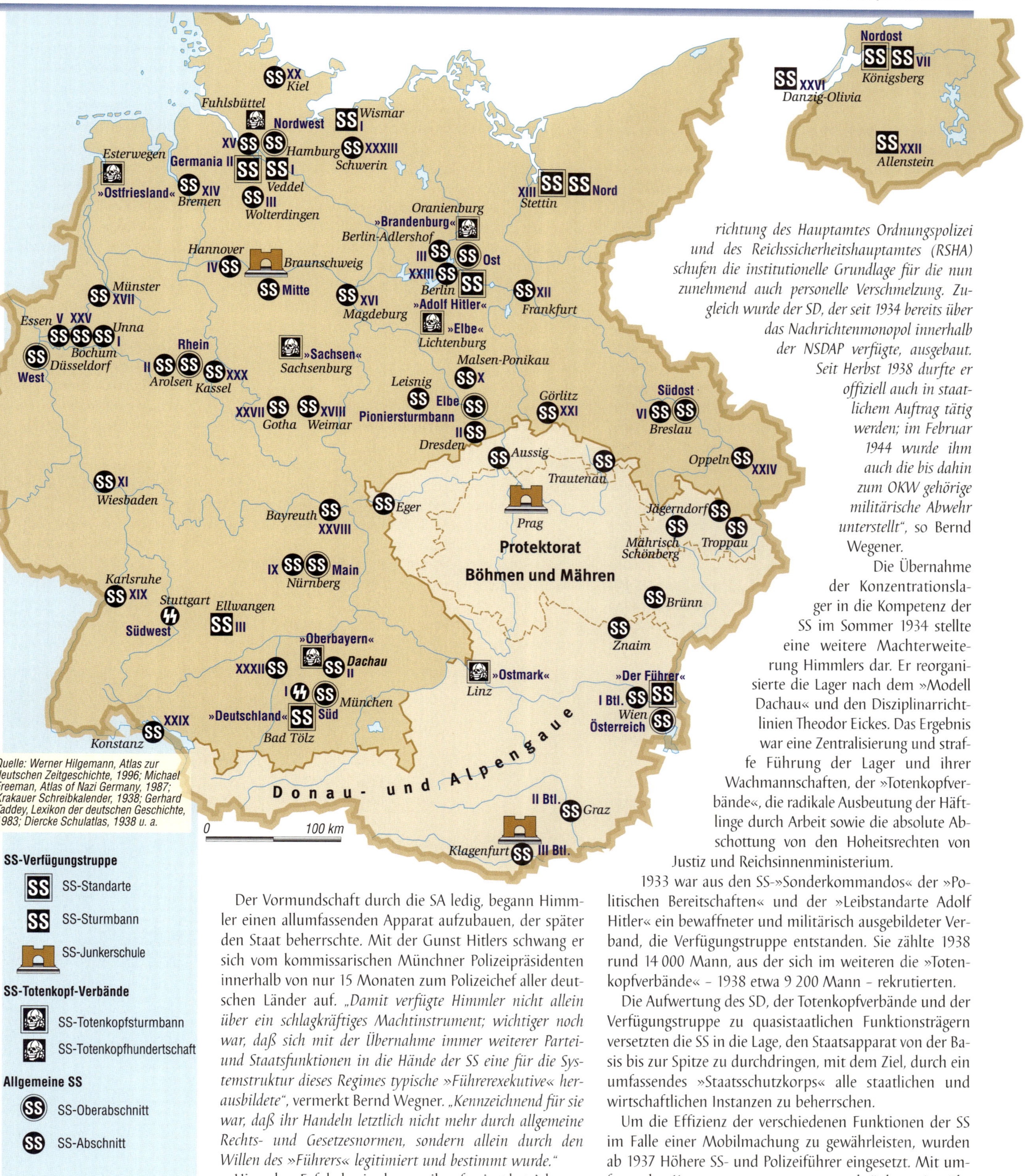

Die Standorte der SS zwischen 1933 und 1939 (Karte oben).

Der Vormundschaft durch die SA ledig, begann Himmler einen allumfassenden Apparat aufzubauen, der später den Staat beherrschte. Mit der Gunst Hitlers schwang er sich vom kommissarischen Münchner Polizeipräsidenten innerhalb von nur 15 Monaten zum Polizeichef aller deutschen Länder auf. *„Damit verfügte Himmler nicht allein über ein schlagkräftiges Machtinstrument; wichtiger noch war, daß sich mit der Übernahme immer weiterer Partei- und Staatsfunktionen in die Hände der SS eine für die Systemstruktur dieses Regimes typische »Führerexekutive« herausbildete"*, vermerkt Bernd Wegner. *„Kennzeichnend für sie war, daß ihr Handeln letztlich nicht mehr durch allgemeine Rechts- und Gesetzesnormen, sondern allein durch den Willen des »Führers« legitimiert und bestimmt wurde."*

Himmlers Erfolg lag in der von ihm forciert betriebenen Verzahnung von SS und Polizei: *„Die Ernennung Himmlers zum Reichsführer SS und Chef der Deutschen Polizei (früher RFSS, jetzt RFSSuChdDtPol) am 17. Juni 1936 sowie die Errichtung des Hauptamtes Ordnungspolizei und des Reichssicherheitshauptamtes (RSHA) schufen die institutionelle Grundlage für die nun zunehmend auch personelle Verschmelzung. Zugleich wurde der SD, der seit 1934 bereits über das Nachrichtenmonopol innerhalb der NSDAP verfügte, ausgebaut. Seit Herbst 1938 durfte er offiziell auch in staatlichem Auftrag tätig werden; im Februar 1944 wurde ihm auch die bis dahin zum OKW gehörige militärische Abwehr unterstellt"*, so Bernd Wegener.

Die Übernahme der Konzentrationslager in die Kompetenz der SS im Sommer 1934 stellte eine weitere Machterweiterung Himmlers dar. Er reorganisierte die Lager nach dem »Modell Dachau« und den Disziplinarrichtlinien Theodor Eickes. Das Ergebnis war eine Zentralisierung und straffe Führung der Lager und ihrer Wachmannschaften, der »Totenkopfverbände«, die radikale Ausbeutung der Häftlinge durch Arbeit sowie die absolute Abschottung von den Hoheitsrechten von Justiz und Reichsinnenministerium.

1933 war aus den SS-»Sonderkommandos« der »Politischen Bereitschaften« und der »Leibstandarte Adolf Hitler« ein bewaffneter und militärisch ausgebildeter Verband, die Verfügungstruppe entstanden. Sie zählte 1938 rund 14 000 Mann, aus der sich im weiteren die »Totenkopfverbände« – 1938 etwa 9 200 Mann – rekrutierten.

Die Aufwertung des SD, der Totenkopfverbände und der Verfügungstruppe zu quasistaatlichen Funktionsträgern versetzten die SS in die Lage, den Staatsapparat von der Basis bis zur Spitze zu durchdringen, mit dem Ziel, durch ein umfassendes »Staatsschutzkorps« alle staatlichen und wirtschaftlichen Instanzen zu beherrschen.

Um die Effizienz der verschiedenen Funktionen der SS im Falle einer Mobilmachung zu gewährleisten, wurden ab 1937 Höhere SS- und Polizeiführer eingesetzt. Mit umfassenden Kompetenzen ausgestattet, schränkten sie während des Kriegs in den besetzten Gebieten sogar die Befugnisse der Militärbefehlshaber ein: Himmlers SS besaß alle Macht, sie war Herr über Leben und Tod geworden.

Der Terror der 20 000

„Zu ihrer Zeit war die Gestapo die gefürchtetste und schlagkräftigste Polizeiorganisation der Welt. Zwanzigtausend Geheimpolizisten sicherten die totale Macht der NSDAP über das deutsche Volk und nach 1939 über die Bevölkerung der eroberten Gebiete Europas. Wenn auch die westlichen Staaten fest hofften, daß Hitler durch einen internen Aufstand gestürzt oder seine Kriegsmaschinerie von der europäischen Widerstandsbewegung unterminiert werde, sorgte die Gestapo dafür, daß die Nazi-Maschinerie bis zum bitteren Ende lief. Die Gestapo war das entscheidende Instrument des Terrors und der Macht des Nationalsozialismus. Sie konnte jedermann in ihr Visier nehmen, selbst Prominente und bedeutende Persönlichkeiten […]. Sie war gleichermaßen gegen die Generäle und Aristokraten aktiv, die am Attentat auf Hitler vom 20. Juli 1944 beteiligt waren, wie gegen »Arbeitsscheue«, die sie zu Wochenend-»Erziehungslehrgängen« verpflichtete. Das deutsche Volk merkte bald, daß jede geringste Äußerung von Mißfallen – und sei es nur eine unmutige Bemerkung über den Bus oder einen harten Arbeitstag –, zu dem gefürchteten Klopfen an der Tür in aller Herrgottsfrühe führen konnte. Die Organisation der Gestapo funktionierte deswegen so gut, weil sie ein Klima von Gehorsam, Anpassung und Denunziation förderte.“

Rupert Butler, 1996

Die geheime Staatspolizei oder Gestapo ging aus dem 1933 in Preußen gegründeten Geheimen Staatspolizeiamt (Gestapa), als Organ der Sicherheitspolizei (Sipo) hervor. Rudolf Diels, Jurist und Regierungsrat im preußischen Innenministerium, erhielt 1930 vom sozialdemokratischen Innenminister Carl Severing den Sonderauftrag, radikale Kommunisten zu observieren. Die Kenntnisse, die sich Diels dabei aneignete, stellte er nach dem Reichstagsbrand dem neuen preußischen Innenminister Göring zur Verfügung. Am 26. April 1933 übetrug ihm dieser die Leitung des Geheimen Staatspolizeiamtes. In dieser Funktion arbeitete Diels erste polizeiliche Regelungen für Schutzhaft und Judenverfolgung aus. Gleichzeitig versuchte er, die »wilden KZ« der SA abzuschaffen. Im Machtkampf zwischen Göring und Himmler sowie dessen Vertrauten, Reinhard Heydrich, musste Diels weichen. 1944 wurde er wegen Teilnahme am Hitler-Attentat verhaftet, doch Göring rettete ihn. 1948 trat der Gründer der Gestapo in Nürnberg als Zeuge der Anklage gegen die inhaftierte Nazi-Prominenz auf.

Die Gestapa, auf Beobachtung und Bespitzelung politisch Verdächtiger spezialisiert, war schon zur Zeit des »Preußenschlags« – der widerrechtlichen Amtsenthebung der preußischen Landesregierung unter Braun durch Papen – nationalsozialistisch unterwandert. Nach der Machtergreifung vollzog sich daher die Umstellung auf das neue Regime ohne Komplikation. Schon die Gestapa nahm politische Gegner der NSDAP aufgrund der Reichstagsbrandverordnung in Schutzhaft und verbrachte sie in Polizei- und SA-Gefängnisse. Von der Gleichschaltung der Länder war auch die Polizei betroffen, Himmler vereinigte sie unter sich und setzte 1934 Heydrich auf den Posten Diels'. Die Gestapa änderte ihren Namen in Gestapo, die Aufgaben blieben jedoch die gleichen: nach dem Gesetz vom 10. Februar 1936 alle staatsgefährlichen Bestrebungen zu erforschen und zu bekämpfen, das Ergebnis zu sammeln und auszuwerten, die Staatsregierung davon zu unterrichten sowie die übrigen Behörden über für sie wichtige Beobachtungen auf dem Laufenden zu halten.

Große Vollmachten

Schutzhaftbefehle in großer Zahl – basierend auf der Reichstagsbrandverordnung –, Willkür und Anmaßung terrorisierten die Bürger, denn eine gerichtliche Kontrolle über die Rechtmäßigkeit der Haftbefehle gab es nicht, Verurteilungen erfolgten rasch und ohne Vorverhandlungen.

Die Gestapo verfügte über große Vollmachten. In ihrem Aufgabenbereich arbeitete sie selbständig, sie besaß sogar das Weisungsrecht über die Ordnungspolizei; der Inspekteur staatlicher Konzentrationslager unterstand direkt der Gestapo. Über ihren eigentlichen Wirkungskreis hinaus

Wo auch immer sie auftauchten in ihren hellen Trenchcoats oder schweren Ledermänteln und mit ihren breitkrempigen Hüten, sie verbreiteten Angst: die Leute des Sicherheitsdienstes und der Geheimen Staatspolizei. Sie schienen überall zu sein und waren doch nur eine lächerlich kleine Truppe: In allen von den Deutschen besetzten Ländern einschließlich des Deutschen Reichs waren nie mehr als 20 000 Menschen hauptamtlich bei der Gestapo beschäftigt. Aber V-Leute, böswillige Nachbarn und Bekannte waren ihre stillen Mitarbeiter, die sie bis Kriegsende mit Meldungen und Nachrichten über »Staatsfeinde« versorgten. Die Strategie der Gestapo war einfach: Meldungen registrieren, flüchtig auf Wichtigkeit prüfen, vielleicht kurze Observation des Verdächtigen, meist aber rasches und unbürokratisches Zuschlagen, um das Überraschungsmoment auszunützen. Eigenmächtige Ahn-

dung von Straftaten und politisch missliebigem Verhalten betrieb die Gestapo an der Staatsanwaltschaft vorbei. Opfer folterte sie, wies sie in KZ ein oder exekutierte sie ohne Verfahren. Im Bild links unten eine spontane Personenkontrolle vor dem Café Schön, Unter den Linden in Berlin, 1938.

Gestapo, SD und Gerichte arbeiteten eng zusammen. Ein dichtes Netz von Sondergerichten legte sich über ganz Deutschland und die okkupierten Gebiete, an vielen Orten waren Hinrichtungsstätten eingerichtet (Karte rechts).

Volksgerichtshof

§ Sondergericht

§ Hinrichtungsstätte für vom Volksgerichtshof oder von Sondergerichten zum Tode Verurteilte

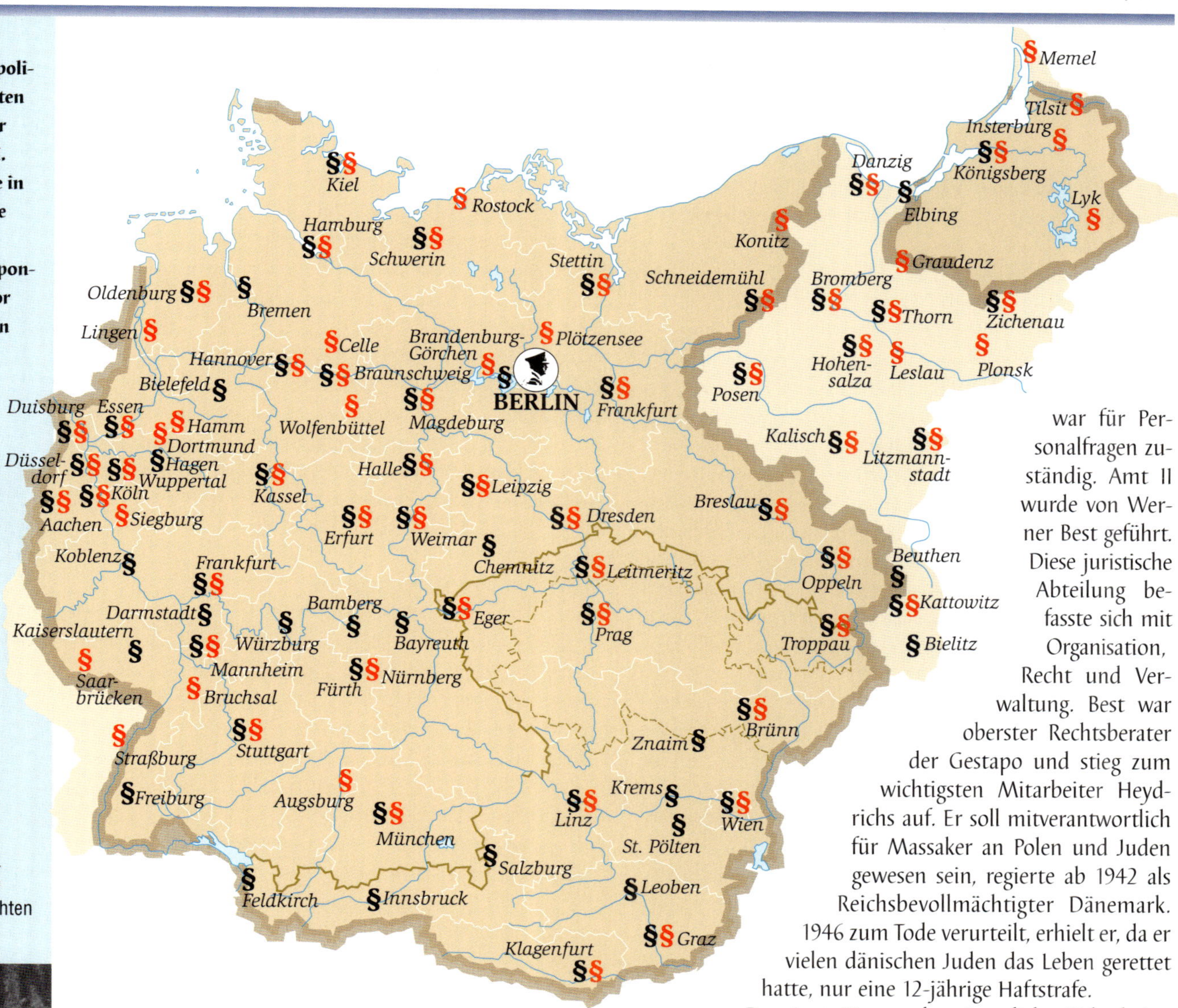

ahndete die Gestapo selbstständig nach Straftaten, ohne die Staatsanwaltschaften oder Gerichte einzuschalten. Körperliche Misshandlung, Einweisungen ins KZ, Hinrichtungen ohne Verfahren waren durchaus üblich. Fielen Gerichtsurteile nach Ansicht der Gestapo zu milde aus, griff sie ein, schritt zur nochmaligen Festnahme und wies die Opfer ins KZ ein. Zur Bekämpfung von politischen Regimegegnern machte die Gestapo zusätzlich die Verfolgung von Juden, Homosexuellen, Zigeunern, Freimaurern, Angehörigen von Sekten usw. zu ihrer Aufgabe.

Das Reichssicherheitshauptamt

Das Reichssicherheitshauptamt (RSHA) wurde am 27. September 1939 als »Zusammenfassung der zentralen Ämter der Sicherheitspolizei und des Sicherheitsdienstes des Reichsführers SS« gegründet. Damit hatte Himmler die Verschmelzung von Ämtern des staatlichen Bereichs mit jenen der NSDAP abgeschlossen. Ursprünglich ihm unterstellt, übetrug er das RSHA an Heydrich, der es bis zu seinem Tod am 4. Juni 1942 innehatte. Interimistisch leitete Himmler das Amt wieder selbst, bis er es am 30. Januar 1943 dem aus Ried im Innkreis stammenden Anwalt Ernst Kaltenbrunner überantwortete.

Das RSHA in der Berliner Prinz-Albrecht-Straße umfasste sieben Ämter: Amt I mit Amtsleiter Bruno Streckenbach war für Personalfragen zuständig. Amt II wurde von Werner Best geführt. Diese juristische Abteilung befasste sich mit Organisation, Recht und Verwaltung. Best war oberster Rechtsberater der Gestapo und stieg zum wichtigsten Mitarbeiter Heydrichs auf. Er soll mitverantwortlich für Massaker an Polen und Juden gewesen sein, regierte ab 1942 als Reichsbevollmächtigter Dänemark. 1946 zum Tode verurteilt, erhielt er, da er vielen dänischen Juden das Leben gerettet hatte, nur eine 12-jährige Haftstrafe.

Das Amt III war der eigentliche Sicherheitsdienst, wurde jedoch als Inlandsnachrichtendienst bezeichnet. Amt IV war das Amt der Geheimen Staatspolizei, Amt V das Reichskriminalpolizeiamt. Amt VI beherbergte den Auslandsnachrichtendienst, das Amt VII war für *„weltanschauliche Forschung und Auswertung“* zuständig.

Die Aufgabe des Reichssicherheitshauptamtes war es, Terror im Reich und in den besetzten Gebieten zu verbreiten. Einer seiner Mitarbeiter, Otto Ohlendorf, leitete das Amt III. Wegen seiner Differenzen mit Himmler meldete er sich 1941 freiwillig zur Einsatzgruppe D, die im Juni 1941, im Zuge des Feldzugs »Barbarossa«, in die Sowjetunion einrückte. Unter Ohlendorfs Anweisung wurden bis zum Juni 1942 rund 90 000 Zivilpersonen, meistens Juden, ermordet. Im Nürnberger Prozess musste sich Ohlendorf verantworten. Er legte in seiner Verteidigung Wert auf die Feststellung, dass er sich stets bemüht hatte, bei den Opfern keine *„unnötige Erregung“* zu verursachen. Auch habe er durch Salvenexekutionen die psychische Belastung des Exekutionspersonals mindern wollen. Weiters, so Ohlendorf, hatte er Rücksicht auf die meist verheirateten Männer seiner Erschießungskommandos genommen: So ordnete er an, Tötungen von Frauen und Kindern in Gasautomobilen zu vollziehen. Ohlendorf war vor dem Nürnberger Tribunal noch immer der festen Überzeugung, die Vernichtung dieser Menschen sei eine historische Notwendigkeit gewesen und mit dem Atombombenabwurf der US-Amerikaner zu vergleichen. Ohlendorf wurde 1948 gehenkt.

„Schenkt dem Führer ein Kind!"

„Das Volk, das sehr viele Kinder hat, hat seine Anwartschaft auf die Weltmacht und Weltbeherrschung."
Heinrich Himmler, 18. 2. 1937

Unmittelbar nach dem Ende des Zweiten Weltkriegs rückte eine der eigenartigsten Institutionen des Dritten Reichs – der »Lebensborn e. V.« – ins Schlaglicht des Interesses der Öffentlichkeit. Fantasiebegabte Autoren von Wochenmagazinen nahmen die NS-Einrichtung zum Gegenstand kitschig-erotischer Berichterstattung. Dem Geschmack eines Massenpublikums trugen sie dabei mehr Rechnung als der sachlichen Wirklichkeit. Die meisten staatlichen deutschen Archive standen noch unter Verschluss, so entwickelten sich Spekulationen in Fortführung vager Behauptungen und unkontrollierbarer Erinnerungen von Zeitgenossen zu vermeintlichen Tatsachen. Die wichtigste Aussage dieser Berichte, die auch heute noch gerne kolportiert wird, ist falsch: Im »Lebensborn e. V.« wurde keine *„gelenkte Fortpflanzung"* betrieben, er war auch keine Wohlfahrtseinrichtung für ledige Mütter und ihrer Kinder. Erst die Forschungen späterer Jahre bewiesen, dass die wirklichen Aufgaben des Vereins wesentlich komplexer waren, als allgemein angenommen wurde.

Hinter dem »Lebensborn e. V.« stand der Reichsführer SS Heinrich Himmler. Er verfolgte mit der Gründung des »Lebensborn e. V.« das Ziel, der SS zusätzlichen Nachwuchs zu bringen und ihre *„Sippengemeinschaft"* zu vergrößern. Denn, so führte Himmler aus, der Bestand des künftigen »Großgermanischen Reichs« könne nur durch die SS gewährleistet werden. Dazu war »rassisch wertvolles nordisches Blut«, wie es im damaligen NS-Sprachgebrauch hieß, nötig. Dieses war jedoch durch den seit 1900 anhaltenden Geburtenrückgang nicht ausreichend gewährleistet. Schon die Politiker der Weimarer Republik hatten versucht, der rückläufigen Geburtenzahl Einhalt zu gebieten, mit wenig Erfolg. Zwischen 1913 und 1932 sank der Wert von 12,2 Geburten pro 1 000 Einwohner auf 4,2. Das diktatorische, auf Expansion ausgerichtete NS-Regime, das den Nachwuchs für die Errichtung und die Sicherung eines »Tausendjährigen Reichs« benötigte, versuchte mit einer auf Kinderreichtum konzentrierten Familienpolitik den Trend umzukehren. Im Mai 1933 wurde die Strafe bei Schwangerschaftsunterbrechungen verschärft. Dies hinderte ledige, werdende Mütter jedoch nicht abzutreiben.

In der Familienpolitik offenbarte sich eine der Widersprüchlichkeiten des Dritten Reichs: Einerseits stellten die NS-Mächtigen die Deutschen als ein »Volk ohne Raum« hin, das Anrecht auf Erweiterung seines Territoriums hätte, doch beklagten sie andererseits die geringfügig steigenden Bevölkerungszahlen und trafen alle nur denkbaren Maßnahmen, um die Geburtenrate zu steigern.

Die Ursachen des stagnierenden Bevölkerungswachstums meinte Himmler zu kennen: Nicht die wirtschaftliche Notlage der Kriegs- und unmittelbaren Nachkriegszeit wäre dafür verantwortlich, meinte er, sondern die 600 000 bis 800 000 Schwangerschaftsabbrüche und die etwa zwei Millionen Männer, das waren 10 % der zeugungsfähigen männlichen Bevölkerung, die homosexuell waren, und für die Anhebung der Geburtenrate ausfielen. *„Nüchterne Zahlen, die furchtbar"* seien, klagte Himmler 1938 und wies der Gesellschaft und der Kirche die Schuld zu. Wenn ein ungebundenes, lediges Mädchen, behauptete der Reichsführer SS 1939, *„dem Naturgesetz folgt und ein Kind bekommt, [...] wird es kurzerhand aus der Gesellschaft ausgestoßen."* Damit hatte er nicht Unrecht.

Rasseideologische Gründe

Bis 1933 fristeten ledige Mütter und ihre unehelichen Kinder ein Dasein am Rande der Gesellschaft. Sie wurden gemieden, verspottet, nicht selten von der Kanzel der Dorfkirche an den Pranger gestellt. Aber Himmler sorgte sich nicht um das soziale Umfeld der alleinstehenden Mütter und ihrer Kinder. Für ihn zählte ausschließlich der rasseideologische und wehrpolitische Aspekt, obwohl er mehrmals betonte, dass den ledigen Müttern ausreichend Schutz vor den Diffamierungen durch eine *„verlogene Gesellschaft"* gewährt werden müsse. Dazu sollten eine umfassende soziale Betreuung und eine grundlegende Reform des Unehelichenrechts, die alle Mütter gleichstellte, dienen, forderte der Reichsführer SS.

Himmlers Vorstellungen riefen in den eigenen Parteireihen einen Sturm der Entrüstung hervor. Die NS-Frauenschaftlerin Else Vorwerck befürchtete 1934, dass eine *„wertmäßige Gleichsetzung der unehelichen mit der ehelichen Mutterschaft [...] das Ansehen, die Würde und die Anerkennung der volklichen Bedeutung des Ehe- und Familienlebens herabgesetzt und untergraben würden"*. Der »Völkische Beobachter« verstieg sich zu der Behauptung, uneheliche Kinder wären den ehelichen »rassisch« nicht *„ebenbürtig"*. Eine Schrift der »Deutschen Arbeitsfront« aus 1934 stufte die ledige Mutter sogar als Alkoholikerin, Psychopathin oder Geisteskranke ein.

Ungeachtet dieser Proteste gründete Himmler am 12. Dezember 1935 den »Lebensborn e. V.« als Abteilung des von ihm geleiteten Rasse- und Siedlungshauptamtes, abgekürzt RuSHA. Der Verein war damit dem Zugriff anderer NS-Behörden und konkurrierender NS-Organisationen, wie dem »Hilfswerk Mutter und Kind«, das 1936 allein 15 313 ledige Mütter betreute, entzogen.

Den ledigen Schwangeren, die sich mit dem Gedanken trugen, abzutreiben, widmete der Verein sein Hauptaugenmerk. Eine weitreichende Fürsorge sollte die werdende Mutter vom Abortus abhalten. Aber nicht jede

NS-Schwester in Uniform (Bild oben). – »Lebensborn-Heim« in Steinhöring (Bild unten). Standorte und Einrichtungen des »Lebensborn e. V.« (Karte rechts). Bis Kriegsende dürften 7 000 bis 8 000 Kinder in »Lebensborn-Heimen« geboren worden sein.

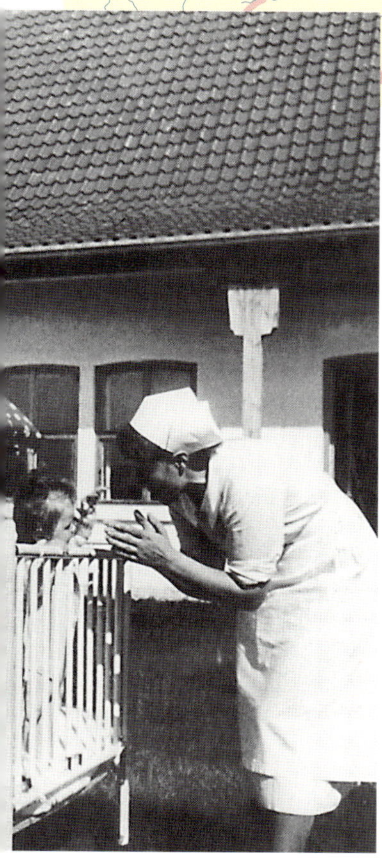

Ob der »Lebensborn e. V.« an der Zwangsdeportation »fremdvölkischer« Kinder »germanischen Typs« ins Reich beteiligt war, ist umstritten. Auf etwa 30 Millionen schätzten damals die Rasseideologen die Zahl der Kinder *„guten Blutes"*, die den Eltern in ganz Europa weggenommen und eingedeutscht werden sollten. Im RuSHA-Prozess vor dem Militärgerichtshof I der USA bestritten 1948 die Leiter des »Lebensborn« eine Mitschuld am Kindesraub. Etwa 200 000 Kinder sollen ins Deutsche Reich verschleppt worden sein.

Die *„neue Moral"*

Von der Existenz des »Lebensborn e. V.« sollte die Öffentlichkeit nichts erfahren. Doch die Geheimniskrämerei bot Anlass zu Gerüchten, die wissen wollten, dass in den Räumlichkeiten Bordelle für SS-Männer untergebracht waren und dass hier zeugungswillige Frauen »Zeugungshelfer« fänden. Der Appell Himmlers vom 28. Oktober 1939 mag dazu beigetragen haben. Himmler hatte die Angehörigen der SS aufgefordert, mehr Kinder zu zeugen, auch außereheliche. Um Mütter und Kinder werde sich der »Lebensborn e. V.« kümmern, versprach er. Der Befehl fand Hitlers Billigung, wie auch ein Schreiben seines Stellvertreters Rudolf Heß, der einer ledigen Schwangeren Trost zusprach. Ihr Verlobter war an der Front gefallen und nun sorgte sie sich um ihr uneheliches Kind. Heß schrieb, die Sorge sei unbegründet, sie erhalte großzügige Unterstützung durch den »Lebensborn e. V.« und er werde, ungeachtet *„bürgerlicher Sitten und Gewohnheiten"*, per Gesetz die Gleichstellung lediger und verehelichter Mütter erwirken.

Die *„neue Moral"*, von Himmler und Heß propagiert, stieß in der Bevölkerung und bei der Wehrmacht auf Widerstand. Es ginge nicht an, die Fortpflanzung aus der Verantwortung des Individuums zu Partei und Staat zu verlagern, war die einheitliche Meinung. In der Tat häuften sich Aufforderungen von BdM-Führerinnen an ihre Mädchen, sie mögen *„ihre Aufgabe als deutsche Frauen erfüllen und dem Führer ein Kind schenken"*.

Himmler verfolgte indes noch weitergehende Pläne: Nach dem Krieg sollte es jeder kinderlosen Frau über 30 Jahre zur Ehrenpflicht gemacht werden, Kinder zu bekommen. Diese werde sie, so der Reichsführer SS, im »Lebensborn e. V.« *„beziehen"*, wobei sie den Vater ihres künftigen Kindes unter drei SS-Leuten wählen könne. Dann, schwärmte Himmler, werde die *„große Zeit des Lebensborn gekommen sein."*

Die große Zeit erlebte der Verein nicht. Gegen Kriegsende schlossen die Heime, das letzte Ende April 1945, im bayerischen Steinhöring. Zehn Jahre zuvor war hier die Idee des »Lebensborn« geboren worden, hier ging sie im Chaos der letzten Tage des Dritten Reichs auch unter.

Schwangere fand Aufnahme in einem der 13 bis 1944 errichteten »Lebensborn-Heime«: Wer den rassischen Auslesemaßstäben der SS nicht entsprach, fand keinen Heimplatz.

Satzungsmäßig war die Tätigkeit des Vereins völlig an den nationalsozialistischen Rassegedanken gebunden. Daher unterstützte der »Lebensborn e. V.« auch rassisch und erbbiologisch »wertvolle«, kinderreiche Familien von SS-Angehörigen.

Mit der Radikalisierung des Krieges, insbesondere durch die schweren Menschenverluste im Russlandfeldzug, erweiterte der »Lebensborn e. V.« seinen Tätigkeitsbereich. In den besetzten Ländern wurden Heime eingerichtet, die sich der unehelichen Kinder deutscher Besatzungsangehöriger annahmen, um sie als *„wertvolles germanisches Blut"* dem Deutschen Reich zu erhalten. Entbindungs- und Lebensborn-Heime in Frankreich, Belgien, Dänemark und Norwegen sorgten, ähnlich wie im Reich, für die von Wehrmachtssoldaten Geschwängerten.

„Nie mehr frei"

„Diese Jugend, die lernt ja nichts anderes als deutsch denken, deutsch handeln. Und wenn nun dieser Knabe und dieses Mädchen mit ihren zehn Jahren in unsere Organisationen hineinkommen und dort nun so oft zum ersten Mal überhaupt eine frische Luft bekommen und fühlen, dann kommen sie vier Jahre später vom Jungvolk in die Hitlerjugend, und dort behalten wir sie wieder vier Jahre, und dann geben wir sie erst recht nicht zurück in die Hände unserer alten Klassen- und Standeserzeuger, sondern dann nehmen wir sie sofort in die Partei und in die Arbeitsfront, in die SA und in die SS, in das NSKK usw. Und wenn sie dort zwei Jahre oder anderthalb Jahre sind und noch nicht ganze Nationalsozialisten geworden sein sollten, dann kommen sie in den Arbeitsdienst und werden dort wieder sechs und sieben Monate geschliffen, alle mit einem Symbol, dem deutschen Spaten. Und was dann nach sechs oder sieben Monaten noch an Klassenbewußtsein oder Standesdünkel da oder da noch vorhanden sein sollte, das übernimmt dann die Wehrmacht zur weiteren Behandlung auf zwei Jahre. Und wenn sie dann nach zwei oder drei oder vier Jahren zurückkehren, dann nehmen wir sie, damit sie auf keinen Fall rückfällig werden, sofort wieder in die SA, SS usw. Und sie werden nicht mehr frei ihr ganzes Leben. Und sie sind glücklich dabei."
Adolf Hitler, 1938

Tatsächlich wies Hitler ab 1933 der deutschen Jugend einen Bewegungsspielraum zu, der sich nur noch im Bereich scheinbarer Freiheit, in Wirklichkeit straffer Disziplinierung befand. Die Erziehung stellte er in den Dienst der Diktatur, ihre Ziele und Formen hatten sich radikal nach der Parteiideologie auszurichten. Gegenüber dem liberalen System von früher kehrten sich die Werte vollständig um: Der Individualismus wich dem Gemeinschaftssinn, die Denkfähigkeit der Gefolgschaftstreue, die Aufklärung und Einsicht lösten Hingabe und Glaube an den »Führer« ab. Ehre, Deutschtum, Blut, Boden, Heldentum, Rassereinheit bildeten hehre Ideale, Minder- und Andersartigen schlug Hass entgegen, der nur durch »Ausmerzung« dieser Unschuldigen gestillt wurde.

Nach dem Motto, wer die Jugend hat, hat die Zukunft, entstand schon 1922 in München der »Jung-Sturm Adolf Hitler«, eine Nachwuchsorganisation im Rahmen der SA. Aus ihr konstituierte sich im Dezember 1926 die Hitlerjugend (HJ).

„Das freie, herrliche Raubtier muß erst wieder aus ihren Augen blitzen", soll sich Hitler im Gespräch mit Hermann Rauschning begeistert haben. Und der am 30. Oktober 1931 zum Reichsjugendführer der NSDAP ernannte Baldur von Schirach schwärmte sogar von einer *„neuen Front"*, die er errichten werde. *„Diese Front der Wollenden, Sehnsüchtigen und Brennenden kennt nur Freunde oder Feinde, weil ihre Ziele die des Volkes sind."*

Nur, um eine *„Front"* zu bilden, dazu war die HJ 1933 nicht fähig: Schlecht organisiert und zahlenmäßig schwach, hatte sie keine Chance, im bürgerlichen Milieu damaliger Jugendbewegungen Fuß zu fassen. Rüpelhaft-aggressiv, geprägt durch das Vorbild der SA, erntete sie bei der bündisch organisierten Jugend trotz vieler Gemeinsamkeiten Abneigung und Häme. Schirach ließ sich nicht entmutigen, er vereinigte alle nationalsozialistischen Jugendverbände unter sich, den NS-Schülerbund, das Deutsche Jungvolk und den 1929 gegründeten Bund deutscher Mädel (BDM). Er scheute sich nicht, gegen die SA Front zu machen und die Jugendverbände aus ihrem Dunstkreis und den der Parteidienststellen zu lösen. Das gelang ihm trotz vieler Widerstände im September 1932 durch die Gründung eigener NS-Jugendbetriebszellen. Einen Monat später, am 2. Oktober 1932 stellte er die NS-Jugend zum ersten Mal der Öffentlichkeit vor. Schirach veranstaltete in Potsdam einen Reichsjugendtag, der zum vollen Erfolg für die HJ wurde. Nun erhielt sie durch die Jugend starken Zulauf.

Kinder sollten freiwillig schon ab 10 Jahre in die Hitlerjugend eintreten. Der schwache Zulauf führte zur Pflicht der Eltern und Lehrer, Kinder zum Eintreten ins »Jungvolk« (10- bis 14-jährige) zu nötigen. (Werbeplakate oben und unten).

Schwerpunkt: Jugend

Am 18. Juni 1933 ernannte Hitler per Handschlag Schirach zum Reichsjugendführer (RJF) des Deutschen Reichs. Er leitete nun ein Amt, das den Rang einer obersten Reichsbehörde einnahm und die Aufgaben eines staatlichen Organs für Jugendpolitik und HJ-Reichsleitung zu erfüllen hatte.

Schirach zögerte keinen Augenblick, jetzt auch alle übrigen, freien Jugendverbände »gleichzuschalten«: 70 000 Jugendliche aus den Pfadfindergruppen, der Deutschen Freischar und anderen Vereinen mussten zur HJ übertreten.

Nur die katholischen Jugendgruppen und -organisationen behielten – unter dem Schutz des Konkordats stehend – ihre Eigenständigkeit. 1937 stellten auch sie ihre Tätigkeit ein, durch ständige Diffamierungen und tätliche Angriffe von Angehörigen der HJ mutlos gemacht.

Standorte der NS-Erziehungsanstalten und Führungsstellen der Hitlerjugend (Karte oben).

„Die HJ ebnete die ideologischen, politischen, konfessionellen, sozialen und regionalen Differenzierungen des bisherigen Jugendverbandswesens ein", stellt der Zeithistoriker Volker Damm fest. *„Sie unterschied nur noch nach Alter und Geschlecht. Die Mitgliedschaft war zunächst freiwillig, aber nur um den Preis sozialer Isolierung und politischer Verdächtigung zu umgehen. 1939 wurde die HJ zu einer Zwangsorganisation und damit »Staatsjugend« des Dritten Reichs. Mitglieder konnten nur Jugendliche werden, die »arisch« und »erbgesund« waren."*

Viele Jugendliche aber verstanden es dennoch, ihre Freiheit zu bewahren. Sie trafen sich heimlich und gingen auf Fahrt, so wie sie es in ihren bündischen Vereinen gelernt hatten. Bis zum Dezember 1936 waren erst 60 % der deutschen Jugendlichen Mitglieder der HJ.

Keine andere Organisation im Dritten Reich trug den Namen »Hitler«, nur die Leibstandarte und die Hitlerjugend durften sich nach dem »Führer« nennen. Ihm waren sie auch direkt unterstellt. Die Partei, verantwortlich für die ideologische Ausrichtung der HJ, erzog diese zum bedingungslosen Glauben an den »Führer«, zu körperlicher Ertüchtigung, Kampfeswillen, Gehorsam, Disziplin und Härte. Lagerleben, Sport, Kampfspiele, technische Ausbildung und Rituale vermittelten eine Atmosphäre von Abenteuer, mit Sport und Spiel wurde die Jugend unmerklich auf den Eintritt in das Heer vorbereitet.

Wenige Monate vor Kriegsausbruch, am 25. März 1939, führte die Jugenddienstverordnung auch in der HJ die Dienstpflicht ein. Von 1940 an mussten alle Zehnjährigen dem »Jungvolk«, die Mädchen den »Jungmädels« beitreten.

Mit Kriegsbeginn geriet die HJ in eine organisatorische Krise. Zur »Selbstführung« erzogen, sah sie sich plötzlich der meisten ihrer Führungskräfte entledigt, die zur Wehrmacht einrücken mussten. Den Zerfallserscheinungen begegnete das Regime mit einer »Polizeiverordnung« nach obrigkeitsstaatlichem Muster: Die HJ stellte Streifendienste, die als Organe der Sicherheitspolizei ihren Dienst versahen. Mit dem Fortgang des Krieges fasste man die HJ in Wehrertüchtigungslagern zusammen und bildete sie als Flakhelfer, Meldegänger, im Luftschutz und bei der Feuerwehr aus. In letzter Konsequenz warf das Regime die Jugendlichen an die Front. In einer Panzergrenadierdivison und einer SS-Panzerdivision, zuletzt im Volkssturm, bewiesen sie sinnlosen Heldenmut und Tapferkeit. Dem von Hitler befohlenen Einsatz der HJ in der Guerillabewegung „Werwolf«, zur Bekämpfung der Alliierten in bereits von ihnen besetzten Gebieten, kam keine Bedeutung mehr zu.

Der Bund Deutscher Mädel war eine HJ-Unterorganisation. In ihr sollte die weibliche Jugend von klein auf im Sinne nationalsozialistischer Ideale erzogen werden. Demnach hatte *„die künftige Frau und Mutter ihre Pflichten freudig und kritiklos zu erfüllen"* lautete einer der Grundsätze in der Ausbildung. Gesund und kraftvoll sollten die Mädchen sein, deshalb wurde der sportlichen Betätigung und der Gymnastik hoher Stellenwert beigemessen.

BDM-Mädchen wurden zu »freiwilligen« Diensten in der Landwirtschaft und im Sozialdienst herangezogen, im Krieg mussten sie als Sanitäts- und Flakdiensthelferinnen ihren Dienst versehen. »Blitzmädchen« gaben Alarm beim Nahen feindlicher Fliegerverbände oder leiteten die eigenen Kampfflieger zu den Zielen. 1945 wichen auch ihre Idealvorstellungen von »Führer, Volk und Vaterland« einer enttäuschenden Ernüchterung.

Mit Gottes Segen

„Doppeldeutig war auch das Verhältnis von Nationalsozialismus und Kirchen. Es war von starker Affinität und fundamentalen Gegensätzen zugleich bestimmt. Die Kirchen waren die einzigen Institutionen, die sich dem weltanschaulichen Totalitätsanspruch des Nationalsozialismus entziehen oder auch widersetzen konnten, doch zum politischen Widerstand haben sie nicht aufgerufen. Ihre Gleichschaltung mißlang, aber ihre überwiegend konservativ-nationale Grundhaltung bewirkte immer wieder ihre Loyalität zum Staat. Das Spektrum der Meinungen und Verhaltensweisen gegenüber dem Nationalsozialismus hatte sich schon vor der Machtergreifung angedeutet, doch die Situation, in die die Kirchen nach 1933 geraten sollten, hatten sie nicht vorherzusehen vermocht."

Hans-Ulrich Thamer, 1994

Hitler hatte allen Grund zum Jubeln: Am 20. Juli 1933 unterzeichneten in der vatikanischen Staatskanzlei sein Vizekanzler Franz von Papen und Kardinalstaatssekretär Eugenio Pacelli das Konkordat zwischen dem nationalsozialistischen Deutschen Reich und dem Heiligen Stuhl. Erst wenige Monate im Amt, gelang dem Kanzler ein außenpolitischer Erfolg, um den sich seine Vorgänger viele Jahre vergeblich bemüht hatten. 1921, 1924 und 1926 scheiterten ihre Versuche, mit der katholischen Kirche ins Reine zu kommen. Ausgerechnet die als atheistisch verschrieenen Nationalsozialisten setzen den für den inneren Frieden so wichtigen Schritt.

Alle Seiten waren mit dem Ergebnis zufrieden: Der Vatikan konnte hoffen, dass die katholische Kirche vor Attacken des nationalsozialistischen Regimes bewahrt blieb und Hitler konnte sich sicher wiegen, nicht mehr von den Kirchenkanzeln angegriffen zu werden. Darum war es letztlich in den langwierigen Verhandlungen zwischen ihm und dem Heiligen Stuhl gegangen. Ein »Kulturkampf«, so wie er zwischen 1871 und 1887 das politische und kirchliche Leben im Kaiserreich bzw. dem »Zweiten Reich« überschattete, würde im Dritten Reich nicht mehr stattfinden.

Das Konkordat ergänzte die bisher schon mit den einzelnen Ländern abgeschlossenen Verträge – 1924 mit Bayern, 1929 mit Preußen und 1932 mit Baden – und regelte nun das Verhältnis zwischen Gesamtstaat und katholischer Kirche in Deutschland.

Es garantierte die »Freiheit des Bekenntnisses und der öffentlichen Ausübung der katholischen Religion«, das freie Besetzungsrecht aller Kirchenämter und Benefizien durch die Kirche, das Fortbestehen der Orden und Religionsgemeinschaften, das Eigentum der Kirche, die Erhaltung der katholisch-theologischen Fakultäten an den staatlichen Hochschulen, die Errichtung neuer philosophischer und theologischer Lehranstalten für den Klerus, die Anerkennung des katholischen Religionsunterrichts an den öffentlichen Schulen, die Beibehaltung und Neueinrichtung von katholischen Bekenntnisschulen und den Schutz katholischer Organisationen, *„die ausschließlich religiösen, rein kulturellen und karitativen Zwecken dienen"*. Weiters regelte ein geheimes Zusatzprotokoll die Stellung der Geistlichen bei Wiedereinführung der allgemeinen Wehrpflicht.

Vatikan macht Zugeständnisse

Für die nicht unbeträchtlichen Zugeständnisse der deutschen Regierung gab der Vatikan seine politischen Bastionen im Reich preis: Am 4./5. Juli 1933 lösten sich – vermutlich auf Anweisung des Heiligen Stuhls – Zentrumspartei und Bayerische Volkspartei *„freiwillig"* auf. Eine herbe Enttäuschung für ihre vielen Anhänger und ein unverständlicher Schritt obendrein. Es konnte auch nicht ausbleiben, dass nach dem Konkordatsabschluss manche Gerüchte kursierten, deren Wahrheitsgehalt bis heute nicht geklärt werden konnte. So bestand der Verdacht, der Vatikan hätte, bereits im Wissen, dass das Konkordat abgeschlossen werden würde, das Zentrum gedrängt, am 23. März 1933 dem »Ermächtigungsgesetz« zuzustimmen. Dieses Gesetz erlaubte der bereits von Hitler dominierten Reichsregierung, Gesetze am Reichstag vorbei zu beschließen. Die SPD stimmte dagegen, die Zentrumspartei wollte sich anschließen, damit wäre das Gesetz gefallen. Doch im letzten Moment entschloss sich die Parteiführung des Zentrums, Hitler die Zustimmung nicht zu versagen.

Die Beurteilung des Konkordats ist zwiespältig: Wohl rettete es der Kirche einen gewissen Freiraum und unterbrach die allgemeine Gleichschaltung des gesellschaftlichen und religiösen Lebens in Deutschland. Gleichzeitig aber stabiliserte es das Regime und schaltete dessen Gegner aus, wie die katholisch-politischen Organisationen. Bischöfe und Priester durften keiner politischen Partei

Bei der Reichstagswahl im November 1933 erinnerte ein Wahlplakat (oben) an das Reichskonkordat und warb um die Stimmen der Katholiken. In acht Punkten zählt der Text auf, wie sehr sich das Reich um den Schutz der katholischen Kirche bemüht, u. a. dass *„das katholische Gewissen nicht mehr belastet ist"*.

Am 20. Juli 1933 unterzeichneten Kardinal Staatsekretär Eugenio Pacelli – der spätere Papst Pius XII. lebte viele Jahre in Deutschland – und Vizekanzler Franz von Papen in Rom das Reichskonkordat (Bild unten); das Dritte Reich verbuchte einen ersten großen außenpolitischen Erfolg.

Adolf Hitler begrüßt am 6. Reichsparteitag der NSDAP in Nürnberg (4. bis 10. September 1934) Reichsbischof

brandenburgischen Gauleiter Kube 1932 gegründet, propagierten 1933 mit Erfolg bei der evangelischen Pfarrerschaft einen *„bejahenden artgemäßen Christusglauben, wie er deutschem Luthergeist und heldischer Frömmigkeit entspricht."*

In den kurzfristig angesetzten Kirchenwahlen am 23. Juli 1933 schienen die »Deutschen Christen« tatsächlich den Durchbruch geschafft zu haben. Sie erhielten die meisten Führungspositionen in der evangelischen Kirchenbehörde und den Synoden. Mit voller Kraft unterstützten sie nun die Reichskirchenidee Ludwig Müllers, den Hitler am 5. April 1933 zum »Vertrauensmann und Bevollmächtigten für Fragen der Evangelischen Kirche« ernannt hatte. Müller wollte ganz im Sinne Hitlers die 28 Landeskirchen in einer einheitlichen »Deutschen Evangelischen Reichskirche« vereinigen und wähnte sich am Ziel, als er am 27. September 1933 von der neugebildeten Nationalsynode der Deutschen Evangelischen Kirche in Wittenberg zum Reichsbischof – im Volksmund »Reibi« – gewählt wurde. Seine radikale Vorgangsweise – Einführung des Arierparagraphen, Führerprinzip – brachte ihn jedoch in Opposition zur »Bekennenden Kirche«. Ein »Kirchenkampf« zwischen den traditionellen evangelischen Glaubensrichtungen, den neu gegründeten »deutschen« Kirchen und dem Staat bahnte sich an und Hitler verzichtete auf eine Gleichschaltung. Der innere Zwiespalt hinderte freilich die evangelische Kirche nicht, gegen das nationalsozialistische Regime anzukämpfen. Der in Berlin tätige westfälische Pfarrer Martin Niemöller war eine Zentralfigur kirchlichen Widerstands. Kolbe, Bonhoeffer, Schneider, Katharina Staritz, Grüber, Wurm, von Galen, Faulhaber, in beiden Kirchen erhoben sich Stimmen gegen Judenverfolgung und Euthanasie. Sie riskierten ihr Leben, manche verloren es.

So lässt sich bezweifeln, ob die Kirche, evangelische und katholische, nach dem »Endsieg« *„wie ein brandiges Glied"*, so Hitler in einem Tischgespräch, *„abgefault"* wäre.

Ludwig Müller, das Oberhaupt der »Deutschen Christen« demonstrativ herzlich (oben).

Hermann Göring heiratete am 10. April 1935 in zweiter Ehe die Staatsschauspielerin Emmy Sonnemann, geschiedene Köstlin (Bild rechts unten). Görings erste Frau Karin war wenige Monate vorher gestorben. Die Trauung vollzog Reichsbischof Ludwig Müller im Berliner Dom (Bild rechts unten). Hitler war Trauzeuge. Am 2. Juni 1938 brachte Emmy die Tochter Edda zur Welt. Nach Kriegsende saß Görings Frau für mehrere Monate im Gefängnis von Straubing, bevor sie ihren Mann im Nürnberger Militärgefängnis besuchen durfte. Als Hermann Göring Selbstmord beging, geriet seine Frau in Verdacht, ihm Giftampullen zugesteckt zu haben. Beweise dafür blieben aber aus. Als aktive Nationalsozialistin wurde sie zu einem fünf Jahre dauernden Auftrittsverbot als Schauspielerin verurteilt. 1973 starb sie in München.

mehr angehören, es war ihnen weiters untersagt, von der Kanzel gegen die Nationalsozialisten zu polemisieren.

Nach diesem Erfolg strebte Hitler nach einer Einigung mit der evangelischen Kirche: *„Als Nationalsozialist hege ich den sehnlichsten Wunsch, eine nicht minder klare Regelung mit der evangelischen Kirche treffen zu können. Dies setzt allerdings voraus, daß an die Stelle der Vielzahl der evangelischen Kirchen, wenn irgend möglich, eine einige Reichskirche tritt"*, sagte er am 22. Juli 1933.

Hitler drückte aus, was viele evangelische Gläubige seit der Kirchenspaltung in Lutheraner, Reformierte und Unierte ersehnten: eine Einheitskirche. Doch, so leicht es war, die straff und zentral vom Vatikan gesteuerte katholische Kirche seinen Wünschen gefügig zu machen, so schwer fiel ihm die »Gleichschaltung« der pluralistischen evangelischen Kirche. Sie lag wie eine Barriere vor seinen Plänen. Über die »Deutschen Christen«, eine Sammelbewegung von Gruppen mit völkisch-nationalem Gedankengut in der evangelischen Kirche, dachte er ans Ziel zu kommen.

Die seit 1927 in Thüringen unter Leitung der Pfarrer S. Leffler und J. Leuthheuser bestehende Kirchenbewegung der »Deutschen Christen« verfolgte mit geradezu missionarischem Eifer die Idee einer überkonfessionellen national ausgerichteten Einheitskirche. Gemeinsam mit der »Christus bekennenden Reichskirche« des Barmer Bischofs Weidemann und der »Volkskirchenbewegung Deutscher Christen« in Württemberg gedachten sie diese zu errichten. Die »Deutschen Christen«, vom

Misslungener Putsch

„Der italienische Diktator, Benito Mussolini, hatte die Machtergreifung der Nationalsozialisten mit Sympathie verfolgt und 1933 wesentlich dazu beigetragen, daß Deutschland außenpolitisch nicht isoliert wurde. Der Preis, den er dafür forderte, war der deutsche Verzicht auf einen Anschluß Österreichs an das Reich. Im Frühjahr 1933 hatte die im Mai 1932, auf dem Höhepunkt der Weltwirtschaftskrise, in Wien gebildete Regierung des Bundeskanzlers Engelbert Dollfuß die parlamentarische Mehrheit verloren. Dollfuß sah sich angesichts der allgemeinen Krisen- und Notlage im Lande genötigt, mit diktatorischen Vollmachten zu regieren. Diese Wendung zur Diktatur geschah nicht zuletzt im Hinblick auf die österreichische NSDAP, die nicht nur zahlenmäßig sehr stark war, sondern auch der Leitung Adolf Hitlers unterstand und als eigene regionale Untergliederung der Reichs-NSDAP behandelt wurde."
Ludolf Herbst, 1996

Seit Anfang des Jahres 1934 lag dem italienischen Generalstab der »Plan K« vor, der Richtlinien zum Einmarsch in Österreich enthielt. Eine Vorsichtsmaßnahme, sagte man in Rom; gegen wen oder wogegen, sagte man nicht. Erst nach dem Zweiten Weltkrieg wurde bekannt, dass zur gleichen Zeit auch Ungarn und Jugoslawien Offensivpläne für einen Einfall in Österreich hegten, nur das Deutsche Reich verfügte - noch - über keinen. Hitler sagte Mussolini daher wahrheitsgemäß bei seinem Besuch in Venedig am 14. Juni 1934, Deutschland denke nicht daran, Österreich zu annektieren.

Abgesehen davon, dass ein expansives Abenteuer die deutsche Wehrmacht und Wirtschaft überfordert hätte, machten Hitler andere Sorgen zu schaffen. Innerparteilich stand nicht alles zum Besten, seit SA-Stabschef Röhm lauthals für sich und seine Parteisoldaten mehr Kompetenzen gefordert hatte. Aber auch Röhm selbst stand auf dem Prüfstand: Die SS zeigte deutliche separatistische Tendenzen und wollte sich von der SA lösen.

Der Zwist zwischen SA und SS belastete auch die österreichische NSDAP. Seit ihrem Verbot vom 19. Juni 1933 im Untergrund agierend, musste sie zusätzlich zu dieser Erschwernis noch mit den Eifersüchteleien, dem Misstrauen und dem schrankenlosen Ehrgeiz ihrer Führer zu Rande kommen. Zusammenarbeit und gemeinsames Vorgehen innerhalb der Partei waren aufs Schwerste behindert.

Mehrmals wurden daher die Termine eines geplanten Aufstands verschoben, so vom 18. September auf den 15. Oktober, schließlich auf Anfang November 1933. Auf einer Tagung in Preßburg am 13. Juni 1934 weigerte sich schließlich die österreichische SS, weitere hinhaltende Weisungen der deutschen NS-Leitung zu befolgen. Auch der Ex-Kommunist und nunmehrige SA-Mann Theo Habicht - Hitlers Spezialist für einen Putsch in Österreich - drängte auf eine rasche Erhebung. Er interpretierte die zögernde Haltung Hitlers als bevorstehende Absage des geplanten Unternehmens. Auf den nachfolgenden Konferenzen in Zürich am 25. Juni und in München am 16. Juli beschlossen daher die Drahtzieher des Aufstandes, Theo Habicht, sein Stellvertreter und Wiener Anwalt, Otto Gustav Wächter, der deutsche Industrielle Rudolf Weydenhammer und der Führer der österreichischen »SS-Standarte 89« Fridolin Glass, so schnell wie möglich zu handeln. Danach hätten: 1. die SA in den Landes- und Bezirkshauptstädten öffentliche Ämter zu besetzen, 2. der Gauleiter und der SA-Brigadeführer die Funktionen des Landeshauptmanns und Sicherheitsdirektors zu übernehmen, 3. hätte die »Österreichische Legion« aus Bayern in Wien einzumarschieren, 4. sollte die Bundesregierung während der Ministerratstagung inhaftiert, und 5. ein neuer Bundeskanzler eingesetzt werden. Zweck des Unternehmen war die Errichtung eines nationalsozialistischen, vom Deutschen Reich und von Italien unabhängigen Österreichs.

Verrat auf höchsten Ebenen

Der Tag der Erhebung wurde auf den 25. Juli festgesetzt; er sollte mit einem Attentat auf den österreichischen Bundespräsidenten Wilhelm Miklas eingeleitet werden.

Über den Erfolg gab man sich zuversichtlich. Zu den illegalen Mitgliedern der österreichischen NSDAP gehörten höhere Beamte von Landes- und Bundesdienststellen, der Ministerien, der Polizei und des Bundesheers. Allein die personelle Zusammensetzung der Standarte 89 mit Standort Wien war aufschlussreich: wegen NS-Betätigung entlassene Bundesheerangehörige, aktive und ehemalige Polizisten, drei Schutzbündler.

Höchste beamtete Geheimnisträger versorgten die Putschistenführer mit Informationen: die Bundesheermajore Ergert und Selinger, der Kommandant der Wiener Polizei-Alarmabteilung Heischmann, der Kripo-Leiter der Bundespolizeidirektion Wien Hofrat Steinhäusl u. a.

Das erklärt zum Teil, warum zahlreiche bei den Sicherheitsbehörden einlangende Meldungen über einen bevorstehenden Nazi-Putsch keine Abwehrmaßnahmen hervorriefen. Erst die eindeutigen Warnungen des ungarischen Ministerpräsidenten Gömbös an Vizekanzler Starhemberg und der französischen Botschaft in Berlin bewirkten erhöhte Alarmbereitschaft.

Noch am Vormittag des 24. Juli 1934 erreichte die Staatspolizei der vertrauliche Hinweis eines Heimatschutzoffiziers, dass die Besetzung des Bundeskanzleramtes und die Ausrufung Anton Rintelens zum neuen Kanzler bevorstehe; die Meldung wanderte - mit einem »Aktenvermerk« versehen - in die Ablage.

Am selben Tag liefen im Pustertal groß angelegte Manöver der italienischen Armee an. Sie probte den »Plan K«, den Einmarsch in Österreich. Offiziell bestritt man diese Absicht bis zum Jahr 1972, und die österreichische (Schulbuch-)Geschichtsschreibung blieb bis heute dabei, was amtliche italienische Stellen damals verlauten ließen und

Bei der Besetzung des Rundfunkgebäudes in Wien durch die Putschisten gab es Tote und Verletzte (Bild oben).

Der Juli-Putsch der Nationalsozialisten von 1934 hat seinen Schwerpunkt im Osten und im Süden Österreichs (Karte rechte Seite unten). Es ist ungewiss, ob Hitler vom Putsch-Vorhaben wusste: Am 22. Juli 1934 reiste er nach Bayreuth zu den Festspielen; von da aus konnte er den Unwissenden besser mimen. Am 24. Juli erschien im »Völkischen Beobachter« ein Aufruf an die NSDAP, wonach öffentliche Versammlungen nur in besonderen Fällen stattfinden durften, auch Geldsammlungen waren bis zum 31. Oktober untersagt. Sicher ist, dass Hitler vom Misslingen des Putsches umgehend erfuhr. Er nahm die Nachricht ungerührt zur Kenntnis und entsandte Vizekanzler Franz von Papen - der als Gemäßig-

ter galt – als Sonderbotschafter nach Wien und entledigte sich gleichzeitig seiner. Es berührte ihn nicht, dass in Wien die Dollfuß-Mörder Holzweber und Planetta bis zu ihrer Hinrichtung unentwegt *„Heil Hitler!“* riefen.

die Paladine von Dollfuß und nach ihm Schuschniggs zur Bestätigung der Richtigkeit ihrer Politik weitergaben: Zum Schutze Österreichs vor einem deutschen Einmarsch habe Italien *„drei Armeekorps zur »Wacht am Brenner« entsendet“*. Tatsache war, dass Italien im Juli 1934, kurz nach dem Treffen Hitlers und Mussolinis in Venedig, keine Absicht zeigte, einem potenziellen deutschen Verbündeten entgegenzutreten. Österreich drohte damals von deutscher Seite keine direkte militärische Gefahr, wohl aber von Jugoslawien, und die war von Österreich und Italien gemeinsam provoziert worden.

Am 17. März 1934 hatten sich Italien, Ungarn und Österreich in den »Römischen Protokollen« gegenseitige Unterstützung zugesichert. Jugoslawien fühlte sich bedroht und signalisierte vorsichtig formulierend an Deutschland, es sei *„an der Selbständigkeit des heutigen Österreich nicht unmittelbar interessiert“*. Noch deutlicher drückten sich serbische und slowenische Kreise aus: *„Auch die Staaten der Kleinen Entente werden erst dann zur Ruhe kommen, wenn Hitler den Zeitpunkt für gegeben erachtet, dem mißgeborenen österreichischen Staate ein Ende zu bereiten.“*

In Rom war man alarmiert und die Unruhe stieg, als der Geheimdienst meldete, dass in Laibach und Marburg Kärntner Exil-Nazis jugoslawischen Emissären das Abstimmungsgebiet I des Jahres 1920 anboten, sofern sie von slowenischem Territorium aus ungehindert in die zu erwartenden Kämpfe eines NS-Putsches eingreifen würden.

Als der nationalsozialistische Putsch in Österreich anlief, stand die jugoslawische Armee bereit, das südliche Kärnten zu besetzen, *„falls irgendwelche ausländische bewaffnete Streitkräfte auf österreichischem Gebiet erscheinen“*, bestätigte offiziell ein Ministerratsbeschluss in Belgrad. Die Adresse richtete sich an Rom. Auch hier war man beunruhigt, man vermutete, Jugoslawien könnte wie 1918 und 1919 wieder seine Grenze nach Norden revidieren wollen.

Der NS-Putsch wurde noch am gleichen Tag, an dem er ausbrach, dem 25. Juli 1934, niedergeschlagen. Er scheiterte, weil es nicht gelang, wie geplant die Regierung festzunehmen. Doch war im Chaos der Besetzung des Kanzleramtes Bundeskanzler Engelbert Dollfuß durch zwei Pistolenkugeln tödlich verletzt worden.

Obwohl Bundesheer und Polizei – trotz nationalsozialistischer Unterwanderung loyal zur Regierung stehend – die Lage bereinigt hatten und die Rädelsführer des Putsches, Holzweber und Planetta, hinter Schloss und Riegel saßen, blieb die Gefahr des Einmarsches jugoslawischer, ungarischer und italienischer Streitkräfte aufrecht. Am 3. August 1934 erstattete das Bundesheer-Ortskommando Klagenfurt Meldung *„über die Intervention des italienischen Konsuls beim Landeshauptmann von Kärnten bezüglich eines Einmarsches italienischer Truppen gegen eine drohende Intervention Jugoslawiens“*, schreibt der Historiker Ludwig Jedlicka. Mussolini bestätigte diese Absicht Ende August in einer geheimgehaltenen Lagebesprechung vor italienischen Offizieren und Generälen. Und ein Memorandum des ungarischen Generalstabes vom 8. August 1934 empfahl der eigenen Regierung, sie möge unverzüglich die Wiedergewinnung des Burgenlands mit militärischen Mitteln in Betracht ziehen. Wäre der NS-Aufstand geglückt, wäre Österreich nicht vom Deutschen Reich, sondern von Italien, Ungarn und Jugoslawien zerrissen worden.

Noch während des Putsches verbreitete das Deutsche Nachrichtenbüro DNB eine vorbereitete Meldung vom Sturz Dollfuß' und einem kommenden »Großdeutschland«. Um Mitternacht zog man die Nachricht zurück, sprach von einer rein innerösterreichischen Angelegenheit und drückte das Bedauern über den *„grausamen Mord“* am Kanzler aus. Hitler hatte sich eiligst von den Vorgängen distanziert. Das ganze Jahr 1934 über wurde er nicht müde, den Friedenswillen Deutschlands zu beteuern.

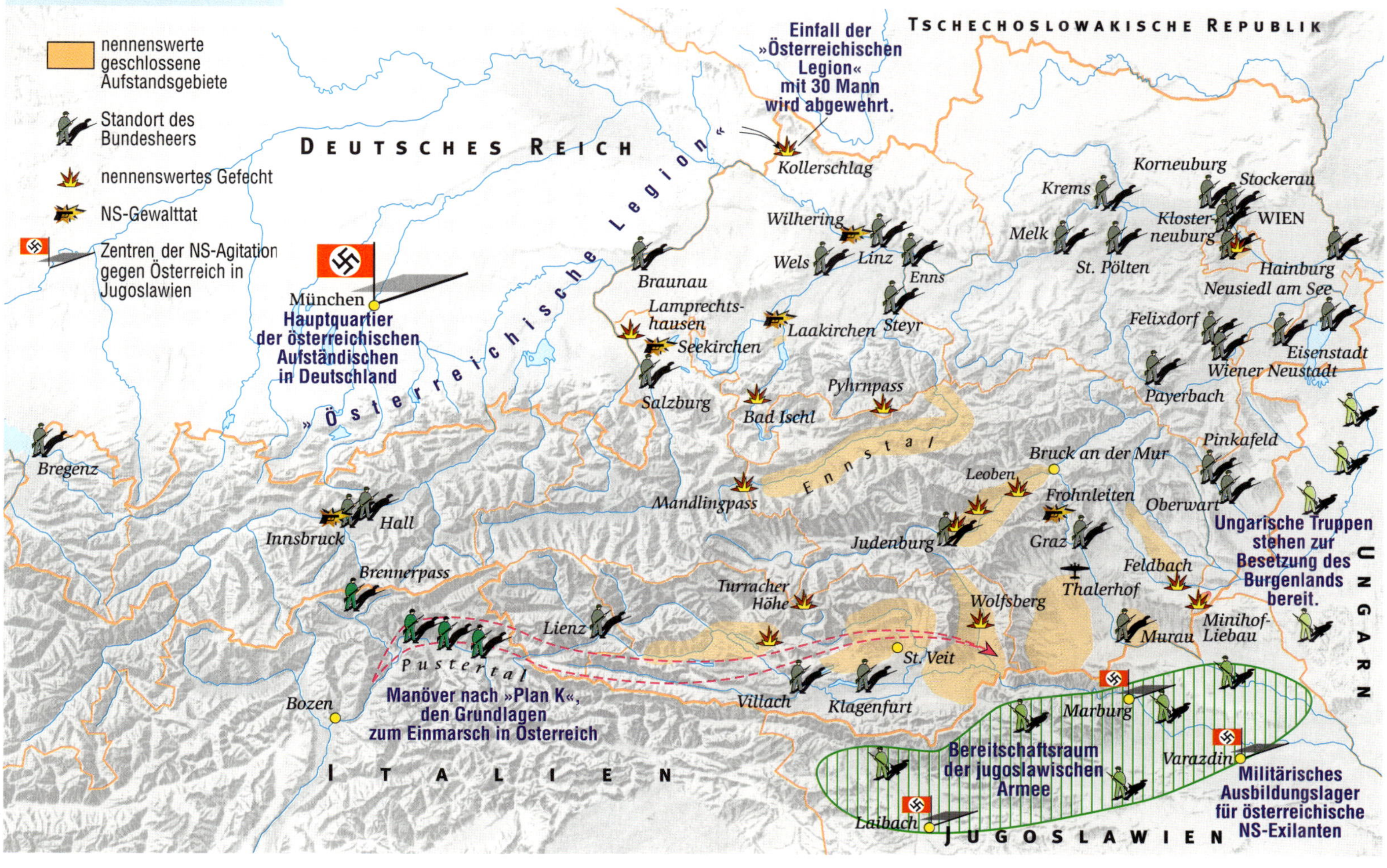

TRIUMPH FÜR HITLER

„Aus deutscher Sicht war die britische Regierung der wichtigste Gegenspieler in allen Fragen einer Revision des Versailler Vertrags; nach dem machtpolitischen Bedeutungsverlust Frankreichs seit Beginn des Jahrzehnts schien der Schlüssel für Erfolg oder Mißerfolg entsprechender Vorstöße Berlins an der Themse zu liegen. Aus diesem Grund hatte insbesondere das Auswärtige Amt sich immer wieder bemüht, ein Einverständnis mit Whitehall zu erreichen in der Hoffnung, damit auch Frankreich zu Konzessionen zu bewegen. Und auch für Hitler war ein Bündnis mit Großbritannien der Eckpfeiler seines außenpolitischen »Programms«, hoffte er doch, durch das Angebot einer Teilung der Interessensphären selbst »freie Hand« im Osten des Kontinents zu erhalten. Hierfür wollte er im Gegenzug auf Flotten- oder Kolonialforderungen verzichten und somit London den Weg zur Wahrung und zum Ausbau seiner imperialen Position in Übersee ebnen.“
Marie-Luise Recker, 1990

Im kleinen italienischen Kurort Stresa am Lago Maggiore versuchten am 11. April 1935 die europäischen Weltkriegsalliierten eine Front gegen Deutschland zu errichten. Die Vertreter von Frankreich, Pierre Étienne Flandin, von Italien, Benito Mussolini, und von Großbritannien, James R. MacDonald, kamen in der festen Absicht, die Wiedereinführung der allgemeinen Wehrpflicht in Deutschland nicht widerspruchslos hinzunehmen. Der Vertrag von Versailles war gebrochen worden und die Regierungschefs der drei Länder, Garanten der Einhaltung der Friedensbestimmungen, schlossen das Abkommen, *„sich mit allen geeigneten Mitteln jeder einseitigen Aufkündigung von Verträgen zu widersetzen, durch die der Friede in Europa gefährdet werden könnte.“* Die Regierungschefs bedauerten, *„daß die Methode der einseitigen Aufkündigung, die von der deutschen Regierung in einem Augenblick angewandt wurde, als gerade Schritte ergriffen waren, um eine frei zu vereinbarende Regelung der Rüstungsfrage zu erreichen, das öffentliche Vertrauen in die Festigkeit einer friedlichen Ordnung erschüttert hat.“*

Aber Hitler sollte nicht ganz isoliert werden, daher boten sie ihm einen Ost- und einen Luftpakt an, in den auch Belgien integriert werden sollte.

Die Stresa-Konferenz war eine Fortsetzung englisch-französischer Bemühungen, dem stärker werdenden Deutschland Schranken zu setzen. Sie verdeutlichte jedoch gleichzeitig, dass man der vertragsbrüchigen Politik Hitlers keine wirksamen Sanktionen entgegensetzen konnte. Im Gegenteil, Hitler gewann Prestige im eigenen Land mit dem Hinweis, Deutschland werde von drei Mächten ausgegrenzt. In der Tat überzog Europa ein dichtes Netz von Verträgen, Bündnissen und Pakten, die sich gegen Deutschland richteten. Dieses Argument führte Hitler ins Treffen, als er am 16. März 1935 die allgemeine Wehrpflicht einführte: *„Was die deutsche Regierung als Wahrerin der Ehre und der Interessen der deutschen Nation wünscht, ist, das Ausmaß jener Machtmittel sicherzustellen, die nicht nur für die Erhaltung der Integrität des Deutschen Reichs, sondern auch für die internationale Respektierung und Bewertung Deutschlands als ein Mitgarant des allgemeinen Friedens erforderlich sind.“*

Zur Verdeutlichung, dass ein neuer Zeitabschnitt der Wiederbewaffnung des Reichs angebrochen war, wurden parallel dazu die aus Weimarer Zeiten stammenden Begriffe »Reichswehr« in »Wehrmacht« und »Reichswehrministerium« in »Reichskriegsministerium« umbenannt. *„Die Wehrmacht“*, hieß es nun, *„ist der Waffenträger und die soldatische Erziehungsschule des deutschen Volkes.“*

Saarland wieder deutsch

Hitler wollte mehr als nur die Verteidigungsbereitschaft Deutschlands erhöhen. Mit einem Schlag änderte er die Friedensstärke des Heeres von 21 auf 36 Divisionen, das waren 550 000 Mann, dann verlängerte er die Dienstpflicht auf zwölf Monate. Begreiflich, dass Frankreich beunruhigt reagierte. Schon 1934 musste es eine politische Niederlage hinnehmen: Sein Einfluss auf Polen schwand, als Hitler mit dem polnischen Staatspräsidenten Josef Piłsudski am 26. Januar einen zehn Jahre währenden Nichtangriffspakt vereinbarte. Auch die Hoffnungen, das kohle- und erzreiche Saarland einzugliedern, verflogen: Das seit dem Friedensvertrag von Versailles dem Völkerbund unterstellte Saarland entschied sich am 13. Januar 1935 mit 90,8 % zur Rückkehr nach Deutschland, nur 0,4 % der Bevölkerung stimmten für Frankreich.

Paris trat die Flucht nach vorne an: Am 2. Mai 1935 ging es mit der Sowjetunion einen Beistandspakt ein, der Deutschland das »Bis-hierher-und-nicht-weiter« signalisieren sollte. Außerdem erhoffte sich Paris eine Stärkung der Stresa-Front. Doch diese zerbrach mit dem deutsch-britischen Flottenabkommen und Italiens Überfall auf Abessinien. Frankreich hatte eine außenpolitische Schlappe nach der anderen hinnehmen müssen, während Deutschland auf Erfolgskurs ging.

Die deutschen Bemühungen, die Aufrüstung vor Frankreich und Großbritannien zu verschleiern, gelangen nicht. Die Westmächte duldeten aber stillschweigend die als antibolschewistisch deklarierte Rüstung im Glauben, die Fesseln des Versailler Vertrags würden halten. Die Einführung der allgemeinen Wehrpflicht hatte sie gesprengt und das Gespenst eines waffenstarrenden Deutschlands stand wieder auf. Die heftige Reaktion des Völkerbundes war daher verständlich, ebenso die des britischen Schatzkanzlers Winston Churchill, der die sofortige Wiederbesetzung des Rheinlandes und der rheinischen Brückenköpfe forderte. Seine Worte fanden kein Gehör. Im Gegenteil, der Protest der britischen Regierung fiel schwach aus und wurde weiter gemildert durch die Nachfrage, ob der für Ende März geplante Besuch des Außenministers John Simon und des Lordsiegelbewahrers Anthony Eden noch erwünscht sei.

Bei der Abstimmung im Saargebiet über die Wiedereingliederung ins Deutsche Reich feierte Reichskanzler Hitler – nach dem Konkordat mit dem Vatikan 1933 – einen weiteren außenpolitischen Erfolg: Von 539 541 Stimmberechtigten nahmen 528 005 an der Wahl teil; 477 119, das sind 90,8 %, stimmten für die Rückkehr zu Deutschland, 0,4 % Wähler wollten bei Frankreich bleiben. Die Abstimmung überwachten 300 Kommissare aus Großbritannien, den Niederlanden, Schweden und Italien. Das Echo im Ausland war durchaus positiv, der französische Ministerpräsident Pierre Flandin meinte: *„Ich bin sicher, daß die große Mehrheit der Franzosen hofft, daß sich die deutsch-französischen Beziehungen mit dem gemeinsamen Ziel europäischen Friedens stetig verbessern werden.“*
Im Saargebiet einrückende deutsche berittene Polizei wird mit Hakenkreuzfahnen und dem »Deutschen Gruß« jubelnd empfangen (Bild oben).

England erkannte, dass man das aufstrebende Deutschland nicht länger an der Kette halten konnte. Es lenkte daher seine Diplomatie auf bilaterale Verhandlungsebenen. Sorgen bereitete London allerdings die von Hitler am 9. März 1935 bekanntgegebene Aufrüstung seiner Luftwaffe. Bis dahin war sie im Geheimen betrieben worden, nun wurde sie offiziell. *„Seit die Luft eine Rolle spielt"*, resignierte der Lordpräsident des Geheimen Rates, Stanley Baldwin, *„gibt es die alten Grenzen nicht mehr."*

Hitler rechnete damit, dass die Einführung der allgemeinen Wehrpflicht und die Luftrüstung Deutschland wieder in die außenpolitische Isolation treiben könnte. Deshalb hieß er das britische Interesse an einem Begrenzungsabkommen für die Luftrüstung willkommen, mehr noch aber lag ihm an einem Abkommen über die Rüstungsbegrenzung bei der Marine. Er wusste, *„daß die deutsche Seerüstung Jahre benötigen werde, ehe sie der Rahmen eines auch nur einigermaßen fairen Begrenzungsabkommens behindern werde"*, meint Ludolf Herbst.

Das Flottenabkommen war das zentrale Gesprächsthema zwischen Hitler und den am 25. März 1935 in Berlin eintreffenden Vertretern Großbritanniens, John Simon und Anthony Eden.

In den Gesprächen verfolgte Hitler drei Ziele: 1. die internationale Sanktionierung der deutschen Marineaufrüstung, 2. die Beseitigung des Vertragswerks von Versailles durch einen bilateralen Vertrag mit England, und 3. wollte er die Ansicht Londons über seine Expansionspläne im Osten erfahren.

Am 4. Juni 1935 nahm der von Hitler entsandte Sonderbotschafter Joachim von Ribbentrop in London Verhandlungen mit Simon auf. Bei den U-Booten war man sich bald einig: Bei einer Parität sollten beide Verhandlungspartner auf einen uneingeschränkten U-Boot-Krieg verzichten. Bei den Überwasserschiffen erzielte man einen Kompromiss, die deutsche Flottenstärke sollte zur Gesamtflottenstärke der Commonwealthländer ein Verhältnis von 35:100 einnehmen.

Die Isolation, die Deutschland noch vor wenigen Wochen gedroht hatte, war gebannt, die militärische Gleichberechtigung anerkannt, der Vertrag von Versailles in wesentlichen Teilen außer Kraft gesetzt. Hitler triumphierte.

Sir John Simon, Adolf Hitler und Anthony Eden am 25. März 1935 in Berlin (Bild unten).

PROVOKATION DER EUROPÄISCHEN NACHBARN

Parade

Die Besetzung des Rheinlands (Bild oben) stieß auf keinen Widerstand durch die Locarno-Mächte. Großbritannien und Italien verfolgten bereits andere Interessen, Frankreich blieb mit seinen Befürchtungen über das wachsende militärische Gewicht Deutschlands allein. Am Tag des deutschen Einmarsches im Rheinland trat Hitler in der Berliner Krolloper vor die versammelten Abgeordneten und gab die Kündigung des Locarno-Vertrags und die Besetzung des Rheinlands bekannt. Weil Frankreich mit der Sowjetunion und der Tschechoslowakei am 16. Mai 1935 ein Militärbündnis geschlossen habe, müsse das Deutsche Reich die Sicherung seiner Grenzen als oberstes Gebot ansehen und das Rheinland remilitarisiert werden, führte Hitler aus.
Die vier verbliebenen Locarno-Mächte – Großbritannien, Belgien, Frankreich und Italien – verurteilten den deutschen

Der Schritt über den Rhein

„Zwei Ereignisse waren es, die 1935/36 den außenpolitischen Handlungsspielraum der nationalsozialistischen Führung erweitern halfen, nämlich der Abessinien-Krieg und der Spanische Bürgerkrieg; beide sprengten die Front der Westmächte und führten Italien schließlich näher an das Deutsche Reich heran. Durch Mussolinis Ausgreifen nach Afrika kamen die beiden Westmächte in eine Zwickmühle: Sie mußten sich entscheiden, ob sie diesen Schritt ihres Stresa-Partners billigen oder ob sie das Prinzip der kollektiven Sicherheit (hier zugunsten des Völkerbundmitglieds Abessinien) aufrechterhalten wollten, konnten aber nicht zu einer einheitlichen Linie finden. Das Ergebnis waren wachsende Mißverständnisse zwischen London und Paris, ein halbherziger Kurs der Proteste und Sanktionen seitens des Völkerbunds sowie eine deutliche Entfremdung zwischen den Westmächten und Italien, das seinen Kolonialkrieg allen Widerständen zum Trotz fortsetzte und im Mai 1936 schließlich mit der Annexion des Landes erfolgreich abschloß. Gleichzeitig begann der Duce, sich auf einen neuen Partner, das Dritte Reich, umzuorientieren, da ein solches Bündnis geeignet schien, eine weitere Ausdehnung Italiens an der Adria oder in Nordafrika zu erleichtern."
Marie-Luise Recker, 1990

Am Beginn des vierten Jahres der Kanzlerschaft Hitlers stellte der Mangel an Rohstoffvorräten die Aufrüstung ernsthaft in Frage, sie reichten nur noch für ein bis zwei Monate. Danach war wieder mit einem Anstieg der Arbeitslosenzahlen zu rechnen, die, wie im Januar 1936 das Reichsarbeitsministerium mitteilte, noch immer bei zweieinhalb Millionen lagen. Rohstoffe aber, die überwiegend importiert werden mussten, konnten nicht gekauft werden, weil die Devisenreserven erschöpft waren. Zu allem Überfluss verschlechterte sich auch die Lebensmittelversorgung der Bevölkerung, es mangelte vor allem an Fetten, die ebenfalls eingeführt werden mussten und täglich rund 300 000 Reichsmark verschlangen. Die Krise blieb der Bevölkerung nicht verborgen. In der NSDAP sanken Stimmung und Kampfmoral auf den Nullpunkt, und im Untergrund wurde die KPD wieder aktiv. Hitler musste handeln. Er suchte in der Flucht nach vorne den Ausweg aus der Krise.

Die Bedingungen des Versailler Friedensvertrags untersagten dem Deutschen Reich im Rheinland und in der entmilitarisierten Zone – einem 50 km tiefen Landstreifen entlang des östlichen Rheinufers – Truppen zu stationieren, Befestigungsanlagen zu errichten oder militärische Vorbereitungen zu treffen. Diesen Status bekräftigte der

Gewaltakt der Rheinlandbesetzung, beschlossen aber keine Sanktionen. Im Gegenteil, sie erklärten sich bereit, mit Deutschland über eine Abänderung des Rheinlandstatus zu beraten.
Tatsächlich aber waren die Locarno-Mächte uneins. Italiens Staatschef Benito Mussolini, seit seinem Abessinien-Feldzug von den Westmächten isoliert und nur von Deutschland unterstützt, wandte sich Hitler zu. Die beiden Diktatoren verfolgten gleiche Interessen: Machtzuwachs durch Raumgewinn; Hitler strebte nach dem Osten, Mussolini ins Mittelmeer und nach Nordafrika.

Locarno-Pakt 1925, den auch die Weimarer Republik unterzeichnet hatte. Die Nationalsozialisten hatten diese Einschränkung – auf der das ganze westliche Sicherheitssystem aufbaute – stets als Einschränkung staatlicher Oberhoheit bekämpft, und für die Militärs war die Remilitarisierung des Rheinlands ein wesentlicher Bestandteil der Verteidigung der Westgrenze. Das Auswärtige Amt vertrat zwar die Ansicht, der Status würde sich durch Verhandlungen irgendwann ändern lassen, aber auf dieses »irgendwann« wollte Hitler nicht warten.

Schon 1934 äußerte er vertraulich, die entmilitarisierte Zone abschaffen zu wollen. Im Sommer 1935 sprach er erneut darüber, und die Franzosen rechneten Ende des Jahres im Rheinland demnächst vor vollendeten Tatsachen zu stehen; die Einführung der allgemeinen Wehrpflicht in Deutschland ließ darüber keinen Zweifel.

In der Tat kam der Überfall Italiens auf Abessinien Hitler außerordentlich entgegen, die Rheinlandfrage ehest zu lösen. Das Völkerbundmitglied Italien hatte ein anderes Mitglied, nämlich Abessinien, überfallen und die Völkergemeinschaft zu Wirtschaftssanktionen herausgefordert. Frankreich und England zeigten Italiens Benito Mussolini die kalte Schulter, und er sah sich gezwungen, sich nach neuen Partnern umzusehen und wandte sich an Hitler.

Guten Beziehungen zu Deutschland stand bislang Österreich entgegen, dessen Schutzherrschaft Italien übernommen hatte. Doch das konnte sich schnell ändern, wenn Mussolini es wollte. Und er wollte. Im Januar 1936 signalisierte er Hitler, keine Einwände zu haben, würde Österreich in seinen Einflussbereich fallen. Noch im selben Monat behauptete er, Frankreich und Großbritannien planten wegen Abessinien eine Militäraktion gegen Italien; eine Vermutung, die der Tatsachen entbehrte. Aber sie diente Mussolini, um das Abkommen von Stresa – der alliierten Einheitsfront gegen die Einführung der allgemeinen Wehrpflicht im Deutschen Reich – für *„tot"* zu erklären. Der Duce wurde noch deutlicher, als er betonte, Paris und London nicht zu unterstützen, sollte Frankreich den am 2. Mai 1935 ausgehandelten Beistandspakt mit der Sowjetunion ratifizieren und Deutschland sich genötigt sehen, mit Gegenaktionen zu antworten. Berlin betrachtete den Pakt als Bruch des Locarno-Abkommens. Hitler verstand die Botschaft.

Als Hitler am 6. Februar 1936 die Olympischen Winterspiele in Garmisch-Partenkirchen eröffnete, war er in Gedanken schon woanders. Diplomaten und Militärs gaben sich die Türschnalle seines Hotelzimmers in die Hand, er holte letzte Meinungen zur Remilitarisierung des Rheinlands ein. So gut wie alle seine Berater äußerten sich skeptisch, sie befürchteten zwar keine militärische Vergeltung, aber eine internationale Isolation und ein Wirtschaftsembargo. Nur Joachim von Ribbentrop, einer der außenpolitischen Berater, stimmte zu.

Hitler traf am 1. März die Entscheidung: am 7. März solle marschiert und das Rheinland besetzt werden. Bis dahin forderte er strenge Geheimhaltung, der Truppenaufmarsch sei als SA- und Arbeitsfrontübung zu tarnen. Für denselben Tag setzte Hitler eine Reichstagssitzung an, um eine Regierungserklärung abzugeben.

Am Samstag den 17. März 1936 um 12 Uhr setzte Hitler in der Krolloper – sie beherbergte seit dem Brand des Reichstagsgebäudes den Reichstag – zur Rede an. Niemand der Anwesenden im bis zum Bersten besetzten Saal ahnte, zu welchem Thema Hitler sprechen würde. Viele Diplomaten waren gekommen, Hunderte Journalisten füllten die Ränge. Auf dem Podium saß, neben anderen Regierungs- und Parteigrößen, der Reichskriegsminister und Oberbefehlshaber der Wehrmacht Werner von Blomberg, sichtlich blass und nervös. Über Radio hörten Millionen Deutsche mit: die Verurteilung des Vertrags von Versailles, die Forderung nach internationaler Gleichstellung, die friedlichen Ziele des Deutschen Reichs, bis Hitler endlich zum Kern der Rede kam: *„Im Interesse des primitiven Rechts eines Volks auf Sicherung seiner Grenzen und zur Wahrung seiner Verteidigungsmöglichkeiten hat daher die deutsche Reichsregierung mit dem heutigen Tag die volle und uneingeschränkte Souveränität des Reichs in der entmilitarisierten Zone des Rheinlands wiederhergestellt."* Zu diesem Zeitpunkt, es war gegen 13 Uhr, näherten sich die deutschen Truppen der Hohenzollernbrücke von Köln. Etwa 30 000 Mann marschierten auf, doch der größte Teil verharrte am Ostufer des Rheins. Nur drei Infanteriebataillone, das waren etwa 3 000 Soldaten, drangen bis Aachen, Trier und Saarbrücken vor, mit dem Auftrag, keine militärische Konfrontation mit den Franzosen zu provozieren. Diese waren dazu gar nicht bereit: Ihr Geheimdienst hatte eine deutsche Heeresstärke von 295 000 Mann angenommen.

Die Franzosen marschierten auch aus anderem Grunde nicht: Großbritannien hatte eine Unterstützung verweigert. Zwar berieten am 10. März 1936 die Locarno-Mächte in Paris und London über Maßnahmen gegen die Rheinlandbesetzung, und der Völkerbund verurteilte am 14. März das Deutsche Reich wegen Vertragsbruchs, doch Sanktionen blieben aus. Die Begründung Hitlers, wegen der Ratifizierung des französisch-sowjetischen Beistandspaktes am 27. Februar 1936 zum Handeln gezwungen worden zu sein – er brandmarkte ihn als Bruch des Locarno-Übereinkommens –, nahm die Welt widerspruchslos zur Kenntnis.

Hitlers Vabanquespiel war aufgegangen, entgegen der Meinung der Berufssoldaten und Diplomaten: Im gleichen Maß, wie seine Verachtung ihnen gegenüber wuchs, stieg seine Selbsteinschätzung. Ab dem geglückten »Wochenendcoup« begann Hitler verstärkt die Außenpolitik des Deutschen Reichs zu lenken.

Das Herrschaftssystem des Dritten Reichs war auf die Person Hitlers zugeschnitten. Er vereinigte die Funktionen von Staatsoberhaupt, Parteiführer, Regierungschef und Oberbefehlshaber der Wehrmacht (Grafik unten). Polizei, SD, Gestapo, SS und die Propaganda unter der Leitung von Heinrich Himmler bzw. Joseph Goebbels waren seine wichtigsten Werkzeuge für die Knechtung des eigenen Volks.

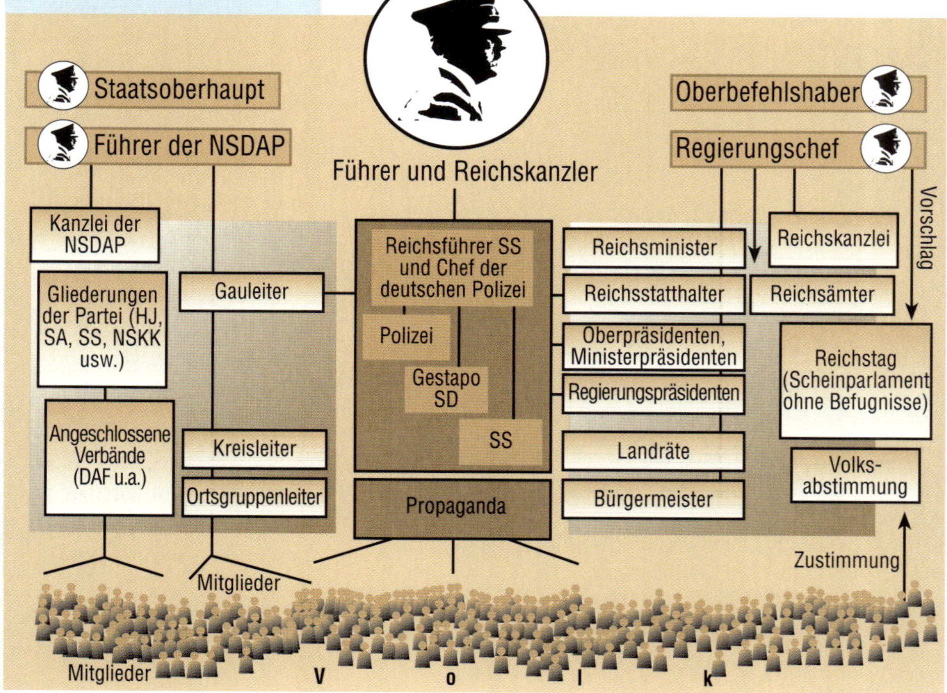

Wieder Grossmacht

„Im Jahre 1936 fiel mit dem Vierjahresplan vom September die Entscheidung zum Krieg, und es war, wie sich bald herausstellen sollte, eine Entscheidung ohne Umkehr. Auch in diesem Jahr lagen wieder Erfolge und Mißerfolge eng beieinander: eine Erweiterung des politischen Handlungsspielraumes in Europa und sichtliche Fortschritte bei der »Wiederwehrhaftmachung« auf der einen, eine dramatische Zuspitzung der Wirtschaftskrise auf der anderen Seite. Zusammen bildete dies den Rahmen, in dem das Geschehen dieses Jahres ablief.

Das Regime hatte sich von Anfang an mit der Vorbereitung auf kriegerische Gewalt selbst unter einen politischen, ökonomischen und militärischen Handlungszwang gesetzt und damit einen rasch zunehmenden Zeitdruck provoziert, der 1936 keinen allzu langen Aufschub für den Einsatz der Wehrmacht mehr duldete, es sei denn, das Steuer würde wieder um 180 Grad herumgeworfen.“

Bernd-Jürgen Wendt, 1993

Hinter dem Einmarsch im Rheinland standen zwar primär militärstrategische Erwägungen, doch auch innenpolitische. Hatte die Bevölkerung schon jenseits des Rheins den einrückenden deutschen Soldaten eine überschwängliche Begeisterung entgegengebracht, so kannte der Jubel im Reich selbst keine Grenzen. Er schlug sich in den für 29. März 1936 angesetzten Reichstagswahlen nieder: 98, 9 % stimmten für Hitler. Zwar trug der Wahlzettel nur eine Partei und einen Namen – den Hitlers –, aber es war unbestritten, dass ihn und die NSDAP die große Mehrheit des Volks unterstützte. Das Rheinland war besetzt, Deutschland war »erobert« worden; wie die politische Zukunft aussehen würde, wagte niemand vorauszusagen.

Die in der deutschen Geschichtsschreibung lang vertretene Ansicht, Hitler habe ein klar entwickeltes strategisches Konzept besessen, entspricht nicht den Tatsachen. Hitler lebte in den politischen Alltag hinein, wobei ihm ein hoher Grad an Flexibilität und Weitsicht nicht abzusprechen ist. Bis zum Beginn des Zweiten Weltkriegs bestimmte er auch das Gesetz des Handelns, dann aber wurde er zum Getriebenen. Die ersten Kriegsjahre spiegeln dies deutlich wider. Trotz der spektakulären militärischen Erfolge ging ihm mit jedem Sieg die Handlungsfreiheit verloren, und er musste seine Divisionen von einem Kriegsschauplatz zum anderen hetzen.

Die Einführung der allgemeinen Wehrpflicht und die Rheinlandbesetzung schlossen ein Kapitel der deutschen Geschichte ab: das Ankämpfen gegen die »Fesseln« von Versailles. Gleichzeitig eröffneten sie ein neues, das der permanenten Herausforderung anderer Mächte durch Hitler und sein Regime.

Nachdem die Hilflosigkeit der Alliierten so deutlich geworden war, wurde Hitler aggressiver. Und es scheint, als glaubte er nach dem Triumph der »Rheinlandbefreiung« selbst an den Mythos, der um ihn entstand, er sei der Messias, der Befreier. Am 14. März 1936 hörte man Hitler in einer Wahlrede in München sagen: *„Weder Drohungen noch Warnungen werden mich von meinem Weg abbringen. Ich gehe mit traumwandlerischer Sicherheit den Weg, den mich die Vorsehung gehen heißt. Mein Ziel ist der Friede, der auf der Gleichberechtigung der Völker begründet ist. Wir sind eine Großmacht Europas und wollen als Großmacht gewürdigt werden.“* Nach Frieden stand ihm jedoch nie der Sinn.

Hitler wendete damals eine Vorgangsweise an, der er sich später noch öfter bediente: die bedenkenlose Bereitschaft zum Risiko in Verbindung mit Gewaltaktionen und taktischer Friedensbereitschaft. So auch nach dem Einmarsch im Rheinland: *„Ich würde jederzeit bereit sein, mit der französischen Regierung einen Akkord einzugehen. [...]“* oder *„Ich werde das deutsche Volk [...] fragen: Willst du, daß wir das französische Volk unterdrücken oder minderberechtigen sollen? Und es wird sagen: Nein, das wollen wir nicht!“* tönte er am 16. März in Frankfurt am Main.

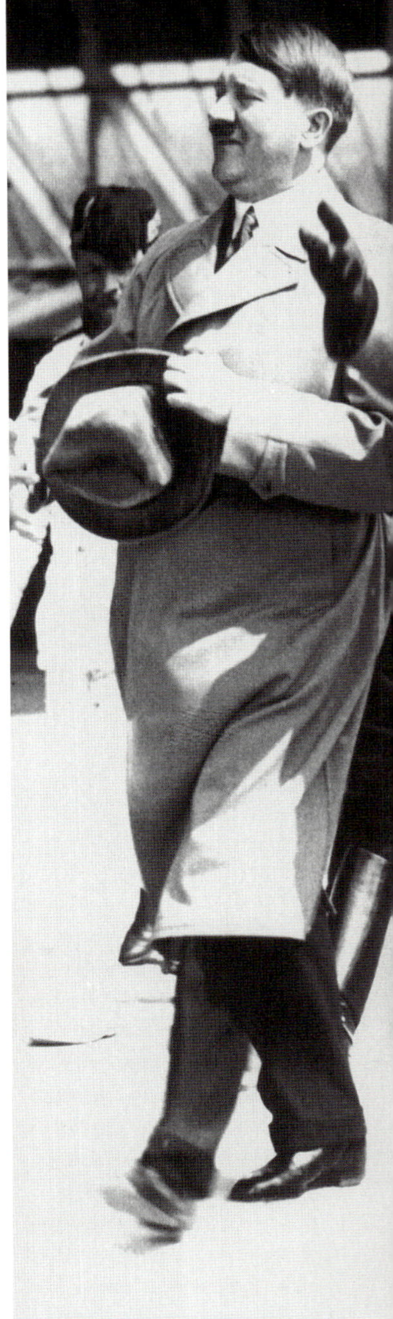

Die Karikatur (Bild links) – 1926 in Deutschland erschienen – zeigt König Emanuel bei der Enthüllung des Denkmals des »Neuen Römischen Weltreichs«. Die Wölfin, Symbol Roms, frisst (Süd-)Tirol, während an Stelle von Remus und Romulus – der Legende nach Roms Gründungsväter – Mussolini und der Freiheitskämpfer d'Annunzio an den Zitzen saugen.

Zwei Diktatoren, scheinbar im Gleichschritt zu gemeinsamen Zielen. Die erste Begegnung zwischen Hitler und Mussolini am 14. Juni 1934 in Venedig

(Bild oben) stand noch ganz im Zeichen italienischer Zurückhaltung, obwohl Hitler bemüht war, dem Duce seine große Wertschätzung zu erweisen. Hemmnis für eine Verständigung war Österreich, das unter der Schirmherrschaft Italiens stand. Hitler fühlte sich auch im zivilen Outfit bei der Begegnung nicht wohl. Er wirkte linkisch und glich im Aussehen dem amerikanischen Filmkomiker Oliver Hardy.

Italien und seine Expansion zum Horn von Afrika (Karte rechts oben).

Das Jahr 1936 stand auch ganz im Zeichen der deutsch-italienischen Annäherung. Zwar hatte sich die Meinung Mussolinis gewandelt, er wollte nun Österreich nun doch nicht den Deutschen preisgeben, aber er begann Hitler nach dem gelungenen »Wochenendcoup« zu schätzen und als gleichwertigen Partner zu betrachten. Ein erstes Treffen der beiden Diktatoren am 14. Juni 1934 in Venedig war noch kühl verlaufen. Hitler hatte sich nicht sonderlich wohl gefühlt. Auf Empfehlung seiner Berater trug er statt der gewohnten Uniform und der Tellerkappe, einen zivilen hellen Gabardinemantel und einen weichen Hut, den er unentwegt drehte, unschlüssig, ob er ihn aufsetzen sollte oder nicht. Mussolini hingegen wirkte in der faschistischen Uniform martialisch überlegen. Entsprechend verkrampft verliefen die Gespräche. Nur einmal soll Hitler heftig mit dem Fuß aufgestampft haben, als es um den Einfluss auf Österreich ging, berichteten Augenzeugen aus der Ferne.

Mussolini äußerte sich später zu seiner Frau: *„Hitler sprach viel, oft in schneidendem und aufgeregtem Ton und brachte unausgeglichene Vorschläge. Er ist ein Mann, der sich nur mit Mühe beherrscht."*

Wer bekommt Österreich?

Hitler zollte dem italienischen Staatschef und Diktator seit dessen Marsch auf Rom uneingeschränkte Bewunderung. Das hinderte ihn allerdings nicht, doppeltes Spiel zu treiben: Zwar schloss er sich den Völkerbund-Sanktionen gegen Italien wegen des Überfalls auf Abessinien nicht an, unterstützte Mussolini sogar mit dringend benötigten Rohstofflieferungen, gleichzeitig aber lieferte er Waffen an die abessinische Regierung. So staunten die italienischen Expeditionstruppen, als sie auf dem abessinischen Hochland auf Krupp-Kanonen stießen. Hitler hatte Interesse an einem langdauernden Konflikt, umso fester konnte er den Duce an sich binden. Der zeigte sich auch dankbar für die Wirtschaftshilfe und entließ Österreich aus seiner Schutzherrschaft in den Einflussbereich Hitlers. Kurzfristig war Österreich noch Mussolinis Faustpfand gegenüber den Westmächten gewesen: Auf dem Höhepunkt des Abessinien-Konflikts, als italienische Truppen nicht voran kamen und die italienische Wirtschaft durch die Sanktionen Schaden nahm, drohte er, seine Truppen von der Brennergrenze abzuziehen und die Vereinbarung von Stresa – Schutz der territorialen Integrität Österreichs unter italienischer Schirmherrschaft – zu kündigen. Als er merkte, dass diese kaltblütige Erpressung ins Leere ging und ihm Österreich in der internationalen Politik nicht mehr dienlich sein konnte, ließ Mussolini die Alpenrepublik in die Hände Hitlers fallen.

Dieser beeilte sich, Österreich an sich zu ziehen. Bereits am 11. Juli 1936 traf Hitler mit dem österreichischen Kanzler Kurt von Schuschnigg ein Abkommen, das zwar auf dem Papier die volle Souveränität Österreichs anerkannte, aber Bedingungen stellte: Die Republik habe sich als deutscher Staat zu erklären und in Zukunft eine den deutschen Interessen entsprechende Außenpolitik zu betreiben. Eine weitere – geheime – Bestimmung forderte, die in die Illegalität verbannten österreichischen Nationalsozialisten *„zur Mitwirkung an der politischen Verantwortung heran[zu]ziehen."* Weiters sollte ein Nationalsozialist in das Kabinett aufgenommen werden.

Hitler hatte in Österreich ein Trojanisches Pferd untergebracht, in dem Edmund Glaise-Horstenau saß. Der national eingestellte Generalstaatsarchivar Glaise-Horstenau wurde zunächst Minister ohne Portefeuille, übernahm dann am 3. November 1937 das Innenministerium, das er allerdings am 15. Februar 1938 an den Nationalsozialisten Arthur Seyß-Inquart abgeben musste. Glaise-Horstenau schien dem bevorstehenden Anschluss nicht gewachsen zu sein.

Das Österreich-Problem war aus dem Weg geschafft, nun ließ ein anderes Ereignis Duce und »Führer« noch näher zusammenrücken: Der Spanische Bürgerkrieg.

TRUPPENÜBUNGSPLATZ SÜD

„War durch Mussolinis Abessinien-Krieg und seine Folgen die Gefahr eines Zusammengehens der Status-quo-Mächte abgewendet und somit der Handlungsspielraum des Deutschen Reichs erweitert worden, so verstärkte sich diese Tendenz noch mit dem Spanischen Bürgerkrieg. Auch hier bot sich aus deutscher Sicht die Möglichkeit, die Aufmerksamkeit der europäischen Staaten auf einen Konfliktherd an der Peripherie des Kontinents abzulenken, die Interessenskonflikte zwischen ihnen zu schüren und die Annäherung Italiens an das Reich zu vertiefen. In dieser Hinsicht bot die »spanische Arena« ähnliche Perspektiven wie zuvor der Abessinien-Krieg.“
Marie-Luise Recker, 1990

Im Frühjahr 1936 herrschte Jubel am südwestlichen Ende Europas, bei den vereinigten Linken Spaniens. Sie hatten einen wenn auch knappen Wahlsieg errungen und bildeten zum ersten Mal eine Volksfrontregierung. Drei Monate später, am 3. Mai 1936, übernahm auch in Frankreich eine Volksfrontregierung die Macht.

Argwöhnisch beobachtete das bürgerliche Europa die zum Kommunismus tendierenden Entwicklungen und zeigte sich hellhörig gegenüber Hitlers ständig wiederkehrender Warnung vor einer bolschewistischen Weltverschwörung. Seit dem Nichtangriffspakt mit Polen von 1934 spielte die Sowjetunion im politischen Kalkül Hitlers eine Nebenrolle, sie war nur noch Ziel seiner Verdammungstiraden. Der Ausbruch des Spanischen Bürgerkriegs am 17. Juli 1936 lieferte ihm nun weiteren Stoff, in Moskau eine »Verschwörerzentrale« zu vermuten und zu geißeln. Goebbels tat ein Übriges und puschte den innerspanischen Konflikt – der in der Unversöhnlichkeit der katholisch-konservativen und der liberal-sozialistischen Lager wurzelte – zu einem weltbewegenden Ereignis hoch.

Anlass zum Bürgerkrieg gab die Ermordung des führenden Monarchisten José Calvo Sotelo am 13. Juli 1936 durch Linksextreme. Das Militär erhob sich gegen die nach dem Sturz der Monarchie 1931 an die Macht gekommenen Republikaner am 17. Juli. Zunächst verlief der Aufstand nach Plan, Spanisch-Marokko kam in ihre Hand, in dem kampferprobte, disziplinierte Berufssoldaten stationiert waren. Doch dann wendete sich das Blatt, die Republikaner behaupteten sich auf dem größten Teil der Iberischen Halbinsel und isolierten Spanisch-Marokko. Die Rebellion drohte zu scheitern.

Das war die Lage, als General Francisco Franco y Bahamonde, Militärkommandant der Kanarischen Inseln, am 19. Juli im spanisch-marokkanischen Tetuán mit einem Charterflugzeug landete. Franco zählte zu den führenden Putschisten und übernahm ihren Oberbefehl, doch nur mit einigen veralteten Flugzeugen und ohne Schiffe saß er in Nordafrika fest. Unterdessen bewaffnete die republikanische Regierung Arbeiter, stellte Milizen auf und bat Moskau und Paris um Unterstützung gegen die Einheitsfront von Nationalisten, Falangisten und Karlisten. Franco wandte sich in seiner Bedrängnis an Deutschland. Zwei Emmissäre sprachen am 24. Juli 1936 in Berlin beim Auswärtigen Amt und im Reichskriegsministerium vor, ohne Erfolg. Die Beziehungen zwischen dem Deutschen Reich und der spanischen Volksfrontregierung waren ungetrübt, eine Einmischung in den Bürgerkrieg schien nicht ratsam. Hitlers Stellvertreter Rudolf Heß jedoch schickte die Abordnung direkt zu Hitler, der in Bayreuth weilte.

Noch in der gleichen Nacht trafen Hitler, Göring und Reichskriegsminister Blomberg die Entscheidung, Franco zu unterstützen. Göring, seit 1934 Oberbefehlshaber der

Deutsche Bomben fallen auf spanische Städte: Die beiden Orte Benisanet und Ginestar werden in einer zweiten Welle ins Visier genommen (Bild oben). Sie liegen am Ebro und werden durch eine für die Republikaner strategisch wichtige Brücke verbunden. Die weißen Punkte sind Bombentrichter einer früheren Bombardierung.

Die »Legion Condor« umfasste alle Waffengattungen eines modernen Heeres mit Ausnahme der Infanterie und der schweren Artillerie. Sowohl kleinere Marineeinheiten als auch Panzerabteilungen und natürlich Kampfflugzeuge und Luftabwehr-Truppen nahmen am Spanischen Bürgerkrieg

teil. Der offizielle Wortlaut zum Bild links unten lautete: *„Ein Dorf wird genommen. Von deutschen Panzerkampfwagen gedeckt, sind spanische Infanteristen in die zerschossenen Reste der ersten Gehöfte eingedrungen. Bald wird die Fahne des nationalen Spaniens über der Ortschaft wehen.“*

Im Sommer 1939 erschien ein Sonderheft der Zeitschrift »Die Wehrmacht« mit einem heroisierenden Titelblatt. Es zeigt deutsche Flak-Soldaten vor der rot-gelb-roten Fahne der Falangisten. Es war das erste Mal, dass die deutsche Öffentlichkeit offiziell vom Einsatz deutscher Soldaten im Spanischen Bürgerkrieg erfuhr (Bild oben).

Luftwaffe, stellte Franco 20 Junkers-Transportflugzeuge, 6 Jagdflugzeuge, 20 Flakgeschütze, 86 Mann Bedienung und weitere 100 t Kriegsmaterial zur Verfügung. Der General konnte jetzt seine maurische Armee auf die Iberische Halbinsel überführen. Ein 6 000 Mann starkes deutsches Expeditionskorps, die »Legion Condor« unterstützte ihn dabei. Mussolini, ursprünglich nicht gewillt, in Spanien einzugreifen, wollte nicht hintanstehen. Das faschistische Italien entsandte 20 000 Soldaten und 27 000 Mann »Milizia volontaria« und besetzte nebenbei die Balearen.

Hitler verantwortete seinen Entschluss, Francos Partei zu ergreifen damit, *„daß Deutschland ein kommunistisches Spanien unter keinen Umständen dulden dürfe. [...] Gelingt es wirklich, ein kommunistisches Spanien zu schaffen, so ist bei der derzeitigen Lage in Frankreich eine Bolschewisierung auch dieses Landes nur eine Frage kurzer Zeit und dann kann Deutschland »einpacken«. Eingekeilt zwischen dem gewaltigen Sowjetblock im Osten und einem starken kommunistischen französisch-spanischen Block im Westen könnten wir kaum noch etwas ausrichten, falls es Moskau gefällt, gegen Deutschland vorzugehen.“*

Im gleichem Atemzug entwickelte Hitler die Vision einer »Neuordnung Europas«, beginnend mit Spanien. Würden alle Staaten im Westen Europas faschistische Regierungen erhalten, würden sie geneigt sein, einen Willen anzuerkennen, den seinen. In den Ländern würde er Unterführer einsetzen, ähnlich den deutschen Gauleitern.

Göring, ab dem 18. Oktober 1936 verantwortlich für den so genannten Vierjahresplan, ein Programm zur rüstungsorientierten Lenkung der Wirtschaft, sah den Einsatz Deutschlands von der praktischen Seite: Er schloss mit Francos Schattenregierung Wirtschaftsverträge, die das Reich bei der Belieferung mit Schwefelkies und Eisenerzen vor allen anderen Ländern bevorzugten.

Im Gegenzug fielen deutsche Bomben auf spanische Städte. Guernica wurde zu einem Symbol der Zerstörung. Aber auch die Gräuel der Volksfront, die sie am Klerus, den Großgrundbesitzern und den Intellektuellen beging, waren nicht minder verabscheuungswürdig

London hielt sich vom Kriegsschauplatz fern. Whitehall fand es an keiner Seite opportun, das Leben britischer Soldaten zu riskieren. Damit blieben alle Optionen für das Kriegsende offen, wer immer den Sieg erringen mochte.

Hitler, von England unbehelligt, deutete dieses Stillschweigen als Billigung seiner Handlungen. Auch die Partnerschaft zu Italien, durch das gemeinsame Abenteuer in der spanischen Arena vertieft, erfüllte ihn mit Zufriedenheit. Die Voraussetzungen für eine engere Zusammenarbeit, für die »Achse Berlin-Rom«, waren geschaffen.

Ein heimlicher Krieg

Der spanische Bürgerkrieg dauerte drei Jahre. Den Nationalisten blieb die Einnahme Madrids zwar versagt, doch kontrollierten sie Ende 1938 bereits den größten Teil des Landes. Im März 1939 erlosch der Widerstand der Volksfront und am 1. April 1939 erklärte Franco den Krieg für beendet, die »Legion Condor« kehrte nach Deutschland zurück. Jetzt erst erfuhr die deutsche Öffentlichkeit Einzelheiten vom ersten Fronteinsatz deutscher Soldaten nach dem Ersten Weltkrieg. Das Regime hatte seine Beteiligung am Krieg in Spanien kaum betont, aber ganz vertuschen ließ sie sich auch nicht. Die von Goebbels zensurierten Medien berichteten verhalten, bis der Ausgang des ideologischen Krieges gewiss war. Als der Sieger feststand, an dessen Seite das Deutsche Reich nun mitfeiern durfte, berichteten die Zeitungen in großer Aufmachung und mit Sondernummern von der Teilnahme deutscher Soldaten am innerspanischen Konflikt.

Die »Legion Condor« hatte *„auf diese Weise Gelegenheit, im scharfen Schuß zu erproben, ob das Material zweckentsprechend entwickelt wurde“*, meinte Hermann Göring zufrieden. Für dieses »Probeschießen« ließen 420 Männer auf deutscher Seite ihr Leben.

1936 war ein gutes Jahr für Hitler, eines, das mit Entscheidungen aufwartete: Die Wirtschaft konsolidierte sich, die Arbeitslosigkeit nahm weiter ab, Olympische Winter- und Sommerspiele drückten die Friedfertigkeit des nationalsozialistischen Deutschland aus, das Rheinland war remilitarisiert, Österreich in der Abhängigkeit, das Vertrauen Mussolinis gewonnen, Deutschland war Ordnungshüter in einem Bürgerkrieg. Das Deutsche Reich hatte sich in der Welt wieder nach vorne geschoben.

ACHSENMÄCHTE

„Zwar hatten Hitler und Mussolini den Entschluss zur Intervention in Spanien offenbar noch völlig unabhängig voneinander gefaßt, doch bald mehrten sich die Kontakte zwischen Berlin und Rom. Anfang September empfing Hitler den Kabinettschef des italienischen Außenministers in Begleitung eines nützlichen Vermittlers, des Prinzen von Hessen, in Berchtesgaden zu einer Unterredung. Ende September besuchte Baldur von Schirach mit 450 Hitlerjungen Italien, und zur selben Zeit überbrachte Reichsminister Hans Frank dem »Duce« und seinem Außenminister die Einladung des »Führers« zu einem Staatsbesuch in Deutschland. Bereits einen Monat später kam Graf Ciano nach Deutschland und vereinbarte das Zusammenwirken beider Regierungen in den Bereichen der Politik, in denen sich ideologische wie machtpolitische Gemeinsamkeiten andeuten.“
Hans-Ulrich Thamer, 1994

Ciano Galeazzo, Graf von Cortelazzo, seit dem 9. Juni 1936 italienischer Außenminister, reiste am 21. Oktober nach Berlin. Er kam im Auftrag seines Schwiegervaters Benito Mussolini, um mit dem deutschen Außenminister Konstantin Freiherrn von Neurath ein Abkommen zu unterzeichnen. Die deutsch-italienische Zusammenarbeit sollte auf eine formelle Basis gestellt werden. Der Inhalt des Papiers sagt wenig aus, ein paar fadenscheinige Absichtsbekundungen, das ist alles. Die geheimen Zusätze hingegen sind aufschlussreich: So wollte man in der spanischen Frage koordiniert vorgehen, anerkannte Hitler die Annexion Abessiniens und – der wichtigste Punkt von allen, die wirtschaftlichen Interessensphären der beiden Mächte wurden in Süddosteuropa abgegrenzt. Damit änderte sich das Machtgefüge im mittleren und südöstlichen Europa schlagartig.

Drei Tage später empfing Hitler Ciano in Berchtesgaden. Hitler sparte nicht mit Lob über den Duce und dessen Aufbauwerk für Italien, er nannte ihn den größten Staatsmann der Gegenwart. Der deutsche Kanzler konnte leicht schwärmen, der deutsch-italienische Kooperationsvertrag hatte ihm neue Wirtschafts- und Einflussperspektiven in einem rohstoffreichen Teil Europas eröffnet, dem Balkan. Im Gegenzug hatte Hitler das italienische Kaiserreich Abessinien anerkannt und Mussolini den Mittelmeerraum – das »Mare Nostro« der Italiener – überlassen. Hitler erreichte dadurch gleich mehrere Ziele: Er lenkte das Augenmerk Frankreichs vom Rheinland und der deutsch-französischen Grenze weg auf seine eigene Mittelmeerküste, die Grenze zu Italien und die nordafrikanischen Kolonien. Auch die Engländer lenkte er ab, verlief doch ihre »Nabelschnur« zum Orient und Mittleren Osten durch das Mittelländische Meer. Hier überschnitten sich nun mehrere macht- und wirtschaftspolitische Einflussbereiche: der französische, der britische und der italienische. Eine Kollision der Interessen konnte Hitler nur nützen.

Durch die Zuweisung des Mittelmeers an die Italiener verschoben sich zwangsläufig auch deren mittel- und südosteuropäische Interessen. Österreich wurde für Rom unwichtig. Auch Ungarn glitt aus dem Blickfeld Italiens. Somit verlor der »Rom-Pakt«, ein am 17. März 1934 zwischen Ungarn, Österreich und Italien als Gegengewicht zur tschechisch-rumänisch-jugoslawischen »Kleinen Entente« gegründeter Konsultativblock, seine Bedeutung. In dieses Machtvakuum stieß jetzt Deutschland vor, bereit, von diesem Vorfeld den Einfluss auf den Balkan auszudehnen. Ein von Deutschland beherrschter mittel-südosteuropäischer Großwirtschaftsraum zeichnete sich ab

Die Achse Berlin–Rom: eine »Linie«

Mussolini wusste um die Machtverschiebungen, die sein afrikanischer Expansionsdrang verursachte. Um den Einfluss auf die nun Deutschland zufallenden Räume nicht gänzlich zu verlieren, wertete er das Abkommen vom Oktober propagandistisch zu einem Bündnis auf: Am 1. November 1936 verkündete er auf dem Domplatz zu Mailand die »Verticale Berlino-Roma«, zu deutsch »Achse

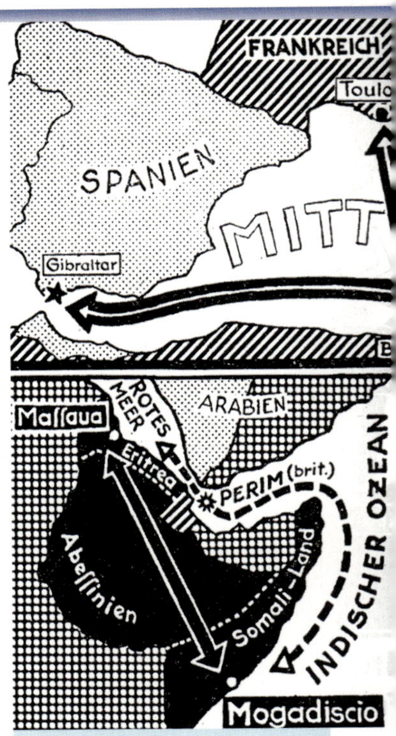

Das Mittelländische Meer rückte 1936 ins Blickfeld der Mächte; bislang von Frankreich und Großbritannien dominiert, zeigte nun auch

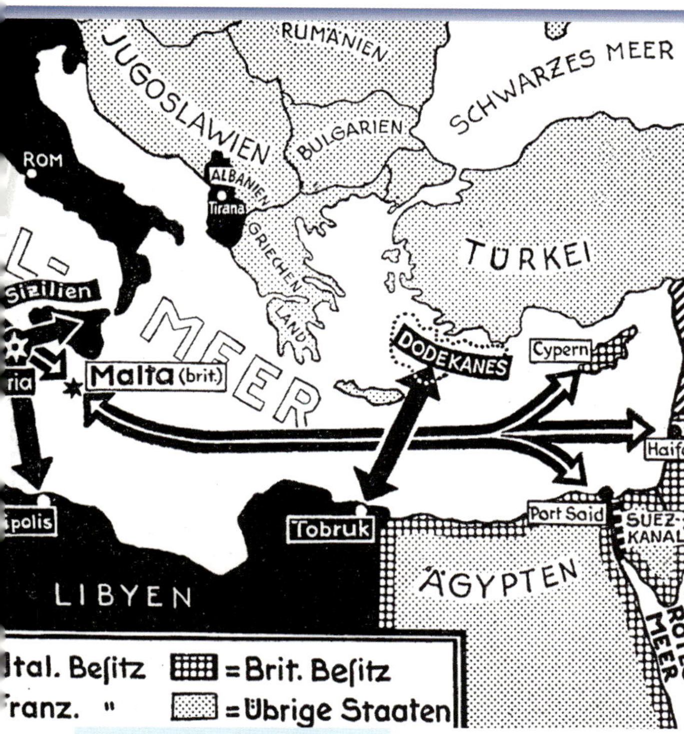

Italien großes Interesse am Mittelmeerraum. Mit propagandistischem Aufwand prägte Mussolini den Begriff des »Mare nostro« der Italiener, durch das lebenswichtige Handels- und Verkehrsverbindungen nach dem italienischen Libyen, nach dem eroberten Abessinien sowie Italienisch-Eritrea und Somaliland führten. (zeitgenössische Karte oben)

Berlin – Rom«. Sie sollte *„keine Trennungslinie, sondern vielmehr eine Achse sein, um die herum sich zur Mitarbeit alle Staaten Europas gruppieren können, die vom Willen zur Zusammenarbeit und zum Frieden beseelt sind"*, verkündete er mit Stolz.

„Solche Redensarten konnten nicht darüber hinwegtäuschen, daß das Ergebnis der neuen Verhandlungen zwischen Italien und Deutschland ziemlich mager geblieben war und die »Vertikale Berlin-Rom« vorläufig nur eine gedachte Linie darstellte", bemerkt Max Domarus, ein Augenzeuge des damaligen Geschehens. *„Mussolini schwankte offensichtlich noch in der Entscheidung, welchen Kurs er für die Zukunft einschlagen sollte. Im März 1937 begab er sich nach Libyen, um dort die neue Militärstraße von Tripolis über Tobruk zur libysch-ägyptischen Grenze einzuweihen."*

In diesem Zusammenhang überreichten ihm arabische Stammesführer ein Schwert mit dem phantasievollen Namen »Schwert des Islam«. Der Duce ergriff es und streckte es in die Höhe mit den Worten: *„Die mohammedanische Bevölkerung Libyens weiß, daß sie unter der italienischen Trikolore Frieden und Wohlfahrt haben wird und daß ganz besonders ihre religiösen Bräuche auf das peinlichste respektiert werden."*

Die Szene erregte in London Aufmerksamkeit und nährte Spekulationen, Mussolini wolle sich zum Schirmherr des Islam aufschwingen. Hitler konnte Mussolinis Protzen nur recht sein, umso eher würde er ihn in einem Bündnis an sich fesseln können.

Im Sommer 1937 kündigte Mussolini einen Besuch in Deutschland an. Am 25. September traf er in München ein, doch der als Triumphfahrt im offenen Wagen gedachte Auftritt der beiden Diktatoren, geriet Hitler zum Ärgernis: Die spalierbildende Bevölkerung verhielt sich gegenüber dem Duce äußerst reserviert, kaum freundlich-fröhliche Gesichter, noch weniger Jubel. Die Haltung Italiens im Ersten Weltkrieg war vielen noch im Gedächtnis und die brutale Unterdrückung der deutschsprachigen Südtiroler Bevölkerung durch die Faschisten gegenwärtig. Der Duce erfreute sich trotzdem bester Laune und ernannte Hitler in einer Freundschaftsgeste zum Ehrenkorporal der »Milizia Volontaria per la Sicurezza Nazionale«. Das war der höchste Titel, den die faschistische Partei Italiens vergeben konnte. Aber Hitler war wenig erfreut. *„Einmal konnte er bekanntlich Milizen nicht leiden, zum anderen war der Titel »Ehrenkorporal« für einen ehemaligen Gefreiten, der nun Oberster Befehlshaber der deutschen Wehrmacht war, etwas deplaziert"*, erläutert Max Domarus.

Am 28. September 1937 fand auf dem Tempelhoferfeld von Berlin eine Abschlussfeier statt. 650 000 Menschen hatten sich versammelt, um Mussolini zu hören. Dieser hatte eine eigene Art, die Dinge zu sehen und stellte in gewohnt pathetischer Pose fest: *„Weder in Deutschland noch in Italien besteht eine Diktatur, sondern es bestehen Kräfte und Organisationen, die dem Volke dienen. Keine Regierung in keinem Teil der Welt hat die Zustimmung des Volks in solchem Maße wie die Regierungen Deutschlands und Italiens. Die größten und echtesten Demokratien, die die Welt heute kennt, sind die deutsche und italienische."*

Mussolini und Hitler bei der Massenkundgebung am 28. September 1937 in der Ehrenloge des Berliner Olympiastadions. (Bild links)

Adolf Hitler stattete am 3. Mai 1938 einen Gegenbesuch in Rom ab. Er bedankte sich, dass der Duce die Besetzung Österreichs ohne Einspruch hingenommen hatte und trug ihm zu Ehren den faschistischen Ehrendolch und am Ärmel seiner Uniformjacke den Wimpel eines Korporals der faschistischen Miliz. (Bild rechts)

Falsche Hoffnungen

„Aber zu Hause holten Mussolini die machtpolitischen Realitäten sehr bald wieder ein. Er war sich darüber im klaren, daß nach einem Anschluß Österreichs »Großdeutschland mit dem wachsenden Gewicht seiner siebzig Millionen auf unseren Grenzen lastet« und daß »die Fortführung unserer Verhandlungen mit den Engländern und erst recht deren Abschluß für uns immer schwieriger werden«. Nicht weniger zwiespältig war das deutsche Verhalten nach dem Staatsbesuch, der sich als Vermählungsfest zweier verwandter Regime dargestellt hatte. Der »Völkische Beobachter« formulierte am 1. November in Richtung London, daß sicherlich noch nie ein politisches Bündnis derart gefeiert worden sei. »Und dabei ist hier das Besondere, daß gar keine Bündnisverpflichtungen vorliegen und auch keine neuen unterzeichnet wurden.« Der Artikel schloß mit der charakteristischen Mischung aus Drohung und Werbung: »Es wäre daher nur politisch klug und könnte vor Enttäuschungen bewahren, wenn man sich in London und Paris mit der tieferen Bedeutung des deutsch-italienischen Verhältnisses, nicht nur nach seiner ideologischen, sondern auch realpolitischen Richtung hin, beschäftigen würde.« Den Weg nach England sollte die Achse keineswegs versperren, sie sollte ihn im Gegenteil ein Stück weiter ebnen. Das Bündnis mit dem anderen, viel wichtigeren Partner, mit England, sollte eine umfassende, weiter in die Zukunft weisende Bedeutung haben."

Hans-Ulrich Thamer, 1994

Seit Joachim von Ribbentrop das Flottenabkommen mit Großbritannien erfolgreich abschließen konnte, war er in der Wertschätzung Hitlers gewaltig gestiegen. Ribbentrop, dachte Hitler, wäre geeignet, auch ein Bündnis mit dem Inselreich zu erreichen. Dass dieses möglich wäre, vermutete Hitler aus dem wohlwollenden Verhalten, das die Briten mancher seiner problematischen außenpolitischen Entscheidungen entgegengebracht hatten, so bei der Einführung der allgemeinen Wehrpflicht, der Rheinlandbesetzung, der Unterstützung Mussolinis im Abessinien-Feldzug und im Spanischen Bürgerkrieg. Hitler suchte nach einem Juniorpartner, England schien ihm der Geeignetste zu sein. Sein großes Interesse, mit London zu einem Pakt zu kommen, trug er Besuchern aus England vor, die im Sommer 1936 zu den Olympischen Spielen nach Berlin kamen: Lord Rennel, Lord Monsell und Sir Robert Vansittart. Sie sollten sein Anliegen an die britische Regierung vermitteln. Doch Whitehall zögerte. Es sah keine Veranlassung, sich an Deutschland zu binden. Wohl hatte Hitler betont, dass er nicht nach dem Besitz von Kolonien trachte und dies einer britischen Delegation gegenüber begründet: Er deutete auf eine Landkarte von Osteuropa, und meinte, seine Kolonien lägen direkt vor seiner Haustüre und außerhalb des britischen Interessenbereichs.

Im Herbst 1936 starb der deutsche Botschafter in London, Leopold Hoesch, Ribbentrop trat seine Nachfolge an. Hitler ernannte den Hobbydiplomaten, der von Beruf eigentlich Vertreter der Sektfirma Henkell war, zum neuen deutschen Botschafter in Großbritannien. Im Oktober 1936 verabschiedete er den frisch gebackenen Diplomaten mit den hoffnungsfrohen Worten: *„Ribbentrop, bringen Sie mir das englische Bündnis."* Ribbentrop nickte mit schmalen Lippen: *„Jawohl, mein Führer!"* Doch Hoffnungen hatte er keine.

„Der Auftrag an Ribbentrop war bezeichnend für die nationalsozialistische Außenpolitik, aus mehreren Gründen", erläutert Hans-Ulrich Thamer. *„Die Wahl war nicht auf einen Berufsdiplomaten aus dem Auswärtigen Amt gefallen, sondern auf einen Mann der Partei und des besonderen Vertrauens des Führers, der in dessen Auftrag seit 1934 mit seinem »Büro Ribbentrop« eine Privatdiplomatie betrieben hatte. Das entsprach ganz dem außenpolitischen Stil Hitlers, der die persönliche Begegnung dem diplomatischen Notenaustausch vorzog. Diese »Mann-zu-Mann«-Diplomatie hatte zudem den Vorteil, daß man die Diplomaten des Auswärtigen Amtes ausschalten konnte und über eigenständig auswechselbares Instrumentarium von Sonderbevollmächtigten und Parteidiplomaten verfügte, die auf unterschiedlichen politischen Ebenen für die deutsche Außenpolitik zu werben oder sie als friedfertig darzustellen hatten."*

Bis 1936 entsandte Hitler mindestens sechs Sonderbotschafter nach London, stets am offiziellen Vertreter des Deutschen Reichs, Botschafter Hoesch, vorbei, bis Ribbentrop Hitler das Flottenabkommen präsentieren konnte. Die gelernten Diplomaten des Auswärtigen Amts betrach-

Stanley Baldwin, seit 1937 nach seinem Geburtsort Earl of Bewdley, britischer Premierminister der Jahre 1923, 1924 bis 1929 und 1935 bis 1937, überquert Whitehall (Bild unten). – Whitehall war jener Straßenzug in London, an dem in der Zwischenkriegszeit der Sitz des Premiers lag. – Baldwin war Diplomat der alten Schule, der die traditionelle Politik des Britischen Imperiums pflegte. 1922/23 Schatzkanzler, erzwang er als Führer einer Gruppe konservativer Abgeordneter im Unterhaus die Auflösung des liberalen Kabinetts von D. Lloyd George, einem Bewunderer Hitlers. Von 1923 bis 1937 war Baldwin Vorsitzender der Konservativen. Er suchte den Ausgleich nach innen und begünstigte die Politik des Appeasements nach außen. Liberalen Meinungen stand er ablehnend gegenüber, so war er die treibende Kraft für die Abdankung König Eduards VIII. Baldwin bezeichnete Deutschland als *„the most dangerous spot in Europe"*. Das bekannte er gegenüber S. R. Fuller, dem Ratgeber des US-Präsidenten

Roosevelt. Seine Anweisung an Außenminister Samuel Hoare lautete daher : *„Keep us out of war, we are not ready for it."* Eine Aussage, die Hitler beruhigte, sie öffnete ihm den Weg für einige riskante politische Manöver.

„Die deutsche Flagge weht auf allen Meeren" lautete der offizielle Text zum Bild unten. „Ein stolzer Augenblick für die KdF-Reisenden. Das KdF-Schiff »Sierra Cordoba« begegnet auf hoher See dem Torpedoboot »Möwe«." Deutschland war wieder wer.

Hitler beglückwünscht Ribbentrop zur erfolgreichen Unterzeichnung des deutsch-britischen Flottenabkommens 1935 (Bild ganz rechts).

teten Hitlers eigenmächtigen Personalentscheidung mit gemischten Gefühlen, aber im Fall Ribbentrop waren sie froh, ihn los zu sein. Sie rechneten mit einer baldigen Blamage des parvenühaften Gecken auf dem glatten Parkett der Diplomatie, dann würde Ribbentrop die Gunst des Führers verlieren und von der Bildfläche verschwinden. Mit einem hatten sie nicht gerechnet: Ribbentrop war Hitler hörig und versuchte nur dessen Vorstellungen zu verwirklichen. So hielt er sich im Amt und schaffte es, zum Außenminister aufzusteigen.

Hitler suchte den persönlichen Kontakt zu den politischen Persönlichkeiten Großbritanniens. Umgehend bemühte sich Ribbentrop, eine Begegnung zwischen dem englischen Premier Stanley Baldwin und Hitler in Berlin zustande zu bringen. Eine Reise nach der Reichshauptstadt hieß für Baldwin aber – nach den Regeln der Diplomatie – als Bittsteller aufzutreten, daher zögerte er. Hitler, ungeduldig geworden, schlug daraufhin ein Treffen auf einem Schiff in der Nordsee vor. Baldwin lehnte ab. Zuletzt zeigte sich Hitler bereit, zu ihm nach Chequers zu fliegen. Nun schloss Baldwin ein Treffen überhaupt aus.

Ribbentrop scheitert

Hitler maßlos enttäuscht, setzte alle Hoffnungen auf Ribbentrop. Dieser kam am 26. Oktober 1936 in London an und – entsprach den Vermutungen der Beamten des Auswärtigen Amts: Er benahm sich völlig undiplomatisch. Noch auf dem Bahnhof »Victoria-Station« hielt er eine improvisierte Rede, in der er den Kommunismus scharf attackierte. Der Bolschewismus sei eine Weltpest, so Ribbentrop, die ausgerottet gehöre. Die Ziele Deutschlands lägen daher in Russland und für eine freie Hand im Osten wäre Hitler zu jedem Bündnis mit England bereit. Dieses plumpe Verhalten schockte die Engländer. Vielleicht hätten sie Ribbentrops derbes diplomatisches Verhalten noch entschuldigt, den ungeschminkt vorgetragenen Machtanspruch Hitlers mussten sie aber aus Prinzip ablehnen. Seit Jahrhunderten auf eine »Balance of Power« auf dem Kontinent bedacht, konnte London einem einseitigen Machtgewinn, noch dazu des Weltkriegsgegners Deutschland nicht zustimmen.

Gewiss hatte Ribbentrop in England Freunde, aber diese hatten keinen Einfluss auf die Regierung. Mit Ausnahme der Herzogin von Windsor, Mrs. Simpson. Sie war die Freundin König Edwards VIII. und die beiden beabsichtigten zu heiraten. Das war nur möglich, wenn Edward auf den Thron verzichtete, denn Mrs. Simpson war zweimal geschieden. Der König dankte ab und heiratete.

Hitler und Ribbentrop verstanden diese britischen Gesellschaftsregeln nicht. Sie vermuteten, dass nur eine *„antideutsche, reaktionäre und jüdische Clique"*, so Hitler, ihre Hand im Spiel haben konnte, die einen britisch-deutschen Pakt hintertreiben wollte. Beide sahen ein, dass ein weiteres Werben um Britannien Zeitvergeudung bedeutete.

Keine Partner für den Krieg

„Ribbentrop fühlte sich als Sonderbeauftragter des Führers für Abrüstungsfragen naturgemäß seit 1935 nicht mehr ausgelastet und sah offensichtlich auch in seinem Londoner Botschafterposten, den er nach dem plötzlichen Tode seines Vorgängers Hoesch im August 1936 antrat, noch kein Betätigungsfeld, das ihn in seinem fast krankhaften Ehrgeiz restlos hätte ausfüllen können. So wandte sich Ribbentrop dem Fernen Osten zu, wo Japan gerade in schwere Konflikte mit der Sowjetunion verwickelt war, und damit seinem Lieblingsprojekt, der Schaffung eines »Weltpolitischen Dreiecks Berlin-Tokio-Rom«."
Bernd-Jürgen Wendt, 1993

Ribbentrops gescheiterte Diplomatie in Großbritannien stellte Hitler vor das Problem, Alternativen für einen Pakt gegen die Sowjetunion zu entwickeln. Diese konnten nur bei einem Gegenspieler des Inselreichs gefunden werden: Japan. Von der Idee fasziniert, Hakenkreuz mit japanischem Sonnenbanner und italienisch-faschistischem Rutenbündel zu einem weltpolitischen Dreieck zu verbinden, bereitete Ribbentrop den »Antikominternpakt« vor. Der offizielle Wortlaut des Abkommens war wieder nichtssagend. Aufschlussreich ist nur das geheime Zusatzabkommen, in dem sich Japan und das Deutsche Reich über eine gemeinsame Vorgangsweise einigten: *„Art. 1: Sollte einer der Hohen Vertragsschließenden Staaten Gegenstand eines nicht provozierten Angriffs oder einer nicht provozierten Angriffsdrohung durch die Union der Sozialistischen Sowjetrepubliken werden, so verpflichtet sich der andere Hohe Vertragschließende Staat, keinerlei Maßnahmen zu treffen, die in ihrer Wirkung die Lage der Union der Sozialistischen Sowjetrepubliken zu entlasten geeignet sein würde. [...] Art. 2: Die Hohen Vertragschließenden Staaten werden während der Dauer dieses Abkommens ohne gegenseitige Zustimmung mit der Union der Sozialistischen Sowjetrepubliken keinerlei politische Verträge schließen, die mit dem Geiste dieses Abkommens nicht übereinstimmen."*

Diese Übereinkunft bereitete den Beamten 1939 beim Abschluss des deutsch-sowjetischen Nichtangriffspaktes allerdings erhebliches Kopfzerbrechen. Wieder hatte Hitler das Auswärtige Amt beim Zustandekommen des Paktes nicht zu Rate gezogen.

Am 25. November 1936 setzten Joachim von Ribbentrop und der japanische Vicomte Kintomo Mushakoji ihre Unterschrift unter den Vertrag, der im Prinzip nichts weiter festlegte als die Absicht, sich gegenseitig über die Tätigkeit der kommunistischen Internationale zu informieren. Ein Militärbündnis gegen die UdSSR war nicht Vertragsgegenstand.

Ähnlich wie das Abkommen der »Achse Berlin-Rom« mit Italien sollte der Antikominternpakt abweichende politische Interessen der Unterzeichneten koordinieren. Hitler hoffte jedoch noch immer, England zu einem Pakt gewinnen zu können. daher ließ er, aus Rücksicht auf den Inselstaat, den Text des Antikominternvertrags überaus vorsichtig formulieren. Doch London dachte nicht daran, dem Antikomintern beizutreten oder mit dem nationalsozialistischen Deutschland ein Bündnis einzugehen. Hitler war um eine Illusion ärmer.

Dafür zeigte der Antikominternpakt eine nicht bedachte Auswirkung auf das deutsche Verhältnis zu China.

Das riesige Reich wurde von einem Bürgerkrieg geschüttelt, der zwischen kommunistischen von Moskau unterstützten Aufständischen und Regierungstruppen General Chiang Kai-sheks tobte. Japan nutzte die Kriegswirren und dehnte sein ostasiatisches Hegemoniestreben im Juli 1937 auf China aus. Der Angriff zwang Chiang Kai-shek mit den Kommunisten einen Burgfrieden zu schließen und gemeinsam mit ihnen gegen die Japaner vorzugehen. Im deutschen Auswärtigen Amt herrschte Ratlosigkeit, die japanische Aggression gefährdete die traditionell guten Beziehungen zu China. Berlin musste sich entweder für Nanking oder für Tokio entscheiden.

„Die Versuche der Wilhelmstraße und des Kriegsministeriums, die alten freundschaftlichen Kontakte zu Chiang aufrechtzuerhalten mit allem, was inzwischen eingeleitet war an Militär- und Finanzhilfe, stießen auf immer größere Schwierigkeiten", so der Historiker Manfred Messerschmidt.

Politische Spekulationen

Nach einigem Zögern gab das Auswärtige Amt wegen des Antikominternpakts seine Chiang-freundliche Haltung auf. Obwohl eingehende Analysen ergaben, dass sich Japan durch den Überfall auf China in einer schlechten Ausgangslage für einen eventuellen Krieg mit der Sowjetunion befand. Japan hatte zwar weite Teile Chinas unter Kontrolle, aber im Falle eines russisch-japanischen Kriegs würde Nanking sofort die Waffen erheben. Japan wäre einem Zweifrontenkrieg ausgeliefert.

Die Auswirkungen auf die Zivilbevölkerung in einem kommenden Krieg lassen sich schon erkennen; die Heimat weit hinter der Front wird in die Grauen der Kämpfe miteinbezogen werden: Die Bombardierung der chinesischen Stadt Hwaiyin in der Provinz Kiangsu durch japanische Kampfflieger (Bild rechts).

Hitlers Bündnispolitik war verworren und sprunghaft. Als Ribbentrop zum Geburtstag Faksimiles aller von ihm für das Dritte Reich geschlossenen Verträge übergeben werden sollten, war das Außenamt ratlos: Beinahe alle Bündnisse waren mittlerweile wieder gebrochen worden (rechte Seite, Grafik unten).

Von August bis November 1937 tobten um die Stadt Schanghai erbitterte Kämpfe. Japanische Infanterie erobert eine chinesische Artilleriestellung (Bild unten).

Ribbentrop hielt das Werben um England für gescheitert. England, so stellte er fest, sei von seiner »Balance-of-Power-Politik« nicht abzubringen.

Ribbentrop schlug eine Erweiterung des Antikominternpakts durch die Aufnahme Italiens vor, doch Hitler zögerte. Diese Konstruktion, fürchtete er, könnte das deutsch-britische Verhältnis noch weiter abkühlen. So war es auch, als Deutschland seine Militärberater aus China abberief und die Hilfslieferungen an Chiang einstellte. Diese offensichtliche Unterstützung japanischen Aggressionsdrangs störte nicht nur das politische Gleichgewicht im Fernen Osten und im pazifischen Raum, sondern musste über kurz oder lang auch die dortigen britischen Bastionen gefährden. London frischte daher die Beziehungen zu Paris auf und begann dessen Ostpolitik zu unterstützen. Daraus folgerte Ribbentrop, London werde mit Paris gemeinsam gegen Deutschland Front machen, sollte Deutschland die Sowjetunion angreifen.

Die von Hitler betriebene Außenpolitik hatte einen schweren Rückschlag erlitten, der durch den Eintritt Italiens in den Antikominternpakt keineswegs ausgeglichen wurde. Der Kanzler hatte sich verrechnet und verstand, warum die Politik Wilhelms II. mit der Forderung nach einem »Platz an der Sonne«, nach Kolonien für Deutschland, Großbritannien auf den Plan gerufen hatte.

Das Schwanken und Zaudern, die Rücksichtnahme auf mögliche britische Interessen, ein janusköpfiges außenpolitisches Verhalten ließen Hitlers Bündnispolitik schließlich scheitern. Unter seinen Pakten befand sich bei Kriegsbeginn kein einziges militärisches Bündnis.

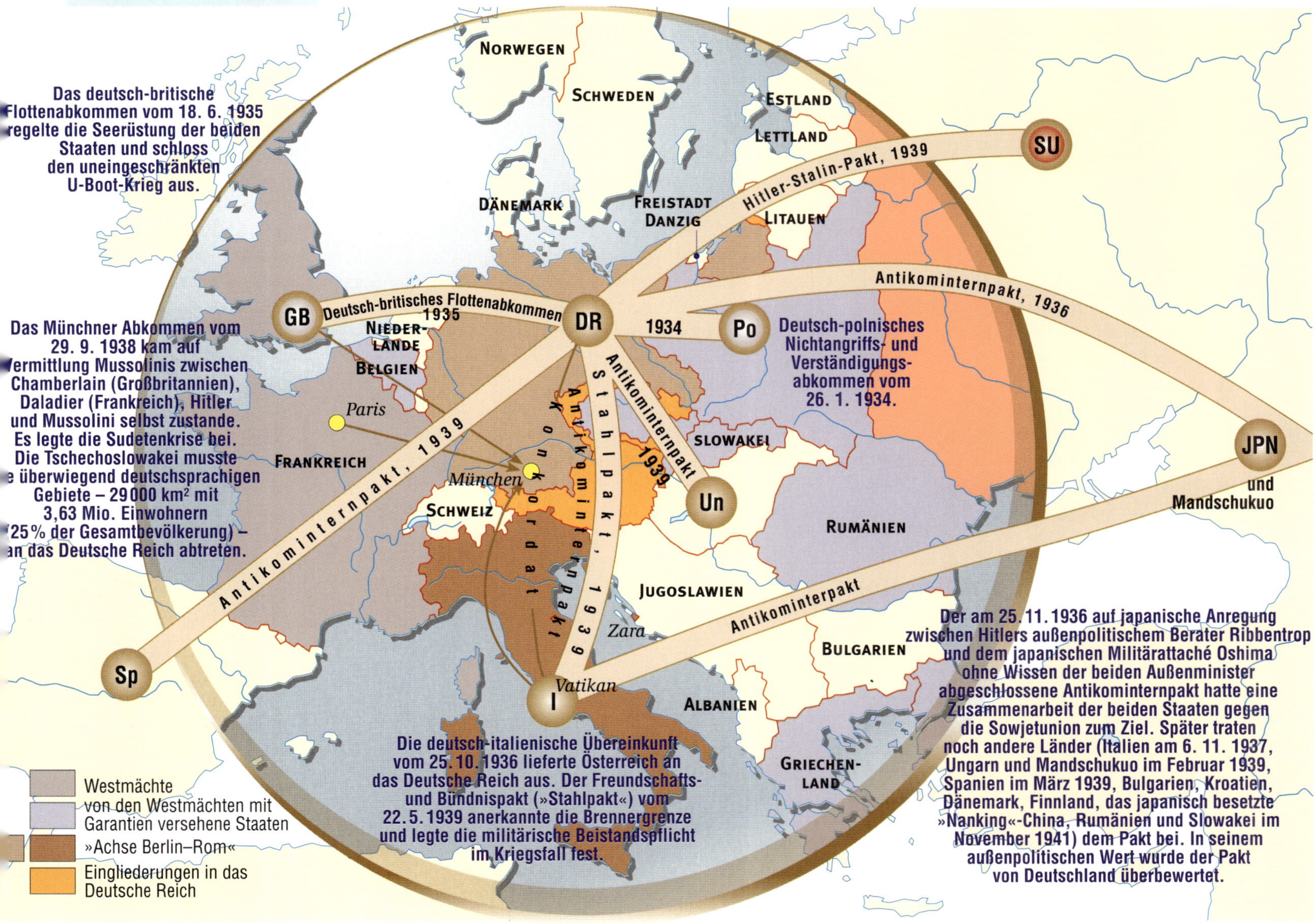

Ruhe vor dem Sturm

„Das Jahr findet uns Nationalsozialisten entschlossen, den neuen, gewaltigen Kampf für die Selbstbehauptung der Nation auf wirtschaftlichem Gebiete aufzunehmen. Das politisch aus den Fesseln des Versailler Vertrags erlöste Volk wird in den kommenden vier Jahren auch die wirtschaftlichen Fesseln lösen.“
Adolf Hitler, 1. Januar 1937

Leer und inhaltslos klang der Neujahrsaufruf Hitlers zu Jahresbeginn 1937. Es sind die üblichen Phrasen, die er an die Bevölkerung richtete. Nach Abzug der von früheren Reden schon bekannten allgemein gehaltenen Rück- und Ausblicke blieb als wichtigste Passage nur der Aufruf, in den kommenden vier Jahren nach den politischen Fesseln des Vertrags von Versailles auch die wirtschaftlichen zu lösen.

Die Reichstagsrede Hitlers vom 30. Januar 1937 klang schon anders. In einer dreistündigen Ansprache vor den Abgeordneten bezeichnete er die »Kampfzeit« als *„Revolution der Revolutionen“*, *„vielleicht die erste neuere Revolution, bei der noch nicht einmal eine Fensterscheibe zertrümmert wurde.“*

Hitler sah die Wirklichkeit anders: So saßen seinen Ausführungen gemäß in den Konzentrationslagern nur noch Kriminelle ein: *„Andere Elemente wieder, deren Unbeherrschtheit in Verbindung mit größter politischer Unbildung wir erkannten, nahmen wir nur in Sicherheitsverwahrung, um sie im allgemeinen schon nach kurzer Zeit wieder in den Besitz ihrer Freiheit zu setzen.“* Zum gleichen Zeitpunkt befanden sich Tausende politisch anders Denkende in den Gefängnissen und KZ. Unter ihnen der Pazifist Carl von Ossietzky. Ossietzky, Herausgeber der Zeitschrift »Die Weltbühne«, war nach dem Reichstagsbrand von der Gestapo verhaftet und gefoltert und im KZ Sonnenburg, danach im KZ Pappenburg-Esterwegen interniert worden. Im November 1936 erhielt Ossietzky den Friedensnobelpreis für 1935 verliehen, sehr zum Ärgernis der NS-Machthaber, die ihn zwar 1937 begnadigten und ihm eine Pension anboten – die Ossietzky ablehnte –, Hitler aber bewogen, noch am gleichen Tag seiner Reichstagsrede einen Erlass bekanntzugeben: *„Die Annahme des Nobelpreises wird damit für alle Zukunft Deutschen untersagt.“* Der an Tuberkulose leidende Ossietzky starb 1938 an den Folgen des KZ-Aufenthalts in einer Berliner Klinik.

1937 sollte ein ruhiges Jahr werden, obwohl viele Menschen mit Besorgnis die deutlichen Anzeichen eines bevorstehenden Kriegs registrierten. Deutschland gab sich vorderhand friedlich. Noch waren viele Wünsche offen: Österreich, die Sudeten, ein Korridor durch Westpolen nach Ostpreußen, Lebensraum im Osten und die Juden. Doch Hitler war noch nicht soweit, oder besser: die Rüstung. Sie lief auf Hochtouren und gab den Menschen Arbeit und Brot und diese waren nach den langen bitteren Jahren der Notzeit zufrieden. Dass sie ein riesiges Waffenarsenal anlegten, das sich schließlich gegen sie selbst richten könnte, kam ihnen nicht zu Bewusstsein. Selbst die immer häufiger angesagten Luftschutzübungen beunruhigten sie nicht. Deutschland war wieder Großmacht, redete ihnen Hitler ein, und müsse sich wehren, sollte es angegriffen werden.

Das »Hoßbach-Protokoll«

Das Jahr 1937 sah aber auch einen grübelnden Hitler: Wollte er seine außenpolitischen Ziele erreichen, musste er Krieg führen. Die Gelegenheit bot sich jetzt, die Westmächte lagen auf dem Rüstungssektor noch im Rückstand. Doch mit jedem Tag reduzierte sich der Vorsprung, Hitler geriet unter Zeitdruck. Am 5. November 1937 lud Hitler die höchsten Militärs des Reichs zu sich: Werner von Blomberg, Werner von Fritsch, Hermann Göring, Erich Raeder und Außenminister Konstantin von Neurath. In einer zweistündigen Ausführung erläuterte er die nächsten Ziele seines »unabänderlichen Willens«. Hitlers Adjutant Oberst Friedrich Hoßbach führte Protokoll. Dieses zeitgeschichtliche Dokument zeigt das Ende einer Phase von Hitlers Außenpolitik an: Das Werben um England war zu Ende. Mit oder ohne Rückendeckung des Inselstaats ging er auf Konfrontationskurs und war bereit, den Krieg zu riskieren.

Hitlers Darlegungen kreisten um die Sicherung, Erhaltung und Vermehrung der „Volksmasse“, die zwangsläufig eine Vergrößerung des Herrschafts- und Einflussbereichs erforderten. Zur Lösung dieser Frage, so Hitler, *„könne es nur noch den Weg der Gewalt geben“*. Aus rüstungstechnischen Gründen müsse aber die deutsche Raumfrage bis spätestens 1943/45 gelöst sein, danach würde nämlich die Waffentechnik zu veralten beginnen, meinte er. Bei günstigen Umständen, etwa einer schweren innenpolitischen Krise Frankreichs oder einer militärischen Verwicklung der Westmächte im Mittelmeerraum, könne die Raumfrage schon 1938 einer Lösung zugeführt werden. Auf jeden Fall sollte sie mit einer *„blitzartigen“* Zerschlagung der Tschechoslowakei und Österreichs beginnen.

Einen Angriff auf Russland, zur Erweiterung des Lebensraums, erwähnte er in seinen Ausführungen nicht. Deutlich hingegen kam zum Ausdruck, dass er nicht nur die Sudeten dem Reich angliedern wollte, sondern die gesamte Tschechoslowakei in seine Eroberungspläne einbezog. Deutschland erlange dadurch – neben strategischen Vorteilen gegenüber Polen – die Ernährungsbasis für fünf bis sechs Millionen Menschen, sofern *„eine zwangsweise Emigration aus der Tschechei von zwei, aus Österreich von einer Million Menschen zur Durchführung gelange“*, sagte Hitler. Mit einem Eingreifen der Westmächte rechne er nicht, beruhigte er die Anwesenden. Im übrigen denke er, hätten Paris und London *„die Tschechei bereits im stillen abgeschrieben.“*

Nach Augenzeugenberichten waren die anwesenden Militärs betroffen, dies überraschte Hitler, der dachte, gerade sie hätten Freude an seinen Zukunftsvisionen. Das Gegenteil war der Fall, Blomberg und Fritsch meldeten schwere Bedenken zur Ausführbarkeit der Kriegspläne Hitlers an.

Laut einer geheimen Denkschrift vom August 1936 sollte nach Hitlers Vorstellungen innerhalb von vier Jahren die deutsche Wirtschaft *„kriegsfähig“* und die Armee *„einsatzfähig“* sein. Zur Erreichung dieses Ziels war eine weitgehende Autarkie der Wirtschaft und eine Steigerung der Produktion und bei der Förderung von Rohstoffen, wie Leichtmetall, synthetischer Kautschuk, Textilfasern, Brenn- und Treibstoff, Eisenerz u. a. notwendig (Karte rechte Seite). Ein Vierjahresplan, den Hitler auf dem Nürnberger Parteitag am 9. Juni 1936 verkündete, diente diesem Zweck. Nahm dieser Plan in der Anlaufphase noch Rücksicht auf die Konsumgüterindustrie, so konzentrierte er sich ab 1938 voll auf die Mobilisierung und die Erzeugung von Kriegsgütern.

Als »Beauftragter des Vierjahresplans« stand Hermann Göring (im Bild oben) an der Spitze von sechs Geschäftsgruppen, die sich mit der Organisation des Vierjahresplans befassten.

Stand: 2. Mai 1937
9,5
11
7,7
9,2
160000
105000
9000
64000
75000
74000
85000
84000
Fe
Eisenerz
Aluminium
Kautschuk
Gesamtbedarf der Wehrmacht und Wirtschaft
Fehlbedarf der Wehrmacht und Wirtschaft
in Friedenszeiten und bei Mobilisierung
FINNLAND
NORWEGEN
Fisch
Eisenerze
SCHWEDEN
ESTLAND
Butter, Futtermittel, Kalbfelle, Flachs, Phosphorit
LETTLAND
Butter, Futtermittel, Kalbfelle, Flachs
DÄNEMARK
Butter
LITAUEN
Butter, Futtermittel, Kalbfelle, Flachs, Butter
GROSSBRITANNIEN
NIEDERLANDE
UNION DER SOZIALISTISCHEN SOWJET-REPUBLIKEN
Pölitz
»Reichswerke Hermann-Göring«
Salzgitter
Magdeburg
Aken
1 Mansfeld
2 Staßfurth
3 Schkopau
4 Merseburg
5 Bitterfeld
Marl-Hüls
Leverkusen
Ruhland
im Krieg:
Hilfs- und Fabrikarbeiter, Landarbeiter, Kartoffel, Getreide, Futtermittel
BELGIEN
Wesseling
Gelsenberg
Böhlen
POLEN
Zeitz
Holz, Wolfram, Uran, Braunkohle
Blechhammer
LUX.
Oppau
Brüx
im Krieg:
Hilfs- und Fabrikarbeiter, Landarbeiter, Getreide, Kartoffel, Futtermittel
FRANKREICH
Ludwigshafen
Getreide, Zucker, Fleisch, Fette
SLOWAKEI
Holz, Eisenerz, Mangan, Antimon, Kupfer, Edelmetalle
im Krieg:
Facharbeiter, Hilfs- und Fabrikarbeiter
Töging
Facharbeiter, Milch, Butter, Käse, Blei, Zink, Erdöl, Wasserkraft, Holz, Eisen, Gold, Devisen
urch die Besetzung der »Rest-Tschechei« fielen der deutschen Wehrmacht Armeebestände zur Ausrüstung von 20 Divisionen in die Hände. Darunter, nach tschechischen Angaben: 31 Flugzeuge, 1966 Panzerabwehrkanonen, 235 Feldartilleriegeschütze, 810 Panzer, 57000 Maschinengewehre und 630000 ewehre. Hinzuzurechnen war sonstiges egsgerät aller Art, wie Brückenbaugeräte, rchgeräte, Scheinwerfer, Messgeräte und aftfahrzeuge im Gesamtwert von 77 Milnen Reichsmark. Gleichzeitig erbeuteten die Deutschen über 200000 technische chnungen und Patente von bedeutendem Vert, da die Tschechoslowakei über eine chentwickelte Rüstungsindustrie verfügte.
L.
SCHWEIZ
UNGARN
Bauxit, Schwefelkies, Fett, Fleisch, Getreide, Futtermittel
RUMÄNIEN
Erdöl, Bauxit, Kupfer, Pyrit, Agrarprodukte
JUGOSLAWIEN
Bauxit, Kupfer, Pyrit, Blei, Zink
im Krieg
Bau-, Straßen- und Steinbrucharbeiter
BULGARIEN
Kupfer, Blei, Zink, Agrarprodukte
ANIEN
ITALIEN
ALBANIEN
GRIECHENLAND
Bauxit, Sulfide, Pyrit, Zink, Blei, Südfrüchte
TÜRKEI
Spanische Exporte
nach Deutschland und Frankreich jeweils im 1. Halbjahr (in Mio. Goldpeseten)
Auswirkungen des Spanischen Bürgerkriegs
38,8
34,4
12,4
9,2
6,2
9,4
1,2
0,3
1935
1936
1937
1938
Förderung
von Eisenerz und Erdöl in Österreich in 1000 t
1880
32,9
2660
56,7
2971
144,3
Fe
1937
1938
1939
Deutsches Reich
angeschlossene Gebiete
politisch und wirtschaftlich von Deutschland stark abhängig
wirtschaftlich von Deutschland stark abhängig
wirtschaftlich von Deutschland abhängig

Nachbarn

„Art. 2. Deutschösterreich ist ein Bestandteil der Deutschen Republik. Besondere Gesetze regeln die Teilnahme Deutschösterreichs an der Gesetzgebung und Verwaltung der Deutschen Republik sowie die Ausdehnung des Geltungsbereichs von Gesetzen und Einrichtungen der Deutschen Republik auf Deutschösterreich."
Österreichisches Staatsgesetz, 1918

Wer die österreichischen politischen Verhältnisse der Zwischenkriegszeit unter die Lupe nimmt, wird des Staunens nicht müde, mit welcher Leichtigkeit die Führenden des Landes eine mehrhundertjährige Geschichte über Bord warfen und das Staatsschiff in unbekannte Gewässer zu steuern versuchten. Unter Selbstaufgabe einer historisch gewachsenen Identität suchten Politiker und Wirtschaftskapitäne unterschiedliche Häfen anzulaufen, unwissend, welche Chancen dort winkten oder welche Gefahren drohten.

Da waren die Sozialdemokraten, die dem »Teutschen Traum« anhingen und sich stark machten für einen Anschluss an die sozialdemokratisch regierte Republik Deutschland. Da waren die konservativen Christlichsozialen, die zwischen dem Anschlussgedanken und einer Anlehnung an das katholische Italien schwankten und sich schließlich für letzteres entschieden. Da waren die Linksradikalen, die sich der Idee hingaben, ein Räteösterreich könne Verbindungsglied zwischen Rätebayern und Räteungarn sein, und eine Rätedonauföderation würde alle drei Länder zu einem moskauhörigen Block vereinen. Da waren die Großdeutschen, die schon zur Zeit der Monarchie ein Zusammengehen mit dem Deutschen Reich befürworteten, und da waren die Monarchisten, die weltfremd eine Restauration der Habsburger auf dem Umweg über Ungarn anpeilten, und da waren noch die nicht minder irrational denkenden Nationalsozialisten, die dachten, Österreich könne seine Ganzheit im Großdeutschen Reich durch einen autonomen Sonderstatus bewahren und Wien gleichauf mit Berlin Reichshauptstadt sein.

An die Möglichkeit der Eigen- und Selbstständigkeit dieses Österreichs dachten die wenigsten, von den genannten niemand, sie allesamt hielten dieses Land weder politisch noch wirtschaftlich für überlebensfähig.

Die Wurzeln dieser vielschichtigen Strömungen reichen weit zurück. Im Revolutionsjahr 1848, als die Kluft zu Ungarn – wie so oft zuvor – aber diesmal in unerhörter Tiefe wieder aufbrach, sodass der Bestand des Kaiserreichs nur noch mit russischer Waffenhilfe aufrechterhalten werden konnte, fühlten sich die meisten Österreicher der deutschsprachigen Länder als Angehörige der deutschen Nation. Die Zurückweisung, ja Ausgrenzung brachte der »deutsche Bruderkrieg« von 1866, als das Kaiserreich dem erstarkten Preußen weichen musste und durch Bismarck einen neuen Platz angewiesen bekam: einen auf den Balkan ausgerichteten. Österreich spielte im deutschen Raum politisch keine Rolle mehr. Dafür hatte es sich mehr mit einem ihm eigenen Problem zu befassen, das schließlich nicht zu lösen war: dem Ausgleich der nationalen Gegensätze von zwölf verschiedenen Völkerschaften.

Viele betrachteten daher den Zusammenbruch der Monarchie 1918 als Erlösung vom ununterbrochenen Konflikt mit Slawen, Ungarn, Polen, Kroaten, Slowenen und Italienern und hofften, in einem Deutschen Reich Ruhe und Rückhalt zu finden. Umso größer war die Bestürzung, als die Weltkriegssieger einen Anschluss an Deutschland unterbanden, gleichzeitig aber dem auf ein Minimum geschrumpften Österreich keine Hilfe boten, die Existenzfrage zu beantworten. So fühlten sich die Österreicher nicht nur allein gelassen, sie waren es tatsächlich. Das bedeutete, dass die großdeutschen Tendenzen im Untergrund weiterschlummerten und darauf warteten geweckt zu werden.

Als Hitler das Deutsche Reich – mit welchen Zwangsmitteln auch immer – konsolidierte, waren zwar schon Ansätze eines nationalen Bewusstseins der Österreicher erkennbar, aber die autoritäre Regierung der Christlichsozialen verabsäumte es, der Arbeiterschaft die Hand zur Mitarbeit an einem gemeinsamen Österreich zu reichen. Möglicherweise hätten diese die Einladung auch gar nicht angenommen. Durch politischen Eigendünkel in der Sicht beschränkt waren damals alle Parteien, erst recht die verbotenen, zu denen die Sozialdemokraten gehörten. Jedenfalls blieb die Anziehungskraft des Deutschen Reichs auf viele Österreicher erhalten, die sich nach den eindrucksvollen Erfolgen des Nationalsozialismus noch verstärkte.

»Heim ins Reich«

Dagegen kämpften Dollfuß – der von putschenden österreichischen Nationalsozialisten 1934 ermordet wurde – und sein Nachfolger Schuschnigg vergebens an. Daran änderten auch die wirtschaftlichen Pressionen Hitlers - etwa durch die 1000-Mark-Sperre – nichts. Anders als in der jüngsten Gegenwart, in der Sanktionen von 14 EU-Staaten Österreich nicht in die Knie zwangen, bildete es damals keine geeinte Abwehrfront gegen ausländische Erpressungsversuche. Lediglich die von einem Teil der Bevölkerung getragene Regierung raffte sich zum Widerstand auf, wohl mehr zur Verteidigung der eigenen Ideologie, als aus Liebe zum Vaterland, die zwar oft betont, aber nur einseitig, unter Ausschluss des politisch anders denkenden Teils der Bevölkerung, praktiziert wurde. Dermaßen gespalten, fanden die Nationalsozialisten in Österreich einen wohlbereiteten Boden für ihre Agitation vor.

Seltsam genug, dass Hitler erst relativ spät die wahre Situation in Österreich erkannte und bis zum Einmarsch noch mit blutigen Opfern rechnete. Der frenetische Empfang, der ihn dann ab seinem Grenzübertritt in Braunau, seiner Geburtsstadt, bis Wien begleitete, überraschte ihn dermaßen, dass er erst in Linz angekommen beschloss, Österreich von der Landkarte zu streichen und seine Bundesländer deutschen Gauen gleichzuschalten. Mit dieser Entscheidung legte er, so seltsam es klingt, den Grund-

Die deutsch-österreichisch-ungarische Waffenbrüderschaft im Ersten Weltkrieg gab Anlass, das Jahr 1914 mit Sekt bei guter Laune zu beenden (Bild oben).

Sofern sie politisch und »rassisch« den Richtlinien des NS-Regimes entsprachen, wurden die Offiziere des österreichischen Bundesheers in die deutsche Wehrmacht übernommen. Dies war bei 50 % aller Generäle, bei 40 % aller Obersten und bei 14 % der Dienstgrade ab Oberstleutnant nicht der Fall. Im Bild oben rechts: österreichische Bundesheeroffiziere bei der Ablegung des Eides auf Hitler, März 1938.

stein für ein nationales Bewusstsein der Österreicher. Zunächst, auch das klingt eigenartig, bei den österreichischen Nationalsozialisten selbst. Sie hatten sich, durch das austrofaschistische Regime lange Zeit verfolgt, mehr erhofft, als ihnen nun ihr »Führer« zu geben bereit war: Nur die wenigsten erhielten in der neuen Verwaltung oder den politischen Organisationen einflussreiche Ämter. Die Schlüsselpositionen wurden mit Parteigenossen aus dem Altreich – die nun wie eine Flut über das annektierte Land hereinbrachen – besetzt. Noch hielt sich der Groll der Benachteiligten in Grenzen, aber unzweifelhaft wurde damals die Saat gestreut, die heute noch manche emotionale Abneigung der Österreicher gegenüber den »(Reichs-)Deutschen« sprießen lässt. Das könne ihnen der »Führer« doch nicht antun, dachten damals viele seiner Anhänger, er wäre doch Österreicher ... Eben deshalb handelte er so, er war einer von ihnen, der das Heil im Reich gesucht hatte.

Hitler war Österreich zuwider. Mehr als einmal betonte er dies, deshalb löschte er nicht nur das Land aus, sondern auch seinen Namen. Doch da passierte Seltsames: Aufgelöst in Reichsgaue bildeten diese weiterhin im Sprachgebrauch eine verwaltungspolitische Einheit: Österreich hieß nun »Ostmark«, ein Begriff, den Hitler selbst geprägt hatte. Bis er merkte, dass er sein eigentliches Ziel, die vollkommene Auslöschung dieses ihm lästigen Staates, verfehlt hatte, vergingen Jahre. Erst 1940 wies er die Presse an, die Bezeichnung »Ostmark« sparsamer zu gebrauchen, und noch später, am 22. Januar 1942, untersagte er die Benutzung des Wortes überhaupt. Österreich sollte aus dem Bewusstsein der Bevölkerung vollständig gestrichen werden. Aber eine Definition dieses historischen Territoriums ließ sich nach wie vor nicht vermeiden, zu tief war es in den Köpfen, auch den »reichsdeutschen«, verankert. So ersetzte der Begriff »Donau- und Alpengaue« den der »Ostmark«.

Hitler war es nicht gelungen, dieses Österreich formal zu liquidieren. Irgendwie bestand es weiter. Dafür löschte er Preußen aus: Auf alliierte Anweisung durfte ein Land dieses Namens nicht wieder errichtet werden. – Aus Rache für Königgrätz, sagten gehässige Stimmen in Österreich nach dem Krieg, haben wir den Deutschen den Hitler geschickt. Es wäre für die Welt besser gewesen, Hitler wäre Kunstmaler und – in Österreich geblieben.

„Ein Volk, ein Reich, ein Führer!"

„Wir haben, weil wir um keinen Preis, auch in dieser ernsten Stunde nicht, deutsches Blut zu vergießen gesonnen sind, unserer Wehrmacht den Auftrag gegeben, für den Fall, daß der Einmarsch durchgeführt wird, ohne Widerstand sich zurückzuziehen und die Entscheidungen der nächsten Stunde abzuwarten."
Kurt von Schuschnigg, 11. März 1938, 19 Uhr 50

Mit Hitlers Machtergreifung 1933 wuchs der Druck Berlins auf Wien, den österreichischen Nationalsozialisten die Legalität zurückzugeben. Wirtschaftssanktionen wie die »Tausend-Mark-Sperre« – jeder Deutsche, der in Österreich Urlaub machen wollte, musste bei der Ausreise 1 000 RM zahlen – und militärische Drohungen sollten den Alpenstaat gefügig machen. Noch stand Italien als Schutzmacht hinter Österreich. Auf seine Intervention kam das »Juliabkommen« vom 11. Juli 1936 zustande, das zwischen dem Deutschen Reich und Österreich wieder normale Beziehungen herstellte. Der Freundschaftspakt zwischen Hitler und Mussolini vom 25. Oktober 1936 ließ jedoch Italien von Österreich abrücken, die österreichische Regierung geriet in eine prekäre Lage.

Den rauen Wind bekam Bundeskanzler Schuschnigg alsbald zu spüren. Am 12. Februar 1938 standen sie auf Hitlers »Berghof« bei Berchtesgaden einander gegenüber: der Österreicher und Katholik Adolf Hitler, Sohn eines altösterreichischen Zollwachebeamten aus dem Waldviertel, und der Österreicher und Katholik Kurt von Schuschnigg, Sohn einer geadelten altösterreichischen Offiziersfamilie aus Riva am Gardasee.

Hitler kam gleich zur Sache. In Anwesenheit des Oberkommandierenden der Wehrmacht Wilhelm Keitel forderte er eine Generalamnestie für österreichische NSDAP-Mitglieder, die Einstellung gehässiger Pressemeldungen, die Einsetzung nationalsozialistischer Minister, gemeinsame Generalstabsgespräche, die Zusammenarbeit in Außenpolitik und Wirtschaft.

Der psychisch zerstörte Schuschnigg nahm das »Berchtesgadener Abkommen« an und ernannte den Nationalsozialisten Arthur Seyß-Inquart zum Innenminister. Er wusste, das Abkommen bedeutete nur die Vorstufe für die Auslöschung der Republik. In letzter Konsequenz rief der Kanzler das Volk auf, am 12. März für ein *„freies und deutsches, unabhängiges und soziales, für ein christliches und einiges Österreich"* zur Urne zu gehen, um dem großen Nachbarn den Beweis des Willens zur Unabhängigkeit zu erbringen. Hitler handelte unverzüglich. Nachdem er erfuhr, dass weder Italien noch Großbritannien Einspruch gegen eine Annexion Österreichs erheben würden, gab er der Wehrmacht den Befehl zum Einmarsch.

Am 11. März 1938, um 5.30 Uhr früh, meldete der Wiener Polizeipräsident Skubl dem Bundeskanzler die Einstellung des Zugverkehrs von Deutschland nach Österreich und die Sperre der Salzburger Grenze. Zur gleichen Zeit erhielt der Leiter der Deutschlandabteilung des Außenministeriums, Max Hoffinger, die Nachricht aus München, dass entlang der bayerischen Grenze die deutsche Wehrmacht zum Einmarsch bereit stünde. Umgehend alarmierte er das österreichische Bundesheer, das sofort den Mobilisierungsbefehl »D« ausgab. Um 6.15 Uhr verließ Kanzler Schuschnigg seine Wohnung im Belvedere, betete kurz im Stephansdom und traf um 7 Uhr im Bundeskanzleramt ein. Gegen 9 Uhr erreichte ihn die Meldung vom Aufmarsch deutscher Truppen an der Grenze.

Eine halbe Stunde später lag Seyß-Inquart und Glaise-Horstenau – den beiden Nationalsozialisten des Kabinetts – ein Schreiben vor, das ein Kurier aus Berlin überbracht hatte: Hitler forderte die Verschiebung der Volksbefragung, sonst würden die deutschen Truppen marschieren. Schuschnigg zögerte und versuchte durch einen Kompromissvorschlag die Abstimmung zu retten: Man möge einige Wochen nach der Volksabstimmung ein Plebiszit über seine Kanzlerfunktion abhalten. Seyß-Inquart und Glaise-Horstenau verwarfen den Gedanken.

Hitler gibt den Befehl zum Einmarsch

Mittlerweile war es 14 Uhr und es lag noch keine Nachricht über die Verschiebung der Volksabstimmung vor. Jetzt unterschrieb Hitler die »Weisung 1«: Die zum Einmarsch vorgesehenen Truppenteile hatten am 12. März, 12 Uhr, einsatzbereit zu sein. Gegen 14.30 Uhr sagte Schuschnigg die Volksabstimmung ab, Seyß-Inquart informierte umgehend Berlin. Göring meldete sich am Telefon, er fürchtete, Hitler könnte im letzten Moment noch umschwenken: Die Reichsregierung sei mit der Haltung Schuschniggs unzufrieden, sagte Göring, nach dem Bruch des Berchtesgadener Abkommens genieße der Kanzler auch nicht mehr ihr Vertrauen. Bundespräsident Miklas möge Seyß-Inquart bis 17.30 Uhr mit der Neubildung der Regierung betrauen.

Nun konzentrierte sich die Hoffnung Schuschniggs und seiner Getreuen ganz auf die Hilfe aus dem Ausland. Doch London und Paris lehnten eine militärische Intervention ab, hingegen wollte man in Berlin energisch protestieren, versprachen sie; anders Rom, es hüllte sich in Schweigen.

Das niederschmetternde Ergebnis veranlasste Generaltruppeninspektor Sigismund Schilhawsky den Mobilmachungsbefehl »D« zurückzunehmen. Das österreichische Heer erwartete die deutsche Wehrmacht in den Kasernen.

Um 19.50 Uhr hielt Bundeskanzler Schuschnigg im österreichischen Rundfunk seine Abschiedsrede: *„Der Herr Bundespräsident beauftragt mich, dem österreichischen Volk mitzuteilen, daß wir der Gewalt weichen ..."*

Ein knappe Stunde später unterzeichnete Hitler die »Weisung Nr. 2«: *„Die Forderungen des deutschen Ultimatums an die Regierung sind nicht erfüllt wor-*

Hitlers Einmarsch in Österreich gestaltete sich zum Triumphzug. Jubelnde Menschen, Fahnen und Blumen – der Anschluss Österreichs wurde von den NS-Propagandisten deshalb auch der »Blumenkrieg«

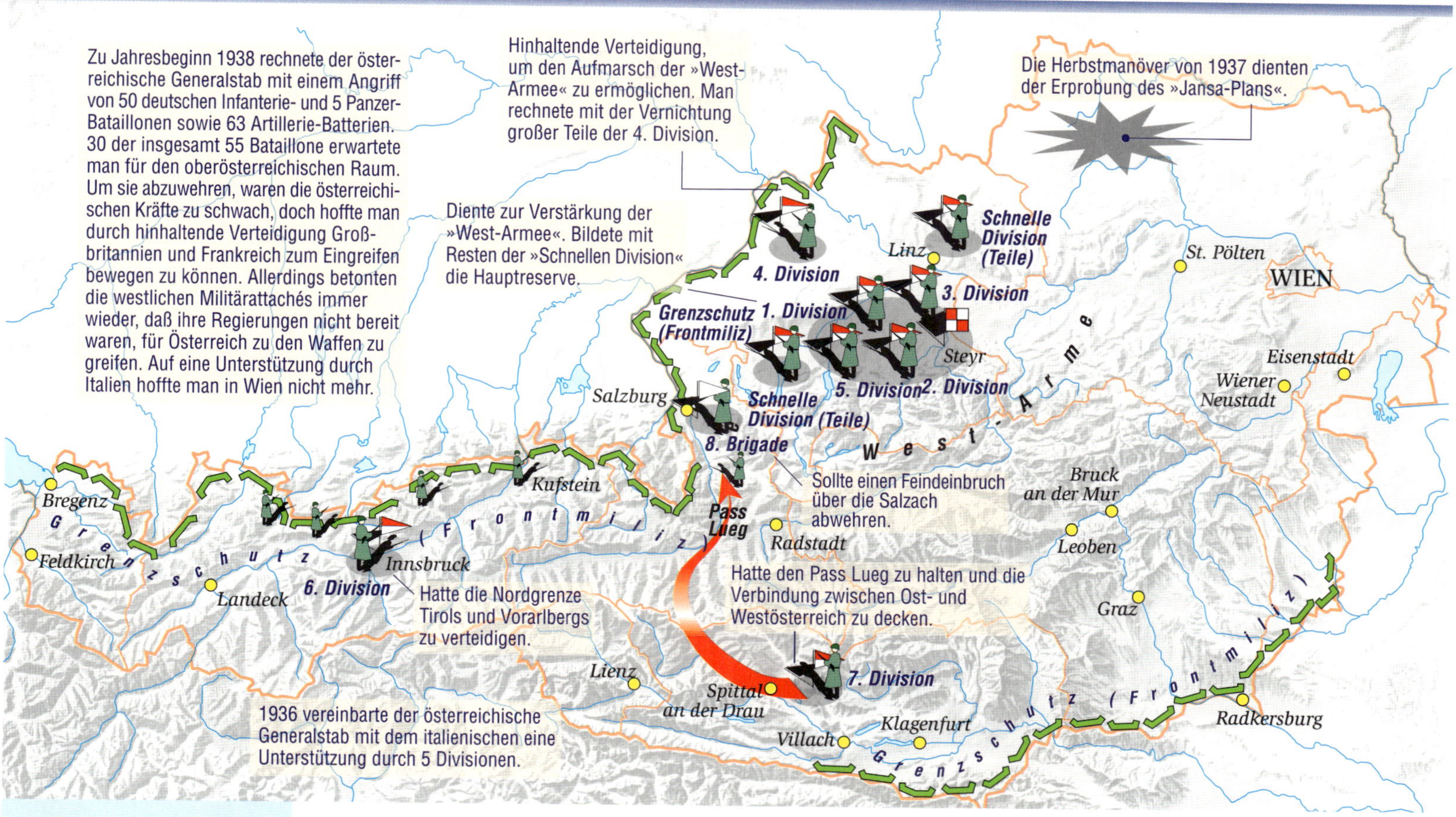

genannt. Hitler in seiner Geburtsstadt Braunau am Inn (Bild links oben) und in einem ungenannten österreichischen Dorf (Bild unten).

Feldmarschall Alfred Jansa wollte Österreich gegen einen deutschen Einmarsch verteidigen (Karte oben). Jansa trat im Januar 1938 zurück.

den ... Zur Vermeidung weiteren Blutvergießens in österreichischen Städten wird der Vormarsch der deutschen Wehrmacht nach Österreich am 12. März bei Tagesanbruch nach Weisung Nr. 1 angetreten."

Aber Bundespräsident Miklas weigerte sich weiterhin, eine neue Regierung zu bilden. Göring drohte, befahl, tobte und forderte Seyß-Inquart auf, ein Telegramm mit der Bitte um Entsendung deutscher Truppen abzuschicken. Seyß-Inquart lehnte ab, er bestehe nachdrücklich auf einer legalen Machtübernahme, sagte er.

Gegen 22.45 Uhr ließ Mussolini Hitler wissen, er könne in Österreich einmarschieren. Damit war die Brennergrenze besiegelt.

Noch immer weigerte sich Wilhelm Miklas, Seyß-Inquart mit der Regierungsbildung zu betrauen. Doch der Rundfunk befand sich bereits in der Hand der Nationalsozialisten und sendete um 23.14 Uhr kurz und trocken die Nachricht: *„Der Bundespräsident hat unter dem Druck der innenpolitischen Lage den Bundesminister Seyß-Inquart zur Aufrechterhaltung von Ruhe und Ordnung mit der Führung des Bundeskanzleramtes betraut."*

Nach einer Vorsprache Schuschniggs genehmigte Miklas kurz vor Mitternacht dann doch das von Seyß-Inquart vorgeschlagene Kabinett. Obwohl seine Bedingungen erfüllt waren, erteilte Hitler für den folgenden Tag, 8 Uhr morgens, den Marschbefehl. Der »Fall Otto«, die militärische Code-Bezeichnung für die Besetzung Österreichs, lief an.

Der Einzug der deutschen Wehrmacht gestaltete sich zu einer Triumphfahrt ohnegleichen, obwohl er nicht frei von Pannen war: 30 % des Geräts, vor allem Panzer, fielen aus, der mitgeführte Treibstoff für die Kraftfahrzeuge reichte nicht, der Vormarsch wäre bereits zur Mittagszeit ins Stocken geraten, hätte man nicht an öffentlichen Zapfsäulen nachgetankt. Mangelnde Fahrdisziplin, die ungewohnte Linksfahrordnung, das Fehlen genauer Straßenkarten führten zu Verkehrsstockungen. 25 Tote beklagte die Wehrmacht – durch Verkehrs- und andere Unfälle.

Noch am Vormittag vereidigte Miklas die neue Regierung und überlegte den Rücktritt.

In Berlin arbeitete inzwischen Ministerialdirektor Wilhelm Stuckart an einem von Hitler geforderten Gesetzesentwurf über eine deutsch-österreichische Personalunion. Hitler wollte Österreich noch erhalten.

Um 15.30 Uhr betrat Hitler, nach fast zwei Jahrzehnten, wieder österreichischen Boden. Sein Geburtsort Braunau am Inn bereitete ihm einen enthusiastischen Empfang, ein Empfang, der ihm überall in Österreich zuteil wurde.

In Linz begab sich Hitler auf den Balkon des Rathauses. Unter dem brausenden Jubel der Bevölkerung versprach er, seine *„teure Heimat dem Deutschen Reich wiederzugeben"*.

Am Vormittag des 13. März traf Stuckart in Linz ein. Umgehend eilte er zu Hitler und legte ihm das Gesetz einer deutsch-österreichischen Personalunion vor. Doch Hitler winkte ab, der Ministerialdirektor musste ein neues verfassen, ein »Gesetz über die Wiedervereinigung«.

Der Ministerrat in Wien erklärte einstweilen Österreich zu einem Land des Deutschen Reichs. Miklas verweigerte die Unterschrift: *„Mein Eid ist dem deutschösterreichischen Volk für einen unabhängigen Staat Deutschösterreich geleistet."* Dann trat er zurück. Eine große Geste, die Österreich nicht mehr half, es hatte bereits zu bestehen aufgehört.

»HEIMHOLUNG«

„Nach Tagen und Stunden höchster Spannung, die Europa zum erstenmal an den Rand eines Krieges führten, fand die Sudetenkrise durch drei spektakuläre Schritte ihre Lösung: durch die beiden Besuche des britischen Premiers Neville Chamberlain bei Hitler in Berchtesgaden am 15. September und Bad Godesberg am 22./23. September und die Münchner Konferenz zwischen Hitler, Mussolini, Chamberlain und Daladier am 29./30. September mit der dort vereinbarten Amputation der Tschechoslowakei zwischen 1. und 10. Oktober."
Bernd-Jürgen Wendt, 1987

Unter Berufung auf das 14-Punkte-Programm des US-Präsidenten Woodrow Wilson erklärten 1918 die deutschsprachigen Bewohner Böhmens, Mährens und Österreichisch-Schlesiens – des späteren »Sudetenlands« – ihre Absicht, zu Deutschösterreich gehören zu wollen. Aber was der Friedensvorschlag Wilsons anderen Nationalitäten – Slawen, Ungarn, Italienern – des Vielvölkerstaates Österreich erlaubte, gewährte er den Deutschen Südtirols, Böhmens und Mährens nicht. Gegen ihren Willen fielen die einen an Italien, die anderen an die Tschechoslowakische Republik.

Deutsche waren zwar durch mehrere Parteien im Prager Parlament vertreten, doch der normale Alltag diskriminierte sie zu Bürgern zweiter Klasse. Bodenreformen, Umstrukturierungen, Entlassungen im öffentlichen Dienst, die Weltwirtschaftskrise trafen sie zuerst, dann erst die Tschechen. Wohl sorgten diese Benachteiligungen für Unmut, trotzdem dachten die Deutschen in Böhmen und Mähren nicht daran, gegen den Staat zu opponieren, sie hatten sich mit ihrem Schicksal abgefunden. Bis 1933.

Die Machtergreifung Hitlers hatte zweierlei zur Folge: die deutschsprachige Bevölkerung der Tschechoslowakei hoffte im Deutschen Reich eine Schutzmacht zu finden, gleichzeitig sorgte sich die tschechische Mehrheit ihren Vorrang abgeben und die Deutschen als gleichwertig anerkennen zu müssen. Die Unterdrückung artete in Aggressivität aus. Deutschnationale Regungen erstickte die tschechische Regierung im Keim, so im »Volkssport-Prozess« oder im Vorgehen gegen die »Schlesischen Kulturwochen«. Bevor die tschechischen Behörden aber die Deutsche Nationalpartei und die Deutsche Nationalsozialistische Arbeiterpartei (DNSAP) verbieten konnten, lösten sich beide Parteien von selbst auf.

Neues Sammelbecken nationaler Parteien wurde die »Sudetendeutsche Heimatfront«, am 1. Oktober 1933 gegründet von Konrad Henlein, einem Bankbeamten und Gauturnwart einer bündischen, aber nicht nationalsozialistischen Bewegung im Egerland. Sie entwickelte sich mit finanzieller Unterstützung durch Deutschland zur »Sudetendeutschen Partei« (SdP) und eroberte 1935 unter Henleins Führung bei den tschechoslowakischen Parlamentswahlen 44 von 300 Mandaten. Zwei Drittel der Deutschen in der Tschechoslowakei stimmten für Henlein.

Dieses Ergebnis beeindruckte Hitler, er überlegte, das Sudetenland »heimzuholen«. Diesen Plan teilte er am 5. November 1937 den Vertretern der drei Wehrmachtsteile und seinem Außenminister von Neurath mit. Nach dem reibungslosen Anschluss Österreichs im März 1938 – nur Mexiko und die Sowjetunion hatten protestiert – wollte Hitler, mit dem Hinweis auf das Selbstbestimmungsrecht der Völker, die Westmächte abermals vor vollendete Tatsachen stellen und die »tschechische Frage« lösen.

Mit dem Hinweis, *„wir müssen also immer so viel fordern, dass wir nicht zufrieden gestellt werden können"*, forderte Hitler Henlein auf, die Prager Regierung nicht nur unter Druck zu setzen, sondern auch unter Druck zu halten und die Republik von innen sturmreif zu machen. Am 21. April 1938 stand Hitlers Plan fest, im Zusammenwirken mit der SdP militärisch gegen die Tschechoslowakei vorzugehen.

Wilhelm Keitel, Chef des am 1. April 1938 neu errichteten Oberkommandos der Wehrmacht, legte am 20. Mai den »Fall Grün« vor, der die Anweisungen zum Überfall auf die Tschechoslowakei enthielt. Da tauchten in Tschechien Gerüchte auf, die von deutschen Truppenkonzentrationen an der Grenze berichteten. Umgehend informierte die Prager Regierung London und Paris und schritt zur Teilmobilmachung. Die Westmächte warnten, Deutsch-

Am 2. September 1938 empfing Hitler auf dem Obersalzberg den Chef der Sudetendeutschen Partei (SdP) Konrad Henlein (Bild oben). Drei Tage später begann in Nürnberg der »Reichsparteitag der Arbeit«. Er stand ganz im Zeichen von Attacken gegen die Tschechoslowakische Republik. In einer Ansprache beschwor Hitler die Zuhörer: *„Und so bitte ich dich, mein deutsches Volk, tritt jetzt hinter mich, Mann für Mann, Frau für Frau!"* Die Menge brüllte vor Begeisterung: *„Führer befiehl – wir folgen Dir!"*, den Slogan der SA aus

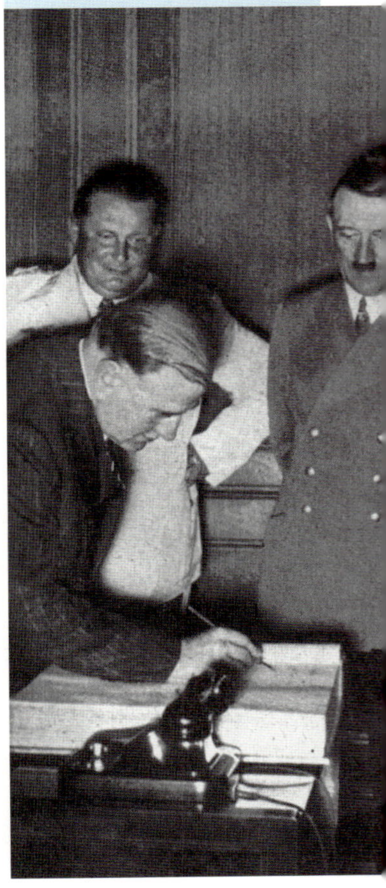

der »Kampfzeit«. (Bild links unten: Hitler, Goebbels, Heß, Göring).

Am 29. September 1938 unterzeichneten der französische Ministerpräsident Edouard Daladier (beim Eintrag ins Gästebuch, linke Seite Bild unten), der italienische Regierungschef Benito Mussolini und Englands Premier, Neville Chamberlain, (Bild unten) das »Münchner Abkommen«: Die deutschsprachigen Teile Böhmens und Mährens fielen an das Deutsche Reich (Karte oben).

land möge keinen Krieg heraufbeschwören, Paris und Moskau würden zu ihrer Bündnispflicht stehen.

Unbeeindruckt gab Hitler den Spitzen des Heeres am 28. Mai den Auftrag, der »Fall Grün« müsse *„spätestens ab 1. Oktober 38 sichergestellt sein"*. Die Zerschlagung der Tschechoslowakei sei sein *„unabänderlicher Entschluß"*, die Regierungen Polens und Ungarns sollten zum sofortigen Eingreifen gegen die Tschechoslowakei angehalten werden. Skrupellos lotete Hitler die Sensibilität der Westmächte aus und näherte sich bis zum Rande eines Konflikts.

Der Westen will den Frieden retten

In London läuteten die Alarmglocken. Aber von einem ernsthaften Willen, der Tschechoslowakei beizustehen, war nichts zu merken. Am 21. Juli versicherte Premierminister Chamberlain dem deutschen Botschafter Herbert von Dirksen, England wolle auf Prag einwirken, um ein Entgegenkommen in der Sudetenfrage zu erreichen. Zur gleichen Zeit erklärte in Berlin Außenminister Ribbentrop dem Staatssekretär Ernst von Weizsäcker, Deutschland sei nötigenfalls schon jetzt wegen der »Tschechei« zu einem großen Krieg mit den Westmächten bereit: *„Für eine Kriegsdauer von beliebiger Länge sind wir mit Rohstoffen ausgerüstet, den Flugzeugbau betreibt Göring so, dass wir jedem Gegner überlegen sind."* Am 3. August entsandte die britische Regierung Viscount Steven Runciman als Vermittler nach Prag. Sein Bericht war ernüchternd: Die Tschechen seien kompromissbereiter als die Deutschen unter Henlein. Der Erfolg seiner Mission, so Runciman, hänge ausschließlich davon ab, *„ob Hitler den Krieg wolle oder nicht"*. Um das Land zu retten, erklärte sich der tschechoslowakische Staatspräsident Edvard Beneš bereit, eine Wiedergutmachung für erlittene Verfolgung und Ungerechtigkeiten an die Sudetendeutschen zu leisten. Dieses Eingeständnis begangener Missgriffe sollte versöhnlich wirken, aber die sudetendeutschen Unterhändler wollten jetzt, dem Auftrag Hitlers entsprechend, immer mehr. Runciman kehrte unverrichteter Dinge nach London zurück. Hier kannte man die Absichten Hitlers. Kein Geringerer als Generalmajor Ewald von Kleist – er führte später im Westfeldzug die nach ihm benannte Panzergruppe und befehligte 1942 bis 1944 die Heeresgruppe A an der Ostfront – erklärte während eines Aufenthalts in London am 18. August 1938 in mehreren Gesprächen die Lage in Berlin. Kleist handelte im Auftrag seines Vorgesetzten, des in Opposition zu Hitler stehenden Generaloberst Beck. Kleists Gesprächspartner, Unterstaatssekretär Sir Robert Vansittart, Winston Churchill, der zu dieser Zeit nicht an der Regierung beteiligt war, und David Lloyd George, informierten Premierminister Neville Chamberlain. Doch der misstraute der oppositionellen deutschen Generalität und versuchte es stattdessen versöhnlich, Hitler in ein System kollektiver europäischer Sicherheit einzubinden.

Premier Chamberlain begab sich dazu persönlich drei Mal nach Deutschland. Jedesmal löste er Erleichterung bei der deutschen Bevölkerung aus, sie hoffte, er könne die Spannungen abbauen, denn Hitlers Kriegspläne stießen bei der Bevölkerung auf wenig Gegenliebe. Der Kanzler ließ sich jedoch von seiner Absicht, die Tschechoslowakei zu zerschlagen, nicht abbringen.

Die Westmächte standen dieser Herausforderung konzeptlos gegenüber. Sie schlugen daher am 19. September der Prager Regierung vor, das Sudetenland ohne Volksentscheid an Deutschland abzutreten. Im Gegenzug boten sie eine internationale Garantie der neuen Grenze an. Hitler lehnte den Vorschlag ab, die Konferenz mit Chamberlain am 22./23. September in Bad Godesberg verlief ergebnislos. Mit Spannung erwartete man daher am 26. September Hitlers Rede im Berliner Sportpalast: Das Sudetenland, so sagte er, sei seine letzte territoriale Revisionsforderung.

Doch Hitler hatte seine Glaubwürdigkeit verloren, die Welt rechnete mit einem baldigen Kriegsausbruch. Die Stimmung in der deutschen Bevölkerung war gedrückt. Als am 27. September eine kriegsmäßig ausgerüstete motorisierte Division durch Berlin ratterte, begegnete ihr schweigende Ablehnung. Hitler, der den Vorbeimarsch vom Balkon der Reichskanzlei abnehmen wollte, merkte, dass bestenfalls zweihundert Zuschauer die Truppen beobachteten, wütend verließ er den Balkon, ohne das Ende der Kolonne abzuwarten.

Italiens Duce, Benito Mussolini, verfolgte unterdessen mit wachsender Besorgnis die Entwicklung in Mitteleuropa. Auf seine Vermittlung kam am 29. September 1938 in München eine Konferenz zustande, an der die Regierungschefs von Deutschland, Großbritannien, Frankreich und Italien teilnahmen. Die Tschechoslowakei wurde nicht eingeladen. Hitler forderte, die Tschechen müssten zwischen dem 1. und dem 10. Oktober 1938 das Sudetengebiet räumen und dem Deutschen Reich überlassen. Die großen Drei stimmen zu.

Das »Münchner Abkommen« beseitigte noch einmal die von Hitler provozierte Kriegsgefahr. Da er aber keine Garantieerklärung der neuen Grenzen abgab, wussten alle Beteiligten, dass er weitere Forderungen stellen würde.

SYNAGOGEN BRENNEN

„Es ist klar, das das deutsche Volk aus dieser neuen Tat seine Folgerungen ziehen wird. Es ist ein unmöglicher Zustand, daß in unseren Grenzen Hunderttausende von Juden noch ganze Ladenstraßen beherrschen, Vergnügungsstätten bevölkern und als »ausländische« Hausbesitzer das Geld deutscher Mieter einstecken, während ihre Rassengenossen draußen zum Krieg gegen Deutschland auffordern und deutsche Beamte niederschießen [...]"
»Völkischer Beobachter«, 8. November 1938

Der Leitartikel des Zentralorgans der NSDAP, der die Nachricht über das Revolverattentat auf den Diplomaten Ernst vom Rath, Dritter Sekretär an der deutschen Botschaft in Paris, kommentierte, ließ ahnen, dass eine neue Ära nationalsozialistischer Judenpolitik bevorstand. Schon am Tag zuvor waren die Redaktionen durch ein Rundschreiben des Deutschen Nachrichtenbüros (DNB) angewiesen worden, wie sie über den Anschlag in Paris zu berichten hätten: *„Alle deutschen Zeitungen müssen in größter Form über das Attentat auf den Legationssekretär an der deutschen Botschaft in Paris berichten. Die Nachricht muss die erste Seite voll beherrschen [...] In eigenen Kommentaren ist darauf hinzuweisen, daß das Attentat des Juden die schwersten Folgen für die Juden in Deutschland haben muß, und zwar auch für die ausländischen Juden in Deutschland."*

Was war geschehen? – Am frühen Morgen des 7. November 1938 kaufte der 17-jährige Herszel Grünszpan in der Pariser Rue de Faubourg Saint-Martin einen Trommelrevolver für 245 Francs. Danach fuhr Grünszpan zur Deutschen Botschaft mit dem Ziel, den Botschafter Graf von Welczek zu erschießen. Vor der Botschaft begegnete Grünszpan tasächlich dem Botschafter, aber er kannte ihn nicht und fragte ihn, wie er zum Botschafter kommen könne. Dieser betrachtete kurz den jungen Mann und verwies ihn an den Pförtner. Dieser Umstand rettete Welczek das Leben.

Da man so ohne weiteres keinen Zugang zum Botschafter erlangte, führte man Grünszpan zum Militärattaché Ernst vom Rath. Als er dessen Arbeitszimmer betrat, dachte Grünszpan, er stünde vor dem Botschafter und schrie: *„Sie sind ein schmutziger Deutscher* (»sale boche«), *und nun übergebe ich Ihnen im Namen von zwölftausend schikanierten Juden das Dokument!"* Dann zog er den Revolver und schoss fünfmal. Eine Kugel fügte vom Rath die tödliche Verletzung zu. Der Diplomat erlag seinen Verletzungen am 9. November, Grünszpan wurde festgenommen.

Zum Attentäter war der 17-jährige geworden, als er erfuhr, dass seine Eltern, wie rund 15 000 andere Juden, aus Deutschland nach Polen abgeschoben werden sollten. Grünszpans Eltern waren 1911 aus Russland vertrieben worden, hatten sich in Hannover niedergelassen und 1918 die polnische Staatsbürgerschaft erhalten.

Anders als im Fall Wilhelm Gustloff – der Leiter der NSDAP-Landesgruppe Schweiz war am 4. Februar 1936 von David Frankfurter, dem Sohn eines jugoslawischen Rabbiners, aus Protest gegen das NS-Regime in Deutschland in Davos erschossen worden – sollte die Mordtat Herszel Grünszpans propagandistisch ausgewertet werden.

Der 9. November, der Tag, an dem vom Rath starb, war für die NSDAP ein sensibles Datum: Alljährlich wurde im ganzen Land des missglückten Hitlerputsches von 1923 gedacht. In München feierte man die »Märtyrer der Bewegung« zu Mittag mit einem Marsch zur Feldherrnhalle, am frühen Abend versammelten sich dann die alten »Kämpfer« um Hitler zu einem Kameradschaftsabend. In diese Runde platzte die Nachricht vom Tod des Diplomaten. Nach Augenzeugenberichten sprach daraufhin Hitler sehr eindringlich mit Goebbels und verließ die Versammlung, ohne seine übliche Rede gehalten zu haben. Kurz danach teilte Goebbels den Tod vom Raths mit und erging sich in wüsten Beschimpfungen gegen die Juden und deutete Vergeltungsaktionen an. Er stellte allerdings klar, dass die Partei solche Maßnahmen nicht organisieren, sie aber auch nicht verhindern werde, wenn sie sich spontan ergeben sollten. Die anwesenden SA- und SS-Männer hatten verstanden. Im Nu eilten sie in ihre Kommandozentralen und verständigten die politischen Leiter der einzelnen

Die SA ließ sich in der Pogromnacht vom 9./10. November 1938 unglaubliche Schikanen einfallen, um jüdische Bürger zu terrorisieren. So wurde Dr. Arthur Flehinger, Mitglied der jüdischen Gemeinde in Baden-Baden gezwungen, vom Almemor, der Stelle, von der aus der Thora rezitiert wird, »Mein Kampf« zu lesen. Danach mussten die etwa 60 aus allen Stadtteilen zusammengetriebenen Juden das Horst-Wessel-Lied lernen und anstimmen. 40 Anwesende wurden ins Lager Dachau verbracht, die Synagoge ging in Flammen auf (Bild unten).

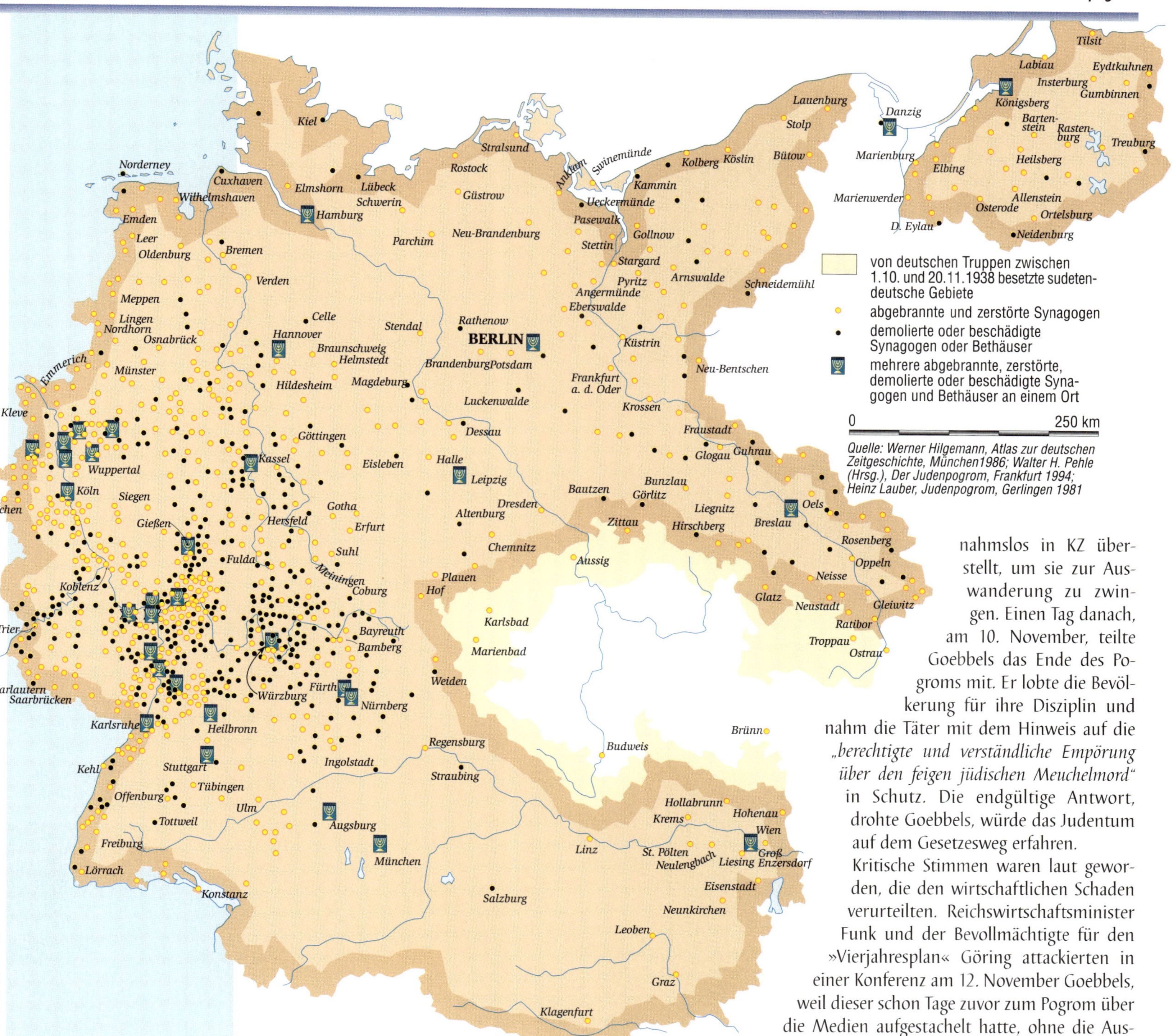

In der »Reichspogromnacht« wurden etwa 100 Menschen getötet, über 1 000 Synagogen und jüdische Bethäuser zerstört und etwa 7 500 Geschäfte demoliert (Karte oben). Der Sachschaden belief sich auf mehrere hundert Millionen Reichsmark.

Gaue. Ein wahres Hexentreiben war die Folge. In fast ganz Deutschland wurden Bethäuser und Synagogen in Brand gesteckt, jüdische Wohnungen und Geschäfte geplündert und zerstört, Friedhöfe geschändet, Jüdinnen vergewaltigt, Juden gequält, erniedrigt, totgeschlagen. Die SA war wie losgelassen, sie war sich sicher, dass nun der Moment der »Lösung der Judenfrage« gekommen wäre. Die SS wurde von Hitler zurückgehalten, sie sollte nicht in Erscheinung treten, sie brauchte er für den stillen Terror.

Am folgenden Tag waren die Straßen der deutschen Städte von Scherben zerschlagener Fenster- und Auslagenscheiben übersät. Dieser Novemberpogrom wurde von den Tätern als »Reichskristallnacht« bezeichnet. Rastlos war inzwischen die Gestapo tätig. Schon in der Nacht hatte ihr Chef Heinrich Müller die Festnahme von 20 000 bis 30 000 vermögenden Juden angeordnet. Sie wurden ausnahmslos in KZ überstellt, um sie zur Auswanderung zu zwingen. Einen Tag danach, am 10. November, teilte Goebbels das Ende des Pogroms mit. Er lobte die Bevölkerung für ihre Disziplin und nahm die Täter mit dem Hinweis auf die *„berechtigte und verständliche Empörung über den feigen jüdischen Meuchelmord“* in Schutz. Die endgültige Antwort, drohte Goebbels, würde das Judentum auf dem Gesetzesweg erfahren.

Kritische Stimmen waren laut geworden, die den wirtschaftlichen Schaden verurteilten. Reichswirtschaftsminister Funk und der Bevollmächtigte für den »Vierjahresplan« Göring attackierten in einer Konferenz am 12. November Goebbels, weil dieser schon Tage zuvor zum Pogrom über die Medien aufgestachelt hatte, ohne die Auswirkungen zu bedenken. Göring wetterte: Es wäre ihm lieber gewesen, man hätte *»200 Juden erschlagen«* und *„nicht solche Werte vernichtet!“*

Man schätzte den Glasschaden allein auf etwa 6 bis 10 Millionen RM. Da Deutschland Glas aus Belgien einführen müsse, klagte Göring, gingen wertvolle, für die Rüstung benötigte Devisen verloren. Gobbels wusste Rat, die Juden sollten für den Schaden aufkommen. In der »Verordnung über eine Sühneleistung der Juden deutscher Staatsangehörigkeit« forderte er von ihnen eine Milliarde RM, zahlbar bis zum 15. August 1939.

Der Novemberpogrom von 1938 raubte den Juden endgültig jeden gesetzlichen Schutz. Sie wurden zu Volksschädlingen deklariert und waren vogelfrei. Der Weg zu ihrer physischen Vernichtung war offen.

Anfang Dezember 1938 prophezeite das SS-Organ »Schwarzes Korps« die *»restlose Vernichtung«* des Judentums in Deutschland.

Nach einundzwanzig Jahren Selbstständigkeit verschwand die Tschechoslowakische Republik von der Landkarte. Am 15. März 1939 rückte die deutsche Wehrmacht in Prag ein (Bild oben). Diesmal begrüßte sie kein Jubel, blanker Hass schlug den Besetzern entgegen. Hitler erklärte Böhmen und Mähren zum Reichsprotektorat, es hatte einen ähnlichen Status wie die französische Kolonie Tunesien. Erster Reichsprotektor wurde der im Februar 1938 von Ribbentrop abgelöste Außenminister Konstantin Freiherr von Neurath. Die tschechische Bevölkerung erwarteten Repressalien und

Der Griff nach Prag

„Es ist mein unabänderlicher Entschluß, die Tschechoslowakei in absehbarer Zeit durch eine militärische Aktion zu zerschlagen. Den politisch und militärisch geeigneten Zeitpunkt abzuwarten oder herbeizuführen, ist Sache der politischen Führung. Eine abwendbare Entwicklung der Zustände innerhalb der Tschechoslowakei oder sonstige politische Ereignisse in Europa, die eine überraschend günstige, vielleicht nie wiederkehrende Gelegenheit schaffen, können mich zu frühzeitigem Handeln veranlassen. Die richtige Wahl und entschlossene Ausnützung eines günstigen Augenblicks ist die sicherste Gewähr für den Erfolg. Dementsprechend sind die Vorbereitungen unverzüglich zu treffen.“
Adolf Hitler, 30. Mai 1938

Am Dienstag, den 15. März 1939 stand Europa wieder am Abgrund eines großen Krieges. Hitler, der so oft seinen Friedenswillen beteuert hatte und versicherte, mit dem Sudetenland wären seine territorialen Wünsche erfüllt, ließ abermals seine Truppen marschieren: Über dem Hradschin, der Prager Burg, dem früheren Sitz der Könige von Böhmen und seit 1918 der des Präsidenten der Tschechoslowakischen Republik, wehte die Hakenkreuzfahne.

Nach dem Anschluss Österreichs im März 1938 waren die Tage der ČSR gezählt. Zwar versicherte noch im gleichen Monat Hermann Göring dem tschechoslowakischen Gesandten: *„Ich gebe Ihnen mein Ehrenwort als Offizier, daß Deutschland weder jetzt noch in Zukunft einen Angriff auf die Unabhängigkeit der ČSR beabsichtigt.“* Sechs Wochen später zählte sein Wort nichts mehr, Hitler hatte, wie so oft zuvor, seinen *„unabänderlichen Entschluss“* bekannt gegeben, die »Tschechei« – wie er die Republik abschätzig nannte – zu »zerschlagen«. Ein Jahr später, am 15. März 1939, bestand die Tschechoslowakei nicht mehr.

Das Drama nahm mit der »Heimholung« des Sudetenlandes seinen Lauf. Großbritannien, Frankreich und Italien hatten der Forderung Hitlers nachgegeben, die überwiegend deutschsprachigen Gebiete der Tschechoslowakei dem Großdeutschen Reich anzugliedern. Hitler schien endlich zufrieden gestellt zu sein, das Reich war arrondiert, er hatte so gut wie alle Deutsche »heimgeholt«. Das Recht der Selbstbestimmung, von US-Präsident Woodrow Wilson im Ersten Weltkrieg propagiert, war ihnen teilhaftig geworden. Der britische Premierminister Neville Chamberlein konnte aufatmen und, von München kommend, nach der Landung auf dem Londoner Flughafen freudig ausrufen: *„Der Friede in unserer Zeit ist gerettet!“* Die Engländer freuten sich mit ihm und die »Times« frohlockte: *„Kein Eroberer ist von einem Sieg auf dem Schlachtfeld mit edleren Lorbeeren heimgekehrt!“* Nur im Unterhaus unkte Winston Churchill: *„Wir haben eine totale Niederlage erlitten“*, aber minutenlange Buh-Rufe brachten ihn zum Schweigen.

Am 1. Oktober rückten deutsche Truppen in das rund 29 000 km² große Sudetenland ein. 3,63 Millionen Menschen und die wichtigsten Industriegebiete Böhmens fielen an das Deutsche Reich, Ungarn beanspruchte rund 12 000 km² des slowakischen Teils der Republik, Polen vereinnahmte das Olsa-Gebiet.

Während die tschechische Bevölkerung die sudetendeutschen Gebiete verließ, wechselte Präsident Edvard Beneš ins Exil nach London und der 66-jährige Präsident des Obersten Gerichtshofs Emil Hacha übernahm sein Amt.

die Ankündigung, nach dem Krieg entweder in den Osten deportiert oder überhaupt eliminiert zu werden. Auf Neurath folgte Reinhard Heydrich, der am 4. Juni 1942 in Prag von Fallschirmagenten ermordet wurde. Als Vergeltungsaktion ermordeten SS-Einheiten die gesamte männliche Bevölkerung der Bergarbeitersiedlung Lidice. Der Hass der Tschechen auf die Deutschen entlud sich nach Kriegsende: Zu Tausenden wurden Deutsche erschlagen, zwischen 2,8 und 3,2 Millionen wurden aus dem Land vertrieben.

Von innen und außen zerbrochen

Doch das Sudetenland war längst nicht alles, was Hitler noch begehrte. Das »Münchner Abkommen« bedeutete für ihn nur eine Verzögerung seiner Pläne, im Osten Lebensraum für das deutsche Volk zu gewinnen. Er strebte weiter, nach Danzig, das als Freistaat unter einem Völkerbundmandat stand, und dem Memelland, das 1918 Litauen zugeschlagen worden war, und nach einem exterritorialen Korridor über polnisches Gebiet, der Ostpreußen mit dem Reich verbinden sollte. Ostpreußen war durch den Friedensvertrag von Versailles vom Reich abgetrennt worden. Hitler trug seine Forderung nach einem »polnischen Korridor« immer heftiger vor, aber Polen blieb hart und lehnte sein Begehren ab. So auch in den letzten Verhandlungen im Januar 1939.

Hitler empfand nun die »Rest-Tschechei« aus strategisch-militärischer Sicht besonders nachteilig für ein Vorgehen gegen Polen: Böhmen und Mähren ragten trotz des Verlusts des Sudetenlands noch immer wie eine Bastion nach Deutschland hinein und bedrohten sowohl den Süden als auch die Hauptstadt Berlin. Eine Verbindung zu Frankreich war in zwei Flugstunden herzustellen. Mitte Februar 1939 gab er daher die Weisung, die Tschechoslowakei zu »zerschlagen«. Ungarn solle seine Truppen für den Einmarsch in die Karpato-Ukraine, den östlichsten Teil der Slowakei, bereit halten. Gleichzeitig setzte Hitler die Slowakei unter Druck.

Die Slowakei, ein Teilstaat der Tschechoslowakei, genoss seit 5. Oktober 1938 autonomen Status, begnügte sich jedoch nicht damit, sondern strebte nach der Unabhängigkeit. Wortführer des Separatismus war der slowakische Ministerpräsident und Prälat Josef Tiso. Seine Forderungen zwangen Hacha, ihn gegen den loyalen Karol Sidor auszutauschen.

Hacha ahnte die Gefahr, die seinem Land durch Deutschland drohte und versuchte Hitler entgegenzukommen. Am 12. Januar 1939 beteuerte sein Außenminister Franz Chvalkovsky dem deutschen Auswärtigen Amt: *„Meine Regierung wird bestrebt sein, durch weitere Erfüllung deutscher Wünsche ihre Loyalität und guten Willen zu beweisen."* Und neun Tage später versicherte er Hitler: *„Und außenpolitisch, Herr Reichskanzler, möchten wir uns eng an Sie anlehnen, wenn Sie gestatten!"*

Am Nachmittag des 15. März 1939 traf Hitler in Prag auf dem Hradschin, der alten Kaiserburg, ein (Bild unten). Links außen der Oberkommandierende der Wehrmacht Generalfeldmarschall Wilhelm Keitel.

In London und Paris wartete man indessen noch immer auf Hitlers Garantieerklärung für die neue deutsch-tschechoslowakische Grenze. Am 28. Februar 1939 erinnerten ihn die Westmächte daran, aber Hitler antwortete ausweichend, in Anspielung auf den slowakischen Separatismus: *„Die Zeit für eine deutsche Garantie ist noch nicht gekommen. Deutschland will zunächst eine Klärung der innerstaatlichen Verhältnisse der Tschechoslowakei abwarten."*

Allzu lange musste er nicht mehr warten.

Am Samstag, den 12. März 1939 berief der slowakische Ministerpräsident Sidor in Preßburg sein Kabinett zu einer dringlichen Sitzung ein. Da stürmten um 22 Uhr plötzlich sieben Männer den Sitzungssaal: der nunmehrige Reichsstatthalter der Ostmark, Arthur Seyß-Inquart, der Gauleiter von Niederdonau, dem ehemaligen Niederösterreich, Josef Bürckel und fünf deutsche Generäle. Sie forderten die anwesenden slowakischen Minister auf, sofort die Unabhängigkeit der Slowakei auszurufen, andernfalls würde Ungarn das Land annektieren.

Als Sidor zögerte, setzte sich Tiso an die Spitze der slowakischen Regierung. Die Unabhängigkeit rief er nicht aus, dafür eilte er am kommenden Tag nach Berlin zu Hitler. Hitler empfing Tiso mit wüsten Schimpfkanonaden, er forderte ihn auf, umgehend die Unabhängigkeit der Slowakei auszurufen, sonst würde er die Ungarn nicht zurückhalten, sollten sie die Slowakei annektieren. Um den Theaterdonner glaubhaft zu machen, ließ sich Hitler vor Tiso die Nachricht von ungarischen Truppenbewegungen entlang der slowakischen Grenze überbringen. Die Show verfehlte ihre Wirkung auf Tiso nicht. Noch am 14. März 1939 sagte er die Slowakei von der Tschechoslowakischen Republik los.

Noch am selben Tag eilte Hacha nach Berlin. Auch er traf auf einen wütenden Hitler, der Prag zu bombardieren drohte, sollte Hacha das restliche Tschechien nicht unter den Schutz des Deutschen Reichs stellen. Hacha erlitt einen Herzanfall und musste von Hitlers Leibarzt Theo Morell versorgt werden. Mit zitternden Händen unterschrieb der tschechische Präsident um 3.55 Uhr früh ein vorbereitetes Dekret: *„Auf beiden Seiten ist übereinstimmend die Überzeugung zum Ausdruck gebracht worden, daß das Ziel aller Bemühungen die Sicherung von Ruhe, Ordnung und Frieden in diesem Teile Mitteleuropas sein müsse. Der tschechoslowakische Staatspräsident hat erklärt, daß er, um diesem Ziele zu dienen [...], das Schicksal des tschechischen Volks und Landes vertrauensvoll in die Hände des Führers des Deutschen Reichs legt."*

Böhmen und Mähren wurden Reichsprotektorat, die Slowakei wurde ein Vasall des Deutschen Reichs. Die Karpato-Ukraine – für wenige Tage unabhängig – fiel an Ungarn. Proteste aus Paris und London verklangen ungehört.

Am 22. März 1939 fiel Hitler zum letzten Mal ein Stück Land ohne Waffengewalt zu: das Memelgebiet. Litauen hatte die 2 556 km² mit ihren 140 000 Einwohnern, davon 71 000 Deutschsprechenden, nach einigem Säbelrasseln in Berlin, »freiwillig« abgetreten.

Diesmal zog Chamberlain Konsequenzen: Am 31. März 1939 gab er Polen eine Garantieerklärung ab, für seine Unabhängigkeit einzutreten, Frankreich schloss sich der Erklärung an.

Doch Hitler war nicht mehr zu halten, sein Augenmerk richtete sich bereits auf – Polen.

KRIEG

Sturmangriff von deutscher Infanterie.

Der Pakt der Diktatoren

Nach »Prag« rückte der gesamte osteuropäische Gürtel zwischen dem deutschen Machtbereich und der Sowjetunion in das aktuelle politisch-strategische Interesse der Großmächte. Die Westmächte erwarteten hier den nächsten Zugriff Hitlers, und für diesen gewann dieser ökonomisch und strategisch größere Bedeutung, weil seine Beherrschung für die Kontinentalhegemonie unabdingbar war und weil er auch mit der Möglichkeit eines Zermürbungskrieges zu rechnen begann. Der im Mai 1939 von Hitler konkret angesprochene »Lebensraum« war Polen und die weiteren wirtschaftlichen Möglichkeiten im Baltikum und vor allem im Südosten, wo am 23. März 1939 mit dem deutsch-rumänischen Handelsvertrag ein wichtiger Schritt für die Einbindung des Südostens in ein mittel- und südosteuropäisches Wirtschaftssystem unter deutscher Führung versucht worden war.

Manfred Messerschmidt, 1995

Ein in England veröffentlichter Cartoon karikiert die Hintergedanken Hitlers und Stalins: Aneinander gefesselt marschieren beide Diktatoren, die geladene Pistole hinter dem Rücken verborgen, zu den Erdölfeldern Rumäniens (Bild oben).

Zwischen Ende Oktober 1938 und Ende März 1939 bemühten sich Hitler und Ribbentrop intensiv, Polen für ihre Pläne zu gewinnen. Sollte Warschau dem Antikominternpakt beitreten und einer grundlegenden Neuregelung der beiderseitigen Grenzen zustimmen, würde Polen im Kriegsfall mit der Sowjetunion durch ukrainisches Territorium belohnt werden. Deutschland wünschte dafür die Rückgabe des Freistaats Danzig und die Errichtung eines Korridors nach Ostpreußen. Die Verhandlungen scheiterten, der polnische Außenminister, Oberst Josef Beck, wies am 26. März 1939 den Vorschlag Hitlers ab und ließ durch seinen Botschafter Lipski mitteilen, *„dass jegliche weitere Verfolgung dieser deutschen Pläne, insbesondere soweit sie eine Rückkehr Danzigs zum Reich beträfen, den Krieg mit Polen bedeute"*. Beck konnte sich auf eine Erklärung des britischen Außenministers Chamberlain stützen, der am 17. März im Unterhaus erklärt hatte, Polen militärisch zur Seite zu stehen, sollte es oder Danzig angegriffen werden.

Doch einer gegen Deutschland gerichteten Defensivallianz, die Großbritannien anregte, und die aus Frankreich, der Sowjetunion und den ostmitteleuropäischen Staaten gebildet werden sollte, wollte Beck nicht beitreten. Auch Rumänien hielt sich zurück, es stand in Wirtschaftsverhandlungen mit Deutschland und war nicht bereit, diese zu gefährden. Damit fehlten zwei wichtige Glieder in einer Kette, die Deutschland hätte fesseln sollen.

Die Auflösung der Tschechoslowakischen Republik und das Heranrücken Deutschlands an der Südgrenze änderten die Haltung Polens. So nahm es die britisch-französische Garantieerklärung seiner Unabhängigkeit vom 31. März 1939 bereitwillig an. Die Erklärung wurde am 6. April sogar zu einem zweiseitigen britisch-polnischen Beistandsversprechen erweitert.

Am 1. April 1939 hob Hitler das Schlachtschiff »Tirpitz« aus der Taufe. Anschließend hielt er sich auf dem Schwesterschiff »Scharnhorst« auf. Hier traf er die ersten Anordnungen zur Vorbereitung des Krieges gegen Polen. Der »Fall Weiß« – dies war der Deckname – sei so zu bearbeiten, *„dass die Durchführung ab 1. September 1939 jederzeit möglich ist"*. Der *„Krieg"* sei *„mit überraschenden, starken Schlägen zu eröffnen und zu schnellen Erfolgen zu führen"*, ordnete er an.

Zum Ärgernis Hitlers wurde Mussolinis Verhalten am 7. April 1939. Offenbar wollte der Duce hinter Hitler nicht zurückstehen und ließ die Muskeln spielen. Doch nicht Tunis, der Suezkanal oder Djibouti waren seine Ziele, er besetzte das wehrlose Albanien. Die Beunruhigung des Balkans kam Hitler zum gegebenen Zeitpunkt ungelegen und in der Tat, London reagierte umgehend: Es bot Griechenland und Rumänien, wie schon Polen, Garantieerklärungen an. Der nächste Schlag traf Hitler am 15. April. Der US-amerikanische Präsident Franklin D. Roosevelt fragte an, ob Hitler die Zusicherung geben könne, eine ganze Reihe

namentlich angeführter europäischer und arabischer Staaten nicht anzugreifen. Darunter waren Polen, Jugoslawien und Griechenland. Hitler antwortete dem US-Präsidenten am 28. April in einer eigens dafür anberaumten Reichstagsrede. Er betonte seine Friedfertigkeit, doch im gleichen Atemzug kündigte er den deutsch-britischen Flottenvertrag und den polnisch-deutschen Nichtangriffspakt.

Goebbels begann allmählich die deutsche Bevölkerung auf einen drohenden Krieg einzustimmen. Dazu dienten emotionale Berichte über polnische Übergriffe auf deutschstämmige Einwohner und die Spannungen um Danzig. Der Freistaat stand aber nicht immer in Hitlers Interesse. Zu Wehrmachtsspitzen meinte er am 23. Mai: Danzig sei nicht mehr *„das Objekt, um das es geht"*, es handle sich vielmehr *„um die Erweiterung des Lebensraums im Osten und Sicherstellung der Ernährung sowie die Lösung des Baltikum-Problems"*. Da Hitler einen Block England-Frankreich-Sowjetunion für möglich hielt, befasste er sich am 23. Mai auch mit der Alternative, bald *„den Westen anzufallen und dabei Polen zu erledigen"*. Der Kampf mit England, betonte er, würde auf *„Leben und Tod"* geführt werden. Aber die Hoffnung auf ein Arrangement mit London hatte er noch nicht aufgegeben. Das zeigte sein Gespräch mit Carl Jacob Burckhardt, dem Hohen Kommissar des Völkerbunds in Danzig, am 11. August: *„Alles was ich unternehme, ist gegen Russland gerichtet; wenn der Westen dumm und zu blind ist, dies zu begreifen, werde ich gezwungen sein, mich mit den Russen zu verständigen, den Westen zu schlagen und dann nach seiner Niederlage mich mit meinen versammelten Kräften gegen die Sowjetunion wenden."*

Eine neue Enttäuschung bescherte ihm der Juli: Japan war nicht bereit, eine antisowjetische Militärallianz mit Deutschland einzugehen.

Die Sowjetunion hingegen führte ab 12. August mit Frankreich und Großbritannien Verhandlungen über ein Militärbündnis gegen Deutschland. Den Forderungen Stalins nach freiem Aufmarsch im Baltikum, in Polen und Rumänien wollten Chamberlain und Daladier nicht nachgeben, das hätte die Preisgabe ganz Ostmitteleuropas bedeutet.

Der deutsch-sowjetische Nichtangriffspakt

Jossif Wissarionowitsch Dschugaschwili, genannt Stalin, Führer der Sowjetunion, brach die Verhandlungen mit den Westmächten ab, machte eine Kehrtwendung und signalisierte Deutschland sein Wohlwollen. Bereits am 3. Mai hatte er Außenminister Litwinow entlassen. Litwinow war Jude. Die sowjetisch-deutsche Annäherung fand in einem am 19. August abgeschlossenen Handels- und Kreditabkommen einen ersten Höhepunkt. Berlin konnte sich kriegswichtiger Rohstoffe bedienen, die die Sowjetunion in überreichem Maße besaß. Das Problem der Rohstoffversorgung, Grundvoraussetzung einer erfolgreichen Kriegführung, war gelöst.

Der 23. August 1939 war ein Schicksalstag für die ganze Welt. Ribbentrop traf in Moskau ein und wurde mit allen protokollarischen Ehren empfangen. Am Flughafen war sogar eine Hakenkeuzfahne aufgezogen worden, in der Eile zwar verkehrt herum, doch das fiel weiter nicht auf. Was niemand für möglich gehalten hatte, geschah: Die Erzrivalen Sowjetunion und Deutschland unterzeichneten einen für zehn Jahre geltenden Nichtangriffspakt. Ein geheimes Zusatzprotokoll regelte die Aufteilung Polens – die vierte in seiner Geschichte – und die Abgrenzung der deutsch-sowjetischen Interessensphären zwischen Ostsee und Schwarzem Meer. Finnland, Estland, Lettland und das rumänische Bessarabien fielen Stalin zu. Dafür würde Stalin beim Angriff Hitlers auf Polen nicht eingreifen.

Das Bekanntwerden des Vertrags kam für viele überraschend. Doch der von Hitler erwartete Rückzieher der Westmächte im Falle Polens blieb aus. Dafür zeigten sich Japan und Italien schockiert, mit welcher Leichtfertigkeit der Gründer des Antikominternpakts, ohne Konsultationen mit ihnen aufzunehmen, den Pakt gebrochen hatte.

Noch einmal wollte London den drohenden Krieg abwenden: Chamberlain bot am 28. August über seinen Berliner Botschafter Sir Neville Meyrick Henderson Gespräche an. Hitler beharrte auf seinen Forderungen nach Danzig und den »Korridor« nach Ostpreußen.

Alle Vermittlungsversuche scheiterten, auch jene, die Göring über den schwedischen Industriellen Birger Dahlerus anstrengte und jene, die Mussolini am 30. August unternahm. Am 1. September 1939, um 4.45 Uhr, begann der deutsche Angriff auf Polen.

Der sowjetische Außenminister Wjatscheslaw Michailowitsch Molotow und der deutsche Außenminister Joachim von Ribbentrop schlossen in Anwesenheit Jossif Stalins den deutsch-sowjetischen Nichtangriffspakt. Er ging unter der Bezeichnung »Hitler-Stalin- Pakt« in die Geschichte ein (linke Seite Bild unten).
Die Aufteilung des östlichen Europas zwischen den Großmächten Deutsches Reich und Sowjetunion 1939 (Karte unten).

Überfall auf Polen

„Die ersten Schüsse des Zweiten Weltkrieges fielen vor Danzig. Am 1. September um 4.45 Uhr eröffnete der deutsche Panzerkreuzer »Schleswig-Holstein«, der auf »Freundschaftsfahrt« im Danziger Hafen lag, das Feuer auf die Westerplatte, die polnische Festungsanlage. Gleichzeitig drangen deutsche Truppen in Polen ein. Eine förmliche Kriegserklärung wurde nicht abgegeben. […] Unterstützt von der Luftwaffe, die durch Überraschungsangriffe auf feindliche Flughäfen die polnische Luftwaffe überwiegend noch am Boden zerstörte, stießen deutsche Panzerwaffen so schnell nach Osten vor, daß die polnischen Divisionen ausweglos eingekesselt wurden. Bereits am 17. September fiel die militärische Entscheidung. Am gleichen Tag griff die Rote Armee ein und sicherte Stalin »seinen« Teil an der Beute Polen: Ostpolen und die baltischen Länder, einschließlich Litauens, das ihm Hitler nachträglich zusprach."
Christian Roedig, 1998

Am 1. September 1939, um 10 Uhr vormittags trat Hitler in der Krolloper vor den versammelten Reichstag und erklärte: *„Seit 5 Uhr 45 wird jetzt zurückgeschossen!"* Hitler irrte um eine Stunde, der Angriff hatte eine Stunde früher begonnen. Hitler hatte mit dem Angriffsbefehl auf Polen einen Krieg in Europa begonnen, der in den zweiten Weltkrieg mündete. 1815 auf dem Wiener Kongress zwischen dem Deutschen Reich, Russland und Österreich aufgeteilt, lebte die polnische Bevölkerung bis 1918 auf drei Länder verteilt in Unfreiheit. Der Untergang der drei Reiche mit dem schwarzen Adler als Symbol gab Polen endlich die Selbstständigkeit. Doch die Sicherheit seiner Grenzen garantierten die Nachbarn, Deutschland und Sowjetunion, nicht. Der polnisch-russische Krieg von 1920/21 brachte die junge Republik beinahe wieder zum Verschwinden. Der Friede mit Moskau verschaffte Polen für kurze Zeit an seiner Ostgrenze eine Atempause, nicht aber an der Grenze zu Deutschland. Keine Regierung der Weimarer Republik fand sich bereit, auf die verlorenen Ostgebiete zu verzichten, eine Situation, die sich 1945 wiederholen sollte.

Von 1918 bis 1933 empfanden alle politischen Lager des Deutschen Reichs, mit Ausnahme der Kommunisten, die Trennung Ostpreußens vom Reich und die Aufsicht des Völkerbunds über den »Freistaat« Danzig als Schmach. Ausgerechnet das NS-Regime stellte den Ausgleich mit Warschau her und schloss am 26. Januar 1934 mit Polen einen Nichtangriffspakt, der die Unterzeichneten auf zehn Jahre verpflichtete, Gegensätze im friedlichem Dialog zu ebnen. Reine Staatsräson hatte Hitler bewogen, gegen die Stimmung der deutschen Bevölkerung, mehr noch seiner eigenen Parteileute, den Pakt einzugehen: Mit ihm brach er die außenpolitische Isolation auf, in der sich das Dritte Reich trotz des Konkordats noch immer befand, und er konnte aller Welt beweisen, dass er paktfähig war.

In Wahrheit war er von einer Revision der Ostgrenzen nicht abgerückt. So schlug er wenige Wochen nach dem Münchner Abkommen 1938 der polnischen Regierung eine Neuregelung der gemeinsamen Grenze vor: Er forderte einen exterritorialen Korridor nach Ostpreußen und die Rückgabe Danzigs, wobei Danzig einen Freihafen für den polnischen Warenverkehr erhalten sollte. Hitler bot dafür im Falle eines Feldzugs gegen die Sowjetunion ukrainisches Territorium an. Warschau lehnte ab und drohte mit Krieg, sollte Deutschland seine Wünsche beharrlich weiter verfolgen. Es war sich der Rückendeckung durch die Westmächte schon gewiss. In der Tat, der britische Außenminister Neville Chamberlain hatte eine derartige Erklärung im Unterhaus am 17. März 1939 abgegeben, doch Hitler hielt sie für Bluff. *„Die werden es sich schon anders überlegen"*, sagte er am Vorabend des Kriegs und meinte Polen und die Westmächte.

Der am 25. August 1939 unterzeichnete Beistandspakt zwischen Polen und Großbritannien hätte ihn vom Gegenteil überzeugen müssen: *„Sollte eine der Vertragsschließenden Parteien mit einer europäischen Macht infolge eines Angriffs derselben in Feindseligkeiten verwickelt werden, so wird die andere Vertragsschließende Partei der in Feindseligkeiten verwickelten unverzüglich jede in ihrer Macht liegende Unterstützung und Beistand gewähren"*, heißt es im Artikel 1.

Dass die Hilfe im entscheidenden Moment nicht kam, mag Hitler im ersten Augenblick bestätigt haben. Aber die Kriegserklärungen Londons und Paris' lagen am 3. September 1939 auf dem Tisch, es war der Fall eingetreten, den er stets vermeiden wollte, einen Zweifrontenkrieg führen zu müssen. Seine Vermutung, der Nichtangriffspakt mit der Sowjetunion würde die Westalliierten vom Kriegseintritt abhalten, erfüllte sich nicht.

Der erzwungene Krieg

Am 1. September 1939 standen nur schwache deutsche Einheiten der Heeresgruppe C an der Westgrenze. Das von

Mindestens zwölfmal besuchte Hitler während des Polenfeldzugs die Front und verfolgte die Kämpfe aus nächster Nähe. Er gab sich ganz als umsichtiger Feldherr. Im Bild unten grüßt Hitler – sichtlich mit dem Verlauf des Krieges zufrieden – eine vorbeimarschierende Infanteriekompanie.

Die deutsche Wehrmacht schlug mit allen drei Truppenteilen, Heer, Luftwaffe und Marine zu. Im Bild oben eine Sturmabteilung, die mit Schlauchbooten einen Fluss überquert.
Der taktische Plan des deutschen Generalstabs bestand darin, die polnische Armee in einer großangelegten Zangenbewegung zu umfassen und einzukesseln (Karte rechts unten). Dazu setzte die deutsche Wehrmacht die meisten ihrer insgesamt 3 195 Panzer ein. 1 538 Flugzeuge unterstützten sie bei ihren Angriffen. Die Polen dagegen konnten nur 1 143 leichte Panzerfahrzeuge und 745 Flugzeuge aufbieten. Noch am 1. Kampftag wurde Danzig an Ostpreußen angegliedert.
Bereits am 8. September erreichten deutsche Panzerspitzen Warschau, doch die Verteidiger wehrten alle Angriffe ab. Am 27./28. September 1939 kapitulierte die polnische Hauptstadt. Am 6. Oktober legten die letzten polnischen Einheiten – 16 800 Mann – bei Kock und Lublin die Waffen nieder. Etwa 100 000 Soldaten entkamen über die Ostsee oder Ungarn. Sie bildeten in Frankreich die »polnische Legion«, die im weiteren Kriegsverlauf von den Alliierten in Frankreich und in Italien eingesetzt wurde.

Goebbels propagandistisch hochgepriesene Verteidigungswerk, der »Westwall« war unfertig, der sofortige Angriff des französischen Heeres hätte die Waffenschmiede des Reichs, das Ruhrgebiet, in seine Hände gebracht und der Weg nach Berlin wäre offen gewesen. Doch wie bei der Rheinlandbesetzung wagte Frankreich den entscheidenden Schritt nicht. Unterdessen leistete Polen verzweifelt Widerstand. In einer umfassenden Zangenbewegung brachen die von Generaloberst von Brauchitsch befehligten Heeresgruppen Nord und Süd über Polen herein.

Noch konnte der Frieden gerettet werden: Am 3. September forderten die Westmächte Hitler auf, die Truppen auf das Reichsgebiet zurückzunehmen. Hitler aber lehnte ab. Am 17. September war das westliche Polen überrannt, die deutsch-sowjetische Interessensgrenze erreicht, zum Teil überschritten. Zwölf Fahrten an die Front unternahm Hitler zwischen dem 4. September und dem 5. Oktober mit Flugzeug, Auto und Eisenbahn.

Am 17. September rückten die Sowjets in Polen ein. Warschau musste am 27. September kapitulieren, der letzte Widerstand brach am 6. Oktober zusammen. An der deutschen Westgrenze herrschte noch immer Ruhe.

Hitler und seine Militärs waren von diesem Angriff überrascht, auch die Welt konnte es nicht fassen. In der deutschen Bevölkerung löste sich die Anspannung der letzten Wochen, eine Euphorie über den Kriegsausbruch war – im Gegensatz zu 1914 – nicht aufgekommen.

Deutsche und Russen legten am 28. September 1939 die endgültige Grenzlinie am Bug fest. Damit stand ganz Zentralpolen mit der Hauptstadt Warschau unter deutscher Militärverwaltung. Nun waren die Bürokraten gefordert, die besetzten polnischen Landesteile neu zu organisieren.

Am 12. Oktober 1939 wurden die eroberten Gebiete zum »Generalgouvernement für die besetzten polnischen Gebiete« zusammengefasst und dem Generalgouverneur und Leiter des Rechtsamtes der NSDAP, Hans Fank, überantwortet. Frank war Hitler direkt unterstellt und zeichnete verantwortlich für eine Besatzungspolitik, die sich die Ausschaltung und Vernichtung der polnischen Intelligenz zum Ziel setzte. Führungslos sollten die Polen Arbeitssklaven des Deutschen Reichs sein. Der von Hitler zum »Reichskommissar für die Festigung deutschen Volkstums« ernannte Reichsführer SS und Chef der deutschen Polizei Himmler stand Frank zur Seite.

Die westlichen, zum Teil deutsch besiedelten Gebiete des ehemaligen Polens kamen am 1. November 1939 als »Warthegau« und »Reichsgau Danzig-Westpreußen« an das Reich. Die polnische Bevölkerung dieser Landstriche musste in das Generalgouvernement umsiedeln, während die jüdische Bevölkerung in den großen Städten in Ghettos gepfercht wurde. Hier erwartete sie der Abtransport in Konzentrations- und Todeslager. Der Krieg war zwar in Polen zu Ende, doch das Leid kam erst. Sechs Millionen Polen verloren bis 1945 unter deutscher Besatzung ihr Leben, drei Millionen davon waren Juden.

Mord an Hilflosen

„Adolf Hitler

Berlin, den 1. September 1939

Reichsleiter Bouhler und
Dr. med. Brandt
sind unter Verantwortung beauftragt, die Befugnisse namentlich zu bestimmender Ärzte so zu erweitern, daß nach menschlichem Ermessen unheilbar Kranken bei kritischer Beurteilung ihres Krankheitszustandes der Gnadentod gewährt werden kann.
gez. Adolf Hitler"

Dieser eine Satz auf Hitlers privatem Briefpapier bedeutete für Tausende den Tod, nur weil sie körperlich oder geistig behindert waren. Das Schreiben war kein verabschiedetes Gesetz oder ein Befehl. Hitler lehnte auch in Zukunft eine gesetzliche Regelung dieser verbrecherischen Aktion ab, aus innenpolitischen Gründen. Willfährige Ärzte und Helfer erledigten sie jedoch in pflichteifrigem Gehorsam: Euthanasie, Sterbehilfe. Nicht an jenen, die den »Gnadentod« aus eigenem Willen wünschten, sondern an vielen, die leben wollten, aber hilflos ärztlicher und behördlicher Willkür ausgeliefert waren.

Am 19. November 1920 stellte der Berliner Kammergerichtsrat Professor Karl Klee in einem Vortrag vor der Forensisch-medizinischen Vereinigung fest: Man könne der Tötung von »Gemeinschädlichen« und »Wertlosen« nicht mehr weiter skeptisch gegenüberstehen. Die Gruppe teilte er in »passive« und »aktive« Schädlinge. Ihre Tötung sei demnach nichts weiter als eine sozialhygienische Maßnahme. Im gleichen Jahr richtete Obermedizinalrat Ewald Meltzer, Direktor der sächsischen Landespflegeanstalt Großhennersdorf, Fragebögen an 200 Eltern, deren »idiotische« Kinder ihm anvertraut waren. Er wollte ihre Meinung zu einer schmerzlosen »Lebensabkürzung« ihrer Kinder hören; von 162 Antworten waren 143 positiv. Ebenfalls 1920 veröffentlichte ein unter dem Pseudonym Ernst Mann schreibender Selektionsbefürworter eine Schrift, in der er eine jährliche Untersuchung der Bevölkerung auf ihren Gesundheitszustand hin forderte. Kranke und Elende, so der Schreiber, sollten einer Gesundheitspolizei übergeben werden, denn sie *„sind ein Spott auf alle menschliche Barmherzigkeit und Intelligenz"*.

Während der Zwischenkriegszeit befassten sich unzählige Schriften mit dem Thema »Euthanasie«. Viele hießen sie gut, nicht nur in Deutschland, sondern in ganz Europa. In der Hauptsache wurden ökonomische Begründungen für die Einführung der Euthanasie ins Treffen geführt.

Reichsärzteführer Gerhard Wagner wartete 1934 mit der Nachricht auf, die der Bevölkerung drastisch vor Augen führen sollte, wie richtig das NS-Regime handelte, sollte es die Euthanasie erlauben: Geisteskranke, Fürsorgezöglinge, Blinde, Taube, Trinker, Hilfsschüler und Taubstumme kosteten den Staat jährlich 1,2 Milliarden RM, sagte Wagner. Der Direktor der Tübinger Universitäts-Nervenklinik, Robert Gaupp, hakte nach und errechnete für einen Hilfsschüler jährlich 573, für einen bildungsfähigen Geisteskranken 950, für einen blinden Schüler 1 500 RM an Unkosten, während ein normaler Volksschüler nur 125 RM beanspruche. Der Lehrer Adolf Dorner verfasste ein Mathematikbuch mit folgendem Rechenbeispiel : *„Nach vorsichtigen Schätzungen sind in Deutschland 300 000 Geisteskranke, Epileptiker usw. in Anstaltspflege. Was kosten diese jährlich bei einem Satz von 4 RM? Wieviel Ehestandsdarlehen zu je 1 000 RM könnten [...] von diesem Geld jährlich ausgegeben werden?"* Das Volk sollte mit allen Mitteln auf die Einführung der Euthanasie an Pflegebedürftigen vorbereitet werden. Dazu dienten auch Spielfilme, die in schauspielerisch besonders eindrucksvoll gestalteten Szenen Suggestivfragen aufwarfen, die scheinbar völlig natürlich beantwortet wurden. Die Methode der logischen Konsequenz verwendeten bevorzugt Lehr- und Aufklärungsfilme: Wozu sollten Volksgenossen und Staat belastet werden, um einen Geisteskranken zu erhalten, der doch nur ein unerfülltes Leben verbringt, wenn ein vernünftiger Arzt ihn von seinem Leben erlösen konnte. Man suggerierte, dass auch unheilbar Kranke den Gnadentod erfahren sollten.

Ärzte entscheiden

Ende 1938 langte im Hauptamt II der Kanzlei des Führers der NSDAP ein Schreiben ein, das Hitler den Anlass bot, ohne Gesetz die Euthanasie einzuführen. Ein Vater ersuchte, sein missgebildetes Kind von seinem Leiden zu erlösen. Hitler reichte den Brief an seinen Begleitarzt Karl Brandt weiter, der beauftragte ein Gremium, die Kinder-Euthanasie vorzubereiten. Im Mai 1939 wurde ein Tötungsunternehmen mit der Bezeichnung »Reichsausschuss zur wissenschaftlichen Erfassung von erb- und anlagebedingten schweren Leiden« errichtet, das sich geisteskranken und missgebildeten Kindern bis zu 3 Jahre – später auch älteren – widmete. Zur reichsweiten Erfassung

Hadamar war eine der sieben im Reich errichteten Tötungsanstalten im Rahmen des Euthanasieprogramms (Bild oben). Es wurde anstelle der im Dezember 1940 geschlossenen Anstalt Grafeneck im Januar 1941 unter dem Tarnnamen »Anstalt E« eingerichtet. Mindestens 10 072 Menschen wurden hier ermordet. Die Anstalt nahm vor allem Mischlingskinder und Zigeuner auf. Das Personal kam von Grafeneck, ursprünglich einem Heim der Stuttgarter Samariterstiftung für Krüppel. Die Organisation T 4 übernahm im Oktober 1939 Grafeneck

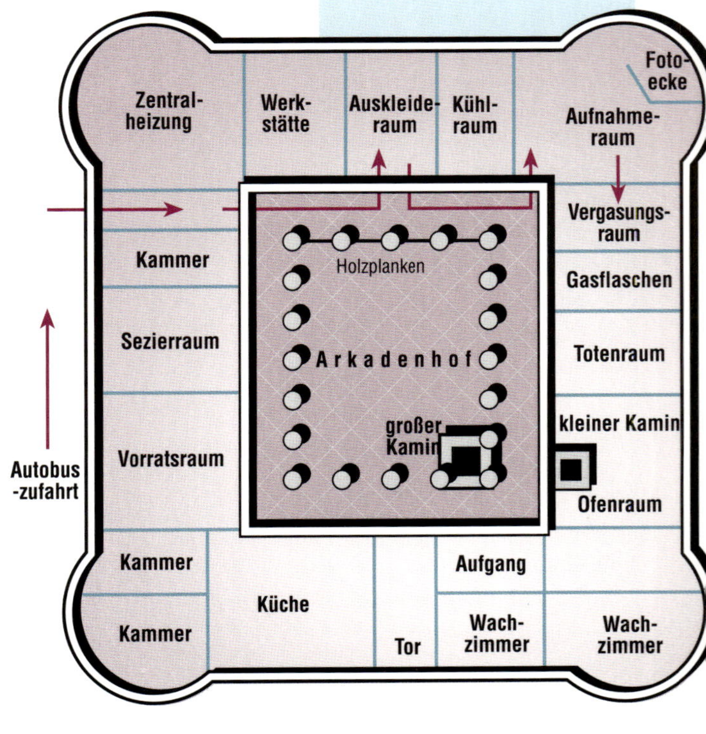

Quelle: Werner Hilgemann, Atlas zur deutschen Zeitgeschichte, München 1986; Walter H. Pehle (Hrsg.), Der Judenpogrom, Frankfurt 1994; Heinz Lauber, Judenpogrom, Gerlingen 1981

und baute es zur Tötungsanstalt um. Unter der Tarnbezeichnung »Anstalt A« war sie von Januar bis Dezember 1940 in Betrieb. 9 839 Menschen kamen hier ums Leben.

Die Euthanasieanstalten im Dritten Reich (Karte rechts oben).

Grundriss von Schloss Hartheim westlich von Linz (linke Seite unten).

solcher Kinder wurden Hebammen, Ärzte, Gebärkliniken, Gemeinden usw. angehalten, diese zu melden. Ausgewählte Ärzte begutachteten die bedauernswerten Geschöpfe und selektierten sie nach ihrem »Lebenswert« oder »-unwert«. Die für »unwert« Befundenen überwiesen sie in »Kinderfachabteilungen« besonderer Heil- und Pflegeanstalten, dort wurden die Kinder ermordet.

Parallel zur Kinder-Euthanasie lief ab 1939 die »Aktion T4« an, die sich mit der Selektion Erwachsener befasste. Psychisch Kranke ermordete man durch Gas, tödliche Injektionen oder Genickschuss - so bei Neustadt in Westpreußen.

Um die Tötung vor der Öffentlichkeit verborgen zu halten, brachte man die Opfer zur Tarnung in Zwischenanstalten unter. Angehörige konnten sie besuchen oder ihnen schreiben. Danach verfrachtete man die Kranken zu den Tötungssanatorien in Brandenburg, Bernburg, Kaufbeuren, Sonnenstein, Hadamar, Grafeneck/Württemberg oder Hartheim. Bis Kriegsende wurde die Euthanasie im Reich an rund 100 000 Menschen durchgeführt.

Die Tötungen blieben trotz aller Tarnmaßnahmen nicht verborgen. Zudem nahmen sie immer willkürlichere Formen an. Frontsoldaten auf Heimaturlaub oder Eltern trafen ihre Familienangehörigen oder Kinder in den Heimen und Krankenanstalten nicht mehr an. Dem amtlichen Hinweis, die Gesuchten wären unerwartet verstorben, gingen manche nach und entdekkten staatlich sanktioniertes Töten. Sie alarmierten die Kirche und diese erhob Protest. Bereits 1934 hatte Michael Kardinal Faulhaber in München vor der Anwendung der Euthanasie gewarnt: *„Ein furchtbares Wort ist gefallen. »Gut ist, was dem Volke dient« [...] Könnte nicht ein Fanatiker auf den Wahn kommen, Mord und Meineid dienten dem Wohl des Volks und seien daher gut? Könnte nicht ein Arzt auf den Gedanken kommen, die Tötung von Geisteskranken, die sogenannte Euthanasie, erspare dem Staat große Fürsorgelasten, sie diene dem »Wohle des Volkes« und sei daher gut?"*

Nun bezog Clemens August Bischof von Galen zur Euthanasie Stellung. Am 24. August 1941 fand er während einer Predigt in der Lambertikirche zu Münster klare Worte: Er habe gehört, sagte von Galen, dass aus der Heil- und Pflegeanstalt Warstein 800 Menschen abtransportiert worden seien. Man müsse *„damit rechnen, dass die armen wehrlosen Kranken über kurz oder lang umgebracht werden [...], weil sie nach dem Urteil irgendeines Amtes, nach dem Gutachten irgendeiner Kommission »lebensunwert« geworden sind, weil sie nach diesem Gutachten zu den »unproduktiven« Volksgenossen gehören [...]. Wenn man die unproduktiven Mitmenschen beseitigen darf, dann wehe unseren braven Soldaten, die als Schwerkriegsverletzte, als Krüppel, als Invaliden in die Heimat zurückkehren!"*

Die Aktion T4 war nicht mehr länger geheimzuhalten, am 6. Juli stoppte sie Hitler persönlich. Kurze Zeit später wurden die Gaszellen der Euthanasieanstalten zur Ermordung von nicht mehr leistungsfähigen KZ-Häftlingen unter dem Tarnbegriff „Aktion 14f13" verwendet.

Die letzten selektierten Personen - Häftlinge aus Mauthausen — wurden am 11. Dezember 1944 in der Tötungsanstalt Hartheim ermordet. Danach beseitigte man die Tötungsanlagen. In die notdürftig renovierten Räume des ehemaligen Schlosses zogen Angehörige des »Bundes deutscher Mädchen« (BDM) ein.

Sieg im Westen

„Für das Jahr 1940 hatte sich Hitler folgendes vorgenommen: 1. das »französisch-britische Operationsheer« im Westen zu schlagen und dadurch die Engländer »zurück zur Themse« zu treiben; 2. durch die Inbesitznahme von Holland, Belgien und Nordfrankreich neue Basen für Luftwaffe und Marine zu gewinnen, um durch »wirtschaftliche Kriegsführung« England niederzuringen; 3. durch Inbesitznahme von Norwegen und Dänemark die »wirtschaftliche Kriegsführung« auch von diesen Küstengebieten zu betreiben. Vom Festland verjagt und den deutschen U-Booten und Flugzeugangriffen von Süden und Osten her ausgesetzt, würde England, so glaubte Hitler, endlich klein beigeben und seine »Friedenshand« annehmen.“

Max Domarus, 1988

Der Begriff »Blitzkrieg«, kurz nach dem Sieg Deutschlands über Polen geboren, ging in die Geschichte ein. Vordergründig umschreibt er ein rasch zu Ende geführtes militärisches Unternehmen, dahinter verbarg sich mehr: die gesamte Konzeption der Außen- und Innenpolitik Hitlers. Seit 1937 schränkten drei Faktoren seine Bewegungsfreiheit ein: militärische Absichten, wirtschaftliche Ressourcen und sozialer Druck durch die Bevölkerung. Für Hitler gab es nur eine Möglichkeit, dieses Korsett abzuwerfen, den raschen Eroberungs- und Beutekrieg, nachdem die Phase der Annexionen abgeschlossen war – Österreichs Gold- und Devisenreserven hatten der Reichsbank ein 15- (3 S = 2 RM) bis 21-faches (1 S = 0,47 RM) ihrer eigenen Reserven eingebracht und in den Sudeten, in Böhmen und in Mähren lagerte ein gewaltiges Waffenarsenal. – Unter diesen Umständen entschied sich Hitler zum Angriff. Deswegen gab er den Befehl zum Angriff auf Polen, wählte dazu den günstigsten Zeitpunkt und nutzte den Überraschungseffekt: Im trockenen Spätsommer, ohne Kriegserklärung und Ultimatum fiel er mit allen Wehrmachtsteilen über den Nachbar her: Seine Strategie ging auf.

Nach dem gleichen Prinzip dachte er Frankreich zu besiegen. Den Schwung der Truppe und die Euphorie der Bevölkerung über den rasch errungenen Sieg über Polen wollte er nutzen. Doch die Generalität zauderte, ein Krieg gegen Frankreich wäre mit dem gegen Polen unvergleichbar, warnte sie ihn. Die Erinnerungen an die mörderischen Materialschlachten und Stellungskämpfe des Ersten Weltkriegs waren noch gegenwärtig. Doch Hitler drängte und setzte als Angriffstermin den 12. November fest. Kein noch so sachlich vorgetragenes Argument konnte ihn umstimmen. Das fehlgeschlagene Attentat des Schreiners Georg Elser vom 9. November 1939 im Münchner Bürgerbräukeller wertete er sogar als gutes Omen. Dass zum genannten Zeitpunkt die deutsche Wehrmacht doch nicht marschierte, war auf das schlechte Wetter zurückzuführen, der Angriffstermin musste insgesamt 29-mal verschoben werden. Zuletzt wegen der kurzfristig angeordneten Feldzüge gegen Dänemark und Norwegen am 9. Mai 1940 (»Weserübung«), die eine bevorstehende Besetzung Norwegens durch britische Truppen vereitelte und damit den Transportweg von den schwedischen Erzlagern zum Nordmeerhafen Narvik sicherten.

Als endlich der Angriff gegen Frankreich am 10. Mai erfolgte (»Fall Gelb«), glaubten die Westmächte an einen Bluff Hitlers, obwohl Oberst Hans Oster, Stabschef der deutschen militärischen Abwehr und Widerstandskämpfer, die Niederlande am Tag davor informiert hatte.

Operation »Sichelschnitt«

In Deutschland war die militärische Opposition von Pech verfolgt: Auf Anfragen in London, ob England einem ehrenvollen Frieden mit Deutschland zustimmen würde, kamen nur abschlägige Antworten. Dann scheuchte Elsers Attentat die Gestapo auf, die ihre Suche nach Mittätern verschärfte. Und die mögliche Wiederholung der raschen Siege bei geringfügigen Verlusten bekehrte zudem manchen Hitlergegner in den Reihen der oppositionellen Offiziere. Erst als Hitler seinen strategischen Plan zum Angriff auf Frankreich vorstellte, erhöhte sich der Widerstand der Militärs wieder, allerdings auf fachlicher Ebene: Hitlers Generalstab wollte dem Schlieffen-Plan von 1914 folgen und über Flandern nach Paris marschieren. Hitler aber machte sich in einer Trotzreaktion den Plan seines Generals von Manstein zu Eigen, der vorschlug, mit starken Panzerkräften über die Ardennen zur Nordseeküste vorzustoßen, dadurch den stark befestigten französischen Verteidigungswall, die »Maginotlinie«, zu umgehen, die Front aufzureissen und das Gros der französischen Truppen im Rücken zu fassen. Dem hielten die deutschen Generäle entgegen, dass sie die waldreichen Ardennen für Panzer unpassierbar hielten. Ähnlich dachten auch die französischen Militärs und hatten diese natürliche Barriere nur mit schwachen Kräften gesichert. Ein Grund mehr für Hitler, nach Mansteins Plan vorzugehen. Am 10. Mai erfolgte der Angriff. Am selben Tag löste im britischen Kabinett Winston Churchill den Appeasementpolitiker Neville Chamberlain ab. Churchill gab dem deutschen Durchbruch in den Ardennen später den Namen »Sichelschnitt«, ein Unternehmen, das zu einem großen deutschen Erfolg wurde. Bereits am 24. Mai 1940 standen deutsche Panzer vor Dünkirchen an der Kanalküste. Sie

Nach dem »Blitzkrieg« gegen Polen und Norwegen war Hitler überzeugt, Frankreich mit dem Konzept des koordinierten Einsatzes aller Wehrmachtsteile besiegen zu können. Tatsächlich waren die Westalliierten nicht in der Lage, dem Bewegungskrieg der Deutschen eine wirksame Abwehr entgegenzusetzen. Deutsche Sturzkampfflieger (Bild oben) kämpften die Bodenstellungen des Gegners nieder und schufen den schnellen Panzerverbänden freie Fahrt (Bild unten). Diese umfassten den Gegner in großen Zangenbewegungen und zwangen ihn zur Aufgabe.

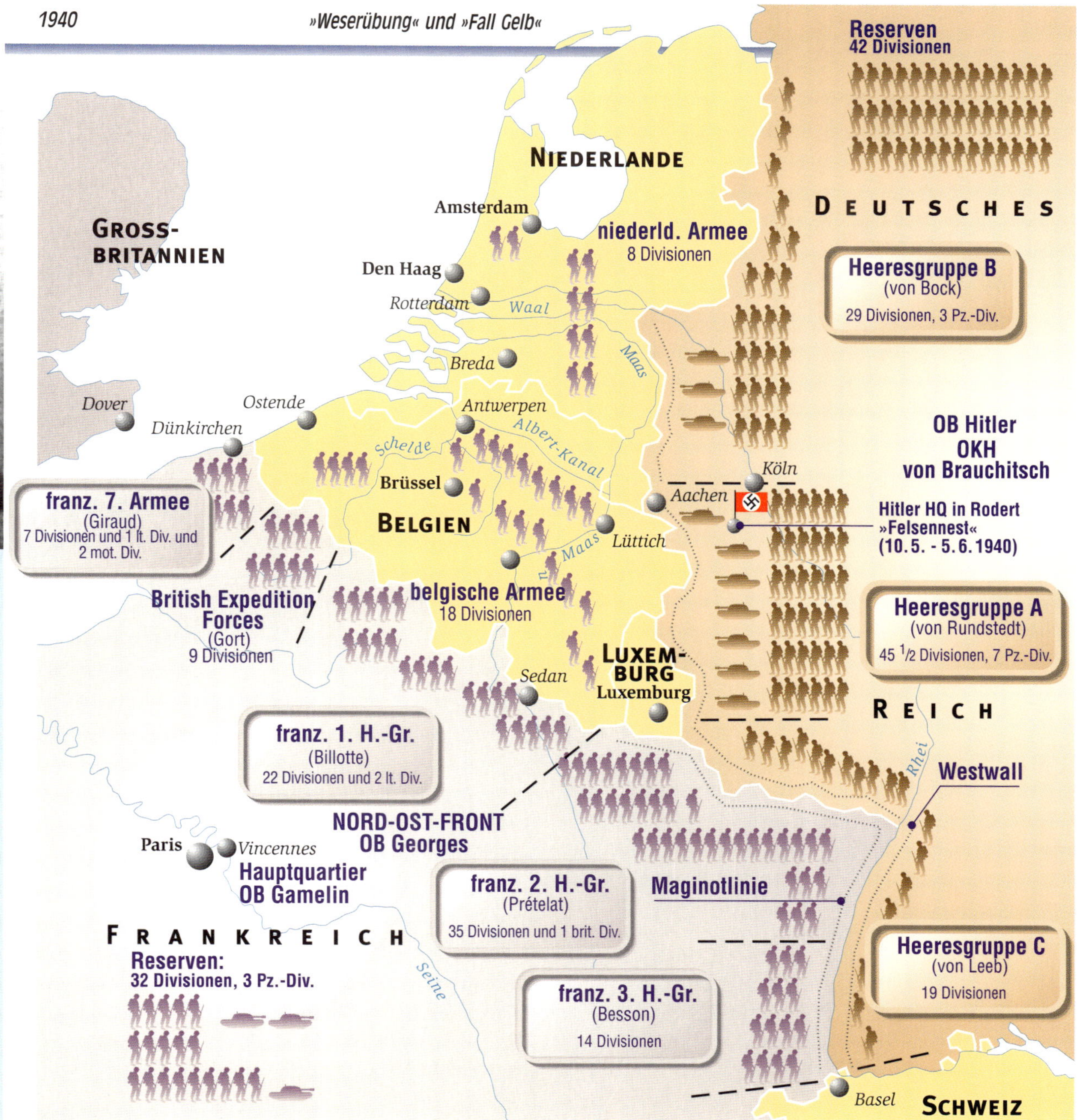

Die Strategie der Abwehr einer deutschen Aggression stützte sich auf die stark befestigte »Maginotlinie«. Da diese nur bis Luxemburg reichte, massierten die Alliierten ihre beweglichen Truppenteile entlang der belgischen Grenze. Sie erwarteten, wie im Ersten Weltkrieg, den deutschen Vorstoß über Belgien. Tatsächlich aber stießen die deutschen Panzer durch die als unwegsam eingestuften Ardennen vor und schlossen die britischen Expeditionskräfte und das operative französische Heer im Kessel von Dünkirchen ein (Karte rechts).

hatten die gesamte britische Expeditionsarmee (BEF) und das französische operative Heer eingekesselt. Aus unerklärlichen Gründen stoppte jedoch Hitler das weitere Vorgehen seiner Truppen. England konnte auf 887 Kriegsschiffen, auf unzähligen zivilen Booten und kleinen Fischkuttern etwa 200 000 Briten und 100 000 Franzosen über den Kanal bringen und vor der Gefangenschaft bewahren. Diese gut ausgebildeten Soldaten bildeten den Kern der englischen Heimatarmee und kehrten bei der Invasion im Juni 1944 aufs Festland zurück.

Wie schon im Ersten Weltkrieg galt auch jetzt die erklärte Neutralität Hollands und Belgiens nichts. Beide Länder griffen zwar, als sie von der deutschen Wehrmacht überfallen wurden, zu den Waffen, doch schon am 15. Mai 1940 mussten die Niederlande kapitulieren, und am 28. Mai stellte Belgien die Kämpfe ein.

Mit dem Vorstoß der deutschen Armeen auf Paris am 5. Juni 1940, dem Fall »Rot«, begann der zweite Abschnitt des Frankreichfeldzugs, der am 14. Juni zur beinahe kampflosen Besetzung von Paris führte. Die französische Regierung musste ein schweres Debakel hinnehmen: Ihre defensive Strategie, gekennzeichnet durch die Anlage des stark befestigten Verteidigungswalls der »Maginotlinie«, hatte sich als falsch erwiesen. Innenpolitische Zerwürfnisse lähmten die Dritte Republik, sie konnte dem hochgerüsteten, diktatorisch geführten Deutschland nicht ausreichend Widerstand entgegensetzen. Selbst in der Niederlage zeigte sich Schwäche: Es fand sich keine andere Persönlichkeit als der greise Marschall Henri Philippe Pétain – er war im Ersten Weltkrieg der Verteidiger Verduns –, um die Regierungsgeschäfte zu übernehmen. – Nach Kriegsende wurde er wegen Kollaboration mit dem Feind zum Tode verurteilt, man begnadigte ihn aber zu lebenslanger Haft.–

Pétain bat am 18. Juni 1940 um Waffenstillstand. Der Vertrag wurde vier Tage später im Wald von Compiègne im selben Salonwagen unterzeichnet, in dem am 11. November 1918 die Kapitulation des deutschen Heeres unterschrieben wurde. Die Deutschen besetzten den Norden Frankreichs und die Atlantikküste, den Rest des Landes verwaltete die Regierung Pétain von ihrem Sitz in Vichy aus.

Der Triumph über Frankreich brachte Hitler ungeheuren Prestigegewinn. Auch die Generalität war nun von seinen Fähigkeiten überzeugt und überließ ihm den militärischen Oberbefehl. Er vereinigte jetzt alle Macht in seinen Händen.

Luftschlacht um England

„Am 10. Mai 1940 trat Winston Churchill die Nachfolge Chamberlains an. In einer Rede vor dem englischen Volk erklärte er: »Ich habe nichts anzubieten als Blut, Mühsal, Tränen und Schweiß.« Er beurteilte die Lage Englands vor allem als Welt- und Seemacht und war überzeugt, daß dieser Krieg nicht in Europa, sondern zwischen den Kontinenten und auf ideologischer und wirtschaftlicher Ebene entschieden werden muß.“
Christian Roedig, 1998

Die »Weisung Nr. 16«, die Hitler am 16. Juli 1940 erteilte, sollte Großbritannien eindringlich vor Augen führen, dass er den Sprung über den Kanal nicht scheute, um England auf seinem Boden anzugreifen. Die Weisung, mit der militärischen Codebezeichnung »Seelöwe«, beauftragte alle Wehrmachtsteile, Vorbereitungen für eine Invasion der britischen Insel zu treffen. Er forderte die Bereitstellung von Transportraum für 260 400 Mann, für 61 983 Pferde und für 34 200 Fahrzeuge, darunter Panzer, Artillerie und 52 leichte Flakbatterien der Luftwaffe. In drei Wellen war die 9. und die 16. deutsche Armee über den Kanal zu bringen, dazu war die absolute Luftherrschaft erforderlich. Minensperren und Scheinangriffe an verschiedenen Stellen der britischen Küste sollten die englische Flotte in ihren Heimathäfen oder fernab der eigentlichen Invasion binden.

Durch die Ankündigung, die britische Insel zu stürmen, erhoffte sich Hitler eine große propagandistische Wirkung: Für den 19. Juli hatte er den Reichstag zu einer Siegessitzung eingeladen, in der er London ein großzügiges Friedensangebot - wie er meinte - unterbreiten wollte.

Für den Tag davor gab er die Inszenierung eines besonderen Schauspiels in Auftrag, um dem deutschen Volk und der ganzen Welt zu zeigen, dass der Sieg praktisch schon ihm gehöre: Unter dem Geläute sämtlicher Kirchenglocken zog am Nachmittag des 18. Juli eine ganze Heeresdivision blumengeschmückt durch das Brandenburger Tor. Zwei Stunden lang marschierten die Regimenter über Berlins historische Feststraße Unter den Linden, wie einst 1871 nach dem deutsch-französischen Krieg. Hitlers Rede dauerte über drei Stunden. Bis ins Detail schilderte er den Kriegsverlauf gegen Frankreich, alle Handlungen die er setzte oder setzen ließ, bis zur Gewissheit der französischen Kapitulation. Er versäumte nicht, auf das gute deutsch-russische Verhältnis einzugehen, das nun für immer geregelt schien, vergaß den russisch-finnischen Winterkrieg nicht, der nun endlich beigelegt sei usw. Das großzügige Friedensangebot an Großbritannien beschränkte sich darauf, dass London Vernunft annehmen und die Hegemonie Deutschlands auf dem Kontinent anerkennen möge. Dann wolle er Großbritannien und sein Empire unangetastet lassen.

London war nicht gewillt, mit Hitler Frieden zu schließen. Am 1. Oktober 1940 hatte Premier Churchill erklärt: *„Hitler konnte bestimmen, wann der Krieg beginnen sollte; aber es wird nicht ihm oder seinen Nachfolgern vorbehalten sein, zu bestimmen, wann er enden wird.“* Eine Stunde nach dem Ende von Hitlers Rede verlautete der britische Rundfunk, Hitlers Angebot werde kategorisch abgelehnt. Der italienische Außenminister Ciano Graf von Galeazzo, der an der Siegessitzung teilgenommen hatte, vermerkte: *„Als am späten Abend die ersten eisigen englischen Reaktionen bekannt werden, verbreitete sich unter den Deutschen das Gefühl einer schlecht verhehlten Enttäuschung.“*

Auch Hitler war schwer enttäuscht, für Monate war er unsicher und unentschlossen. Das Unternehmen »Seelöwe« interessierte ihn nur noch dem Schein nach. Tatsächlich bereitete die praktische Umsetzung große Schwierigkeiten. Weder ließen sich 40 Divisionen - später auf 25 reduziert - noch die im französischen Hinterland requirierten Transportmittel schnell und von britischen Kampffliegern unbemerkt an die Küste verlegen.

Von 13. August 1940 bis Mai 1941 dauerte die »Luftschlacht um England« (Bild oben: eine »Do 17« im Einsatz).

Nach anfänglichen Erfolgen der deutschen Luftwaffe behauptete sich die britische

Nutzlose Unternehmungen

Erst am 16. September konnte die Kriegsmarine 168 Truppentransporter, 1 975 Prähme, 100 Küstenmotorschiffe, 420 Schlepper und 1 600 Motorboote einsatzbereit melden. Uneinigkeit zwischen Heer und Marine herrschte aber über die taktische Vorgangsweise. Die Marine wünschte einen kleinen Landungsstreifen von etwa 110km Länge zwischen Folkestone und Brighton, damit Sicherungskräfte nicht zersplittert wurden, das Heer forderte die Ausdehnung bis auf die Höhe der Insel Wight und die Nachführung der 6. Armee westlich von Portland. Hitler gab schließlich der Marine-Lösung den Vorzug, doch die beginnenden Herbststürme verhinderten das Unternehmen, am 10. Januar 1941 wurde es ganz abgesagt.

Hitlers Hoffnungen, England in die Knie zu zwingen, hatten sich mittlerweile auf die Luftwaffe konzentriert. Göring hatte ihm erklärt, dass seine Luftwaffe England friedensbereit bomben würde.

»Blitz over England« nannten die Engländer die Luftoffensive der Deutschen, die am »Adlertag« durch die »Weisung Nr. 17« vom 1. August 1940 befohlen wurde. Am 13. August 1940 begann der Angriff. Die deutsche Luftwaffe setzte 875 Bomber, 316 Sturzkampfbomber, 45 Fern-

Luftabwehr durch den Einsatz von Höhen- und Tiefenradaranlagen (Karte rechts).

Auch der Beschuss der englischen Kanalküste durch Langrohrgeschütze (Bild unten) brachte nicht die gewünschten Erfolge.

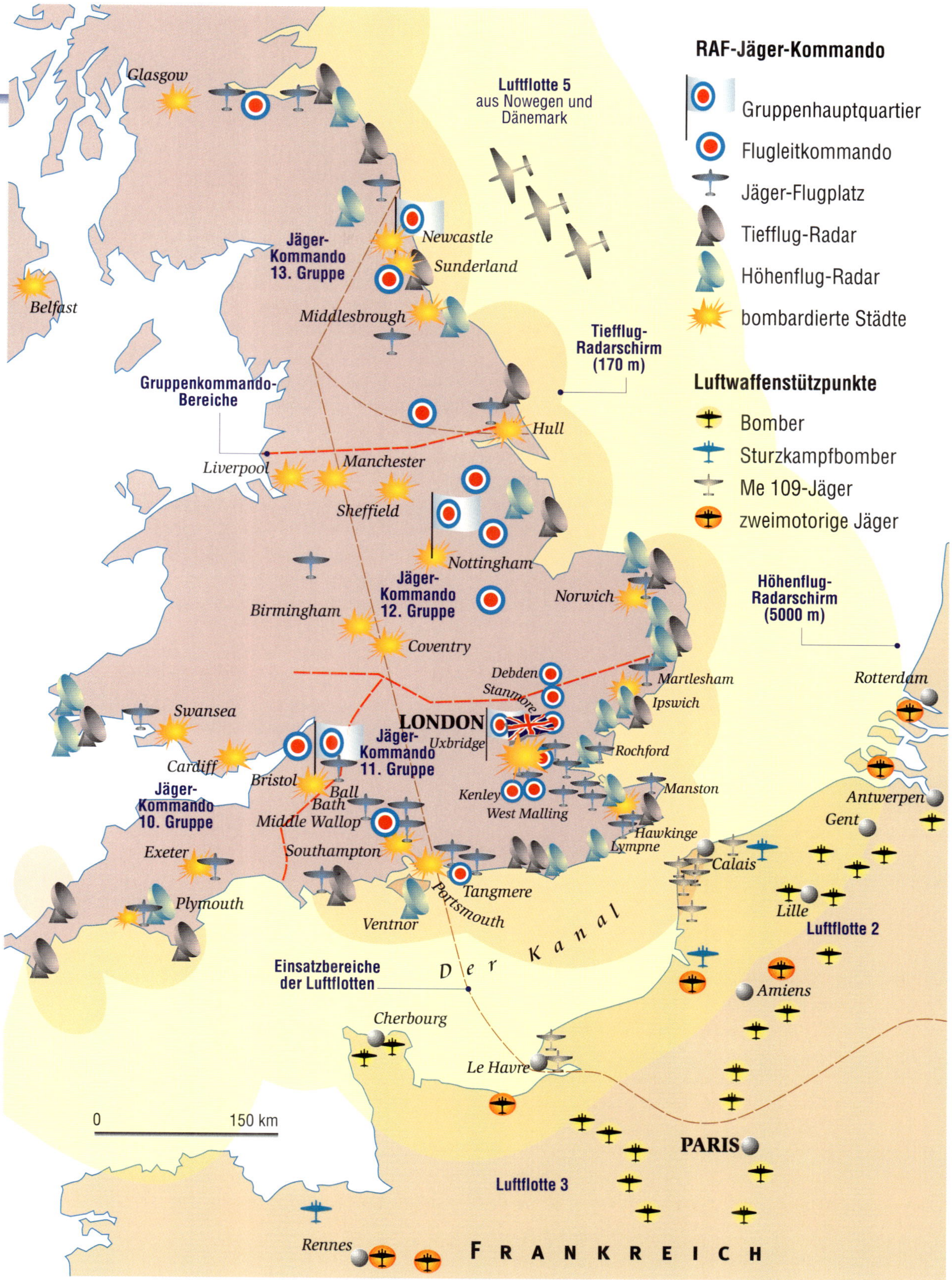

aufklärer, 702 Jäger und 277 Zerstörer, insgesamt 2 355 Maschinen, ein. Trotz hoher Verluste gelang es nicht, die Jagdabwehr der Royal Air Force (RAF) auszuschalten. Sie hatte in der Radar-Frühwarnkette an der Südküste eine ausgezeichnete Unterstützung, die ihr jeden Anflug feindlicher Maschinen so frühzeitig meldete, dass sie den Angriff bereits in der Luft erwartete. Dazu kam die technische Unterlegenheit der Stukas und der Zerstörer vom Typ Me 110. Sie waren langsam, unbeweglich und für lange Flugstrecken ungeeignet. Ab Anfang September flog die Lufwaffe hauptsächlich Nachtangriffe, bombardierte London und andere Städte. Coventry wurde am 14./15. November 1940 in einem zehnstündigen Bombardement zur Gänze zerstört.

Der Balkanfeldzug und der Aufmarsch gegen die Sowjetunion beendeten die Luftschlacht um England, die bis 31. Mai 1941 41 294 Zivilisten das Leben kostete, 52 128 wurden schwer verletzt. Die deutsche Luftwaffe verlor neben 1 142 Bombern noch 802 Jäger, 330 Zerstörer und 128 Sturzkampfbomber mit beinahe der gesamten Besatzung. In den folgenden Jahren kam es noch zu einigen sporadischen Großangriffen, so der »Baedeker-Angriff« auf Kulturdenkmäler im Frühjahr 1942 als Vergeltung für die Bombardierung der Altstadt von Lübeck oder die Einsätze der Vergeltungswaffe 1 und 2 (V 1 und V 2), die, als Wunderwaffen propagiert, nicht einmal ansatzweise die in sie gesetzten Erwartungen erfüllten. Die Luftschlacht über England war für Deutschland verloren gegangen.

HITLERS BALKANKRIEG

„Am 13. Dezember 1940 erteilte Hitler die Weisung, von Bulgarien aus einen Blitzfeldzug »zur Besitznahme der Ägäischen Nordküste und – sollte es erforderlich sein – des ganzen griechischen Festlandes« vorzubereiten (Unternehmen »Marita«). Neben der Entlastung des italienischen Bundesgenossen beabsichtigte Hitler damit, eine Bombardierung des rumänischen Erdölgebiets von britischen Luftstützpunkten im Mittelmeer aus zu verhindern und den Engländern vor allem die Möglichkeit zu nehmen, sich in Griechenland mit Landstreitkräften festzusetzen und eine neue Front auf dem Kontinent aufzubauen.“
Lothar Gruchmann, 1991

Hitler war interessiert, den Krieg vom Balkan fernzuhalten. Hier lag ein Rohstoffreservoir, das für seine Kriegführung unumgänglich notwendig war, vor allem hätte er ohne rumänisches Erdöl seine expansiven Pläne aufgeben müssen. Er bemühte sich daher um gute Kontakte zu allen Staaten, glich aus und schlichtete, wenn sich Konflikte abzeichneten. Dazu dienten bereits zwei Wiener Schiedssprüche, die am 2. November 1938 die Abtretung eines Gebietsstreifens der südlichen Slowakei und der Karpato-Ukraine an Ungarn betrafen und am 30. August 1940 für den Anschluss des rumänischen Nordsiebenbürgens und des Szeklerlandes an Ungarn sorgten. Als Garantiemächte traten jedesmal das Deutsche Reich und Italien auf. Ein gutes Einvernehmen und ständiger gegenseitiger Informationsaustausch der beiden Staaten schienen daher selbstverständlich zu sein. Dafür hätte auch der am 22. Mai 1939 geschlossene »Stahlpakt« – ein Offensivabkommen, das Hitler die nötige Rückendeckung für den Überfall auf Polen gab – sorgen sollen. Das Gegenteil war der Fall. Sowohl Hitler als auch Mussolini hielten wichtige Entscheidungen vor dem Partner verborgen. Überraschungen auf beiden Seiten waren daher die Regel, wenn sie einander vor vollendete Tatsachen stellten. So erfuhr Mussolini am 12. Oktober, dass Hitler eine Wehrmachtsmission in der Größe einer Division in Bukarest stationiert hatte, ohne ihn zu benachrichtigen, wie es der Anstand erfordert hätte. Mussolini tobte: *„Hitler stellt mich immer vor vollendete Tatsachen. Diesmal werde ich ihm mit gleicher Münze heimzahlen: er wird aus der Zeitung erfahren, daß ich in Griechenland einmarschiert bin.“* Dem war zwar nicht so – der Duce informierte Hitler am 22. Oktober –, aber er brach einen Krieg aus bloßer Eigensucht und gekränktem Stolz vom Zaun.

Am 28. Oktober 1940 marschierten italienische Truppen von Albanien aus in Griechenland ein und trafen zu ihrer Überraschung auf einen gerüsteten Gegner: Sie mussten den Rückzug antreten und ihm sogar das südliche Drittel Albaniens überlassen.

Der Überfall setzte die Briten in Bewegung. Dem Beistandspakt vom 13. April 1939 folgend, entsandten sie am 7. März 1941 Truppen nach Piräus und Wolos, verminten die griechischen Schifffahrtsgewässer und richteten auf Kreta Luft- und Seestützpunkte ein. Abermals traten die Italiener zur Offensive an, stürmten am 9. März vorwärts, wieder vergeblich; die Griechen – moralisch durch britische Anwesenheit gestärkt – warfen sie am 15. März in die Ausgangsstellungen zurück.

Hitler versuchte in geheimen Verhandlungen zu vermitteln, doch Athen erteilte ihm am 21. Februar 1941 eine Abfuhr. Nun war auch er gefordert.

Zugute kam Hitler der Beitritt Bulgariens zum Dreimächtepakt Deutschland-Italien-Japan am 1. März 1941. So konnte er schon am nächsten Tag die deutsche 12. Armee von Bulgarien aus gegen Griechenland ansetzen. Auch mit der Unterstützung Jugoslawiens konnte er rechnen. Die deutschfreundliche Regierung unter Ministerpräsident Cvetkovic trat am 25. März dem Dreierpakt bei. Allerdings dauerte die Mitgliedschaft nur ganze vier Tage: Am 29. beseitigte ein Staatsstreich Cvetkovic, und der anglophile König Peter II. übernahm die Regierungsgeschäfte. Hitler vermutete ein Ränkespiel Englands oder der UdSSR.

Die jugoslawische Armee musste sich an drei Seiten Angreifern stellen (Karte rechts).

Obwohl die am 31. Oktober 1922 an die Macht gekommene faschistische Regierung Italiens sofort mit dem Aufbau des Heeres begann, verfügte sie zu Kriegsbeginn 1939/40 über keine modernen Waffen: Panzer wurden Modellen aus dem Ersten Weltkrieg nachgebaut, Flugzeuge waren hoffnungslos veraltet (Bild unten links, aus 1940).

Deutsche Soldaten auf dem Vormarsch in einem jugoslawischen Dorf (Bild unten).

Noch am selben Tag erteilte Hitler die Weisung Nr. 25, den Blitzfeldzug gegen Jugoslawien. 23 deutsche Divisionen und rund 1 200 Panzer setzten sich in Marsch, 780 Flugzeuge unterstützten die Bodentruppen aus der Luft. Am 6. April fielen die ersten Bomben auf Belgrad. Am selben Tag noch (vordatiert auf den 5. April) vereinbarten Jugoslawien und die UdSSR einen Nichtangriffspakt.

Der Übermacht erlegen

Als Vergeltung bombardierten britische Flugzeuge in der folgenden Nacht Bulgariens Hauptstadt Sofia. Den Luftangriff nahm Bulgarien zum Anlass, die von Deutschland zugesicherten griechischen Gebiete von Mazedonien und Thrakien zu besetzen. Auch Ungarn beteiligte sich jetzt am Krieg, nahm ein angebliches Bombardement jugoslawischer Flugzeuge auf ungarische Ziele zum Vorwand, um an deutscher Seite in Jugoslawien einzumarschieren. Italien mobilisierte 28 Divisionen und 320 Flugzeuge und rückte am 11. April von Görz aus die dalmatinische Küste entlang nach Südosten vor.

Jugoslawien wehrte sich verzweifelt, doch mit 20 unzureichend ausgerüsteten Divisionen und 500 veralteten Flugzeugen war es hoffnungslos unterlegen. Belgrad kapitulierte am 17. April 1941. Die Regierung floh nach London, doch die Jugoslawen gaben sich noch nicht geschlagen. Im schwer zugänglichen Bergland Bosniens und Montenegros scharten sich wehrfähige Männer um Josip Broz, genannt Tito (= Führer), und errichteten eine Untergrundarmee, die der deutschen und der italienischen Besatzungsmacht hohe Verluste an Menschen und Material zufügte, und darüber hinaus Truppen band, die an anderen Fronten fehlten.

Der von der 12. Armee parallel zum Jugoslawien-Feldzug vorgetragene Krieg in Griechenland stieß am Thermopylen-Pass auf britische Einheiten. In den schweren Kämpfen verloren die Engländer 14 000 Mann, die Deutschen 1 206. Von gleicher erbitterter Härte waren die Kämpfe um Kreta. Bei diesem größten deutschen Fallschirmjägereinsatz des Zweiten Weltkriegs wurde beinahe die gesamte Truppe aufgerieben: 2 071 Mann fielen.

Am 21. April kapitulierte Athen. Die Briten hatten das Land verlassen, von ursprünglich 43 000 Mann gelang 15 000 auf Schiffen die Flucht nach Ägypten.

Italiens Abenteuer auf dem Balkan hatte in einem Inferno geendet. Der von Mussolini am 12. September 1940 durch den Einfall in Ägypten vom Zaun gebrochene Konflikt mit England in Nordafrika näherte sich ebenfalls einem Desaster.

Der Vorstoß der 10. italienischen Armee unter Marschall Rodolfo Graziani über die libysche Grenze nach Ägypten endete schon am 18. September bei Sidi Barrani und löste einen britischen Gegenstoß aus. Die italienischen Streitkräfte wichen bis el Agheila zurück und mussten die wichtigen Hafenstädte Tobruk und Benghasi den Engländern überlassen. Ganz Libyen drohte verloren zu gehen, Mussolini bat Hitler um Hilfe, und dieser ließ am 6. Februar 1941 ein Hilfskorps aufstellen. Unter General Erwin Rommel – von den Briten geachtet und später »Wüstenfuchs« genannt – konnten im Verein mit italienischen Truppen die Briten bis zum 13. April wieder über die libysch-italienische Grenze zurückgedrängt werden.

Der Mittelmeerraum stand schlagartig im Blickfeld des Kriegsgeschehens. Von der britischen Insel Malta behinderten englische Kampfflugzeuge in ununterbrochenem Einsatz den deutsch-italienischen Nachschub nach Nordafrika. Da der spanische Diktator Franco einen deutschen Angriff auf die britische Festung Gibraltar (Unternehmen »Felix«) nicht zuließ, blieb auch dieser Stützpunkt eine ständige Bedrohung für die Versorgungslinien der Achsenmächte.

Dennoch trat Mitte des Jahres 1942 Rommel mit seiner nunmehrigen »Panzerarmee Afrika« zur Offensive gegen die Engländer an. Im stark verminten Gelände von El Alamein endete aus Brennstoffmangel, Verschleiß des Kriegsgeräts und fehlendem Nachschub der Angriff. Am 23. Oktober 1942 setzte General Bernard L. Montgomery zum Gegenangriff an und Rommel musste weichen.

Das Ende des deutsch-italienischen Afrikafeldzugs zeichnete sich am 7. November 1942 ab: Die seit dem 11. Dezember 1941 im Kriegszustand mit Deutschland und Italien befindlichen USA landeten Truppen an der afrikanischen Nordwestküste bei Casablanca. Die Wende des Kriegs begann.

STÄTTEN DER VERNICHTUNG

„Menschliche Bestialität ist einfallsreich. In den Lagern trat sie in unzähligen Varianten auf. Es gab den spontanen Totschlag, das gewohnheitsmäßige Prügeln, die Quälerei aus Langeweile oder das kollektive Massaker während einer Hetzjagd. Gleichwohl waren die Mörder aus Leidenschaft in der Minderzahl. Viele Grausamkeiten geschahen ohne Aggression, Wut oder Rachegefühl. Sie sind daher weder zu vergleichen mit der Raserei von Amokläufern noch mit den Bluttaten von Soldaten, die ihre Angst auf dem Schlachtfeld dadurch besiegen, daß sie alles niedermetzeln, was sich bewegt […]. In den Konzentrationslagern war exzessive Gewalt alltäglich. Das Tötungsverbot der zivilen Gesellschaft war aufgehoben."
Wolfgang Sofsky, 1997

Die Geschichte der deutschen Konzentrationslager begann in der Nacht des 27. Februar 1933. Das Reichstagsgebäude war in Brand gesteckt worden, Hitler und Göring ordneten die sofortige Verhaftung der Anstifter und Helfer an, die sie in den Reihen der KPD vermuteten. Die Menschenjagd warf zwei Probleme auf: die Legalisierung der Verhaftungswelle – sie erfolgte noch am gleichen Tag durch die von Hindenburg unterzeichnete »Notverordnung zum Schutze von Volk und Staat«, kurz »Reichstagsbrandverordnung« – und die Unterbringung der Festgenommenen. Es waren so viele, dass die Gefängnisse sie nicht fassten und provisorische Lager eingerichtet werden mussten: in leerstehenden Fabriken, Lagerhallen, großen Veranstaltungssälen, auf alten Schiffen, in Klöstern, Schlössern, Festungsbauten oder, wie in Dachau, in einer verfallenen Pulverfabrik.

Diese von SA, SS und Polizei bewachten, ersten »wilden KZ« verschwanden wieder, bis auf jene von Dachau, Oranienburg und Esterwegen, sie wurden zur Aufnahme einer großen Zahl von Häftlingen umgebaut und erweitert.

Durch die Röhm-Affäre in der Machtausübung beschränkt, musste die SA ihre Wachmannschaften der Justiz unterstellen und die von ihr eingerichteten Lager an die SS abtreten. Diese dem Reichsführer SS Heinrich Himmler unterstellte Organisation begann ein Haftsystem auszuarbeiten, das außerhalb des Zugriffs von Justiz, Wehrmacht oder anderen Behörden lag. Himmler ordnete an, dass Dachau und dessen vom Lagerkommandanten Theodor Eicke entworfene Lagerordnung Muster für künftige Konzentrationslager sein sollte.

Mit dem Wechsel der Zuständigkeit und der Reorganisation des Lagersystems trat ein grundlegender Funktionswandel der KZ ein: Aus einem befristeten Repressionsinstrument wurde eine Dauereinrichtung zur Inhaftierung von tatsächlichen oder vermeintlichen Gegnern des Regimes. Himmler ernannte den Kommandanten von Dachau, Theodor Eicke, zum »Inspekteur der Konzentrationslager und SS-Wachverbände«, der in der Folge für die Organisation der KZ zuständig war. Eicke zog aus der Lagerwachtruppe – die der allgemeinen SS angehörte – eine besonders geeignete Mannschaft, kasernierte sie, gab ihr neue Uniformen und ein neues Symbol, einen stilisierten Totenkopf statt der Kokarde. Aus diesem Wachverband rekrutierten sich alle übrigen KZ-Wachmannschaften. Sie übernahmen die Bewachung und Verwaltung der Lager im allgemeinen, während die innere Lagerverwaltung »Kapos« (ital. capo = Kopf) besorgten, die das SS-Personal aus den kriminellen Häftlingen auswählte.

Das von Eicke entwickelte »Modell Dachau« umfasste vier Grundkomponenten: die Klassifikation der Inhaftierten, die Arbeit als Mittel des Terrors, ein gestuftes System von Strafen, die offiziell verhängt, aber auch inoffiziell angewendet werden konnten und das Standrecht, das auch spontane Morde miteinschloss.

Nach der Ausschaltung der parteipolitischen Opposition dehnte das NS-Regime seinen Terror auf andere missliebige Bevölkerungsschichten aus. Das Gesetz über »Berufs- und Gewohnheitsverbrecher und Asoziale« verfolgte neben den tatsächlich kriminell Gewordenen (»Berufsverbrecher«) nun auch Homosexuelle, Sektenmitglieder, Landstreicher, Raufbolde, »Arbeitsscheue«, Geschlechtskranke, Prostituierte, Alkoholiker, Psychopathen, Verkehrssünder, Querulanten, »Zigeuner« u. a.

Je nach ihren tatsächlichen oder vermeintlichen »Verbrechen« waren die Inhaftierten mit einem auf dem Kopf stehenden, farbigen, aus Stoff gefertigten Dreieck gekennzeichnet, das sie sichtbar auf der Kleidung zu tragen hatten. Kriminelle Häftlinge kennzeichneten grüne, politische rote, asoziale schwarze, Homosexuelle rosafarbene und Bibelforscher violette »Winkel«. Jüdische Häftlinge trugen den gelben Davidstern, ausländische den Anfangsbuchstaben ihres zugehörigen Staatsnamens.

Die Wannsee-Konferenz

Bis zum Kriegsende überspannte ein dichtes Netz von etwa 10 000 Konzentrations- und Arbeitslagern das Reich und die ihm angeschlossenen Gebiete. 1942 wurden diese Lager einem neuen Funktionswandel unterworfen: Die SS gestaltete sie zu Zentren der planmäßigen Tötung ihrer Insassen – zunächst sowjetischer Kriegsgefangener – um. In Buchenwald diente eine eigene Genickschussanlage zur Ermordung von 8 500 russischen Kriegsgefangenen, in Sachsenhausen waren es 13 000. Im September 1941 wurde in Auschwitz das Giftgas Zyklon B an 600 Kriegsgefangenen erprobt, dann setzte man die Exekutionssanweisungen aus, um die Gefangenen durch Arbeit zu töten.

Das Schicksal der in Deutschland verbliebenen Juden war zunächst ungewiss. Viele waren ins Ausland geflohen, noch mehr aber waren geblieben, sie nahmen Hitlers Worte vom 30. Januar 1939, er wolle das europäische Judentum vernichten, nicht ernst.

Als am 20. Januar 1942 in einem Kripogebäude am Großen Wannsee in Berlin SD-Chef Heydrich, Vertreter von Ministerien, Parteidienststellen und SS-Ämtern die »Endlösung der europäischen Judenfrage« diskutierten, liefen

Ungarn, das unter Reichsverweser Miklós Horthy ab 1938 seine Außenpolitik immer mehr an der des Deutschen Reichs ausrichtete, schlitterte in vollkommene Abhängigkeit des Deutschen Reichs: Am 24. Februar 1939 trat es dem Antikominternpakt bei, am 20. November 1940 dem Dreimächtepakt. Mit 10 Brigaden beteiligte es sich es am Balkanfeldzug, erklärte am 27. Juni 1941 der Sowjetunion den Krieg, am 12. Dezember 1941 auch den USA. Nach schweren Verlusten im Raum Stalingrad im Januar 1943 und den Rückschlägen der deutschen Wehrmacht streckte Horthy Friedensfühler nach Moskau aus. Das hatte am 19. März 1944 die Besetzung Ungarns durch die deutsche Wehrmacht zur Folge. Da Miklós Horthy sich weiter um Waffenruhe bemühte, ließ ihn Hitler festnehmen und durch Ferenc Szálasi ersetzen. Der bewilligte, im Gegensatz zu Horthy, die Deportation ungarischer Juden. Obwohl beinahe die Hälfte Ungarns schon durch die Rote Armee besetzt war, wurden noch rund 200 000 ungarische Juden nach Auschwitz und in andere Lager deportiert. Das Bild oben zeigt ungarische Jüdinnen, denen man das Haupthaar geschoren hat.

Sie sind im Juni 1944 im Lager Auschwitz zum Zählappell angetreten. Niemand von ihnen hat überlebt.

die Vernichtungsmaßnahmen gegen Juden bereits auf vollen Touren. Schon im Juni 1941 hatte Himmler unter Berufung auf Hitler die Anweisung gegeben, im Lager Auschwitz-Birkenau eine Massenvergasungsanlage für das Gift Zyklon B zu bauen, mit der Absicht, hier die Juden zu ermorden. Zu Auschwitz-Birkenau kamen in der Folge noch weitere Todeslager hinzu.

Der Angriff auf die Sowjetunion verlagerte vorerst die geplanten Mordaktionen in die von der deutschen Wehrmacht besetzten Ostgebiete. Hier wurden in 26 Lagern über 590 000 Menschen erschossen oder in zu Gaskammern umgebauten Lastkraftwagen oder Autobussen vergiftet. In elf Sammelstellen ermordeten SS-Schergen der Verfügunggruppe unheilbar geisteskranke Ostarbeiter oder Polen. In weiteren 22 Konzentrationshauptlagern mit 1 202 Außenkommandos kam eine unbekannte Zahl von Häftlingen durch unmenschliche Arbeitsbedingungen ums Leben. Allein für männliche und weibliche jüdische Häftlinge waren 941 Zwangsarbeitslager eingerichtet.

Auf ehemals polnischem Gebiet lagen mindestens 5 877 Konzentrationslager, darunter die Hauptlager Auschwitz, Stutthof, Krakau, Lublin und die Todeslager Auschwitz-Birkenau, Belzec, Chelmno, Lublin-Majdanek, Sobibór und Treblinka, die ausschließlich der Ermordung der Insassen dienten. Ihre Leichen wurden nach der »Verwertung« etwa vorhandener Goldzähne und der Haupthaare in Krematorien verbrannt.

Mit dem Vormarsch der Alliierten löste sich das System der KZ-Lager auf. Die Lager wurden geräumt, die Insassen mussten tagelange Fußmärsche ins Reichsinnere auf sich nehmen. Die Spuren der Massenvernichtungsanlagen versuchten die SS-Wachmannschaften zu verwischen.

Wie viele Menschen in den KZ-Lagern und bei Todesmärschen ums Leben kamen, lässt sich nicht mehr genau ermitteln. Man schätzt, dass zwischen 1939 und 1945 allein fünf bis sechs Millionen Juden ermordet wurden. Eine Zahl, die etwa der Bevölkerung des heutigen Bundeslandes Hessen entspricht.

Ist diese Zahl allein schon unfassbar, dann ist es noch unbegreiflicher, dass ein Netzwerk von Lagern - bis heute weiß man nicht, wie viele von ihnen in Summa tatsächlich existierten - die eigentlichen, zentralen Institutionen des nationalsozialistischen Macht- und Organisationsapparates darstellten.

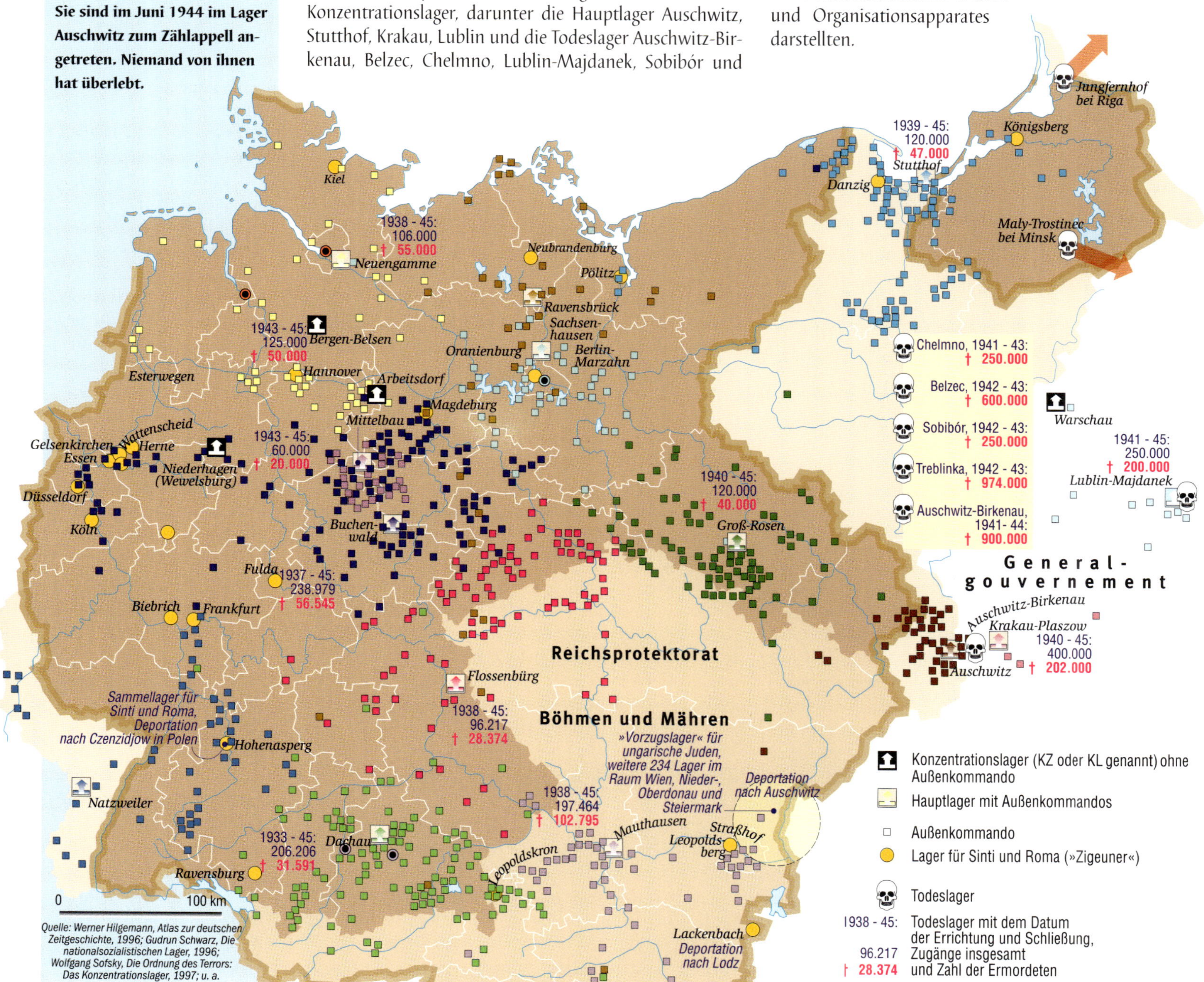

Quelle: Werner Hilgemann, Atlas zur deutschen Zeitgeschichte, 1996; Gudrun Schwarz, Die nationalsozialistischen Lager, 1996; Wolfgang Sofsky, Die Ordnung des Terrors: Das Konzentrationslager, 1997; u. a.

Herren über Leben und Tod

„Der Einfluss der SS beschränkte sich indes nicht allein auf die Verfügungsgewalt über einige zentrale Gewaltinstrumente. Vielmehr verstand Himmlers »Schwarzer Orden« sich in bewußter Anlehnung an Adel und Ritterschaft früherer Jahrhunderte als eine gesamtgesellschaftliche Führungselite. Als solche beanspruchte sie, Vorbild und Erzieher des ganzen Volkes zu sein, um diesem seine »außerchristlich arteigenen weltanschaulichen Grundlagen für Lebensführung« zurückzugeben, welche durch einen tausendjährigen Irrweg christlich abendländischer Geschichte verschüttet worden seien. Unter solch versponnener Zielsetzung nahm die SS erheblich Einfluß auf Propaganda und Kultur, Religion und Wissenschaft. Das SS-Hauptamt und das Rasse- und Siedlungshauptamt (RuSHA) produzierten zu diesem Zweck eine Fülle von Büchern, Pamphleten und Filmen; aber auch die von der SS kontrollierten Nationalpolitischen Erziehungsanstalten sowie die Vereine Lebensborn und Ahnenerbe dienten als Vermittlungsinstanzen des SS-Weltbildes."
Bernd Wegener, 1985

Wie ein Krake fasste die SS, einmal als eigene Organisation installiert, nach allen wichtigen Ressorts des Staates und saugte sich fest. Die SS nahm Einfluss auf die Wissenschaft, sie förderte Forschungsarbeiten und konzentrierte sich in eigenen Zentren auf medizinisch-rassekundliche Untersuchungen. Für diese stand ihr ein schier unerschöpfliches »Menschenmaterial« für experimentelle Zwecke zur Verfügung: die Insassen der unter ihrer Aufsicht stehenden Konzentrationslager. Ärzte, die den Eid zur Erhaltung und zum Schutz menschlichen Lebens abgelegt haben, stellten sich freiwillig in den Dienst des SS und betrieben in den Lagern ihre »Forschungen«.

Josef Mengele, bis 1938 Arzt mit Praxis in Frankfurt am Main, war einer von ihnen. Mengele wurde 1940 zur Sanitätsinspektion der Waffen-SS eingezogen und stieg 1941 zum Bataillonsarzt der SS-Division »Wiking« auf. Im Russlandfeldzug verwundet, wurde er am 30. Mai 1943 zur Dienststelle des »SS-Standortarztes Auschwitz« versetzt. Hier beteiligte er sich an der Selektion von arbeitsunfähigen Juden, die im Lager ankamen, der so genannten Ankunfts- oder Rampenselektion, und an der Selektion arbeitsuntauglicher Häftlinge im Lager selbst, der so genannten Baracken- oder Lagerselektion. In Auschwitz begann er, Versuche am lebenden Menschen durchzuführen.

Mengele war nur einer von vielen Ärzten und Ärztinnen, die von 1941 bis 1944 an Versuchspersonen ohne deren Einwilligung experimentierten. Die Menschenversuche dienten drei Zielen: 1. Erkenntnisse für die Kriegführung zu gewinnen; 2. Reaktionen auf Arzneimittel, Gifte, Giftgas und Impfstoffe zu beobachten oder zu prüfen und 3. rassehygienische Maßnahmen zu erproben, zum Beispiel die Sterilisation. Dazu wurden in bestimmten Konzentrationslagern eigene Versuchslabors eingerichtet. So in Dachau eines, das den Ärzten erlaubte, bei realen Bedingungen Unterdruck- und Unterkühlungsversuche anzustellen, wie sie Kampfflieger in großen Höhen oder beim Absturz in kaltes Meerwasser vorfanden. Zweck der Versuche war es, Rettungsmöglichkeiten zu finden. Zu den Experimenten gehörte auch das Experiment mit kalkuliertem tödlichem Ausgang für das Opfer. Über Versuche berichtete 1942 das »Zentralblatt für Chirurgie«, deren Ergebnisse auf einer Tagung in Nürnberg diskutiert wurden. Dachau beherbergte weiters ein Labor für die Trinkbarmachung von Meerwasser, auch diese Methoden wurden an Häftlingen erprobt.

Die Versuchsabteilung von Ravensbrück hatte sich auf die Wirkung von Sulfonamiden spezialisiert. Jungen Polinnen wurden stark infizierte Wunden beigebracht, die die Ärzte mit verschiedenen Mitteln »behandelten«. Todesfälle durch Wundstarrkrampf oder Blutvergiftung waren an der Tagesordnung. Ebenfalls in Ravensbrück fanden Knochenregenerations- und Transplantationsversuche an Lagerinsassen statt.

Im KZ Buchenwald und in Struthof liefen Fleckfieberexperimente. Phlegmonenversuche in Dachau und Versuche mit den chemischen Kampfmitteln Lost und Phosgen im KZ Sachsenhausen und in Struthof sind weitere Beispiele für die lebensverachtenden Gräueltaten der SS-Ärzte. Die Versuche und ihre Ergebnisse wurden regelmäßig in einschlägigen Fachzeitschriften veröffentlicht. Auschwitz und Ravensbrück waren Zentren für Sterilisationsversuche mit Medikamenten oder Röntgenstrahlen.

Die Anatomische Abteilung der Reichsuniversität Straßburg spezialisierte sich auf Skelette jüdischer Opfer. Sie sollten dem Studien der menschlichen Rasse dienen. August Hirt, Ordinarius der Abteilung, richtete am 9. Februar 1942 an Reichsführer SS Himmler die Bitte um Unterstützung: *„Nahezu von allen Rassen und Völkern sind umfangreiche Schädelsammlungen vorhanden. Nur von den Juden stehen der Wissenschaft so wenig Schädel zur Verfügung, daß ihre Bearbeitung keine gesicherten Ergebnisse zuläßt. Der Krieg im Osten bietet uns jetzt Gelegenheit, diesem Mangel abzuhelfen. In den jüdisch-bolschewistischen Kommissaren, die ein widerliches, aber charakteristisches Untermenschentum verkörpern, haben wir die Möglichkeit, ein greifbares wissenschaftliches Dokument zu erwerben, indem wir ihre Schädel sichern."*

Im Auftrag der Wissenschaft: Mord

Hirt, im Rang eines SS-Hauptsturmführers, stieß bei Himmler auf Interesse. Der Wunsch des Ordinarius und die Anregung Wolfram Sievers', SS-Standartenführer und Generalsekretär der Gesellschaft Ahnenerbe, animierten den Reichsführer SS, der SS-Stiftung Ahnenerbe eine neue Aufgabe zuzuweisen: die Errichtung des »Instituts für Wehrwissenschaftliche Zweckforschung«. Sievers wurde Direktor.

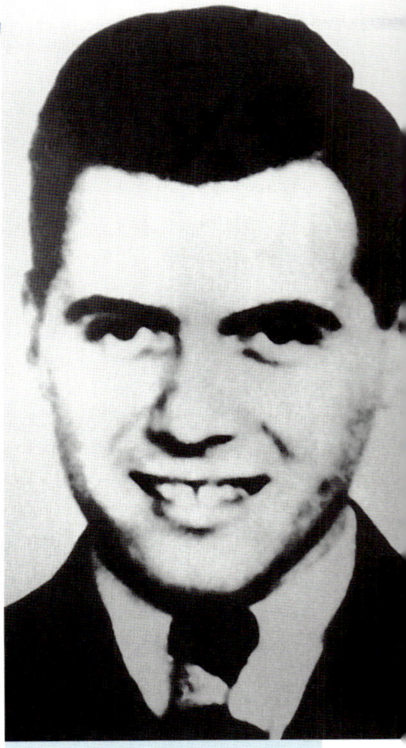

Der SS-Arzt Josef Mengele (Bild oben) wurde 1911 in Günzburg geboren und starb vermutlich 1979 in Enseada da Bartioga bei São Paulo. Als Chefarzt des Vernichtungslagers Auschwitz (1943 bis 1944/45) war Mengele für den Tod von etwa 400 000 Menschen verantwortlich. Seine medizinischen Versuche an Menschen trugen ihm den Beinamen »Todesengel von Auschwitz« ein. Ab Juni 1945 in amerikanischer Kriegsgefangenschaft, ging er im September frei. Erst jetzt wurde gezielt nach ihm gefahndet. Mengele versteckte sich bis 1949 im Raum Rosenheim-Günzburg. Danach floh er nach Argentinien und später nach Paraguay, dessen Bürger er 1959 wurde. Mengele zählte zu den meistgesuchten NS-Kriegsverbrechern.
Im KZ Buchenwald wurden vor allem Medikamente gegen Fleckfieber erprobt. Diese meist epidemisch auftretende Infektionskrankheit übertragen Kleiderläuse von Mensch zu Mensch. Erreger ist das Rickettsina prowazeki, das aus dem infizierten Kot der Läuse durch Kratzwunden in den menschlichen Körper gelangt. Nach 10 bis 14 Tagen Inkubation stellt sich hohes Fieber

ein (40° C), begleitet von heftigen Kopf- und Gliederschmerzen, Atem- und Herzbeschwerden und einer Milzschwellung. Ohne Behandlung sterben bis zu 20 Prozent der Erkrankten; bei Nichtausheilung können Hirnschäden zurück bleiben.

Bild unten:
eine Baracke des Konzentrationslagers Buchenwald. In der zweiten Reihe von unten, der Siebente von links ist der jüdische Schriftsteller Elie Wiesel. Der gebürtige Ungar wurde 1944 ins KZ Buchenwald verbracht und konnte überleben. Sein schriftstellerisches Werk behandelt vorwiegend die allgemeine Grenzsituation der jüdischen Existenz und der jüdischen Gesellschaft.

Auch Hirt wurde von Himmler bedacht, freilich nicht mit den Schädeln »bolschewistischer Untermenschen«, sondern zunächst mit Insassen des KZ Auschwitz, die in Hirts Nähe ins elsässische KZ Natzweiler überstellt wurden. Dem dortigen Kommandanten, Joseph Kramer, wurde von Hirt eine Flasche mit Cyanhydratsalzen ausgefolgt und er erhielt den Auftrag, die etwa 80 Personen zu vergiften und anschließend die Ermordeten an das Institut zu liefern. Kramer erfüllte den Auftrag. Nach Kriegsende verteidigte sich Kramer: *„Ich habe bei der Ausführung dieser Dinge kein Gefühl gehabt, weil ich den Befehl erhalten hatte, diese 80 Insassen auf diese Weise zu töten [...]. Übrigens bin ich auf diese Weise erzogen worden."* Die Leichen wurden in Behältern aufbewahrt und vor dem Einmarsch der Alliierten zerstückelt und verbrannt. Hirt verschwand von der Bildfläche, Nachforschungen zu seiner Person verliefen negativ.

Über die Versuche an Menschen wurden genaue Protokolle geführt. Die Niederschrift über ein Experiment, das am 11. Mai 1942 in Dachau unter Leitung der Luftwaffe vonstatten ging und der Beobachtung von Reaktionen des menschlichen Körpers in 15 km Höhe diente, berichtet: *„15 km: Läßt Maske fallen, schwere Höhenkrankheit, klonische Krämpfe. – 14,5 km/30 Sek: Opistotonus* (Starrkrampf in der Rückenmuskulatur, Anm.). – *14,3 km/45 Sek: Arme steif nach vorne gestreckt, Pfötchenstellung, Beine steif gespreizt. – 13,7 km/1 Min/20 Sek: Hängt in Opistotonus. – 13,2 km/1 Min/50 Sek: Agonale Krampfatmung. – 12,2 km/3 Min: Dyspnoe* (Atemnot, Anm.), *hängt schlaff. – 7,2 km/10 Min: Unkoordiniertes Strampeln mit den Extremitäten. – 6 km/12 Min: Klonische Krämpfe, Stöhnen. – 5,5 km/13 Min: Schreit laut. – 2,9 km/18 Min: Schreit immer noch, krampft Arme und Beine, Kopf sinkt nach vorne. – 2-1 km/20-24½ Min: Schreit anfallsweise, grimassiert, beißt sich auf die Zunge. – 0 Meter: Nicht ansprechbar, macht den Eindruck eines Geistesgestörten. – (nach Erreichen von Bodenhöhe). – 5 Minuten: Reagiert erstmals auf Anruf. – 7 Minuten: Versucht, auf Kommando aufzustehen, sagt stereotyp: »Nein, bitte.« – 9 Minuten: Steht auf Befehl auf, starke Ataxie* (gestörte Koordination von Muskelbewegungen, Anm.), *antwortet auf alle Fragen: »Moment mal.« Versucht krampfhaft, sich an sein Geburtsdatum zu erinnern. [...] 15 Minuten: Auf Befehl zu gehen, tritt er am Fleck und sagt: »So, danke schön.« – [...] 37 Minuten: Reagiert auf Schmerzreize. – [...] 24 Stunden: Normalzustand wieder erreicht, nur an den Versuch selbst besteht keine Erinnerung. Der Ablauf der Sinkversuche aus 15 km Höhe, wie er hier an einem Beispiel gezeigt wurde, wiederholt sich in ähnlicher Weise bei allen übrigen Versuchen."*

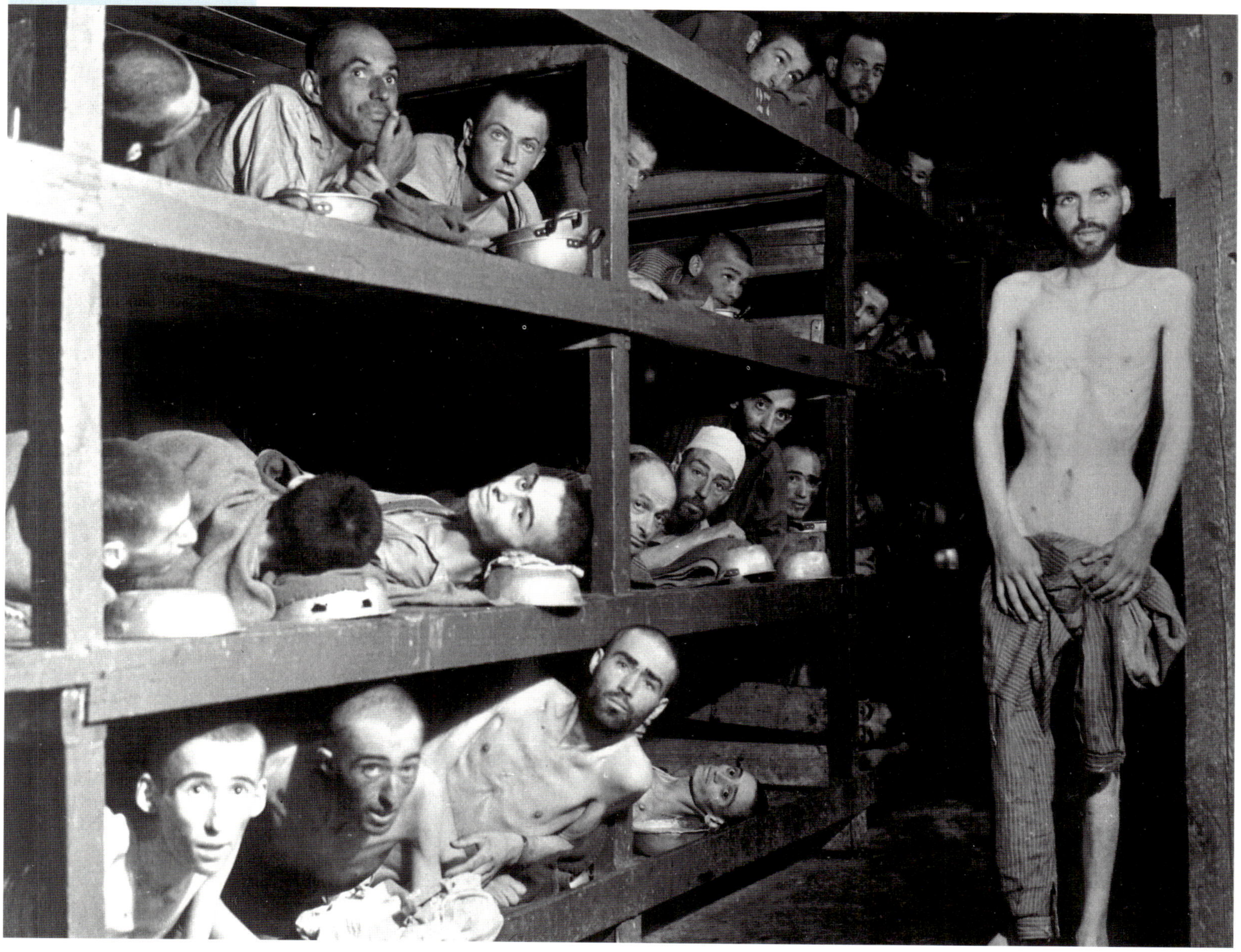

Überfall auf die Sowjetunion

„Hitler gab schon Ende Juli 1940 die Weisung, für einen möglichen Feldzug gegen die Sowjetunion im nächsten Frühjahr Operationspläne auszuarbeiten und die notwendigen Kräfte aufzustellen. Im September befahl daher das OKW, das Heer bis Mai 1941 auf 180 Divisionen mit einer Gesamtstärke von 4,9 Millionen Mann zu vergrößern.“
Lothar Gruchmann, 1991

Der Balkanfeldzug, die Besetzung Griechenlands sowie die Ausweitung des Kriegs auf Nordafrika warfen Hitlers Offensivkonzept für 1941 über den Haufen: Kräfte wurden verzettelt und gebunden, Material verschlissen, die Truppen waren kampfmüde, aber, noch wichtiger, der für Mai geplante Angriff auf die Sowjetunion verzögerte sich um sechs Wochen.

Von seiner Zwangsvorstellung Lebensraum für Deutschland nur im Osten und nur durch einen Krieg mit der Sowjetunion konnte sich Hitler auch nach dem Abschluss des Nichtangriffspakts am 23. August 1939 nicht lösen. Schon unmittelbar nach dem Westfeldzug im Sommer 1940 entwickelte der Diktator vor Spitzen der Wehrmacht seine Pläne zum Überfall auf die UdSSR. Im Taumel der errungenen Siege stimmten ihm diese zu und hielten einen Blitzkrieg für durchaus machbar. Dann würde Großbritannien, so meinte Hitler, verhandlungsbereit sein, da es dann den letzten »Festlandsdegen« verloren hätte.

Am 22. Juni 1941 trat die deutsche Wehrmacht zum Überfall auf die Sowjetunion an. Das miltärische Codewort lautete »Barbarossa«.

Auslösende Ursache für den Krieg gegen die Sowjetunion war ein Gespräch Hitlers mit dem sowjetischen Außenminister Wjatscheslaw Molotow am 12./13. November 1940 gewesen, in dem es ihm nicht gelang, Moskau zu einem Bündnis gegen England zu überreden.

Die deutsche Armee trat mit 153 Divisionen einschließlich 19 Panzer- und 15 motorisierten Divisionen, also 75 % des Feldheeres mit mehr als 3 600 Panzern und 2 500 Kampfflugzeugen, gegen die Sowjetunion an. Zu den rund 3 Millionen Mann kamen später weitere 600 000 Verbündete: Finnen, Rumänen, Spanier, Italiener und Ungarn.

Das militärische Ziel des Unternehmens richtete sich gegen die Masse des sowjetischen Heeres. Man schätzte seine Stärke auf 75 gut gerüstete Divisionen. Durch weitausholende rasche Umfassungsbewegungen sollte es noch im westlichen Russland vernichtet werden. Das strategische Ziel lag auf der Linie Archangelsk-Astrachan. Von hier aus konnten deutsche Bombenflugzeuge die sowjetischen Rüstungszentren am Ural angreifen, während sich reichsdeutsches Gebiet nicht mehr im Zugriff russischer Bomber befand. Als ideologisches Ziel nannte Hitler unverhohlen die Vernichtung des »jüdischen Bolschewismus« und die Errichtung einer rasseideologisch begründeten deutschen Herrschaft im eroberten Lebensraum. Zur Erreichung dieses Zieles ermächtigte Hitler den Reichsführer SS Himmler, im Operationsgebiet des Heeres mit den aus Sicherheitspolizei, SD und SS gebildeten »Einsatzgruppen« so genannte unerwünschte Elemente – Juden und kommunistische Führer – massenweise zu liquidieren.

Die Anfangserfolge der deutschen Armeen waren beachtlich. Die überraschten Sowjets wurden zu Hunderttausenden eingekesselt und gefangen gesetzt. Doch allmählich stabilisierte sich die Verteidigung. Stalin hatte seinen Schock überwunden und zeigte sich wieder, er war nach dem Überfall für Tage unauffindbar gewesen.

Der ungeheure Geländegewinn schon in den ersten Wochen ließ die deutsche Generalität vermuten, dass Moskau noch vor Wintereinbruch kapitulieren müsse. Es war ein Irrtum. Die Regenperiode setzte in diesem Jahr früher ein als sonst und verwandelte die russische Erde in tiefgründigen Morast. Die deutsche Offensive blieb im Schlamm vor Moskau stecken. Für Hitler rächte sich nun der Zeitverlust, den der Balkankrieg gefordert hatte.

Die langen Versorgungswege, überdehnte Fronten, erschöpfte Kapazitäten in der Rüstungswirtschaft und der heftiger werdende, schonungslose Partisanenkrieg in den besetzten Gebieten machten der deutschen Wehrmacht stark zu schaffen und verlangsamten den Vormarsch, ein früher Wintereinbruch stoppte ihn schließlich ganz.

Die unzulänglich ausgerüsteten deutschen Verbände sahen sich nicht nur strengem Frost gegenüber, sondern auch frisch herangeführten sowjetischen Kräften und einer Waffe, der sie zunächst keine Abwehr entgegensetzen konnten: den Panzern KW 1 und 2, die später der wendige, 26 Tonnen schwere T 34 ablösen sollte. Die Militärs fürchteten einen Einbruch in ihre gebauchten Frontlinien und schlugen eine Begradigung durch Zurücknahme vor, doch Hitler verbot jede Absetzbewegung. Er bezichtigte seine Militärs der Feigheit und warf ihnen Versagen vor; am 19. Dezember 1941 übernahm er offiziell den Oberbefehl des Heeres.

Inzwischen hatte Stalin zum »Großen Vaterländischen Krieg« aufgerufen und die Massen fanatisiert. Immer neue Truppen gelangten aus dem schier unerschöpflichen Menschenreservoir Sibiriens an die Front. Stalin kam nun der im April 1941 mit Japan geschlossene Nichtangriffspakt zustatten: Er konnte den Fernen Osten militärisch entblößen, zudem erkannte er, dass Japans Aggressionsabsichten

Am 22. Juni 1941 begann die deutsche Wehrmacht den Krieg gegen die Sowjetunion. Schon nach wenigen Stunden waren die Grenzstellungen der Roten Armee durchstoßen, das Hinterland stand den deutschen Panzerkräften offen (Bild oben). Das Blitzkriegskonzept sollte erneut den Sieg bringen. Die Rechnung ging nicht auf. Die Sowjets, von ihrem Führer Stalin zum »Großen Vaterländischen Krieg« aufgerufen (Plakat, rechte Seite oben), verteidigten sich verbissen, unterstützt durch die Panzer KW 1, KW 2, 43 und 52. Die rundum 80 bis 120 mm stark gepanzerten Kampfwagen waren mit 7,62 cm- und 15,5 cm-Langrohrkanonen bestückt. Die Granaten der deutschen PAK (Panzerabwehrkanone) und der Panzer prallten an den olivgrünen Ungetümen wirkungslos ab.

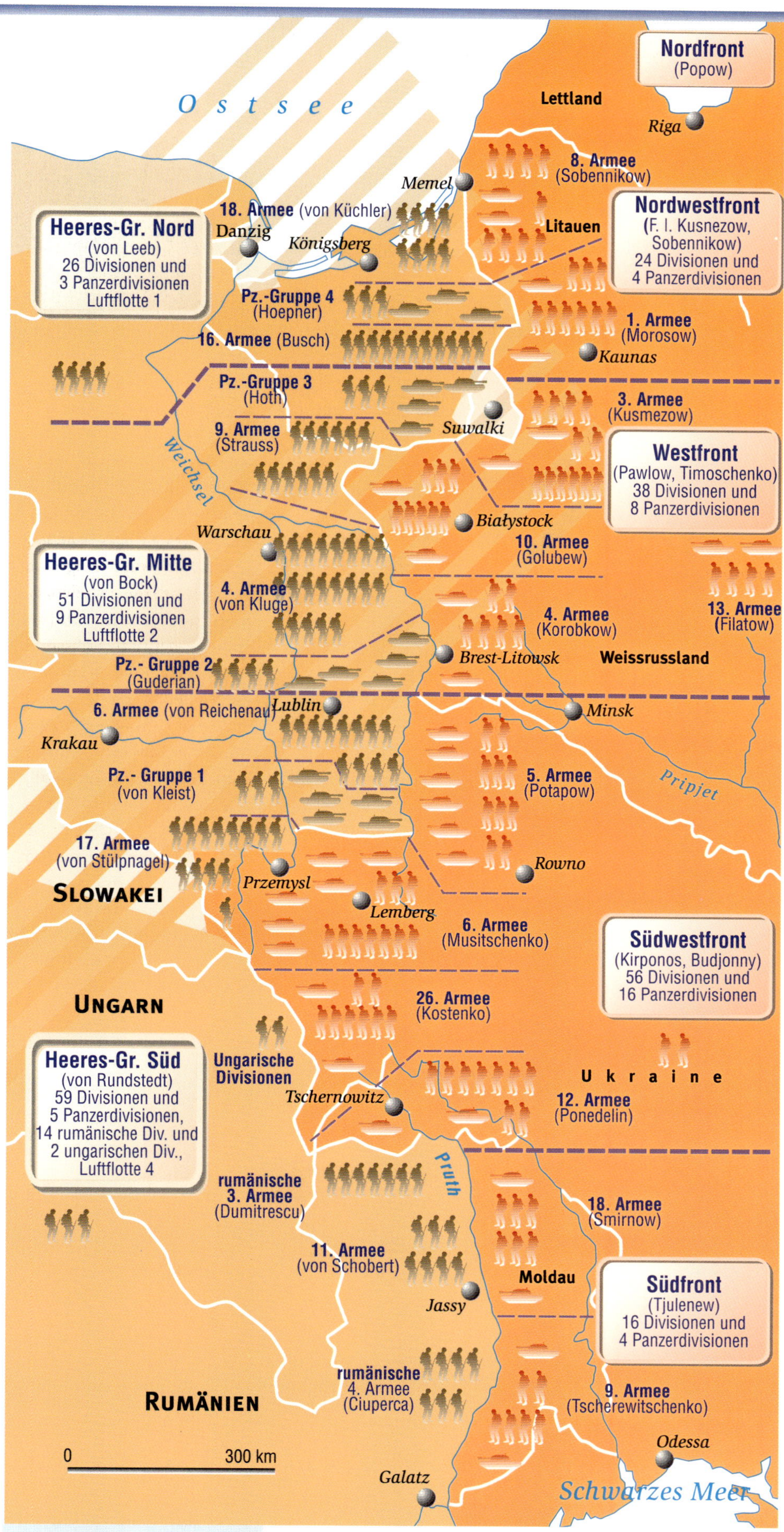

Die Kräfteverhältnisse am Vorabend des Unternehmens »Barbarossa« (Karte oben).

auf den südostasiatischen Raum zielten. So musste die Sowjetunion zu keiner Phase des Krieges an zwei Fronten kämpfen. Am 12. Juli 1941 schlossen London und Moskau ein Militärbündnis, auf das Premierminister Churchill

schon seit längerem hingearbeitet hatte. Auch die USA hießen es gut und belieferten die UdSSR mit umfangreichem Kriegsmaterial. Deutschland und seine Verbündeten sahen sich einer Anti-Hitler-Koalition gegenüber, die 75 % aller personellen und materiellen Reserven hinter sich vereinte.

Die Wende des Kriegs

Im Jahr 1942 waren die Möglichkeiten der deutschen Kriegführung aufgrund erlittener Verluste bereits so eingeschränkt, dass sie nur noch punktuelle Aktivitäten setzen konnte. Diese, von Hitler persönlich angeordnet, führten zu einer weiteren Verschlechterung der Lage. So ordnete Hitler in einem spontanen Entschluss an, die Front vor Moskau zu fixieren und gegen die Erdölfelder von Maikop, der unteren Wolga und dem Kaukasus offensiv zu werden. Bei Stalingrad wollte er die Wolga sperren und die Versorgung Moskaus mit Öl und Getreide unterbinden. Mit hohen Verlusten eroberte die Wehrmacht die völlig zerstörte Industriestadt am 18. November 1942.

Stalingrad brachte die große Wende im Zweiten Weltkrieg. Der sowjetische Gegenstoß kesselte die deutsche 6. Armee unter Generalfeldmarschall Friedrich Paulus im Trümmerfeld der Stadt ein. Paulus musste am 31. 1./2. 2. 1943 kapitulieren. Von 201 000 deutschen Soldaten, die Stalingrad eroberten, fielen 58 000, der Rest ging in Gefangenschaft, nur 6 000 kehrten in die Heimat zurück.

Russland wurde zum Grab der Hitlerschen Expansionspläne. Leningrad, von Anfang September 1941 bis 14. Januar 1944 – rund 900 Tage – eingekesselt, konnte die Wehrmacht nicht bezwingen, Moskau blieb außer Reichweite der deutschen Artillerie, Stalingrad brach der deutschen Aggression die Spitze.

Vor dem massiven sowjetischen Druck wich die Wehrmacht zurück. Im Januar 1945 begann die Großoffensive auf das Reichsgebiet.

Mord mit System

„Die historisch verhängnisvollste Rolle war der SS auf dem Feld der Besatzungspolitik beschieden, zumal sich gerade hier bevölkerungs- und außenpolitische, sicherheitspolizeiliche, militärische und ökonomische Interessen überschnitten. Entschlossen, sich zum Motor nationalsozialistischer »Neuordnung« in Europa zu machen, versuchte die SS in oftmals heftiger Konkurrenz zu Militär- und Zivilverwaltung, die Kontrolle und Ausbeutung der besetzten Territorien an sich zu ziehen. Sachwalter solcher Ambitionen waren insbesondere die Höheren SS- und Polizeiführer (HSSPF), die, wo immer möglich, als verlängerter Arm des RFSSuChdDtPol eingesetzt und mit umfassenden, freilich nie genau definierten Kompetenzen ausgestattet wurden. Kernstück dieser Kompetenzen waren die politische Verwaltung und polizeiliche »Befriedung« der besetzten Gebiete, aber auch die zu deren Germanisierung betriebenen Um-, Aus- und Ansiedlungsprogramme, welche Himmler in seiner Eigenschaft als »Reichskommissar für die Festigung deutschen Volkstums« anordnete.“
Bernd Wegener, 1985

Zu den grauenvollsten Verbrechen zählten jene, die Einsatzgruppen begingen. Diese mobilen Formationen unterstanden dem Chef der Sicherheitspolizei und des Sicherheitsdienstes, Reinhard Heydrich, und waren bei militärischen Operationen dem Heer angegliedert. Sie hatten sicherheitspolizeiliche Aufgaben in eigener Verantwortung zu erfüllen. Schon beim Anschluss Österreichs, des Sudetenlandes und bei der Besetzung der »Rest-Tschechei« kamen Einsatzgruppen zur Verwendung, um *„vorbeugende Maßnahmen“* gegen »Staats- und Volksfeinde« zu treffen und *„politisch-weltanschaulich die Sicherung dieser Räume“* zu gewährleisten.

Im Polenfeldzug erhielt jede der fünf Armeen eine Einsatzgruppe zugeteilt, eine sechste war für die Provinz Posen vorgesehen, eine weitere stand zur besonderen Verwendung (z. b. V.) in Reserve. Ihr gemeinsamer Deckname lautete »Tannenberg«, nach dem ostpreußischen Ort, in dessen Nähe die berühmte Schlacht von 1914, bei der die russische Armee eine empfindliche Niederlage erlitt, stattgefunden hatte. Die Einsatzgruppen wurden zunächst nach den Aufstellungsorten, später mit römischen Ziffern bezeichnet: Wien - I., Oppeln - II., Breslau - III., Dramburg - IV., Allenstein - V. Für das Gebiet des Militärsbefehlshabers von Westpreußen bestand ein eigenes Kommando mit der Nummer 16. Aufgabe der Einsatzgruppen, die nicht mehr als 2 700 Mann umfassten, war die *„Bekämpfung aller reichs- und deutschfeindlichen Elemente rückwärts der fechtenden Truppe“*. Hitler wünschte eine *„politische Flurbereinigung“*; sie führte zu Massenerschießungen tausender Polen, darunter auch Juden. Bei einer dieser Aktionen, die auf Weisung Hitlers und Himmlers stattfand, und die im Oktober 1939 Heydrich befahl, der »Intelligenz-Aktion«, wurden insbesondere in Posen, Danzig und Westpreußen polnische Intellektuelle erschossen. An der Exekution beteiligten sich neben den Einsatzgruppen auch milizähnliche Selbstschutzformationen der Volksdeutschen und der Staatspolizei (Stapo). Obwohl bis zum 1. November 1939 begrenzt, dauerte der Massenmord darüber hinaus bis zum 20. November. In diesem Zeitraum starben rund 60 000 Ärzte, Rechtsanwälte, Beamte, Lehrer, ehemalige Offiziere und Kaufleute. Geistliche, Adelige und Juden wurden schon vor der Aktion liquidiert. Zwar protestierten Angehörige des Wehrmachtsstabes gegen diese Unmenschlichkeit, der Verweis aber auf die Weisung Hitlers ließ sie verstummen.

Nach dem 20. November 1939 löste Himmler die Einsatzgruppen in Polen auf und teilte ihre Angehörigen in den besetzten Gebieten den neu gegründeten SD- und Sicherheitsdienststellen zu.

„... vorbeugende Maßnahmen ...“

Beim Überfall auf die Sowjetunion kam es zur Reaktivierung der Einsatzgruppen. Insgesamt vier Einheiten, mit den Bezeichnungen A, B, C und D, begleiteten die Heeresgruppen Nord, Mitte und Süd sowie die 11. Armee. Diesen Einsatzgruppen unterstanden vier bis fünf Sonder- bzw. Einsatzkommandos (SK, EK) in Kompaniestärke, die sich aus Angehörigen der Sicherheitspolizei und des SD zusammensetzten. Im Laufe des Feldzugs erhielten die Einsatzgruppen durch Truppen der Polizei-Reserve-Bataillone 9 und 3, des Bataillons der Waffen-SS z. b. V. sowie durch Hilfswillige und einheimische Milizen Verstärkung.

Die Aktionen gegen so genannte *„reichsfeindliche Elemente“* liefen stets nach dem gleichen Schema ab. In den ersten Tagen lösten die Einsatzgruppen Pogrome aus, danach gingen sie mit besonderer Heimtücke vor: Männern, Frauen und Kindern wurde mit Plakaten und über Lautsprecher mitgeteilt, dass sie umgesiedelt würden. Meist waren sie vor Tagen schon registriert worden und wiegten sich in Sicherheit. Dem Aufruf folgten die Eingeschüchterten widerstandslos, versammelten sich auf den angewiesenen Plätzen, um von dort zu den vermeintlichen neuen Siedlungsplätzen gebracht zu werden. Noch immer

An keiner Front im Zweiten Weltkrieg wurde derart erbittert und grausam gekämpft wie im Osten. Beide diktatorischen Systeme, das nationalsozialistisch deutsche und das marxistisch-leninistisch sowjetische, erklärten den Krieg zur Existenzfrage, zum Krieg der Ideologien.
Ohne Zaudern brachen beide Seiten die Minimalregeln von Menschlichkeit. Gefangenen drohte ein Schicksal, wie es härter nicht sein konnte und gegen jede Konvention verstieß: In deutschen Lagern verhungerten russische Gefangene zu Hunderttausenden, die sowjetischen waren kaum besser. Pardon kannte keine Seite. Der geringste Verdacht auf Spionage und Sabotage hatte die standrechtliche Erschießung oder Hängen zur Folge. Exekution mutmaßlicher Partisanen im besetzten Teil der Sowjetunion durch deutsche Einheiten im Juli 1941 (Bild unten).
Einen Monat zuvor, am 6. Juni 1941, erließ das Oberkommando der Wehrmacht (OKW) »Richtlinien für die Behandlung politischer Kom-

missare«. Der so genannte Kommissarbefehl war eine völkerrechtswidrige Exekutionsanweisung gegen die politischen Kommissare der Roten Armee als »Organe der feindlichen Truppe«. Demnach galten sie nicht als Soldaten, sondern als Träger der bolschewistischen Weltanschauung: *„Sie sind daher, wenn im Kampf oder im Widerstand ergriffen, grundsätzlich sofort mit der Waffe zu erledigen.“* Der Krieg erhielt dadurch eine formale Bestätigung als ideologische Auseinandersetzung zweier politischer Mächte.

Mit dem Heer zogen Einsatzgruppen nach Osten. Sie hinterließen eine breite Spur der Todes (Karte rechts).

Ein stilisierter Totenkopf – statt einer Kokarde – war das Symbol der SS (Bild unten).

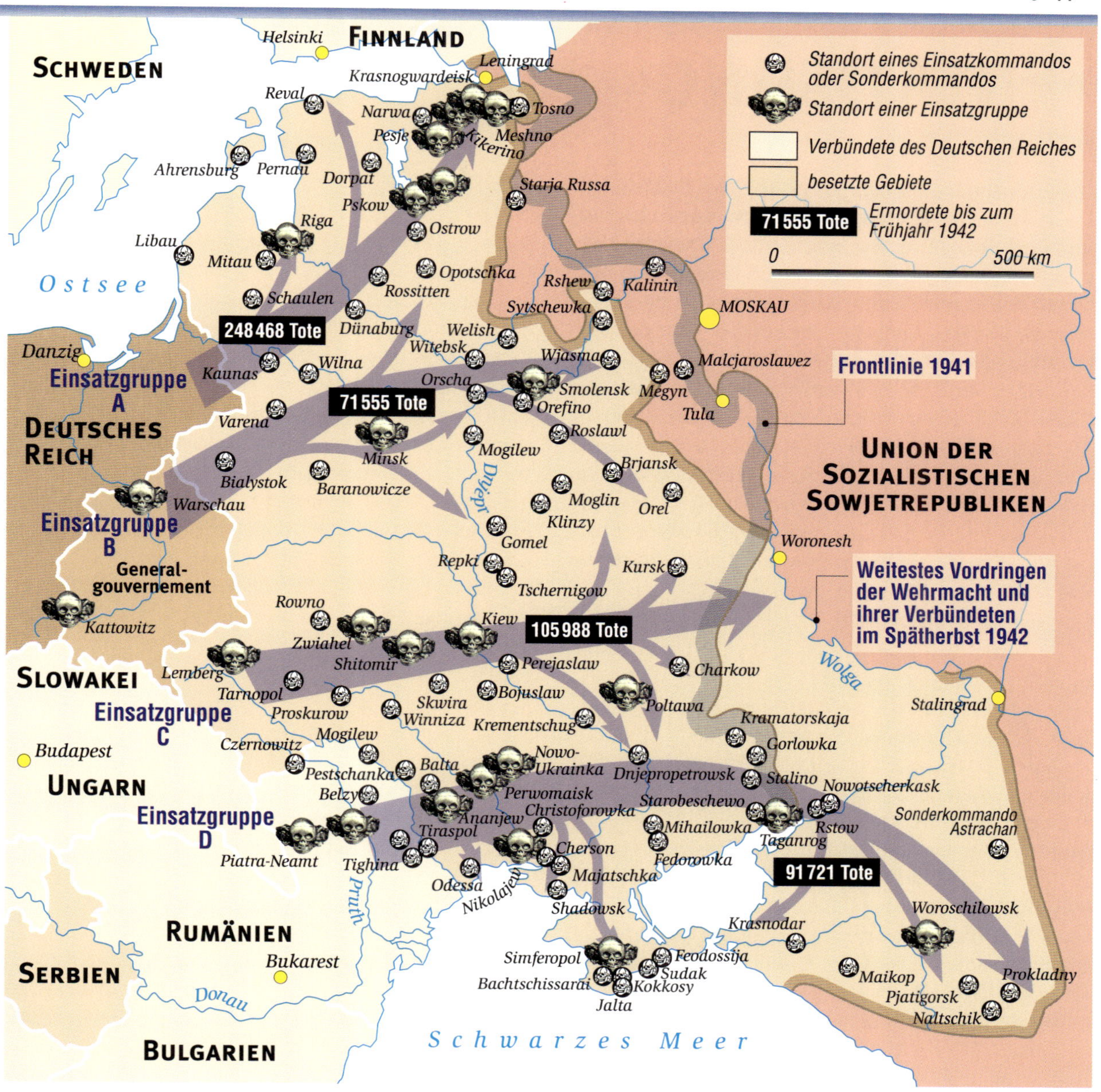

glaubten die Menschen an die angekündigte Umsiedlung, denn die Exekutionskommandos der Roten Armee hatten in früheren Jahren sofort und ohne Aufwand ihr blutiges Handwerk erledigt. Aber die Lastwagenfahrt währte nur kurz, an abgelegenem Ort hieß es absteigen, dann brach die grauenvolle Wirklichkeit über die Opfer herein. In Reihen wurden sie an den Rand tiefer Gräben getrieben, Männer, Frauen, Kinder, Säuglinge, ohne Unterschied. Kniend, stehend oder liegend empfingen sie den Todesschuss, stürzten in die Grube, Reihe um Reihe.

Das Morden erfolgte nicht im Affekt, während des Kampfes oder in Reaktion auf Grausamkeiten des Feindes. Es wurden wehrlose Menschen umgebracht, die man weder der Konspiration mit dem Feind bezichtigte, noch der Sabotage oder Spionage. Die Tat erfolgte in »befriedetem« Gebiet, nur auf eine Weisung Hitlers aus Gründen der „politischen Flurbereinigung“, wie er es nannte.

„Die »Einsatzgruppen der Sicherheitspolizei und des SD« – geführt von Angehörigen der Geheimen Staatspolizei, der Kriminalpolizei und des Sicherheitsdienstes SS - waren nicht die alleinigen, wohl aber herausragende Werkzeuge solcher verbrecherischer Führerbefehle, die ohne jede Rechtsformalität zu ihrer Realisierung einer »Truppe« bedurften, die nicht auf Gesetz und Recht, sondern allein auf weltanschauliche Normen und Führerloyalität festgelegt war“, sagt der Staatswissenschaftler Helmut Krausnick. *„Einer Truppe, die auch den Massenmord als »Dienst« zu verrichten geschult und fähig war, beflissen und rationell, konsequent und methodisch, gleichzeitig streng dazu angehalten, »planlose« Ausschreitungen aus persönlichen Motiven zu unterlassen oder zu verhindern, da diese außer der Disziplin »die Systematik der Aktion« beeinträchtigen würde.“*

Die Zielgruppen, gegen die Einsatzgruppen in der besetzten Sowjetunion vorgingen, waren kommunistische Funktionäre, »asiatisch Minderwertige«, Zigeuner und Juden. *„Genügte bei der ersten Kategorie meist schon der Verdacht kommunistischer Betätigung und gab der Begriff »rassischer Minderwertigkeit« der Willkür größten Spielraum, so entfiel bei der dritten, vor allem aber bei der zahlenmäßig weitaus stärksten vierten Kategorie, den Juden, jede wie immer geartete »Prüfung« überhaupt.“*

Um die Massenvernichtung von Juden zu beschleunigen, wurden ab 1941/42 »S(pezial)-Wagen« eingesetzt: Die Auspuffgase der Dieselmotore leitete man in die luftdicht abgeschlossenen, kastenförmigen Aufbauten von eigens umgebauten Lastkraftwagen oder Autobussen und tötete die darin befindlichen Menschen. Ihr Todeskampf durch langsames Ersticken dauerte bis zu 20 Minuten.

»Endlösung«

„In den Jahren vor dem Krieg hatte das Judentum in Deutschland und Österreich durch Auswanderung und Verfolgung über die Hälfte seines Bestandes eingebüßt. Es war eine von Hitler wiederholt mit aller Deutlichkeit verkündete Absicht, den Krieg zu benutzen, um das Judentum in Europa gänzlich auszurotten. So hatte er am 30. Januar 1939 für den Fall eines Krieges »die Vernichtung der jüdischen Rasse in Europa« gefordert, so erklärte er am 30. Januar 1942, der Krieg werde dazu führen, daß entweder die arischen Völker ausgerottet oder die Juden aus Europa verschwinden würden, und am 29. Mai 1942 hieß es in einem Tischgespräch, Europa müsse nach einer bestimmten Zeit völlig judenfrei sein.“

Karl Dietrich Erdmann, 1994

Vier Phasen der Verfolgung suchten die jüdische Bevölkerung Deutschlands während der zwölfjährigen Herrschaft der Nationalsozialisten heim:

1. Phase, 1933 bis 1935,
Ausschaltung aus dem öffentlichen Leben.
30. Januar 1933: Adolf Hitler wird Reichskanzler. Boykott-Versuche, einzelne antisemitische Maßnahmen auf Grundlage der durch Notverordnung und Ermächtigungsgesetz gewonnenen Scheinlegalität. Ausschaltung aus dem öffentlichen Leben. Verstärkter Druck auf Juden, um sie zur Auswanderung zu drängen.

2. Phase, 1935 bis 1938,
Isolierung und Degradierung.
Nürnberger Gesetze »zum Schutze des deutschen Blutes und der deutschen Ehre« und »Reichsbürgergesetz«: Juden sind keine Bürger, nur noch Staatsangehörige. NS-Strategie für die Auswanderung.

3. Phase, 1938 bis 1941,
Vertreibung, Hass und Terror, Entrechtung.
Judenpogrome, Massendeportationen nach Lagern im ehemaligen Polen. 9./10. November 1938 »Reichskristallnacht«. Zahllose Gewaltaktionen, Synagogen werden verwüstet oder in Brand gesetzt, Demolierung von Wohnungen und Schulen. Mord, Vergewaltigung, Plünderung, Massenverhaftungen, Einweisung in Konzentrationslager, Gesetze und Verordnungen berauben die Juden ihres Besitzes, Arisierung, Vertreibung nach dem von Adolf Eichmann entwickelten »Wiener« Modell. Entfernung aus der Wirtschaft, Berufsverbot, Judenbann, Verbot des Besuchs deutscher Schulen. Ende der jüdischen Strategie des heroischen »Aufbaus im Untergang«.

4. Phase, 1941 bis 1945,
»Endlösung« durch Vernichtung.
Zerstörung jüdischer Kultur in Deutschland, Österreich, der Tschechoslowakei und in Polen. Verfolgung der Juden in den besetzten Gebieten. Planmäßig forcierte Massenvernichtung durch Erschießen, Vergasen, Tod durch Arbeit. Rund 6 Millionen Juden kommen ums Leben.

Die letzte und höchste Steigerung der Judenverfolgung brachte der Russland-Feldzug, den Hitler zum *„Weltanschauungskrieg“* gegen das *„jüdisch-bolschewistische Untermenschentum“* erklärt hatte. Den ursprünglichen Plan, die europäischen Juden nach Madagaskar zu deportieren, ließen die NS-Machthaber fallen, statt dessen reifte der Gedanke zur Massenvernichtung. Am 31. Juli 1941 erteilte Göring im Auftrag Hitlers dem SS-Gruppenführer und Chef des Reichssicherheitshauptamtes Reinhard Heydrich – die rechte Hand Himmlers – die Weisung, eine Gesamtplanung für die »Endlösung der Judenfrage« zu erstellen.

Heydrich lud am 20. Januar 1942 in das Kripo-Gebäude – Am Großen Wannsee 56/58 – zur Vorstellung seiner Studie ein. Am Vortrag nahmen Vertreter des Reichsministeriums für die besetzten Ostgebiete, des Reichsinnenministeriums, des Beauftragten für den Vierjahresplan, des Generalgouverneurs, des Auswärtigen Amtes, der Parteikanzlei, der Reichskanzlei, des Rasse- und Siedlungshauptamtes sowie des Befehlshabers der Sipo und des SD für das Reichskommissariat Ostland und im Generalgouvernement teil. Heydrich wollte mit den Spitzen der Verwaltung, der Wirtschaft und des Parteiapparats die geplanten Maßnahmen der »Endlösung« abstimmen.

Berechneter Mord

Die Konferenz fand zu einem Zeitpunkt statt, zu dem der Völkermord an Juden im Osten durch Einsatzgruppen der Sipo und des SD bereits im vollen Gange war und die ersten Vernichtungslager ihre Tätigkeit aufgenommen hatten. In seinem Vortrag gab Heydrich zunächst einen Überblick über die bisherigen Maßnahmen gegen Juden. Er stellte fest, dass bis zum 31. Oktober 1941 537 000 Juden zur Auswanderung veranlasst worden waren, davon aus dem Altreich 360 000, aus der Ostmark 147 000 und aus dem Protektorat 30 000. An die Stelle der Auswanderung sei nun die Deportation der Juden nach dem Osten getreten, die jedoch nur eine Zwischenlösung darstelle. Zur Zeit würde man praktische Erfahrungen für die Endlösung sammeln. Von dieser wären in ganz Europa rund 11 Millionen Juden betroffen, sagte Heydrich.

In sachlich-bürokratischem Ton erläuterte er seine Pläne: Die im Herrschaftsbereich der SS liegenden europäischen Länder sollten systematisch »gesäubert« werden. *„Unter entsprechender Leitung sollen [...] die Juden in geeigneter*

Auf der Wannsee-Konferenz vom 20. Januar 1942 erklärte Heydrich den versammelten Vertretern höchster Partei-, Regierungs- und Wirtschaftsstellen des Reichs sachlich und pedantisch genau seinen Plan der »Endlösung der Judenfrage«. Man hörte ihm aufmerksam zu, wie er für ganz Europa den Tod von Millionen Unschuldigen plante: Mord war zum Programm geworden und alle fanden es selbstverständlich (Karte rechte Seite).

In Wien entwarf der Ethnologe und Geograph W. Krallert ab 1940 Volkstumskarten für den gesamten Balkan. Ortschaft für Ortschaft trug er nach ihrer Anzahl Deutsche, Ungarn, Slowaken, Tschechen, Ukrainer, Serben, Rumänen, Juden und Zigeuner ein (Bild unten). Die Karten – im großen Maßstab von 1 : 200 000 – standen nur militärischen Führungsstäben zur Verfügung. Der Feldzug gegen Juden und Zigeuner wurde generalstabsmäßig vorbereitet.

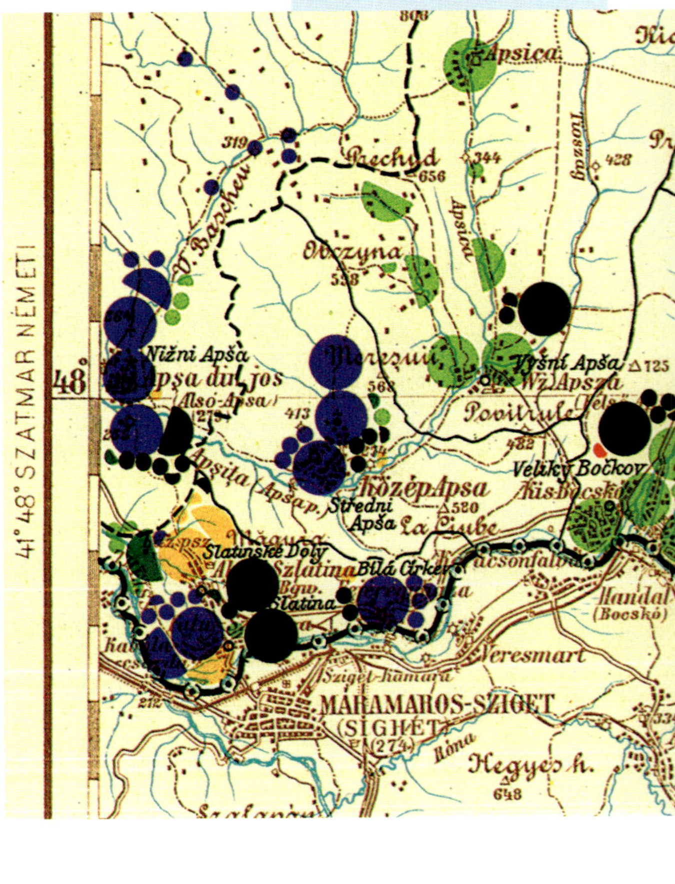

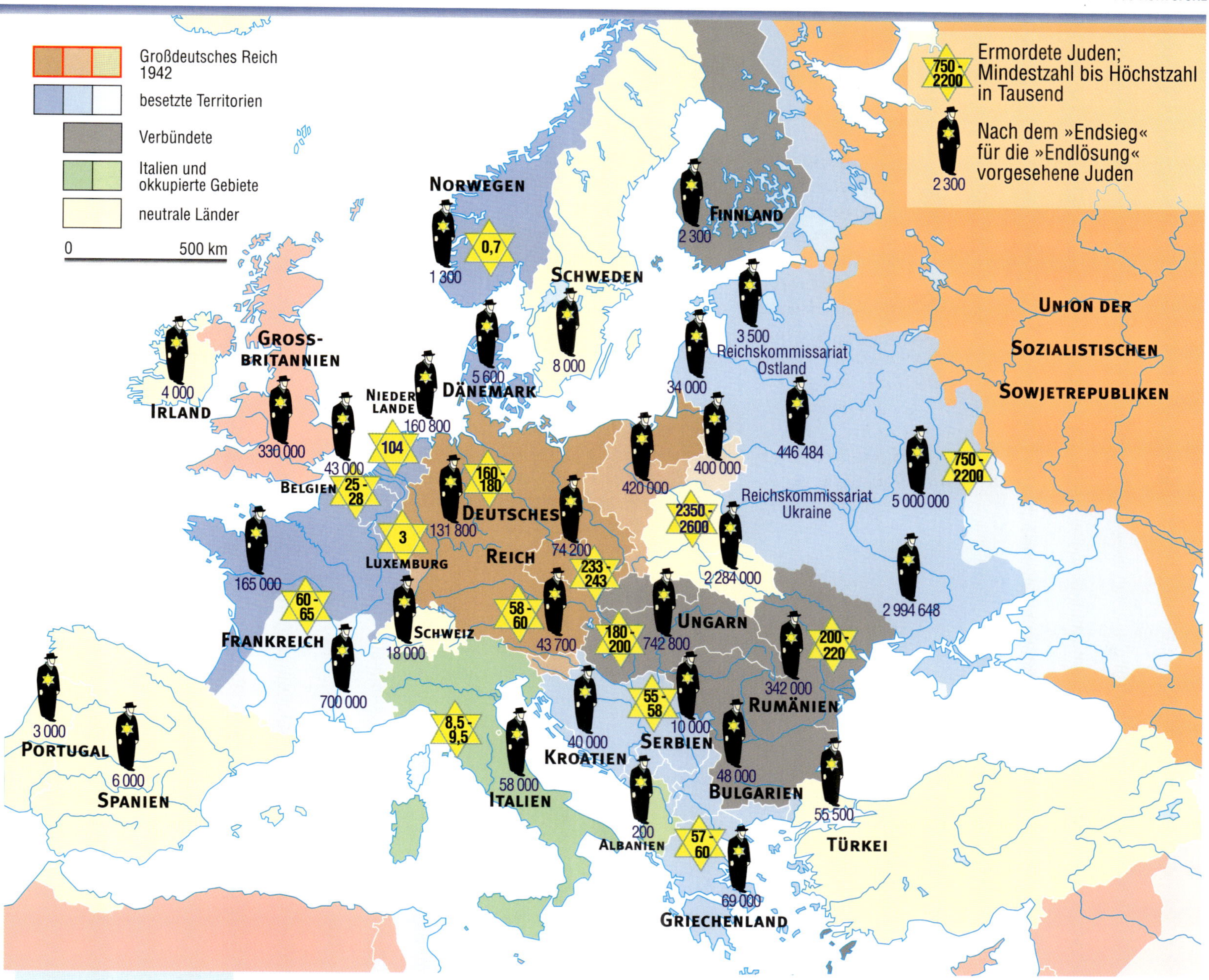

Weise im Osten zum Arbeitseinsatz kommen. In großen Arbeitskolonnen, unter Trennung der Geschlechter, werden die arbeitsfähigen Juden straßenbauend in diese Gebiete geführt, wobei zweifellos ein Großteil durch natürliche Verminderung ausfallen wird. Der allfällig verbleibende Restbestand wird, da es sich bei diesem zweifellos um den widerstandsfähigsten Teil handelt, entsprechend behandelt werden müssen, da dieser, eine natürliche Auslese darstellend, bei Freilassung als Keimzelle eines neuen jüdischen Aufbaus anzusprechen ist."

Schwerkriegsbeschädigte des Ersten Weltkriegs und Weltkriegsteilnehmer mit Auszeichnung sollten von den Deportationen ausgenommen und in eigene Altersghettos eingewiesen werden. Damit, so führte Heydrich aus, würden *„mit einem Schlage die vielen Interventionen"* aufhören. Adolf Eichmann, der sich bereits durch die von ihm eingerichtete Auswanderungstelle für Juden in Wien als organisatorisches Talent erwiesen hatte, würde die bürokratisch-technischen Vorarbeiten leisten, bestimmte der Chef des Reichssicherheitshauptamtes.

Die Kenntnis über den Verlauf und die Ergebnisse der Wannsee-Konferenz stützten sich auf ein von Eichmann angefertigtes »Besprechungsprotokoll«. 1947 wurde es in den Akten des Auswärtigen Amtes gefunden. Die kurz nach der Entdeckung angemeldeten Zweifel über die Echtheit des Papiers entkräfteten diverse andere Notizen und Aussagen von Konferenzteilnehmern.

Reichspropagandachef Goebbels notierte in seinem Tagebuch am 7. Oktober 1943 über die »Endlösung der Judenfrage«: *„Was die Judenfrage anlangt, so gibt er* (Himmler auf einer Gauleitertagung in Posen am 6. Oktober 1943, Anm.) *darüber ein ganz ungeschminktes und freimütiges Bild. Er ist der Überzeugung, daß wir die Judenfrage bis Ende dieses Jahres für ganz Europa lösen können. Er tritt für die radikalste und härteste Lösung ein, nämlich dafür, das Judentum mit Kind und Kegel auszurotten. Sicherlich ist das eine wenn auch brutale, so doch konsequente Lösung. Denn wir müssen schon die Verantwortung dafür übernehmen, daß diese Frage zu unserer Zeit ganz gelöst wird. Spätere Geschlechter werden sich sicherlich nicht mehr mit dem Mut und mit der Besessenheit an dieses Problem heranwagen, wie wir das heute noch tun können."*

Die Zahl der in Konzentrationslagern zwischen 1933 und 1945 ermordeten Juden, Sinti und Roma, Bibelforscher, Zeugen Jehovas usw. betrug 5 Millionen.

„Herrlicher Osten"

„Im Herbst 1942 beherrschen die deutschen Waffen eine weiteres Gebiet als je zuvor in der Geschichte. Die nationalsozialistische Propaganda sprach von der »Festung Europa«, die sich unter deutscher Führung gegen das britische Empire, gegen die Vereinigten Staaten und gegen die Sowjetunion, gegen westlichen Kapitalismus und östlichen Kommunismus zu behaupten habe."
Karl Dietrich Erdmann, 1994

Der deutsche Herrschaftsstil war verworren, unorganisiert und unübersichtlich. In der ersten Phase der erfolgreichen Eroberungszüge wurden dem Altreich besonders nach Osten hin ohne vorgehende Planung, nur vom Landkartentisch weg, große Territorien angegliedert. Nach der Vorstellung Hitlers sollten sie neues Siedlungsland für deutsche Bauern abgeben. Die einheimische polnische Bevölkerung wurde vertrieben, an ihre Stelle rückten Südtiroler, Balkandeutsche und deutsche Volksgruppen aus den baltischen Ländern. Damit war die Osterweiterung des Reichs nicht abgeschlossen. Der am 12. Juni 1942 von Reichsführer SS Himmler abgezeichnete »Generalplan Ost« – Polen, das Baltikum und die sowjetischen West-Gebiete betreffend – sah die Vertreibung von mehr als 30 Millionen Menschen nach Sibirien und eine Verlagerung der deutschen »Volkstumsgrenze« um 1 000 km nach Osten vor. 80 bis 85 % aller Polen, 64 % der Ukrainer, 75 % der Weißrussen und 50 % der Tschechen hätten ihr Land verlassen müssen. Zurückbleiben durften nur »eindeutschungsfähige« Arbeitssklaven für »germanische Siedler«. Die Neuansiedlung von 10 Millionen Menschen in 37 neuen Siedlungsschwerpunkten trat in ein Planungsstadium. Woher die Menschenmassen kommen sollten, wusste man allerdings noch nicht.

Lange nach dem Fall Stalingrads und nachdem Hitler es verboten hatte, weitere Siedlungsplanungen für ein Nachkriegseuropa anzustellen, erörterte Himmler vor Gauleitern: *„Über das Problem, daß wir die Hundertausende von Quadratkilometern oder die Million Quadratkilometer, die wir verloren haben, im Osten wieder holen, brauchen wir uns überhaupt nicht zu unterhalten. Das ist ganz selbstverständlich. Das Programm ist unverrückbar. Es ist unverrückbar, daß wir die Volkstumsgrenze um 500 km herausschieben, daß wir hier siedeln. Es ist unverrückbar, daß wir ein germanisches Reich gründen werden. Es ist unverrückbar, daß zu den 90 Millionen die 30 Millionen übrige Germanen dazu kommen werden, so daß wir unsere Blutbasis auf 120 Millionen Germanen vermehren. Es ist unverrückbar, daß wir diesen Siedlungsraum erfüllen, daß wir hier den Pflanzgarten germanischen Blutes im Osten erreichen, und es ist unverrückbar, daß wir eine neue Wehrgrenze weit nach dem Osten hinausschieben. Denn unsere Enkel und Urenkel hätten den nächsten Krieg verloren, der sicher wieder kommen wird, sei es in einer oder zwei Generationen, wenn nicht die Luftwaffe im Osten – sprechen wir es ruhig aus – am Ural stehen würde. Wer für den künftigen Luftkrieg nicht einen Spielraum von 2000, 3000 km hat, der hat den nächsten Krieg verloren. Außerdem finde ich es so wunderbar, wenn wir uns heute schon darüber klar sind: Unsere politischen, wirtschaftlichen, menschlichen, militärischen Aufgaben haben wir in dem herrlichen Osten. Wenn es den Kosacken geglückt ist, sich für den russischen Zaren bis ans Gelbe Meer durchzufressen und das ganze Gebiet allmählich zu erobern, dann werden wir und unsere Söhne es in drei Teufels Namen fertig bringen, Jahr für Jahr, Generation für Generation unsere Bauerntrecks auszurüsten und von dem Gebiet, das wir zunächst hinter der militärischen Grenze haben, immer einige hundert Kilometer zunächst mit Stützpunkten zu versehen und dann allmählich flächenmäßig zu besiedeln und die anderen herauszudrängen. Das ist unsere Aufgabe. Der Osten drüben wird unser Truppenübungsplatz sein, wo wir jeden Winter mit soundsoviel Divisionen in Eis und Schnee und Kälte üben werden. Wie die Väter im Jahre 1941, so werden die Söhne in späteren Jahren dort üben, werden dort ihre Zelte aufschlagen, werden im Finnenzelt leben, und jede Generation wird hier im scharfen Schuß üben, wird sich bewähren können, so daß wir die Gefahr, die ein Sieg mit sich bringen könnte, daß man wohlhabend und damit weich und bequem wird, wohl für die nächsten Jahrzehnte und Jahrhunderte bannen können."*

Gift für treue Mitarbeit

Himmler hielt diese Rede im August 1944, als die Alliierten Paris befreiten, in Südfrankreich landeten, Rumänien Deutschland den Krieg erklärte, in der Slowakei ein Aufstand ausbrach, sich die polnische Heimatarmee angesichts der am anderen Weichselufer aufmarschierenden Sowjets erhob, das Raketenzentrum Peenemünde bombardiert wurde und Briten und Amerikaner vor Florenz standen. Himmler rekapitulierte jene Gedanken, die Hitler in der Festungshaft von Landsberg 1924 in »Mein Kampf« zu Papier gebracht hatte und in unzähligen Monologen und Tischgesprächen noch immer regelmäßig erwähnte: den Lebensraum im Osten. Noch am 29. April 1945 kam Hitler darauf zurück, erinnert sein langjähriger Luftwaffenadjutant Oberst Nicolaus von Below: *„Die Anstrengungen und Opfer des deutschen Volks in diesem Kriege waren so groß, daß ich nicht glauben kann, sie könnten umsonst gewesen sein. Es muß weiter das Ziel sein, dem deutschen Volk Raum im Osten zu gewinnen."* Danach reichte Hitler seinen Sekretärinnen Giftkapseln und bedauerte, ihnen kein schöneres Abschiedsgeschenk geben zu können. Wenige Stunden später erschoss er sich.

Der Begriff »Lebensraum« wurde in der Zeit der deutschen Reichsgründung 1870/71 geprägt und zum politischen Schlagwort, mit dem national-imperialistische Lager ihre Ansprüche auf Kolonien anmeldeten. Auch Geopolitiker bedienten sich des Begriffs, zum Beispiel der politische Geograph Friedrich Ratzel, der 1901 einen Essay unter dem Titel »Der Lebensraum« verfasste. Darin beschrieb er die

Am 23. März 1945 standen sowjetische Panzer im Danziger Vorort Oliva (Bild oben).

Noch im August 1944 versprach Himmler die Rückeroberung des Ostens. Zu diesem Zeitpunkt war die Niederlage des Dritten Reichs bereits unabwendbar (Karte rechts).

Am 8. Februar schlossen die Sowjets die zur Festung erklärte Stadt Breslau ein (Bild unten). Die Stadt kapitulierte am 6. Mai 1945.

Menschheitsgeschichte als einen ständigen Kampf um – Lebensraum. In der Folge verwendeten Politiker dieses Wort, um von innenpolitischen und sozialen Schwierigkeiten sowie Problemen der Nahrungsbeschaffung abzulenken.

Der Kaufmann Hans Grimm – er lebte 13 Jahre in Deutsch-Südwestafrika – verlieh dem Schlagwort die literarische Fassung. Sein Roman »Volk ohne Raum« erschien 1926 und wurde zu einem der am häufigsten gelesenen Bücher im Dritten Reich. Er galt als »Klassiker« der »Blut- und Boden«-Literatur.

Hitler hatte zweifellos die um 1920 erschienene Literatur studiert und mit deren Inhalten sein verworrenes Weltbild ergänzt: 1919 notierte er, *„daß auf den Kopf eines Russen 18mal mehr Grund trifft als auf einen Deutschen."*

Kampf um den Atlantik

„Bei einem Krieg gegen England war immer nur die Möglichkeit ins Auge gefaßt worden, die zufuhrabhängige Insel – die Gewinnung der dafür notwendigen Basen vorausgesetzt – durch eine Wirtschaftsblockade in die Knie zu zwingen. Im Sommer 1940 reichten jedoch die zur Verfügung stehenden See- und Luftstreitkräfte nicht aus, um dieses Ziel in absehbarer Zeit zu erreichen: Deutschland besaß bei Kriegsbeginn 57 fertige U-Boote, von denen 23 für den Einsatz im Atlantik taugten, und das U-Bootbauprogramm war seitdem durch andere Rüstungsprioritäten beschränkt. In der ersten Phase der »Schlacht im Atlantik«, die vom Kriegsausbruch bis zur Unterbrechung durch die Norwegenaktion dauerte, hatten U-Boote und Überwasserseestreitkräfte der feindlichen Handelsschiffahrt einen Verlust von 1,3 Millionen Bruttoregistertonnen beigebracht – eine Versenkungsquote, die bei weitem nicht ausreichte, um England an der Fortsetzung des Krieges zu hindern.“

Lothar Gruchmann, 1991

Nach der irrtümlichen Versenkung des britischen Passagierdampfers »Athenia« am 4. September 1939 durch das deutsche U-Boot »U 30« kehrte England ab 21. November 1939 zu dem schon im Ersten Weltkrieg durchgeführten Blockadesystem zurück und bewaffnete seine Handelsschiffe. Deutschland führte anfangs Handelskrieg nach Prisenordnung mit U-Booten und Kaperschiffen. Am 1. August 1940 befahl Hitler die Verschärfung der Seekriegsmaßnahmen, die nach dem Wegfall der letzten Einschränkungen am 17. August 1940 zur deutschen Erklärung eines »Operationsgebietes« um die britische Insel und zum uneingeschränkten U-Boot-Krieg führten. Die deutsche Marine genoss nun den Vorzug, die französischen Atlantikhäfen benützen zu können, so dass sich die Anmarschwege in die Operationsgebiete erheblich verkürzten. Nun konnten durchschnittlich zwölf Boote gleichzeitig am Feind stehen und die englischen Geleitzüge gruppenweise unter einheitlicher Führung nach der »Rudeltaktik« bekämpfen.

Der uneingeschränkte U-Boot-Krieg fügte den Engländern große Tonnageverluste zu, die sie durch Schiffsneubauten nicht mehr ersetzen konnten. *„An diesen Erfolgen waren auch der Minenkrieg, Fernkampfflugzeuge, leichte Überwasserstreitkräfte, die erstmals an den Feind kommenden Hilfskreuzer – getarnte bewaffnete Frachtschiffe – und schwere Seestreitkräfte beteiligt, die nach ihrem Vorstoß in den Atlantik zum Teil in Brest stationiert blieben“*, berichtet der Militärhistoriker Lothar Gruchmann.

In der zweiten Phase der Schlacht im Atlantik, von Juni 1940 bis März 1941, operierten deutsche U-Boote hauptsächlich in der Biscaya, ab Juli im Nordkanal.

„Im U-Boot-Krieg machte sich Anfang 1941 auf englischer Seite der Wegfall der Invasionsdrohung und der Einsatz von fünfzig alten amerikanischen Zerstörern bemerkbar, die die Briten am 3. September gegen die Überlassung von acht Stützpunkten in ihren westatlantischen Besitzungen von den USA erhalten hatten. Als im März 1941 schlagartig fünf deutsche U-Boote verloren gingen, verlegte die Seekriegsleitung die Operationen aus der Nähe der englischen Küsten und aus dem Bereich der gegnerischen Luftüberwachung weiter nach Westen in den Atlantik. Damit endet die erfolgreichste Phase der Atlantikschlacht, in der England trotz der Versenkung von über 3,5 Millionen Bruttoregistertonnen – an der die U-Boot-Waffe mit 2,2 Millionen Bruttoregistertonnen beteiligt war – auch durch das Mittel der Seeblockade nicht entscheidend getroffen werden konnte.“ (Lothar Gruchmann)

Siege und Untergang

In der dritten Phase von April bis Dezember 1941 verteilten sich die Suchbewegungen der U-Boot-Gruppen über den ganzen Nordatlantik. Einzelunternehmen stießen bis in den Mittel- und Südatlantik vor, durchschnittlich waren 30 U-Boote auf See. Der Untergang des Schlachtschiffs »Bismarck« am 26./27. Mai 1941 im Atlantik bedeutete für die Seekriegsleitung einen schweren Prestigeverlust. 2 106 Seeleute kamen ums Leben, darunter der gesamte Flottenstab; britische Schiffe retteten 115 Mann. Der Krieg auf See mit Großkampfschiffen war damit beendet.

Die vierte Phase von Januar bis Juli 1942 sah im Durchschnitt 54 U-Boote auf See. Ihre spektakulärste Operation, »Paukenschlag«, führte die Unterwasserschiffe vor die US-amerikanische Küste, wo sie über 142 000 Bruttoregistertonnen versenkten.

Nicht minder spektakulär verlief der Durchbruch der schweren Kreuzer »Prinz Eugen«, »Gneisenau« und »Scharnhorst« von Brest durch den Ärmelkanal zu deutschen Häfen, praktisch vor den Augen der Briten, am 12./13. Februar 1942.

Der Höhepunkt der Schlacht im Atlantik fiel in die fünfte Phase des U-Boot-Kriegs, zwischen August 1942 und Mai 1943: 102 deutsche U-Boote waren gleich-

Bei Kriegsbeginn wurde der Bau von Großkampfschiffen zugunsten von U-Booten, Zerstörern und Schnellbooten zurückgestellt. Die beiden letzten Schlachtschiffe »Bismarck« und »Tirpitz« wurden erst 1940 bzw. 1941 in Dienst gestellt. Oben im Bild die »Bismarck« beim Stapellauf am 14. Februar 1939. Überlegene britische Luft- und Seestreitkräfte versenkten die »Bismarck« am 27. Mai 1941.

zeitig im Einsatz, sie versenkten in diesem Zeitraum über 3,8 Millionen Bruttoregistertonnen. Die Verbesserung der Abwehr durch Radar-Ortungsgeräte und neue Wasserbomben, der Einsatz von U-Boot-Jagdflugzeugen, U-Boot-Jägern und Geleitfahrzeugen sowie einer Suchgruppe von Flugzeugen über der Biscaya reduzierten die Versenkungsziffern deutscher U-Boote, gleichzeitig stiegen ihre Verluste. Meinungsverschiedenheiten zwischen dem Oberbefehlshaber der Marine Großadmiral Erich Raeder und Hitler, im Januar 1943, führten zur sofortigen Entlassung Raeders. Großadmiral Karl Dönitz nahm seine Stelle ein.

Dönitz erzielte zwischen 16. und 20. März 1943 einen großen Erfolg: In der größten Geleitzugsschlacht des Krieges versenkten 42 U-Boote aus den Konvois SC. 122 und HX. 229 21 Schiffe mit 141 000 Bruttoregistertonnen, bei nur einem Verlust. Da Misserfolge aber sprungartig die Erfolge überholten, brach Dönitz am 24. Mai 1943 die Geleitzugsbekämpfung im Nordatlantik ab.

Mit der Versenkung der »Tirpitz« am 12. November 1944 ging der deutschen Marine das letzte Schlachtschiff verloren. Gegen die alliierte Luftüberlegenheit und die große Reichweite ihrer Flugzeuge konnten die verbliebenen deutschen Seeverbände keinen Widerstand mehr leisten.

In der letzten Phase des Seekriegs fasste die Kriegsmarine alle noch vorhandenen Kräfte in der Ostsee zusammen und evakuierte die Bevölkerung und Wehrmachtsteile aus Ostpreußen und Pommern vor der anrückenden Roten Armee. Über 2,5 Millionen Menschen gelang dank des Einsatzes der Marine die Flucht. Das ehemalige KdF-Schiff »Wilhelm Gustloff« und die »Goya« fielen allerdings sowjetischen U-Boot-Angriffen zum Opfer, rund 13 000 Menschen kamen bei diesen Katastrophen ums Leben.

Die Straße von Gibraltar war für die Achsenmächte beinahe unpassierbar: Die britische Kriegsmarine überwachte sie mit unzähligen Schiffen (Bild rechts oben).

Der U-Boot-Krieg im Atlantik 1939 bis 1945 (Karte rechts).

Versenkte Schiffstonnagen und U-Boot-Verluste (Grafik Mitte unten).

Die »Scharnhorst« im Seegefecht (Bild unten).

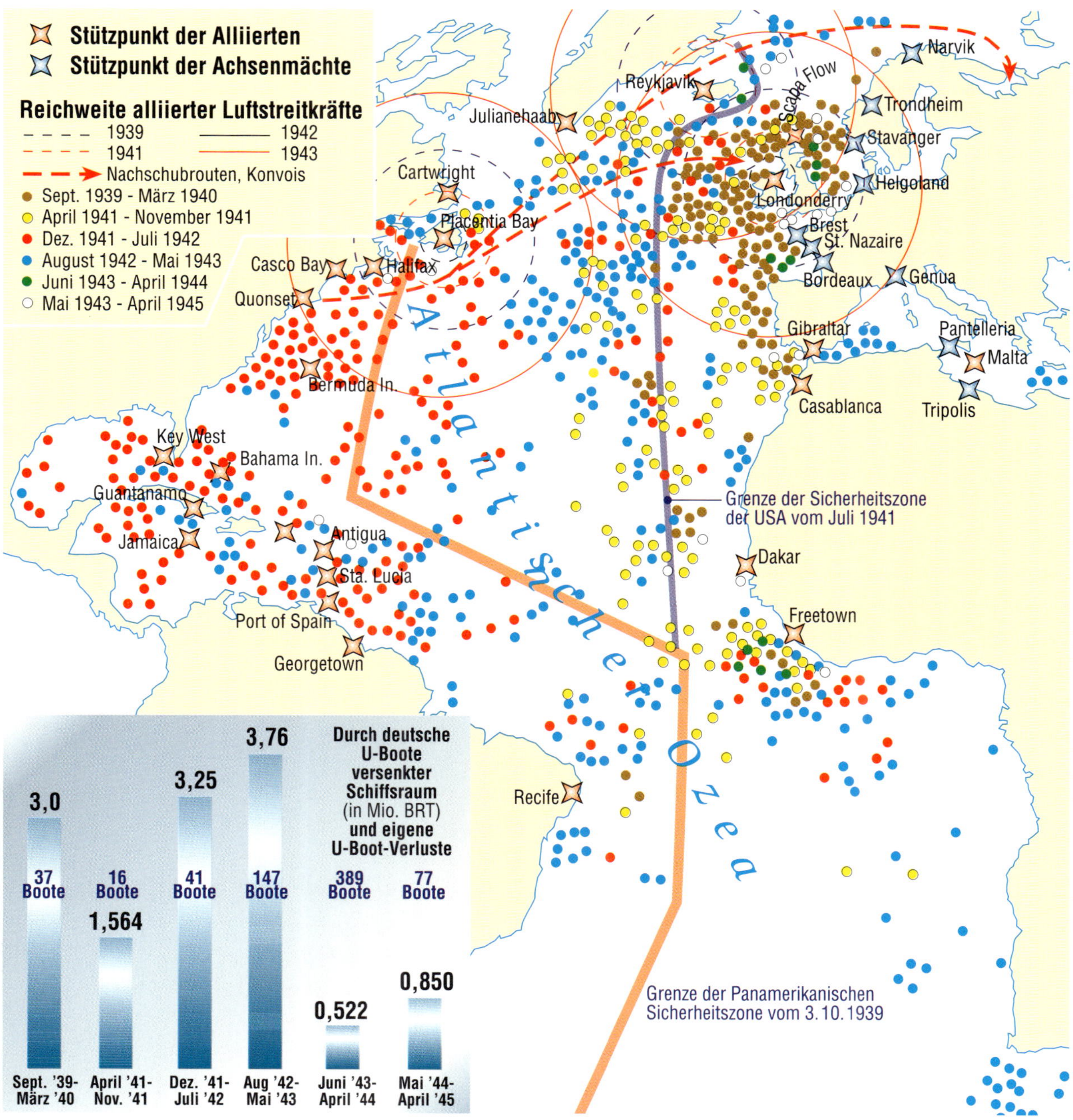

ETHNISCHE SÄUBERUNGEN

„Die Ziele und Aufgaben, die sich aus dem Zerfall des polnischen Staates ergeben, sind dabei, soweit es sich um die deutsche Interessensphäre handelt, etwa folgende: 1. Die Herstellung einer Reichsgrenze, die den historischen, ethnographischen und wirtschaftlichen Gegebenheiten gerecht wird. 2. Die Befriedung des gesamten Gebietes im Sinne der Herstellung einer tragbaren Ruhe und Ordnung. 3. Die absolute Gewährleistung der Sicherheit nicht nur des Reichsgebietes, sondern der gesamten Interessenzone. 4. Die Neuordnung, der Neuaufbau des wirtschaftlichen Lebens, des Verkehrs und damit aber auch der kulturellen und zivilisatorischen Entwicklung. 5. Als wichtigste Aufgabe aber: eine neue Ordnung der ethnographischen Verhältnisse, das heißt, eine Umsiedlung der Nationalitäten, so daß sich am Abschluß der Entwicklung bessere Trennungslinien ergeben, als es heute der Fall ist.“

Adolf Hitler, 1939

Hitler hielt diese Rede am 6. Oktober 1939 in der Krolloper vor dem versammelten Reichstag. In ihr umriss er die Aufgaben, die sich nach dem „Zerfall des polnischen Staates“ für das Deutsche Reich ergaben. Die *„neue Ordnung der ethnographischen Verhältnisse“* war für ihn die wichtigste.

Schon am folgenden Tag übertrug er Reichsführer SS Heinrich Himmler, Chef der deutschen Polizei und zweitwichtigster Mann im Staat, das »Amt zur Festigung des deutschen Volkstums«. Himmler hatte freie Hand, die Rückführung und Umsiedlung der Reichs- und Volksdeutschen in die Wege zu leiten sowie für die *„Ausschaltung des schädigenden Einflusses von solchen Bevölkerungsteilen, die eine Gefahr für das Reich und die deutsche Volksgemeinschaft bedeuten“* zu sorgen.

Der »Reichskommissar zur Festigung deutschen Volkstums« (RKF), wie sich Himmler nun offiziell nannte, stand dem neuen gleichnamigen »Reichskommissariat« vor, das seinen Ursprung in der »Leitstelle für Ein- und Rückwanderung« von Südtirolern hatte. Diese Leitstelle fußte auf der »Berliner Vereinbarung« vom 23. Juni 1939, die auf Drängen Mussolinis zwischen Rom und Berlin getroffen worden war. Dem italienischen Staatschef waren nämlich große Bedenken gekommen, als Hitler im März 1939 Böhmen und Mähren besetzte und sie zu einem Reichsprotektorat umwandelte. Gleiches, fürchtete Mussolini, könnte Südtirol – seit 1918 Alto Adige (Hoch Etsch) – widerfahren, lag doch der Anteil der deutschsprachigen Bevölkerung, trotz faschistischer Unterdrückung und gewaltsamer Italienisierung, bei 90 %.

Mussolini war zwar bei der Münchner Konferenz im Herbst 1938, als das Schicksal des Sudetenlandes und seiner deutschsprachigen Bevölkerung einen neuen Krieg heraufbeschwor, sicher, *„daß der deutsche Expansionismus niemals eine Gefahr für Italien bedeuten kann, weil er Gegenstand einer Selbstbeschränkung ist, eiserner als ein Vertrag“* und *„diese Selbstbeschränkung [...] vom Nationalitätenprinzip gebildet“* wird, denn *„der deutsche Expansionismus hält an den ethnischen Grenzen Deutschlands an“.* Doch im März 1939 erschreckte ihn die Bedenkenlosigkeit Hitlers, mit der sich dieser über ethnische Schranken hinwegsetzte und die Tschechoslowakische Republik auslöschte.

Er beeilte sich daher, Hitler in die Arme zu fallen und forderte, die Achsenpolitik müsse *„die Ziele der jeweiligen Politik festlegen, Einfluß- und Aktionszonen der beiden Länder festsetzen, die Fremdsprachigen des Alto Adige durch Deutschland reabsorbieren lassen“.* Es konnte sich rächen, dass er mit dem Deutschen Reich Interessengrenzen noch nicht abgesteckt hatte.

Südtiroler auf die Krim

Doch Hitler ließ diese Dinge schleifen. Für ihn zählte der Abschluss des »Stahlpakts« – den Namen prägte Mussolini, um die »eherne« Solidarität zwischen dem Deutschen Reich und Italien hervorzukehren – am 22. Mai 1939, weil der ihm die politische Möglichkeit gab, den Polenfeldzug durchzuführen. Die Südtirol-Frage interessierte ihn nur insoweit, als sie die deutsche Bevölkerung beunruhigte, wenn sie vom faschistischen Terror gegen ihre »Stammesverwandten« erfuhr. Himmler sollte sich also des Problems annehmen.

Dieser entwarf bis zum 30. Mai ein Memorandum, in dem er Ziele und Absichten der Umsiedlungspolitik niederlegte. Es bildete die Basis für das am 21. Oktober

Das kurz nach dem Ersten Weltkrieg errichtete faschistische Siegesdenkmal in Bozen empfand die Südtiroler Bevölkerung als Symbol ihrer Unterdrückung (Bild oben). Die Inschrift über den Faszes lautet: »Von hier haben wir den anderen die Sprache, das Gesetz und die Kunst

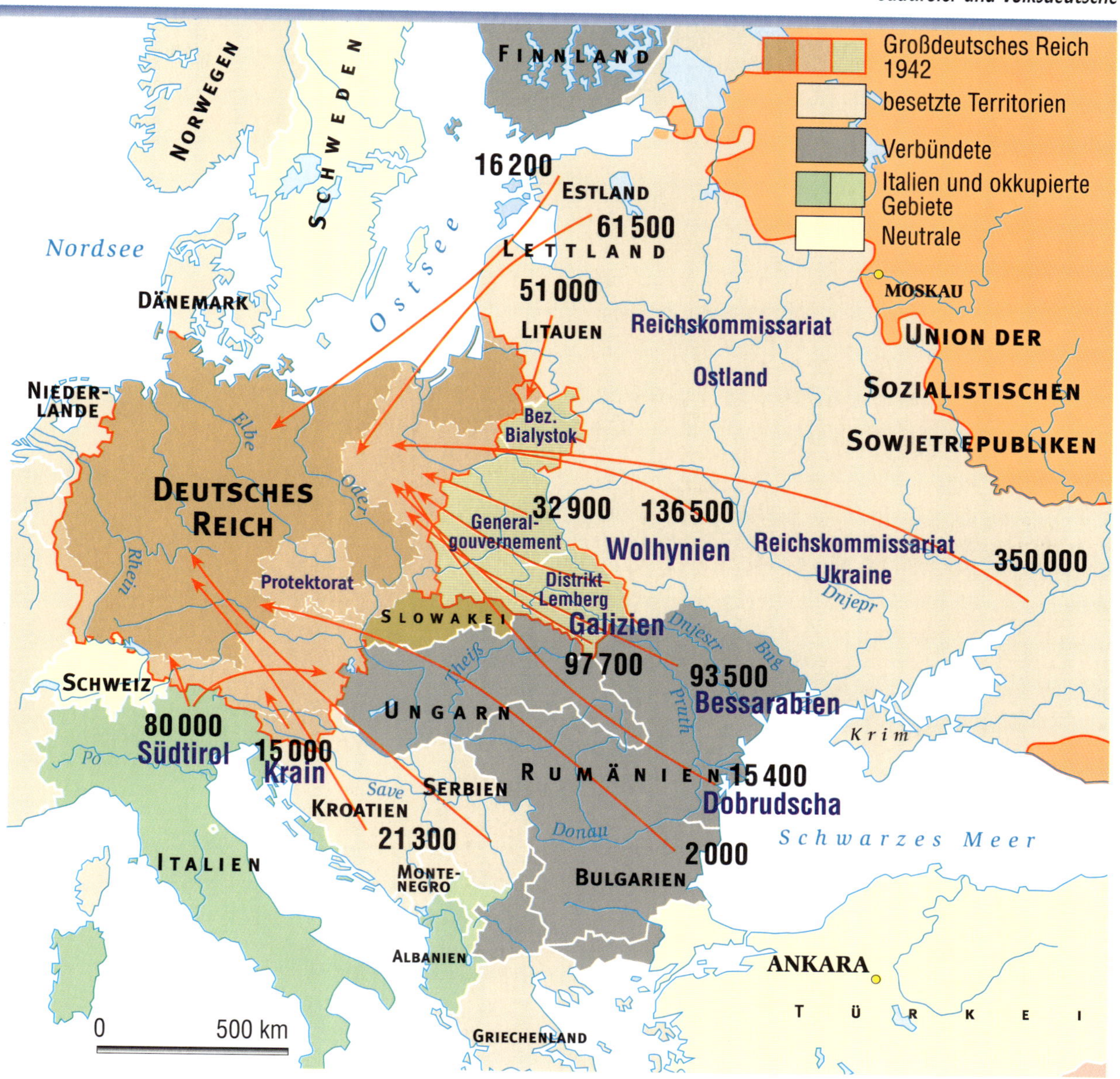

gebracht.« Mit »den anderen« war die germanische Bevölkerung jenseits der Alpen gemeint.
»Heimholung« von Volksdeutschen ins Reich zwischen 1939 und 1944 (Karte rechts). Südtiroler, die für Deutschland optierten, bei der Aussiedlung (Bild unten).

1939 unterzeichnete Umsiedlungsabkommen, das etwa 200 000 Südtiroler betraf. Sie konnten sich bis zum Jahresende entscheiden, ob sie für Deutschland optieren oder in Italien bleiben wollten.

Bis 1943 verließen 80 000 Südtiroler ihre Heimat und folgten den Verlockungen der reichsdeutschen Auswanderungsstellen: Sie würden in schönere Gegenden umgesiedelt werden, mit fruchtbareren Böden als im kargen Südtirol. Tatsächlich besaßen die deutschen Behörden keinen Ansiedlungsplan. So fanden die meisten der Optanten zunächst in Tirol-Vorarlberg, Steiermark und Kärnten Aufnahme. Mit der Ausweitung des deutschen Machtbereichs bot man den Südtirolern das französische Burgund an, hier wollte Himmler einen SS-Staat errichten, weiter die Beskiden, Elsass-Lothringen, Polen und die Halbinsel Krim, wo »Gotenland« entstehen sollte.

Der Verlauf des Kriegs unterbrach die Umsiedlung, und nach dem Krieg kehrten 25 000 Optanten wieder heim. Die italienische Regierung nahm sie gerne wieder auf, denn die Bergbauernhöfe waren verlassen und drohten zu veröden: Das Experiment, sie mit Bauern aus Süditalien zu besiedeln, war schon in den Kriegsjahren gescheitert. Die einer anderen Lebensart zugeneigten Süditaliener kamen mit der harten Bergbauernarbeit nicht zurecht und zogen in die oberitalienischen Städte.

Bei der vom Dritten Reich propagandistisch ausgeschlachteten »Heimholung« der Volksdeutschen ging das Regime nicht so fürsorglich um wie mit den Südtirolern. Ihr Besitz wurde einfach liquidiert, danach hatten sie sich mit dem wenigen, das sie in Koffern packen konnten, in jene Gebiete zu begeben, die ihnen zugewiesen wurden. Diese lagen überwiegend in den besetzten Ostgebieten, deren einheimische Bevölkerung kurz vorher vertrieben worden war. Etwa 900 000 Volksdeutsche aus dem Baltikum, der Ukraine, der Dobrudscha, von Wolhynien, aus Serbien und vom Don mussten so in eine ungewohnte Umgebung ziehen, eine ungewisse Zukunft vor sich.

Ihr Schicksal – und das der nicht abgesiedelten Volksdeutschen – ist eines der düstersten Kapitel der Kriegs- und Nachkriegsgeschichte. Gegen ihren Willen auf fremdes Land und in fremde Höfe gesetzt, traf sie, sofern sie nicht nach Westen entkamen, die grausame Härte der heimkehrenden Besitzer, oder solcher, die sich dafür ausgaben. Die Sowjetunion verfolgte die Volksdeutschen allein wegen ihrer Deutschstämmigkeit. In einfachen Prozessen verurteilte man sie wegen Kollaboration mit dem Feind, wegen Sabotage und Spionage und deportierte sie wie Straf- oder Kriegsgefangene nach Sibirien. Von den um 1945 insgesamt sieben Millionen in der UdSSR lebenden Volksdeutschen kam mehr als eine Million ums Leben.

ITALIEN KAPITULIERT

„Den Plan einer Landung in Französisch-Nordafrika hatte Churchill bereits auf der Konferenz mit Roosevelt in Washington zum Jahreswechsel 1941/42 vorgebracht. Das für das Frühjahr 1942 unter dem Decknamen »Super-Gymnast« beschlossene Unternehmen sollte die derzeit erfolgreich verlaufende britische Offensive in Libyen (Operation »Crusader«) ergänzen. Aber Rommels kurz darauf beginnende Gegenoffensive und die durch die deutschen U-Boot-Erfolge verursachte Tonnagekrise machten eine Verstärkung der vorgesehenen alliierten Landungskräfte und eine zeitliche Verschiebung des Unternehmens notwendig. Nach schwierigen Auseinandersetzungen mit den Amerikanern, die unter dem Eindruck der erfolgreichen deutschen Sommeroffensive in Rußland 1942 statt dessen eine begrenzte Landungsoperation an der französischen Kanalküste (Operation »Sledgehammer«) befürworteten, erreichte Churchill Ende 1942 die Entscheidung zugunsten der weniger risikoreichen Landung in Nordwestafrika, die jetzt den Decknamen »Torch« erhielt."

Lothar Gruchmann, 1991

Vier Tage nach Rommels Rückzug aus El Alamein landeten am 8. November 1942 im Raum von Rabat, Casablanca und Safi in Französisch-Marokko US- und britische Truppen. Den Oberbefehl über die etwa 110 000 Mann führte General Dwight D. Eisenhower. Entgegen den Erwartungen leisteten französische Vichy-Streitkräfte örtlich Widerstand. Marschall Philippe Henri Pétain, Chef der Vichy-Regierung, hatte aus Furcht vor deutschen Repressalien den französischen Streitkräften in Nordafrika den Befehl erteilt, die Besitzungen zu verteidigen. Die Kämpfe wurden allerdings nur halbherzig geführt, und am 22. November schloss Admiral Darlan, der Oberbefehlshaber der französischen Truppen, mit Eisenhower ein Abkommen, das die Vertreibung der Achsenmächte vom afrikanischen Kontinent zum Ziel hatte.

Für Hitler kam die Landung völlig überraschend, er hatte die gemeldeten alliierten Schiffstransporte für eine Landungsoperation in Libyen oder Korsika und Sardinien gehalten. Noch am selben Tag, als die Alliierten ihren Fuß auf nordafrikanischen Boden setzten, erzwang Hitler von Pétain die Zustimmung zur Überführung deutscher Truppen nach Tunesien, um, nach Bildung eines Brückenkopfs, nicht nur die zurückgehenden Einheiten der »Panzerarmee Afrika« aufzunehmen, sondern auch um den Alliierten den Übergang nach Sizilien zu versperren. Eine Teilnahme Frankreichs am Krieg gegen England und die USA lehnten sowohl Pétain als auch der Vichy-Ministerpräsident Pierre Laval ab. Hitler ließ daraufhin am 11. November 1942 Rest-Frankreich durch deutsche Truppen unter dem Decknamen »Attila« besetzen. Italienische Soldaten nahmen Korsika und das Gebiet östlich der Rhône in Besitz. Um einem möglichen deutschen Zugriff zu entgehen, versenkte sich die im Kriegshafen von Toulon liegende französische Flotte.

In Nordafrika versuchte Ende Januar/Anfang Februar 1943 Generalfeldmarschall Erwin Rommel mit weitläufigen Verteidigungsstellungen die von Westen anrückenden US-Amerikaner und die von Osten vordringenden Briten aufzuhalten. Unter Zusammenfassung aller Kräfte traten die Achsentruppen im Unternehmen »Frühlingswind« am 14. Februar nochmals zur Offensive an und warfen die US-Amerikaner in der Schlacht von Kasserine zurück. Auch die Mareth-Stellung am Golf von Gabes bewehrte sich: Feldmarschall Montgomery konnte sie erst Ende März 1943 überwinden. Die materielle und personelle Überlegenheit der Alliierten wurde dennoch immer drückender.

Am 9. März wurde Rommel ins Reich zurückbeordert und Generaloberst von Arnim übernahm die Befehlsgewalt. Der tunesische Brückenkopf schrumpfte unter der alliierten Übermacht, am 7. Mai 1943 kapitulierten die 250 000 Mann der deutsch-italienischen Afrikaarmee.

Uneinige Alliierte

Der Feldzug in Nordafrika hatte die Alliierten so viel Zeit gekostet, dass sie ihre Landungsoperation an der französischen Atlantikküste auf Mai 1944 verschoben.

Darüber herrschte zwischen Engländern und Amerikanern Einigkeit, aber über die weitere Vorgangsweise im Mittelmeerraum gab es unterschiedliche Meinungen. Churchill wollte die offensichtliche Erschöpfung und Friedensbereitschaft der Italiener zu einem Vormarsch über Sizilien nach Süditalien nutzen, um sprungbereit für den Balkan zu sein, sollte Stalin diesen besetzen. Roosevelt hingegen beabsichtigte, nur Sizilien einzunehmen, um die alliierten Schifffahrtswege im Mittelländischen Meer zu sichern. Er misstraute Churchill und befürchtete, dass er die USA vor den britischen Karren bei der Wiederherstellung des Empires spannen wollte. Aber Churchill konnte ihn beruhigen, und die Alliierten nahmen den italienischen Stiefel ins Visier.

Am 10. Juli 1943 erfolgte die Landung an der sizilianischen Südküste, die Amerikaner unter General George S. Patton bei Gela, die Briten bei Pachino. Obwohl die deutschen Streitkräfte von den italienischen kaum mehr unterstützt wurden, leisteten sie den Alliierten hartnäckigen Widerstand, erst am 17. August 1943 beherrschten diese Sizilien zur Gänze.

Wiener Ausgabe
252. Ausg. 56. Jahrg. Einzelpreise:
VÖLKISCHER
Kampfblatt der
Zum zweitenmal dem Bund
Feiger Verrat der i
Badoglio liefert Italien dem Feind bed
Erbitterte Kämpfe im Donezbecken
Schwerste Verluste der Sowjets
Seit

Der Waffenstillstand Italiens mit den Alliierten wurde von der deutschen Presse aufs heftigste attackiert (Bild oben).

Das Treffen der alliierten Regierungschefs in Casablanca im Januar 1943 – Stalin war verhindert – sollte ihr weiteres strategisches Vorgehen festlegen. Wichtig war, dass

Wiener Ausgabe
Wien, Donnerstag, 9. September 1943
BEOBACHTER
istischen Bewegung
ands
ossen in den Rücken gefallen
enischen Regierung
los aus – Gegenmaßnahmen getroffen
nen vorbereitet
Straffung der Kriegsproduktion
Von Dr. Fritz Nonnenbruch

die Vichy-Truppen den Alliierten den Weg in Nordafrika nach Tunesien frei gaben. Dieses Anliegen unterbreitete der bereits von schwerer Krankheit gezeichnete US-Präsident Franklin D. Roosevelt dem französischen General Henri Giraud. Giraud hatte am 24. Dezember 1942 die Nachfolge Admiral Darlans angetreten, den ein fanatischer Anhänger de Gaulles ermordet hatte.

Die Konferenz von Casablanca hatte für Deutschland besondere Bedeutung: Roosevelt forderte – ohne Abprache mit Churchill – die bedingungslose Kapitulation der Achsenmächte. Damit stärkte er aber den Willen der Deutschen zum Durchhalten und untergrub die Aktivitäten der Widerstandsgruppen in Deutschland.

Benito Mussolini inspizierte 1940 italienische Truppen in Nordafrika (Bild links). Damals schien es noch mit deutscher Waffenhilfe möglich zu sein, die Briten aus Ägypten zu vertreiben und den Suezkanal zu erreichen.

Nachdem die Achsenstreitkräfte am 7. Mai 1943 im Brückenkopf Tunesien kapitulierten, stand der Eroberung Italiens durch die Alliierten nichts mehr im Weg (Karte rechts).

Die Landung der Alliierten hatte für Italien Signalwirkung. Eigene Parteigenossen, unter ihnen Mussolinis Schwiegersohn Ciano, verhafteten am 24. Juli den Duce und ernannten Marschall Pietro Badoglio zum neuen Regierungschef.

Badoglio beteuerte zwar, am deutschen Waffenbündnis festzuhalten, doch führte er bereits geheime Waffenstillstandsverhandlungen mit den Alliierten. Hitler traute den Versicherungen Badoglios nicht und verlegte deutsche Kräfte nach Italien. In der Tat bestätigten am 3. September 1943 Italien und die Alliierten den Waffenstillstand.

Mussolini wurde unterdessen in einem Berghotel auf dem Gran Sasso festgehalten. In einer Kommandoaktion ließ ihn Hitler am 12. September durch deutsche Fallschirmspringer befreien und nach München holen. Die von Mussolini in Oberitalien errichtete faschistische Rumpfrepublik mit Regierungssitz in Salò bestand praktisch nur auf dem Papier, die deutsche Wehrmacht hatte nach dem Abfallen Italiens die italienische Streitmacht entwaffnet und in Lagern interniert.

Am 3. September 1943 traten die Alliierten zur Eroberung des italienischen Festlands an. Über mehrere Landeköpfe rückten sie nach Norden vor, stießen aber am Stellungssystem der »Gustav-Linie« auf die deutsche Abwehr. Immerhin konnten Briten und Amerikaner den Flughafen Foggia besetzen, von dem aus sie Süddeutschland und die rumänischen Erdölfelder bombardierten. Das Reich war nun auch an der Südflanke bedroht.

Der totale Krieg

„Ich frage euch: Seid ihr und das deutsche Volk entschlossen, wenn der Führer es befiehlt, zehn, zwölf und wenn nötig, vierzehn und sechzehn Stunden täglich zu arbeiten und das Letzte herzugeben für den Sieg? […] Die Engländer behaupten, das deutsche Volk wehrt sich gegen die totalen Kriegsmaßnahmen der Regierung. Es will nicht den totalen Krieg, sondern die Kapitulation." – Zurufe: „Niemals, niemals, niemals!" – Ich frage euch: Wollt ihr den totalen Krieg? Wollt ihr ihn, wenn nötig noch totaler und radikaler, als wir ihn uns heute überhaupt noch vorstellen können?" – Zurufe… „Ja, Ja, Ja!"

Zehn Fragen stellte Joseph Goebbels am 18. Februar 1943 den Besuchern des bis zum Bersten gefüllten Berliner Sportpalastes. Aus allen Teilen des Reichs waren sie gekommen, sie sollten einen repräsentativen Querschnitt durch alle Bevölkerungsschichten darstellen und waren doch nur eines: eigens für diese Massenveranstaltung ausgesuchte NS-Parteimitglieder. Wie nicht anders zu erwarten, schallte Goebbels ein von frenetischem Applaus und Gejohle begleitetes vielfaches *„Ja!"* entgegen.

Nach dem Schock der Niederlage von Stalingrad herrschte im Reich tiefe Betroffenheit. Die Bevölkerung war niedergeschlagen wie nie zuvor, die Stimmung auf dem Tiefpunkt. Am Beginn des fünften Kriegsjahres war die Siegeszuversicht geschwunden. Die sichtbare Zerstörung der Städte, die nicht endenwollenden Mitteilungen vom Tode Bekannter oder Anverwandter, die Sorge um die täglichen, allernotwendigsten Gebrauchsgüter wirkten immer bedrückender. Die geheimen Stimmungsberichte des SD alarmierten die Führung. Hitler, der panische Angst vor einem Aufstand der Massen hatte, fühlte sich nur unter den meterdicken Betondecken seiner Bunker sicher, so in der »Wolfsschanze« in Ostpreußen, im »Werwolf« bei Winniza oder in seinem Alpendomizil am Obersalzberg. Hingegen trat sein Sprachrohr, der Propagandaminister Goebbels, ohne Hemmungen und Scheu vor das Publikum. Seinen *„Schildknappen"* nannte ihn Hitler einmal, und das war er denn auch.

Goebbels' Rede peitschte die Emotionen wieder hoch. Die Massenhysterie des Sportpalastes verbreitete sich über die Rundfunkapparate bis in die letzten Winkel des Reichs und verdunkelte, wie all die vergangenen Jahre, wieder den Blick für die Realität, die Sinnlosigkeit eines zur Unmenschlichkeit entarteten Krieges.

Goebbels konnte mit sich und seiner Ansprache zufrieden sein, und er notierte entsprechend selbstgefällig: *„Meisterstück der Redekunst"*, *„sehr gut gelungen"*, *„großer Wurf"*. Nach der Rede sinnierte er im engen Kreis: *„Diese Stunde der Idiotie! Wenn ich den Leuten gesagt hätte: Springt aus dem dritten Stock des Columbushauses – sie hätten es auch getan."* Das »Columbushaus« befand sich in der Nähe des Sportpalastes und stellte ein kleines Berliner Wahrzeichen dar.

Die Rede im Rundfunk, mehrmals wiederholt, war auch an die Adresse der Briten und Amerikaner gerichtet. US-Präsident Roosevelt hatte nach dem alliierten Gipfeltreffen am 14. Januar 1943 in Casablanca die bedingungslose Kapitulation der Achsenmächte gefordert. Damit wollte er zwar Stalin beruhigen, der auf die Eröffnung einer zweiten Front drängte und nach ihrem Ausbleiben seine Verbündeten verdächtigte, sie würden sein Land bewusst die

Reichspropagandaminister Joseph Goebbels hielt am 18. Februar 1943, wenige Tage nach der Katastrophe von Stalingrad, im Berliner Sportpalast eine Rede, in der er ausgesuchten Parteimitgliedern die Suggestivfrage stellte: *„Wollt ihr den totalen Krieg?"* Wie nicht anders zu erwarten, antwortete ihm die Menge mit einem vielstimmigen „Ja". (Bild unten).

Das Großdeutsche Reich in seiner größten Ausdehnung von 1941/42 bis 1943/44 und die Zerstörung deutscher

Städte (ohne »Ostmark« und Sudetenland) durch die alliierten Luftangriffe (Karte oben). Die strategische Zielsetzung der Westalliierten ging dahin, das Deutsche Reich durch den konsequent durchgeführten, uneingeschränkten Luftkrieg und mit Zielbombardements wichtiger wehrwirtschaftlicher Anlagen kapitulationsreif zu bomben. Der Chef des britischen Bomber Commands, Arthur Harris (»Bomber-Harris«), hoffte sogar, Deutschland nur durch Bombenterror, auch ohne Bodentruppen zur Aufgabe zwingen zu können. In der schwedischen Zeitung »Svenska Dagbladet sagte er am 22. Mai 1942: *„... wenn wir heute Nacht 20 000 Bomber nach Deutschland schicken könnten, wäre der Krieg morgen zu Ende.“*

Hauptlast des Krieges tragen lassen, um nach der Erschöpfung mit Deutschland einen Sonderfrieden zu schließen. Roosevelt hatte seine Forderung nicht mit Churchill abgesprochen, dieser hätte ihn vor den Folgen gewarnt: Das deutsche Volk würde sich noch enger um seine Tyrannen scharen. Goebbels verstand es tatsächlich, die Masse der deutschen Bevölkerung nochmals zu mobilisieren. Die geheimen SD-Berichte vermerkten nach der Sportpalastrede einen deutlichen Aufwärtstrend der Stimmung im Volk.

Die Zerstörung der deutschen Städte

Die USA hatten relativ lange mit dem Kriegseintritt gezögert. Bis zum Überfall der Japaner auf den US-Marinestützpunkt Pearl Harbor auf Hawaii am 7. Dezember 1941 waren US-Präsident Roosevelt die Hände gebunden, die Friedensbefürworter im Kongress waren in der Mehrheit. Die japanische Aggression forderte nun die USA heraus, und Roosevelt konnte Japan am 8. Dezember 1941 den Krieg erklären. Hitler, der sich dem Dreimächtepakt verpflichtet fühlte, überreichte seinerseits am 11. Dezember 1941 den USA die Kriegserklärung. Insgeheim hoffte er, die Japaner würden als Gegenleistung die Sowjets im Fernen Osten angreifen. Doch der Tenno hütete sich.

Das Problem der drei Mächte Deutschland, Italien, Japan war, dass sie zu keiner koordinierten Zusammenarbeit fähig waren. Hingegen bewiesen die Westalliierten, besonders im Luftkrieg, ein optimales Zusammenspiel: Die RAF (Royal Air Force) konzentrierte sich auf nächtliche Flächenbombardements von deutschen Städten. Köln, Hamburg, Berlin, Lübeck, Dresden und andere Städte wurden zu einem Drittel und mehr zerstört. In 400 000 Flügen luden britische Flugzeuge eine Million Tonnen Bomben ab, zwei Drittel davon über Deutschland. Die USAF (Unites States Air Force) dagegen spezialisierte sich auf das Bombardement von ausgewählten Industrieanlagen, militärischen Zielen, Raffinerien und Verkehrsverbindungen bei Tag.

Der umstrittenste Bombenangriff des Krieges in Europa fand in der Nacht vom 13. auf den 14. Februar 1945 statt. 773 Bombenflugzeuge zerstörten 52 800 ha der Stadt Dresden. In der Flammenhölle der mit Flüchtlingen aus dem Osten überfüllten Stadt starben zwischen 40 000 und 60 000 Menschen. Am folgenden Tag griffen 311 US-Bomber nochmals an, sie fanden nur noch Ruinen vor.

Die Wirkung von Luftangriffen auf zivile und industrielle Ziele wird unterschiedlich bewertet. Luftstrategen halten sie für kriegsentscheidend, so Sir Arthur Travers Harris, der langjährige Chef des britischen Bomber Command: *„Es muß mit Nachdruck gesagt werden, daß, von Essen abgesehen, wir niemals ein besonderes Industriewerk als Ziel gewählt haben. Die Zerstörung von Industrieanlagen erschien uns stets als eine Art Sonderprämie. Unser eigentliches Ziel war immer die Innenstadt.“* Harris war für die Bombardierung von Köln, Hamburg und Dresden verantwortlich.

Der Aufstand der Obristen

„Die Jahre des zum Weltkrieg ausgeweiteten Kriegs (1941 bis 1945) brachten nach dem deutschen Überfall auf die Sowjetunion (22. Juni 1941) das Wiederaufleben des kommunistischen Widerstands; in der Zeit des »Hitler-Stalin-Pakts« (1939 bis 1941) war er fast völlig zum Erliegen gekommen. Innerhalb der »alten Eliten« wurden die schon früher erwogenen und vorbereiteten Staatsstreichüberlegungen auf wesentlich breiterer institutioneller und personeller Grundlage wieder aufgenommen. Angesichts der sich ab 1942 immer deutlicher abzeichnenden militärischen Niederlage, der professionellen Inkompetenz des »größten Feldherrn aller Zeiten« und der von ihm dominierten Wehrmachtführung sowie der Massenverbrechen des Regimes gipfelten sie schließlich in dem gescheiterten Putschversuch des 20. Juli 1944.

Hartmut Mehringer, 1999

Widerstand gegen das nationalsozialistische Regime gab es von Anfang an: Widerstand leisteten schon jene, die sich der andauernden und allgegenwärtigen Propaganda und vielfältigen Beeinflussung des Alltags und der Massenpsychose entzogen und sich nicht in Reih und Glied stellten. Und jene, die verfolgte Mitmenschen unterstützten, ihr »Untertauchen« ermöglichten oder ihnen zur Flucht ins Ausland verhalfen. Widerstand leistete auch, wer sich am Arbeitsplatz passiv verhielt. Zusammengenommen waren das nicht wenige, aber sie wirkten im Verborgenen umso effizienter, weil sie sich und das Leben ihrer Angehörigen aufs Spiel setzten.

Die nach der Reichstagsbrandverordnung verfolgten Kommunisten waren die ersten, die vor einer beispiellosen Verfolgung in den Untergrund gehen mussten. In geheimen Treffen versuchten sie ihre zerschlagene Organisation wieder aufzubauen und den veränderten Umständen anzupassen. Es sprach für ihren Heroismus, zu mehreren Reichsministerien Zugang zu finden und nach dem Beginn des Russlandfeldzugs in Verbindung mit dem sowjetischen Geheimdienst zu treten. Um Schulze-Boysen und A. Harnack bildete sich ein Agentenring, den die Gestapo, als sie ihn aufspürten, »Rote Kapelle« nannte. Bis 1943 gaben die Funker der »Roten Kapelle« – die »Pianisten« – 1 500 Funksprüche nach Moskau durch. Aufmarschpläne, neue Waffensysteme, Strukturen, Mannschaftsstärken, der Kreml wusste über geheimste Vorgänge im Reich Bescheid. Im August 1943 wurde die »Rote Kapelle« entlarvt und zerschlagen. Über 100 Mitglieder wurden hingerichtet.

SPD- und Gewerkschaftsführer wie Leuschner und Leber arbeiteten im Untergrund mit bürgerlichen Widerstandskräften zusammen, so dem ehemaligen Leipziger Oberbürgermeister Goerdeler, und Oppositionellen in der Wehrmacht, z. B. mit dem in der Sudetenkrise zurückgetretenen Generalstabschef Beck. Auf Gut Kreisau von Graf Helmuth James von Moltke trafen sich während des Kriegs Gleichgesinnte aller politischen Richtungen. Der »Kreisauer Kreis« lehnte den Tyrannenmord ab, um eine Wiederholung der Dolchstoßlegende zu vermeiden. Auch er wurde aufgespürt, seine führenden Mitglieder starben unter dem Fallbeil oder auf dem Schafott, denn über eine sittliche Erneuerung Deutschlands nach dem Krieg auch nur nachzudenken war hochverräterisch.

Nicht weniger als 42 Attentate wurden auf Hitler geplant. Einigen entkam er nur durch Zufall. Hitler wurde nicht müde, der *„Vorsehung“* und dem *„Schöpfer im Himmel“* für seine Rettung zu danken.

Der Widerstand war vielfältig: Unbekannte Münchner Studenten riefen auf Flugzetteln zum Ungehorsam gegen die verbrecherische Politik Hitlers auf. Die Geschwister Sophie und Hans Scholl, Mitglieder der Widerstandsgruppe »Weiße Rose«, mussten den Opfergang antreten. Der Jesuitenpater Alfred Delp begegnete dem Regime mit einem theonomischen Humanismus und endete in Berlin-Plötzensee, einer Hinrichtungsstätte in einem Ziegelschuppen. Hier fanden nicht weniger als 2 400 Männer und Frauen wegen ihres Kampfes gegen Diktatur und Barbarei den Tod. Von den 200 Beteiligten am Attentat vom Juli 1944 wurden die meisten in Plötzensee hingerichtet. Doch nicht wie üblich durch das Fallbeil – Hitler hatte diese »humane« Tötung und den Beistand eines Seelsorgers verboten –, sie wurden auf »Fleischerhaken« aufgehängt.

Aufstand der Offiziere

Das spektakulärste Attentat auf Hitler und gleichzeitig das erfolgversprechendste verübte Oberst Claus Graf Schenk von Stauffenberg am 20. Juli 1944 im Hauptquartier Hitlers, in der Wolfsschanze. Stauffenberg hatte Zugang zur Führerbaracke, in der die tägliche Lagebesprechung stattfand. Gegen 12.30 Uhr betraten Generalfeldmarschall Keitel, Chef des Oberkommandos der Wehrmacht, und Stauffenberg den Besprechungsraum. Unauffällig stellte Stauffenberg seine Aktentasche, in der sich ein Sprengkörper befand, unter den Tisch. Als sich Hitler und weitere 20 Personen einfanden, schob Stauffenberg die Tasche näher an Hitler heran und verließ, fünf Minuten bevor die Bombe explodierte, den Raum. Unterdessen stellte jemand die Tasche, weil er mit dem Fuß an sie stieß, auf die von Hitler abgewandte Sei-

Claus Graf Schenk von Stauffenberg war seit 1. Juli 1944 Stabschef beim Befehlshaber des Ersatzheeres. In der Kabinettsliste der Verschwörer sollte er das Amt eines Staatssekretärs im Reichskriegsministerium bekleiden (Bild ganz oben).
General Ludwig Beck trat aus Protest gegen die Besetzung des Sudetenlandes zurück und ging in Opposition zu Hitler (Bild oben).
Der Schauplatz des Attentats (Skizze unten) und der Besprechungsraum kurz nach dem Anschlag (rechte Seite oben).
Generalfeldmarschall Erich von Witzleben und General Beck waren die maßgeblichen Führer des militärischen

Widerstands gegen Hitler. In der Kabinettsliste der geplanten Regierung des 20. Juli war Witzleben als Oberbefehlshaber der Wehrmacht vorgesehen. – Witzleben vor dem Volksgerichtshof (Bild unten), den Prozess leitete der Präsident des Volksgerichtshofs Roland Freisler. Witzleben wurde am 8. August 1944 gehenkt.

te des Tischbeins. Um 12.42 Uhr detonierte die Bombe. Die gewaltige Druckwelle schleuderte die Anwesenden zu Boden und gegen die Wände. Die Decke stürzte ein, der Tisch wurde zertrümmert. Vier Personen waren schwer verletzt, die übrigen leichter. Hitler aber, durch das Tischbein und die massive Tischplatte geschützt, überlebte beinahe unverletzt. Nur Prellungen und Hautabschürfungen trug er davon.

Gestapo, SD, Polizei, SS-Einheiten schwirrten aus, verhafteten gezielt und wahllos rund 7 000 Personen. Noch am gleichen Tag wurden Stauffenberg und die Hintermänner des Attentats Oberst Mertz, General Olbricht und Oberleutnant Haeften standrechtlich erschossen. Generaloberst Beck ersuchte, sich eigenhändig erschießen zu dürfen. Zweimal richtete er die Pistole an seine Schläfe, beide Schüsse waren nicht tödlich. Schließlich erschoss ihn ein Feldwebel. Der von langer Hand unter dem Decknamen »Walküre« vorbereitete Militärputsch brach zusammen.

Von der aussichtslosen militärischen Lage überzeugt, sahen die rebellierenden Offiziere im »Tyrannenmord« die einzige Möglichkeit, Deutschland in letzter Minute noch einen ehrenvollen Frieden zu bescheren. Sie hatten allerdings die Haltung der Alliierten dazu völlig falsch eingeschätzt. Dies zeigte sich schon wenige Tage nach dem Attentat: Die auf der Konferenz von Casablanca von US-Präsident Roosevelt verkündete Forderung nach einer bedingungslosen Kapitulation des Deutschen Reichs bot keine Alternative. Das bestätigte die regierungsnahe »Times«: *„Sind es nicht die gleichen Männer, die sich der nationalsozialistischen Bewegung als Mittel zur Weltherrschaft bedienen wollen? Die gleichen, die Hitler getreulich dienten, solange alles gut ging? Sie lehnen sich nicht gegen den Krieg auf, sondern nur gegen den Mißerfolg."*

Letzte Reserven

Der millionenfache Arbeitseinsatz von Ausländern im nationalsozialistischen Deutschland während des Zweiten Weltkrieges kann in seiner Bedeutung für das Herrschaftssystem des Dritten Reichs ebensowenig wie in seinen Auswirkungen auf die deutsche Kriegswirtschaft, seinen Folgen für die betroffenen ausländischen Arbeitskräfte oder seinen kurz- wie langfristigen Konsequenzen für die deutsche Bevölkerung begriffen werden, wenn er als strukturelles oder gar statisches »Funktionselement« des deutschen Faschismus interpretiert wird [...]. Im August 1944 waren im Gebiet des Großdeutschen Reichs 7 615 970 ausländische Arbeitskräfte als beschäftigt gemeldet; davon 1,9 Millionen Kriegsgefangene und 5,7 Millionen zivile Arbeitskräfte [...]. Die deutsche Landwirtschaft wäre schon Ende 1940 ohne die etwa 2 Millionen dort beschäftigter ausländischer Arbeiter und Arbeiterinnen nicht mehr in der Lage gewesen, die Lebensmittelproduktion auf dem geforderten Niveau zu halten; die gesamte Kriegswirtschaft war spätestens seit dem Herbst 1941 alternativlos auf Arbeitskräfte aus dem Ausland angewiesen.“
Ulrich Herbert, 1986

Am 25. Juli 1944, fünf Tage nach dem gescheiterten Attentat auf Hitler vom 20. Juli 1944, wurde der von Goebbels geforderte »totale Krieg« in die Tat umgesetzt. Goebbels, Himmler und Speer waren aufgerufen, einen letzten, alles entscheidenden Mobilisierungsschub aufzubieten. Goebbels, der im Laufe des Krieges seinen Kompetenzbereich immer weiter ausgedehnt hatte, wurde von Hitler zum »Reichsbevollmächtigten für den totalen Kriegseinsatz« ernannt. Er sollte den gesamten Verwaltungs- und Beamtenapparat des Reichs durchkämmen, und die letzten entbehrlichen Kräfte der Wehrmacht und der Rüstung zur Verfügung stellen. Himmler, schon ein Jahr zuvor, am 24. August 1943, mit dem Innenministerium betraut, übernahm den Oberbefehl über das Ersatzheer. Himmler folgte dem sowjetischen Vorbild: So wie in der Roten Armee Politkommissare für Parteitreue sorgten, so sollte nun auch die Wehrmacht von politischen Führungsoffizieren kontrolliert werden. Himmler brachte mit einem dichten Netz von Überwachung und Kontrolle den letzten ihm noch vorbehaltenen Bereich, das Heer, unter seinen Einfluss. Albert Speer erhielt alle Vollmacht, um das Letzte aus Wirtschaft und menschlicher Arbeitskraft herauszuholen. Hitlers Lieblingsarchitekt bewährte sich auch auf organisatorischem Gebiet: Trotz immer schlechter werdenden Bedingungen schaffte er Rekordergebnisse in der Rüstungsproduktion. Das Geheimnis seines Erfolges lag in der unbarmherzigen Ausbeutung von Millionen Zwangs- und Fremdarbeitern.

Im Dritten Reich unterschied man mehrere Gruppen der im Arbeitsprozess stehenden Kräfte: Kriegsgefangene, Fremdarbeiter, die – freiwillig oder auch gezwungen – Arbeit im Reich annahmen, Zwangsarbeiter, die vor allem in den besetzten Ostgebieten von der Straße weg ins Reich verschleppt wurden, und arbeitsfähige KZ-Häftlinge, die in den vielfältigen Wirtschaftsbetrieben der SS, im Stollenbau, bei schweren Erdarbeiten, in Steinbrüchen unter menschenverachtenden Bedingungen ihr Plansoll erfüllen mussten.

Der Einsatz all dieser Kräfte während des Zweiten Weltkriegs war nicht das Ergebnis langfristiger Planung, sondern stand eigentlich im Gegensatz zu den fundamentalen ideologischen Lehrsätzen nationalsozialistischer Überzeugung. Aber der immer größer werdende Bedarf an Wehrfähigen, deren Arbeitsplätze nicht mehr weiter mit rekrutierten Frauen besetzt werden konnten, zwang Parteispitzen, Behörden und Wirtschaftsfunktionäre, alle Ressentiments gegen den Einsatz ausländischer Hilfskräfte zu vergessen. Überrascht mussten sie auch feststellen, dass – nach dem Sieg über Polen – polnische Hilfs- und Landarbeiter darauf warteten, im Reich Arbeit zu finden. Die kurze Phase der freiwilligen Arbeitsannahme endete aber schlagartig, als die Polen die Praktiken der Besatzungkräfte und das Herrenmenschentum im Reich kennenlernten. Im Taumel der Blitzsiege schlug ihnen, aber auch anderen Besiegten – Belgiern, Holländern, Ukrainern, Franzosen – eine Welle der Überheblichkeit und Verachtung entgegen, die sie im weiteren von der freiwilligen Arbeitsannahme abhielten. Eigenartigerweise begegnete man den Franzosen mit mehr Menschlichkeit und Sympathie als anderen Nationalitäten. Nach dem Waffenstillstand Italiens schlug den im Reich arbeitenden Italienern wahrer Hass entgegen. Mit den Russen lagen sie in der Wertschätzung der deutschen Bevölkerung auf der letzten Stufe.

Todesurteil: Arbeitseinsatz

Die Entscheidung Ende 1941, sowjetische Arbeitskräfte im Reich einzusetzen, stellte die Arbeitsmarktbehörden vor eine neue Situation. Obwohl die »Ostarbeiter« größtenteils gesund ankamen, verschlechterte sich ihr Zustand

Plakat der deutschen Besatzungsmacht in Frankreich zur Anwerbung von Fremdarbeitern im Juni 1943 (Bild oben).

V 1 und V2 – Abkürzung für »Vergeltungswaffe« – zählten zu den »Wunderwaffen«, die den beschworenen »Endsieg« erzwingen sollten (V 2, rechte Seite Bild oben). Beide Fernraketen erfüllten die in sie gesetzten Erwartungen nicht. Die V 1 wurde wegen ihrer langsamen Fluggeschwindigkeit – 480 bis 640 Stundenkilometer – oft noch im Anflug abgeschossen. Besser bewährte sich die V 2, die senkrecht aufstieg und in 29 km Höhe – durch einen Leitstrahl gelenkt – ihr bis zu 340 km entferntes Ziel traf. Das 14 m lange Projektil wog unbetankt etwa 4 t und wurde vom späteren »Vater der Mondlandung«, Wernher von Braun, entwickelt.

Am 25. September 1944 wurden alle wehrfähigen, noch nicht rekrutierten Männer zwischen 16 und 60 Jahren zum »Volkssturm« aufgerufen. Ihr Einsatz war militärisch bedeutungslos (Bild unten).

innerhalb weniger Wochen und sank auf den der russischen Kriegsgefangenen ab. *„Hungersnot, Seuchen, hohe Todesraten und eine erbarmungslose Unterdrückung kennzeichnen ihr Dasein nach der Ankunft in Deutschland"*, stellt der Sozialhistoriker Ulrich Herbert fest. *„Erst im Herbst 1942 kam es zu leichten Verbesserungen in der Ernährungslage, vor allem, weil viele Betriebe dazu übergegangen waren, den Ostarbeitern zusätzliche Lebensmittel zu besorgen. Stärker noch als bei anderen Ausländergruppen war für die einzelnen Arbeitskräfte aus der Sowjetunion ausschlaggebend, in welchem Lager, in welcher Fabrik, an welchem Arbeitsplatz sie lebten und arbeiteten, so daß die Lebens- und Arbeitsverhältnisse für die einzelnen sehr unterschiedlich waren."*

Ein besonderes und bislang kaum beachtetes Schicksal widerfuhr den Ostarbeiterinnen. Sie machten über 50 % der im Osten rekrutierten Arbeitskräfte aus. Die industriellen Betriebe schätzten die sehr jungen Arbeiterinnen wegen ihrer guten Arbeitsleistung bei extrem niedrigen Löhnen und ihrer leichten Lenkbarkeit. Die Schutzbestimmungen der reichsdeutschen Sozialgesetze für Frauen fanden auf sie keine Anwendung. Ulrich Herbert: *„Die Bedrohung durch Zwangsabtreibung und Sterilisation setzte sie zusätzlichem, massivem Druck aus. Gerade die Kinder der Ostarbeiterinnen waren Gegenstand rassistischer Planungen der SS-Führung, die in den Ausländerkinderlagern der zweiten Kriegshälfte und in dem kaum aufgeklärtem Tod von vielen hundert Ostarbeiter-Kindern in der letzten Kriegsphase ihre schreckliche Konsequenz fanden. Hier wie bei der Vernichtung kranker oder behinderter Ausländer aus dem Osten in deutschen Krankenanstalten wurde offenbar, daß der Primat der Arbeitsleistung keinen Verzicht des Regimes auf seine rassistischen Grundsätze bedeutete."*

Die Praktizierung des Rassismus war zur täglichen Gewohnheit geworden, zum Alltag, *„ohne daß sich der einzelne daran in Form aktiver Diskriminierung oder Unterdrückung beteiligen mußte"*.

Sturm auf Berlin

Winston Churchill, Franklin D. Roosevelt und Jossif Stalin vor dem Palast in Livadia in Jalta (4. bis 11. Februar 1945; Bild oben).

„Der Sturmlauf auf die »Festung Europa« war nicht mehr zu stoppen: Ein nach Stalingrad versuchter Gegenangriff scheiterte im Juli 1943 bereits im Ansatz. Die Rote Armee ging in die Großoffensive über. Zu diesem Zeitpunkt bereitete sich auch der Abfall der Verbündeten Deutschlands in Europa vor. Italien, Rumänien, Bulgarien und Finnland erklärten im Lauf der Jahre 1943/44 dem Deutschen Reich den Krieg. Im Schutzstaat Slowakei konnte ein Aufstand nur mühsam niedergeworfen werden, und einzig die Geiselnahme seines überlebenden Sohnes konnte Ungarns Verweser Horthy zwingen, den Waffenstillstand mit den Alliierten zurückzunehmen. Im August 1944 stand die deutsche Wehrmacht wieder dort, wo sie im Juni 1941 angetreten war. Auch in West- und Südeuropa wurde von den Alliierten die deutsche Front regelrecht aufgerollt. Die Invasion in Sizilien am 10. Juli 1943 war der Beginn; zwei Monate später fand die Landung auf dem italienischen Festland statt. Aber in langwierigen, oft erbitterten Kampfhandlungen (Monte Cassino, Januar bis Mai 1944) benötigten die Alliierten fast zwei Jahre zur Besetzung ganz Italiens. Am 6. Juni 1944 wurde schließlich mit der Landung in der Normandie eine zweite Frontlinie eröffnet. Im September 1944 war Frankreich wieder frei. Logistische Probleme und strategische Differenzen behinderten einen schnellen Vormarsch der Westalliierten. Der Versuch eines Gegenstoßes im Dezember 1944, die Ardennenoffensive, scheiterte. Amerikaner, Briten und Franzosen überschritten im Frühjahr 1945 den Rhein. Bereits im Januar war die Rote Armee in Ostpreußen und Schlesien eingedrungen und hatte bis zur Oder vorstoßen können. Das Unmaß der Greuel an Deutschen ist nicht zu beschönigen, muß aber als Folge und auf dem Hintergrund der deutschen Kriegsverbrechen in Osteuropa gesehen werden. Am 15. April trafen sich russische und amerikanische Truppen bei Torgau. Das Deutsche Reich lag im Koma. Zehn Tage später war Berlin von der Roten Armee eingeschlossen.“

Martin Vogt, 1997

Als sich US-Präsident Franklin Roosevelt, der britische Premier Winston Churchill und Staatsführer Jossif Stalin – die »Großen Drei« – am 4. bis 11. Februar 1945 in Jalta auf der Krim trafen, standen die Alliierten bereits an der Grenze des Deutschen Reichs. Zum Teil hatten sie diese schon überschritten, Aachen war am 21. Oktober 1944 als erste deutsche Stadt in die Hände des VII. US.-Korps gefallen.

Im Führerbunker in Berlin, mehrere Meter tief unter den Trümmern der einst prachtvollen Reichskanzlei, wartete Hitler mit gekrümmtem Rücken, schwachsichtig, mit – seit dem Attentat – zitternder rechter Hand und ein Bein leicht nachziehend, auf ein Wunder. Doch die von ihm so oft strapazierte »Vorsehung« hatte sich von ihm abgewendet: Weder die »Wunderwaffen« V 1 und V 2 brachten die Wende, noch das letzte Aufbäumen in der Ardennenschlacht, schon gar nicht das letzte Aufgebot des »Volkssturms« aus Kindern und Greisen. Auch die erhoffte plötzliche Entzweiung der Alliierten und ein Aufruf der Westmächte an die Deutschen, mit ihnen gemeinsam gegen Kommunismus und Bolschewismus vorzugehen, blieben aus.

Trügerische Hoffnungen

Gewiss, das Einvernehmen zwischen US-Amerikanern und Briten auf der einen und den Sowjets auf der anderen Seite, war seit dem Treffen in Teheran getrübt. Zankapfel der Verbündeten stellten die von Stalin befreiten und besetzten ost- und südosteuropäischen Länder dar. Während Roosevelt den Diktator gewähren lassen wollte, um ihn zum Eintritt in den Krieg gegen Japan zu gewinnen, warnte Churchill davor, Moskau allzuviel Spielraum in Europa einzuräumen. In gewohnt britischer Weitsicht sah er die Gefahr eines harten West-Ost-Konflikts am politischen Horizont heraufziehen: Mit dem Zusammenbruch Deutschlands würde der Puffer zwischen zwei konträren Ideologien fortfallen. Aber Roosevelt, vielmehr seine Berater, blieben hart und wiesen Churchills Meinung zurück. So musste er widerwillig die Ostgrenze Polens entlang der so genannten Curzon-Linie, die schon dem Hitler-Stalin-Pakt zugrunde lag, und die polnische Westgrenze, die auf Wunsch Stalins an Oder und Neiße verlief, hinnehmen. Die endgültige Entscheidung darüber gedachten die Alliierten bei ihrer nächsten Zusammenkunft zu treffen. Fest stand einstweilen, dass auch Frankreich an den Beratungen teilnehmen sollte und dass Deutschland in vier Besatzungszonen aufgeteilt, entmilitarisiert und entnazifiert werden müsse. Seine wirtschaftliche Gestaltung blieb ungeklärt, aber in einen Agrarstaat, wie US-Finanzminister Henry Morgenthau vorschlug, wollte Roosevelt Deutschland nicht umwandeln, davon hatten ihm seine Wirtschaftsfachleute abgeraten.

Noch einmal schöpfte Hitler Hoffnung, dass die Wende eintreten werde: Am 12. April 1945 starb

1945

Das Kriegsgeschehen in Europa und Nordafrika im Überblick (Karte oben).

Ein Rotarmist hisst die Rote Fahne mit Hammer, Sichel und Stern-Emblem auf dem zerstörten Berliner Reichstag (Bild links).

US-Präsident Roosevelt, nachdem er schon seit Jahren krank und kaum mehr arbeitsfähig gewesen war. Hitler irrte wieder, der Vormarsch der Alliierten hielt an. Am 13. April kapitulierte Wien, und an der Oder setzten die Sowjets zum Sturm auf die Reichshauptstadt an.

Ab dem 16. April heulten Tonnen von Granaten über das flache brandenburgische Land, fünf Tage später, am 21. April, einen Tag nach Hitlers 56. Geburtstag, detonierten die ersten Sprengsätze im Zentrum Berlins. Hitler meinte, ein weitreichendes Eisenbahngeschütz beschieße die Stadt und befahl seine Bekämpfung aus der Luft.

In letzter Hoffnung klammerte sich Hitler an eine Armeegruppe unter Panzergeneral Walther Wenck, die Berlins entsetzen sollte. Als sie die Reichshauptstadt nicht erreichte, resignierte er. Am 29. April 1945 verfasste er sein politisches Testament. Wie nicht anders zu erwarten, schob er die Kriegsschuld jenen Staatsmännern zu, *„die entweder jüdischer Herkunft waren oder für jüdische Interessen arbeiteten"*. Hermann Göring und Heinrich Himmler entkleidete er aller Ämter und stieß sie aus der Partei aus. Sie hatten insgeheim Friedensfühler zu den Alliierten ausgestreckt. *„Es darf keine Verhandlungen geben! Wenn Verhandlungen stattfinden sollen, dann führe ich sie!"* hatte Hitler noch am 12. Februar getobt.

Theatralisch-makaber setzte Hitler den Schlussakkord unter sein Leben: Er heiratete seine langjährige Lebensgefährtin Eva Braun, wenige Stunden bevor beide am 30. April 1945 Selbstmord begingen. Eva Braun nahm Gift, Hitler erschoss sich, wie er es früher so oft in auswegloser Lage angekündigt hatte. Goebbels brachte den Mut zum Selbstmord nicht auf, wie er Hitlers Diener, Heinz Linge, gestand. Nachdem er seine sechs Kinder mit Zyankali vergiftet hatte, bat er einen SS-Mann, ihn und seine Frau durch einen Schuss in den Hinterkopf zu töten.

Die »Götterdämmerung« war über das Führerhauptquartier hereingebrochen.

Der Zusammenbruch

„Als am 8. Mai 1945 um 23.01 Uhr nach der vorherigen Kapitulation der deutschen Wehrmacht die Kämpfe an allen Fronten eingestellt wurden, da war für Deutschland nicht nur im zeitlich-gegenwärtigen Sinn die Stunde Null, sondern auch im historischen Sinn. Niemals zuvor in der deutschen Geschichte – weder im Westfälischen Frieden noch nach den Napoleonischen Kriegen oder gar nach der Niederlage im Ersten Weltkrieg – hatten sich die Deutschen einer solchen Situation gegenübergesehen. Diese Stunde Null bedeutete das Ende des gesamten staatlichen, politischen, wirtschaftlichen und geistigen Lebens in Deutschland, und es entstand die bange, zu diesem Zeitpunkt fast unbeantwortete Frage, wie es weitergehen solle."

Martin Vogt, 1997

Wenige Tage vor der Kapitulation offenbarte Hitler, was er vom deutschen Volk wirklich hielt: Am 19. März gab er den Befehl, die für die Zukunft des deutschen Volks lebensnotwendigen Industrie- und Versorgungsanlagen zu zerstören, damit sie nicht in Feindeshand fielen. Dieser »Nero-Befehl«, dessen Ausführung die Verantwortlichen der Wehrmacht und der Wirtschaft verweigerten, dokumentiert die menschenverachtende Veranlagung Hitlers. Speer, der ihn umstimmen wollte, gab er zu verstehen: „*Wenn der Krieg verlorengeht, wird auch das Volk verloren sein. Es ist nicht notwendig, auf die Grundlagen, die das deutsche Volk zu seinem primitivsten Weiterleben braucht, Rücksicht zu nehmen. Im Gegenteil ist es besser, selbst diese Dinge zu zerstören. Denn das Volk hat sich als das schwächere erwiesen, und dem stärkeren Ostvolk gehört ausschließlich die Zukunft. Was nach diesem Krieg übrigbleibt, sind ohnehin nur die Minderwertigen, denn die Guten sind gefallen.*"

Diese „*Minderwertigen*" mussten nun mit den Trümmern des »Tausendjährigen Reichs« – das kaum zwölf Jahre währte – fertig werden: in den Kellern und Notunterkünften der zerstörten Städte, mit dem zerbombten Verkehr, ohne Nachrichtenverbindungen, der darniederliegenden Versorgung mit Nahrungsmitteln.

Am 7. Mai 1945 um 2.41 Uhr erfolgte die Gesamtkapitulation der deutschen Wehrmacht im Hauptquartier General Eisenhowers in Reims durch Generaloberst Alfred Jodl. Im Osten wurde noch hinhaltend gekämpft, um möglichst vielen noch die Flucht nach Westen zu ermöglichen. Erst am 9. Mai, um 0.16 Uhr wiederholten Generaloberst Wilhelm Keitel, Generaloberst Hans-Jürgen Stumpff und Generaladmiral Hans-Georg von Friedeburg die Kapitulation im sowjetischen Hauptquartier Berlin-Karlshorst in Anwesenheit Marschall Georgi K. Schukows.

Deutschland glich nicht nur einem Trümmerfeld, es herrschte Chaos. Die Ordnungsmächte von gestern – Partei, Exekutive, Wehrmacht – waren verschwunden. Hunderttausende KZ-Insassen, Ostarbeiter, Zwangsverschleppte und ausländische Kriegsgefangene waren plötzlich frei, Millionen deutsche Kriegsgefangene zogen nun in ihre Lager oder traten den Marsch in die Gefangenschaft weitab der Heimat an. Der Zusammenbruch eines ganzen Gesellschafts-, Wirtschafts- und politischen Systems konnte vollständiger nicht sein. „*Zusammengebrochen waren nicht nur die äußere Welt, sondern auch die individuellen Lebenshoffnungen und die kollektive Moral der Deutschen*", beschreibt Klaus Körner die damalige Situation.

Wenig zukunftsfroh klang auch der erste Appell des US-Oberbefehlshabers General Eisenhower: „*Deutschland wird nicht mit dem Ziel der Befreiung besetzt, sondern als eine besiegte Feindmacht.*"

Über die Organisation der Besetzung waren sich die Alliierten seit der Konferenz von Teheran, 1943, und von Jalta, 1945, einig. Es fehlte nur noch ein Abkommen über die politische Zukunft des besiegten Landes. Da aber bestanden zwischen den Alliierten erhebliche Differenzen. Um diese zu beseitigen, setzten sie eine weitere Konferenz an, in Potsdam.

Im Bild oben ein US-Bomber beim Angriff auf eine deutsche Industrieanlage.
Am 25. April 1945 fand die erste Begegnung US-amerikanischer und sowjetischer Soldaten in der Mitte Deutschlands statt: Teile der 69. US-Div. der 1. US-Armee unter Generalmajor Reinhardt trafen bei Torgau an der Elbe auf die 58. sowjetische Garde-Schützen- Div. der 5. Garde-Armee unter Generaloberst Shadow. Damit war der von deutschen Truppen noch gehaltene Raum in einen nördlichen und einen südlichen Teil zerschnitten.

Die Konferenz von Potsdam

Zwischen dem 17. Juli und dem 2. August 1945 berieten die »Großen Drei« im Potsdamer Schloss »Cäcilienhof« die Zukunft des Deutschen Reichs und der osteuropäischen Staaten. Teilnehmer der Konferenz waren US-Präsident Harry S. Truman – er war auf den verstorbenen Roosevelt gefolgt –, der britische Premierminister Winston Churchill – ihn löste am 25. Juli Clement Attlee ab – und der Führer der Sowjetunion, Iosiff Wissarionowitsch Stalin. Die Atmosphäre war gespannt. Seit Jalta fürchteten die Westalliierten von Stalin übervorteilt zu werden und umgekehrt. In Potsdam legte Stalin die Karten auf den Tisch, ganz Ost- und Südosteuropa solle seinem Einflussbereich angehören, forderte er. Churchill lehnte ab. Großbritannien war für die Frei-

Bild oben: Berlin in der Nähe des Landwehrkanals kurz nach Kriegsende. Das Grauen der letzten Kriegstage steht den Menschen noch ins Gesicht geschrieben.

heit Polens in den Krieg gezogen, sagte er. Es könne nicht angehen, dass Polen nun Vasall der Sowjetunion werde. Annähernd Einigkeit herrschte nur über die Ablehnung der 1943 in der Konferenz von Teheran beabsichtigten Zerstückelung Deutschlands: Die Westmächte fürchteten, eine Aufteilung würde Deutschlands Wirtschaftskraft lähmen. Verarmung wäre die Folge und Reparationen wären in Frage gestellt. Aus diesem Grund kam der berüchtigte »Morgenthau-Plan« von US-Finanzminister Henry Morgenthau nicht zum Tragen, der 1944 Deutschland in eine industrielose Agrargesellschaft verwandeln wollte.

Stalin nahm von einer Zerstückelung Deutschlands aus ideologischen Gründen Abstand: In der Mitte Deutschlands stehend, war es ein Einfaches, nach dem Abzug der Westalliierten in das entstehende Vakuum nachzustoßen und das übrige Deutschland in seinen Machtbereich zu bringen. Die alten Gegensätze zwischen Ost und West taten sich wieder auf: Der demokratische Westen stand der Diktatur des Ostens gegenüber.

Das über Jahrhunderte bestehende Interesse Großbritanniens am Gleichgewicht der Mächte auf dem europäischen Festland war nicht erloschen. So schrieb Churchill am 12. Mai 1945 an US-Präsident Harry S. Truman, dass ihn das Vorgehen der Sowjets in Ost-, Südost- und Mitteleuropa zutiefst beunruhige: *„Ein eiserner Vorhang ist vor ihrer Front niedergegangen. [...] Es ist kaum zu bezweifeln, dass der gesamte Raum östlich der Linie Lübeck–Triest–Korfu schon binnen kurzem völlig in ihrer Hand sein wird."* Schon vor ihm hatte sich sich der US-Botschafter in Moskau, Averall Harriman, am 20. April 1945 besorgt gezeigt: *„Europa [steht] vor einer Invasion der Barbaren."*

Rache an den Deutschen

Die Barbarei brach tatsächlich über die deutsche Bevölkerung in den nun sowjetisch besetzten Gebieten herein. Polen, Serben und Tschechen übten Rache für das unter deutscher Herrschaft erlittene Leid. Wie viele Wehrlose und Unschuldige in jenen Tagen der Euphorie auf der einen Seite, der Angst auf der anderen ihr Leben ließen, vermerkt keine Statistik. Der Krieg war noch nicht zu Ende. Auch in den Gefangenenlagern in Ost und West starben die Menschen zu Tausenden. Von den insgesamt elf Millionen in Kriegsgefangenschaft geratenen deutschen Soldaten ließen mindestens 1,2 Millionen durch Unterernährung, Unfall, Krankheit oder Misshandlung ihr Leben. Von den 80 000 in jugoslawischen Lagern festgehaltenen Deutschen überstanden nur 20 % die Torturen serbischer Rache.

Für die Aufteilung Deutschlands nach dem Krieg entwickelten sowohl die US-Amerikaner als auch die Sowjets Pläne (Karten rechts). Der sowjetische Vorschlag deckt sich bereits mit der späteren Ostzonen-Lösung.

US-Plan der Aufteilung Deutschlands

Sowjetischer Plan der Aufteilung Deutschlands
Berlin soll eine gemeinsame Militärverwaltung erhalten

Das Erbe

„Die Potsdamer Konferenz bestätigte westliche Befürchtungen: Als am 21. Juli 1945 Deutschlandprobleme erörtert wurden, teilte Stalin den Westalliierten mit, dass er die deutschen Gebiete östlich der Oder-Neiße-Linie, mit Ausnahme des Territoriums von Königsberg, den Polen übergeben habe, da alle Deutschen geflohen seien. Truman und Churchill widersprachen heftig, sie verliehen ihrer Sorge Ausdruck, Deutschland könne sich ohne seine agrarischen Überschussgebiete nicht ernähren, zudem werde es die Produktivität des oberschlesischen Industriereviers zur Zahlung der Reparationen benötigen.“
Wilhelm J. Wagner, 1999

Stalin steckte bereits am 27. Juli 1944 gemeinsam mit dem »Polnischen Komitee zur Nationalen Befreiung« die Grenzen des künftigen Polens ab. Sie folgten im Westen der Oder und Neiße und im Osten im Wesentlichen jener Linie, die der britische Außenminister George Curzon 1919 vorgeschlagen hatte. Damals wollte Curzon einen Konflikt zwischen Polen und der Sowjetunion vermeiden. Mit dieser Lösung unzufrieden, griff Polen zu den Waffen und eroberte große Gebiete östlich der »Curzon-Linie«. Der »Hitler-Stalin-Pakt« griff 1939 die Curzon-Linie wieder auf, sie trennte die deutsch-sowjetischen Interessensphären. Die nun von Stalin eigenmächtig verfügte Grenzziehung belastete in Potsdam das west-östliche Verhältnis und verhinderte in Potsdam eine Verständigung zwischen den Alliierten.

Auch in der Frage der Reparationen steckte die Konferenz in der Sackgasse: Noch in Jalta meinten die Siegermächte, Deutschland solle keine Geldzahlungen leisten, sondern Sachwerte liefern. Man wollte Industrieanlagen demontieren und in die Siegerstaaten schaffen, Waren aus der laufenden Produktion abgeliefert sehen und deutsche Arbeitskräfte zur Verfügung haben. Die Höhe der Reparationen wurde - wie schon 1918 - nicht festgelegt. Aber 20 Milliarden US-Dollar, meinten die Alliierten in Jalta, könnten eine Gesprächsgrundlage bilden. Davon sollte die UdSSR die Hälfte erhalten. In Potsdam behaupteten die Sowjets rundheraus, ihre Forderungen in Jalta wären bereits anerkannt worden. Churchill und Truman widersprachen: Es bestünde durch die Wegnahme Schlesiens, Ostpreußens und von Teilen Pommerns eine veränderte Lage, die wäre in Jalta nicht vorhersehbar gewesen.

Die USA, noch im Kriegszustand mit Japan und in der Meinung, sie könnten auf den Kriegseintritt der Sowjetunion im Fernen Osten nicht verzichten, lenkten schließlich ein. Am vorletzten Konferenztag wurde ein formaler Kompromiss geschlossen: Die Zustimmung der Westalliierten zu den Textpassagen, dass die Gebiete östlich von Oder und Neiße nur der *„Verwaltung des polnischen Staates unterstellt werden sollten“* und dass *„die endgültige Festlegung der Westgrenze Polens bis zur Friedensregelung zurück-*

Rückkehr nach Berlin, durch das schicksalbehaftete Brandenburger Tor, nach langer, verhängisvoller Irrfahrt.

gestellt werden sollte", bestätigte den von Stalin geschaffenen De-facto-Zustand und damit die Vertreibung der Deutschen aus diesen Ländern. Letzteres kümmerte den Westen freilich wenig, hatte doch Churchill im Dezember 1944 die Vertreibung der Deutschen *„das befriedigendste und dauerhafteste Mittel"* Frieden zu stiften genannt: *„Es wird keine Mischung der Bevölkerung geben, wodurch endlose Unannehmlichkeiten entstehen, wie zum Beispiel im Falle von Elsaß-Lothringen. Reiner Tisch wird gemacht werden [...]."* Eine »ethnische Säuberung« war angesagt.

Nicht minder folgenschwer war der Kompromiss über die Reparationen: Die Sowjets zogen sie ohne wertmäßige Begrenzung aus der Substanz ihrer Besatzungszone. Die USA, Großbritannien und Frankreich bedienten sich ihrer Zonen eher behutsam, aber sie erhoben keinen Einspruch gegen die Ausbeutung der Sowjetzone durch Moskau. Eine Trennungslinie quer durch Deutschland manifestierte sich, die zu einer dauerhaften Strukturgrenze wurde.

Allmählich gingen die Alliierten zum Alltag über: Sie etablierten sich in Deutschland, um es zu regieren: Jede Besatzungszone unterstand einem Oberbefehlshaber, der nur seiner Regierung verpflichtet war. Gesamtdeutsche Fragen koordinierte ein »Alliierter Kontrollrat«, der von den vier Besatzungsmächten gebildet wurde, er konnte nur einstimmige Beschlüsse fassen. Eine gute Lösung, solange Einigkeit zwischen den Siegern herrschte. Als aber 1948 der sowjetische Vertreter aus Protest den Kontrollrat verließ, stand der gesamte Kontrollapparat still.

Nicht unproblematisch war auch die Rolle Frankreichs im alliierten Vierergespann. Die großen Drei wollten unter sich sein, daher luden sie Frankreich weder zur Konferenz nach Jalta noch zur Potsdamer Konferenz ein. Diese Zurücksetzung kränkte »La Grande Nation« und ihren Vertreter, den provisorischen Regierungschef Charles de Gaulle. Die Franzosen übten Vergeltung und torpedierten nicht nur manche Kontrollratsbeschlüsse, sondern verhielten sich insgesamt in der deutschen Frage restriktiv. Dazu kam, dass der alte Plan einer Grenze am Rhein wieder auflebte. *„Die endgültige Abtrennung"* des rheinisch-westfälischen Gebiets einschließlich des Ruhrlands von Deutschland sei *„für die Deckung der französischen Grenze unerlässlich"*, behauptete die französische Regierung und trat in die Fußstapfen Poincarés.

Der politische Krieg zwischen den Siegermächten kümmerte die Deutschen wenig. Zu schwer lasteten die Alltagssorgen auf ihnen: Es mangelte an Heizmaterial und Nahrungsmitteln. Nur 60 % des Lebensmittelbedarfs konnte das Land selbst aufbringen. Den Rest »finanzierten«, zumindest in ihren Zonen, die britischen und US-amerikanischen Steuerzahler: Jeder einzelne wurde Jahr für Jahr mit 600 US-Steuerdollars zur Kasse gebeten.

Ein weiteres Problem bildete die zerrüttete Währung. Die Nationalsozialisten finanzierten ihren Krieg über die Notenpresse. Nun befanden sich 300 Milliarden Reichsmark im Umlauf, denen kein Warenangebot gegenüberstand. Darüber hinaus kursierten im Nachkriegsdeutschland drei Währungen: die Reichsmark, mit der staatliche Gehälter ausbezahlt wurden, das Besatzungsgeld der Siegermächte, das nicht in Reichsmark umgetauscht werden konnte und – Zigaretten, für die man auf dem »Schwarzmarkt« so gut wie alles erhielt.

Die Naturalwirtschaft blühte, wie in allen Zeiten der Not. Pelzmäntel wechselten für Töpfe und Kannen den Besitzer, ein Klavier tauschte man für einen Sack Kartoffeln. Alliierte und die ihnen unterstellten deutschen Behörden bekämpften zwar den »Schwarzmarkt« – ein Tummelplatz für Schieber und Ganoven –, aber kaum waren die Razzien vorbei, zeigten sich die »Schleichhändler« wieder. Mit den üblichen Methoden waren sie also nicht zu bezwingen. Den »grauen Markt« aber, der »Kompensationsgeschäfte« abwickelte, duldeten die Alliierten, denn ohne den Tausch von Fertigprodukten gegen Rohstoffe hätte die Produktion nicht funktioniert, die aber musste in Schwung kommen, um die Reparationsverpflichtungen der Siegermächte zu erfüllen.

Das Ende einer Ära

Trotz beträchtlicher Alltagssorgen nahm die deutsche Bevölkerung an der Eröffnung des »Hauptkriegsverbrecherprozesses« am 20. November 1945 in Nürnberg interessiert Anteil. Angeklagt war die Führungselite der Nationalsozialisten, soweit die Sieger ihrer habhaft wurden. Hitler, Goebbels, Himmler und andere hatten sich durch Selbstmord der Anklage entzogen. Etlichen gelang die Flucht – mit Hilfe vatikanischer Kreise – ins Ausland, südamerikanische Länder waren beliebte Ziele.

Am 1. Oktober 1946 fällte der Internationale Gerichtshof den Richtspruch: Zwölf der ursprünglich 24 Angeklagten wurden zum Tod durch den Strang verurteilt. Unter ihnen Reichsmarschall Göring, Außenminister Ribbentrop, der Chef des OKW Keitel, Reichsinnenminister Frick, der NSDAP-Gauleiter von Franken, Julius Streicher, und der Reichskommissar der Niederlande, Arthur Seyß-Inquart. Reichsarbeitsführer Robert Ley und Hermann Göring begingen Selbstmord. Gegen NSDAP-Reichsleiter Martin Bormann erging das Todesurteil in Abwesenheit. Hitlers Stellvertreter Heß, Wirtschaftsminister Walther Funk und der Oberbefehlshaber der Kriegsmarine, Erich Raeder, erhielten lebenslange Haftstrafen. Die übrigen, unter ihnen Hitler-Nachfolger Karl Dönitz und Rüstungsminister Albert Speer, zeitlich begrenzte. Der bis 1939 tätige Reichsbankpräsident Hjalmar Schacht, der »Steigbügelhalter« Hitlers Franz von Papen, und der Leiter des Deutschen Rundfunks, Hans Fritzsche, wurden frei gesprochen.

Danach erfassten Entnazifizierung und »re-education« – die Umerziehung zum demokratischen Geist – das ganze Volk. Die Sowjets zogen aus der Entnazifizierung ihrer Zone sofort ideologischen Nutzen: Sie enteigneten Industriebosse und Großgrundbesitzer und schufen damit die Basis einer sozialistischen, von der Sowjetunion abhängigen und daher steuerbaren Wirtschaft. So wechselten bei der Aktion »Junkerland in Bauernhand« 35 % der landwirtschaftlichen Nutzungsfläche den Besitzer. Einer Verstaatlichung der Wirtschaft stand nichts mehr im Wege.

Der ideologische Konflikt zwischen Ost und West zerriss Deutschland in zwei durch Struktur, Wirtschaft, Ideologie, Politik und internationale Zugehörigkeit unterschiedliche Hälften. Es dauerte mehr als vierzig Jahre, bis das unselige Erbe einer noch viel unseligeren Zeit reif war, endlich und – es ist zu hoffen – für immer abgetragen zu werden.

QUELLEN

Literatur zur Vertiefung des Wissens:

Uwe D. **Adam** u. a. Der Judenpogrom 1938; Frankfurt am Main 1994.
Götz **Aly**, Susanne **Heim**, Vordenker der Vernichtung; Frankfurt am Main 1995.
Ralph **Angermund**, Deutsche Richterschaft; Frankfurt am Main 1996.
Klaus J. **Bade**, Deutsche im Ausland - Fremde in Deutschland; München 1993.
Avraham **Barkai**, Das Wirtschaftssystem des Nationalsozialismus; Frankfurt am Main 1995.
Eli **Barnavi**, Universalgeschichte der Juden; Wien 1993.
Wolfgang **Benz** und Walter H. **Pehle**, Lexikon des deutschen Widerstandes; Frankfurt am Main 1994.
Wolfgang **Benz**, A. **Schardt**, Deutsche Kriegsgefangene im Zweiten Weltkrieg; Frankfurt am Main 1995.
Wolfgang **Benz**, Hans **Buchheim**, Hans **Mommsen** (Hrsg.), Der Nationalsozialismus. Studien zur Ideologie und Herrschaft, Frankfurt am Main 1995.
Heike **Bernhard**, Anstaltspsychiatrie und »Euthanasie« in Pommern 1933 bis 1945; Frankfurt am Main 1994.
Hans Peter **Bleuel**, Das saubere Reich; Bern, München, Wien 1972.
Boog, Förster, Hoffmann u. a. Der Angriff auf die Sowjetunion; Frankfurt am Main 1996.
Martin **Broszat**, Die Machtergreifung. Der Aufstieg der NSDAP und die Zerstörung der Weimarer Republik; München 1994.
Martin **Broszat**, Der Staat Hitlers; München 1995.
Rupert **Butler**, Illustrierte Geschichte der GESTAPO, Augsburg 1996.
Boris **Celovsky**, Das Münchener Abkommen von 1938; Stuttgart 1958.
Detlev **Claussen**, Vom Judenhass zum Antisemitismus; Darmstadt und Neuwied 1987.
Detlev **Claussen**, Grenzen der Aufklärung - Die gesellschaftliche Genese des modernen Antisemitismus; Frankfurt am Main 1994.
Chronik - Bibliothek des 20. Jahrhunderts 1900-1999, 100 Bände, Gütersloh, München.
Werner **Conze**, Volker **Hentschel** (Hrsg.), PLOETZ -Deutsche Geschichte, Epochen und Daten; Darmstadt 1996.
Wilfried **Daim**, Der Mann, der Hitler die Ideen gab; Wien, Köln, Graz 1985.
Lucy S. **Dawidowitz**, Der Krieg gegen die Juden, 1933-1945, München 1979.
Ute **Deichmann**, Biologen unter Hitler; Frankfurt am Main 1995.
Wilhelm **Deist**, M. **Messerschmidt** u. a., Ursachen und Voraussetzungen des Zweiten Weltkrieges; Frankfurt am Main 1993.
Georg **Denzler**, Volker **Fabricius**, Christen und Nationalsozialisten; Frankfurt am Main 1995.
Günther **Deschner**, Reinhard Heydrich; München 1986.
Max **Domarus**, Hitler Reden 1932 bis 1945, 4 Bände; Leonberg 1988.
Max **Domarus**, Mussolini und Hitler; Würzburg 1977.
Joachim **Ehlers**, Die Entstehung des Deutschen Reiches; München 1998.
Karl Dietrich **Erdmann**, Die Weimarer Republik; München 1993.
Karl Dietrich **Erdmann**, Der Erste Weltkrieg; München 1995.
Karl Dietrich **Erdmann**, Deutschland unter der Herrschaft des Nationalsozialismus 1933-1939; München 1996.
Karl Dietrich **Erdmann**, Der Zweite Weltkrieg; München 1994.
Jürgen W. **Falter**, Hitlers Wähler; München 1991.
Fritz **Fischer**, Griff nach der Weltmacht. Die Kriegszielpolitik des kaiserlichen Deutschland 1914/18; Düsseldorf 1984.
Fritz **Fischer**, Krieg der Illusionen. Die deutsche Politik von 1911-1914; Düsseldorf 1987.
Ingeborg Fleischhauer, Der Pakt; Berlin 1990.
Michael **Freeman**, Atlas of Nazi-Germany; London, Sydney 1987.
Norbert **Frei**, Der Führerstaat. Nationalsozialistische Herrschaft 1933 bis 1945; München 1996.
Saul **Friedländer**, Das Dritte Reich und die Juden, München 1998.
Michael **Fröhlich**, Imperialismus - Deutsche Kolonial- und Weltpolitik 1880-1914, München 1994.
Ruth **Gay**, Geschichte der Juden in Deutschland, München 1993.
Imanuel **Geiss**, Geschichte des Rassismus; Frankfurt am Main 1988.
Nicholas **Goodrick-Clarke**, Die okkulten Wurzeln des Nationalsozialismus; Graz 1997.
Hermann **Graml**, Reichskristallnacht. Antisemitismus und Judenverfolgung im Dritten Reich; München 1988.
Hermann **Graml**, Widerstand im Dritten Reich; Frankfurt am Main 1994.
Hermann **Greive**, Die Juden, Grundzüge ihrer Geschichte; Darmstadt 1989.
Dieter **Groh** und Peter **Brandt**, »Vaterlandslose Gesellen«, Sozialdemokratie und Nation 1860-1990, München 1992.
Großer Atlas zur Weltgeschichte, Braunschweig 1990.
Lothar **Gruchmann**, Der Zweite Weltkrieg, München 1995.
Hans F. K. **Günther**, Rassenkunde des Deutschen Volks; München 1934.
Helmut **Heiber**, Die Republik von Weimar; München 1994.
Ulrich **Herbert**, Fremdarbeiter; Berlin-Bonn 1986.
Ludolf **Herbst**, Das nationalsozialistische Deutschland, 1933-1945; Darmstadt 1997.
Jürgen **Herrnkind**, Helmut **Kistler**, Herbert **Raisch** (Hrsg.), Atlas zur Universalgeschichte; München 1979.
Raul **Hilberg**, Die Vernichtung der europäischen Juden; Frankfurt am Main 1994.
Raul **Hilberg**, Täter, Opfer, Zuschauer; Frankfurt am Main 1997.
Klaus **Hildebrand** (Hrsg.), Das Deutsche Reich im Urteil der Großen Mächte und europäischen Nationen, München 1995.
Werner **Hilgemann**, Atlas zur deutschen Zeitgeschichte; München, Zürich 1986.
Andreas **Hillgruber**, G. **Hümmelchen**, Chronik des Zweiten Weltkrieges, Düsseldorf 1978.
Heinz **Höhne**, Der Orden unter dem Totenkopf; Augsburg 1992.
Heinz **Höhne**, Die Zeit der Illusionen, Düsseldorf, Wien, New York 1991.
Edgar **Hösch**, Geschichte der Balkanländer, München 1988.
Walther **Hofer**, Der Nationalsozialismus. Dokumente 1933-1945; Frankfurt am Main 1996.
Joachim **Hoffman**, Stalins Vernichtungskrieg 1941 - 1945; München 1996.
Ian **Kershaw**, Hitler 1989-1936; 1937-1945; Stuttgart 1998 und 2000.
Hermann **Kinder**, Werner **Hilgemann**, Atlas zur Weltgeschichte. Von den Anfängen bis zur Gegenwart; München, Zürich 1982.
Helmut **Kistler**, Die Entstehung der Bundesrepublik Deutschland, Informationen zur politischen Bildung 224; Bonn 1989.
Martin **Kitchen**, Illustrierte Geschichte Deutschland; Augsburg 1998.
Ernst **Klee**, »Euthanasie« im NS-Staat; Frankfurt am Main 1995.
Ernst **Klee**, Dokumente zur »Euthanasie«; Frankfurt am Main 1992.
Ernst **Klee**, Was sie taten -Was sie wurden; Frankfurt am Main 1994.
Eugen **Kogon**, Der SS-Staat; München 1974.
Eugen **Kogon**, Hermann **Langbein**, Adalbert **Rückerl**, Nationalsozialistische Massentötung durch Giftgas; Frankfurt am Main 1995.
Helmut **Krausnick**, Hitlers Einsatzgruppen; Frankfurt am Main 1993.
Heinz **Lauber**, Judenpogrom: »Reichskristallnacht« November 1938 in Großdeutschland; Gerlingen 1981.
Peter **Marschalck**, Bevölkerungsgeschichte Deutschlands im 19. und 20. Jahrhundert; Frankfurt am Main 1984.
Werner **Maser**, Adolf Hitler; Müchen und Esslingen 1974.
Wolfgang **Michalka**, Der Zweite Weltkrieg; Weyarn 1997.
Wolfgang **Michalka**, Deutsche Geschichte 1933-1945; Frankfurt am Main 1996.
Jürgen **Mirow**, Geschichte des Deutschen Volks. Von den Anfängen bis zur Gegenwart, Gernsbach 1996.
Alexander **Mitscherlich**, Medizin ohne Menschlichkeit; Frankfurt am Main 1995.
Horst **Möller**, Weimar. Die unvollendete Demokratie; München 1993.
Horst **Möller**, V. **Dahm**, H. **Mehringer**, Die tödliche Utopie; München 1999.
George L. **Mosse**, Die Geschichte des Rassismus in Europa; Frankfurt am Main 1996.
Rolf-Dieter **Müller**, Gerd R. **Ueberschär**; Frankfurt am Main 1995.
Gerhard **Paul**, Michael **Mallmann** (Hrsg.), Die GESTAPO; Darmstadt 1995.
Volker **Mauersberger**, Hitler in Weimar; Berlin 1999.
Walter H. **Pehle** (Hrsg.), Der Judenpogrom 1938. Von der »Reichskristallnacht« zum Völkermord; Frankfurt am Main 1994.
Detlev J. K. **Peukert**, Die Weimarer Republik; Darmstadt 1997.
Walter **Post**, Unternehmen Barbarossa; Hamburg 1995.
Michael **Prinz**, R. **Zittelmann**, Nationalsozialismus und Modernisierung; Darmstadt 1991.
Peter **Reichel**, Der schöne Schein des Dritten Reiches; München, Wien 1991.
Helmuth K. G. **Rönnefarth** (Hrsg.), Konferenzen und Verträge, Vertrags-Ploetz, 3 Bände; Würzburg 1958 bis 1963.
J. **Rohwer**, G. **Hümmelchen**, Chronik des Seekrieges 1939-1945; Hamburg o. J.
Michael **Schneider**, Unterm Hakenkreuz; Bonn 1999.
Gerhard **Schoenberger**, Der gelbe Stern; Frankfurt am Main 1995.
Gerhard **Schulz**, Revolutionen und Friedensschlüsse 1917-1920; München 1985.
Hagen **Schulze**, Der Weg zum Nationalstaat; München 1992.
Hagen **Schulze**, Weimar. Deutschland 1917-1933; Berlin 1994.
Gudrun **Schwarz**, Die nationalsozialistischen Lager; Frankfurt 1996.
Franz W. **Seidler**, »Deutscher Volkssturm«; München-Berlin 1989.
Franz W. **Seidler**, D. **Zeigert**, Die Führerhauptquartiere; München 2000.
Wolfgang **Sofsky**, Die Ordnung des Terrors; Frankfurt am Main 1997.
Max **Spindler** (Hrsg.), Bayerischer Geschichtsatlas, München 1969.
George H. **Stein**, Geschichte der Waffen-SS; Königstein/Taunus 1978.
Karl **Stuhlpfarrer**, Umsiedlung Südtirol 1939-1940; Wien, München 1985.
Gerhard **Taddey** (Hrsg.), Lexikon der deutschen Geschichte; Stuttgart 1983.
Hans-Ulrich **Thamer**, Verführung und Gewalt. Deutschland 1933-1945; Berlin 1994.
Hans-Ulrich **Thamer**, Nationalsozialismus I. Von den Anfängen bis zur Festigung der Macht. Informationen zur politischen Bildung 251; Bonn 1996.
Johannes **Tuchel**, Konzentrationslager; Boppard am Rhein 1991.
Bernd-Jürgen **Wendt**, Großdeutschland. Außenpolitik und Kriegsvorbereitung des Hitler-Regimes; München 1993.
Irmgard **Weyrather**; Muttertag und Mutterkreuz; Frankfurt am Main 1993.
Werner **Wolf**, Luftangriffe auf die deutsche Industrie 1942-45; München 1995.
Peter **Young**, Ch. **Zentner**, Der große Atlas zum Zweiten Weltkrieg, Augsburg 1998.
Zentner/Bedürftig, Das große Lexikon des Dritten Reiches; München 1985.
Zentner/Bedürftig, Das große Lexikon des Zweiten Weltkriegs; München 1988.